Revista de Direito Tributário

95

MALHEIROS
EDITORES

Revista de Direito Tributário

Publicada sob os auspícios do
Instituto Geraldo Ataliba — IDEPE — Instituto Internacional de Direito Público e Empresarial
Presidente: Prof. Aires Barreto

ISS 0102-7956

REVISTA DE DIREITO TRIBUTÁRIO
publicação trimestral de
MALHEIROS EDITORES LTDA.
Rua Paes de Araújo, 29, 17º andar - conj. 171
CEP: 04531-940 - São Paulo, SP
Tel. (0xx11) 3078-7205
Fax. (0xx11) 3168-5495
Diretor Responsável: Álvaro Malheiros
Diretora: Suzana Fleury Malheiros

Assinaturas e comercialização:
CATAVENTO DISTRIBUIDORA
DE LIVROS S.A.
Rua Conselheiro Ramalho, 928
CEP 01325-000 - São Paulo - SP
Tel. (0xx11) 3289-0811 - Fax. (0xx11) 3251-3756
Supervisão Gráfica: Vânia Lúcia Amato
Composição: *Scripta*
Impressão: Paym Gráfica e Editora Ltda.

SUMÁRIO

CADERNOS DE DIREITO TRIBUTÁRIO

"GUERRA FISCAL" E O PRINCÍPIO DA NÃO-CUMULATIVIDADE NO ICMS 7

— Paulo de Barros Carvalho

OMISSÃO DE RECEITAS E DEPÓSITOS BANCÁRIOS NÃO IDENTIFICADOS 24

— Luís Eduardo Schoueri

CONTEÚDO E ALCANCE DO ART. 129 DA LEI 11.196/2005 — NORMA DE NATUREZA INTERPRETATIVA, DIRIGIDA À FISCALIZAÇÃO, QUE NÃO PERMITE A DESCONSIDERAÇÃO DE SITUAÇÕES JURÍDICAS CONSOLIDADAS 33

—Sacha Calmon Navarro Coêlho

SIMULAÇÃO E ELISÃO ABUSIVA 53

— Ricardo Lobo Torres

SEGURANÇA JURÍDICA E A QUESTÃO DA HIERARQUIA DA LEI COMPLEMENTAR 65

— Hugo de Brito Machado

ENTIDADES EXTRANJERAS SOMETIDAS AL RÉGIMEN DE ATRIBUCIÓN DE RENTAS EN EL IMPUESTO ESPAÑOL SOBRE LA RENTA DE NO RESIDENTES 78

— Begoña Pérez Bernabeu

O SISTEMA FEDERAL E O ABUSO DE PODER: PRINCÍPIOS CONSTITUCIONAIS DE COORDENAÇÃO DE COMPETÊNCIAS COMO FORMA DE PREVENIR E CONTER ABUSOS DE PODER 86

— Fernando L. Lobo d'Eça

PRINCÍPIOS E REGRAS: ACERCA DO CONFLITO NORMATIVO E SUAS APLICAÇÕES PRÁTICAS NO DIREITO TRIBUTÁRIO 124

— Paulo Caliendo

PERSPECTIVA ANALÍTICA NO ESTUDO DO CRITÉRIO QUANTITATIVO DAS NORMAS TRIBUTÁRIAS: A BASE DE CÁLCULO 152

— Marcio Roberto Alabarce

TRIBUTAÇÃO E ACESSO AO JUDICIÁRIO 176

— Angelina Mariz de Oliveira

ESTUDOS E COMENTÁRIOS

MEDIDAS ANTIELISIVAS NOS CONVÊNIOS PARA EVITAR A DUPLA TRIBUTAÇÃO INTERNACIONAL (MODELO OCDE 188

— Pollyana Mayer

ISSQN INCIDENTE SOBRE O COMPARTILHAMENTO DE INFRA-ESTRUTURA NO SETOR DE TELECOMUNICAÇÕES, NOS TERMOS DO SUBITEM 3.04 DA LISTA DE SERVIÇOS ANEXA À LEI COMPLEMENTAR 116/2003 204

— Ciro Cardoso Brasileiro Borges

O ICMS E AS OPERAÇÕES DE REORGANIZAÇÃO SOCIETÁRIA: INCORPORAÇÃO, FUSÃO E CISÃO 217

— Eduardo Gomes Plastina

DOS ATOS NORMATIVOS EXPEDIDOS PELAS AUTORIDADES ADMINISTRATIVAS E SUA FUNÇÃO DE NORMAS COMPLEMENTARES DAS LEIS TRIBUTÁRIAS. DA ILEGALIDADE DO ART. 5º DA PORTARIA CONJUNTA PGFN/SRF 3, DE 25.8.2004 236

— Marcos Antonio Nepomuceno Feitosa

A CONSULTA ADMINISTRATIVA TRIBUTÁRIA NO SISTEMA CONSTITUCIONAL 245

— Júlio M. de Oliveira

LIMITES DA RESPONSABILIDADE DE AGENTE POLÍTICO POR DESCUMPRIMENTO DE "DEVERES INSTRUMENTAIS PREVIDENCIÁRIOS": UMA ANÁLISE DO ART. 41 DA LEI N. 8.212/1991 260

— Cristiane Mendonça

Revista de Direito Tributário

CADERNOS DE DIREITO TRIBUTÁRIO

Fundador: Rubens Gomes de Sousa (†)

CADERNOS DE DIREITO TRIBUTÁRIO

"GUERRA FISCAL" E O PRINCÍPIO DA NÃO-CUMULATIVIDADE NO ICMS

PAULO DE BARROS CARVALHO
Professor Titular de Direito Tributário da PUC/SP e da USP

1. Considerações iniciais: sobre a interpretação do direito

Quem se dispuser a conhecer o direito positivo não pode aproximar-se dele na condição de sujeito puro, despojado de atitudes axiológicas, como se estivesse perante um objeto da natureza. A neutralidade ideológica impediria, desde o início, a construção do sentido das normas jurídicas, tolhendo a investigação. O procedimento adequado de quem se põe diante do direito com pretensão cognoscente há de ser orientado pela "compreensão", já que se trata de um objeto cultural, e, numa atitude dialética, deve perceber a compostura material do fato, recoberta com os conteúdos de significação dos textos normativos, tudo inspirado nos valores que o legislador depositou (consciente ou inconscientemente, não importa), em sua linguagem prescritiva.

Se retivermos a observação de que o direito, como objeto cultural que é, carrega sempre valores e se pensarmos, ainda, que todo nosso empenho se dirige para construir significações a partir de um estrato de linguagem, não será difícil verificar a gama imensa de obstáculos que se levantam no percurso da interpretação. De um lado, os valores, cambiantes em função da ideologia de quem interpreta; de outro, os ingentes problemas que envolvem a linguagem, invariavelmente penetrada por dúvidas sintáticas e por questões semânticas e pragmáticas.

Conhecer o direito é, em última análise, compreendê-lo, interpretá-lo, produzindo, a partir dos textos, os conteúdos de significação da mensagem legislada. Tal empresa, contudo, nada tem de singela. Requer o envolvimento do intérprete com proporções inteiras do todo sistemático, incursionando pelos escalões mais altos e de lá regressando com vetores axiológicos ditados por certos enunciados que chamamos de "princípios". Além dessa construção de sentido que, no fundo, é a própria elaboração da norma jurídica, cabe ao intérprete aquilatar seu relacionamento sintático com outras normas do conjunto, ingressando nos temas da legalidade e da constitucionalidade.

Os estudos convencionais apontam-nos diversas técnicas interpretativas, dentre elas, a literal, a histórica, a lógica, a teleológica e a sistemática. Priorizo, desde logo, esta última, por se tratar do único modo coerente de se indagar das proporções de significado de uma norma jurídica. A razão é muito simples: se o direito é, antes de tudo, um sistema de enunciados prescritivos que se projetam sobre a região material das condutas, disciplinando-as nas suas relações de intersubjetividade, somente como sistema poderá ser compreendido.

1.1 Os "princípios jurídicos" e a compreensão do Direito

Tomamos o direito como o plexo de estruturas normativas existentes aqui e agora, que se projetam sobre a realidade social para ordená-la no que tange às relações interpessoais que nela se estabelecem, canalizando o fluxo das condutas em direção a certos valores que a sociedade anela e quer ver implantados. Reconhecemos no fenômeno jurídico algo extremamente complexo, no qual interferem fatores de naturezas distintas, num intensivo processo de miscigenação. A tipificação dos fatos que ingressam pela porta aberta das hipóteses normativas se dá mediante conceitos que o legislador formula: conceitos sobre os acontecimentos do mundo e conceitos sobre as condutas inter-humanas. Conceituar importa selecionar caracteres, escolher traços, separar aspectos, desprezando os demais. As singularidades irrelevantes, o legislador as deixa de lado, mesmo porque são em tal quantidade que o trabalho ganharia proporções infinitas. E surge o conceito, após a aplicação do critério seletivo que o legislador adotou, critério esse que nada mais é que um juízo de valor expedido em consonância com sua ideologia, tomada a palavra, neste ensejo, como pauta de valores, tábua de referências axiológicas.

Muito bem. Toda vez que houver acordo, ou que um número expressivo de pessoas reconhecerem que a norma "N" conduz a um vetor axiológico forte, cumprindo papel de relevo para a compreensão de seguimentos importantes do sistema de proposições prescritivas, estaremos diante de um "princípio". Princípio é uma regra portadora de núcleos significativos de grande magnitude, influenciando visivelmente a orientação de cadeias normativas, às quais outorga caráter de unidade relativa, servindo de fator de agregação para outras regras do sistema do direito positivo. Por essa razão, decidindo o legislador ordinário criar novo tributo ou alterar a disciplina daqueles já existentes, deve agir em perfeita consonância com os princípios constitucionais gerais e com os especificamente destinados ao âmbito tributário.

2. O princípio da não-cumulatividade e seu caráter constitucional

O texto da Constituição é o espaço, por excelência, das linhas gerais que informam a organização do Estado. A ordem jurídica apresenta normas dispostas numa estrutura hierarquizada, regida pela fundamentação ou derivação, que se opera tanto no aspecto material quanto no formal ou processual, o que lhe imprime possibilidade dinâmica, regulando, ele próprio, sua criação e seus modos de transformação. Examinando o sistema de baixo para cima, cada unidade normativa encontra-se fundada, material e formalmente, em normas superiores. Invertendo-se o prisma de observação, verifica-se que das regras superiores derivam, material e formalmente, regras de menor hierarquia. A Carta Magna exerce esse papel fundamental na dinâmica do sistema, pois nela estão traçadas as características dominantes das várias instituições que a legislação comum posteriormente desenvolverá.

Entre os assuntos versados pelo Texto Maior está o da competência legislativa tributária. Uma vez cristalizada a limitação do poder legiferante, pelo seu legítimo agente (o constituinte), a matéria se dá por pronta e acabada, devendo o legislador infraconstitucional regulá-la nos exatos termos constitucionalmente prescritos. Tratando-se de atribuição de competência, estão envolvidas não apenas autorizações, mas também limitações, não podendo a pessoa competente ultrapassar as fronteiras de sua atuação, demarcadas no Texto Supremo. Como já se manifestava Geraldo Ataliba,[1] "o sistema constitucional brasileiro é o mais rígido de quantos se conhece, além de complexo e extenso. Em matéria tributária tudo foi feito pelo constituinte, que afeiçoou integralmente o sistema, entregando-o pronto e acabado ao legislador ordinário, a quem cabe somente obedecê-lo, em nada podendo contribuir para plasmá-lo". Temos no Brasil, portanto, minuciosa discriminação das competências tributárias, em que é relacionado, de forma pormenorizada, o campo tributável atribuído a cada pessoa política.

Dentre as diversas formas empregadas pelo constituinte para esboçar as competências legiferantes voltadas à instituição de tributos, os princípios constitucionais assumem especial relevância, visto que configuram preceitos a serem observados pelo legislador infraconstitucional, no momento da criação das normas jurídicas tributárias. A Carta Fundamental estabeleceu, minuciosamente, o campo e os limites da tributação, erigindo um feixe de princípios constitucionais com o fim de proteger os cidadãos de abusos do Estado na instituição e exigência de tributos. Desse modo, o legislador, ao criar as figuras de exação, deve percorrer o caminho determinado pela Constituição da República, observando atentamente as diretrizes por ele eleitas.

Alguns dos princípios previstos pela Constituição regem todo o ordenamento jurídico, sendo, conseqüentemente, aplicados ao campo tributário: são os princípios constitucionais gerais. Outros, porém, regem especificamente o desempenho da função impositiva de tributos pelas pessoas políticas: são os princípios constitucionais tributários. Dentro desse último subdomínio, encontramos, ainda, regras dirigidas a categorias específicas de tributos, devido às peculiaridades que as envolvem. É o que se verifica com a *não-cumulatividade*, diretriz constitucional voltada a impostos plurifásicos, representados pelo IPI e pelo ICMS.[2]

O princípio da não-cumulatividade, não obstante configure "limite objetivo", está ligado à realização de valores de lídima grandeza, como o da justiça da tributação, o do respeito à capacidade contributiva do administrado e o da uniformidade na distribuição da carga tributária. Dirigido aos tributos plurifásicos, que gravam as diversas etapas de uma cadeia produtiva ou de circulação de bens ou serviços, o princípio da não-cumulatividade apresenta-se como técnica que atua sobre o conjunto das operações econômicas entre os vários setores da vida social, visando a evitar que o impacto da percussão tributária provoque certas distorções já conhecidas pela experiência histórica, como a tributação em cascata.

Entre as possibilidades de disciplina jurídica neutralizadoras dos conhecidos desvios de natureza econômica, o constituinte adotou caminho específico, que se concretiza com o direito ao crédito do imposto para aquele contribuinte que adquire determinado bem. Para realizar esse imperativo proposto pela Constituição da República, foi assegurada a existência do direito ao crédito para aquele que adquire mercadoria ou insumo, com o fim de dar seqüência às várias etapas dos procedimentos de industrialização ou de comercialização. Mas o direito ao crédito não basta. Para tornar efetivo o princípio da não-cumulatividade exige-se, em cada ciclo, a compensação entre a relação do direito ao crédito (nascida com a entrada do bem) e a relação jurídica tributária (que nasce com a saída do bem). É por esse motivo que o direito ao crédito daquele que participa das

1. *Sistema Constitucional Tributário Brasileiro*, São Paulo, Ed. RT, 1968, p. 21.

2. A Carta Magna também exige observância à não-cumulatividade para a instituição de impostos e contribuições residuais, caso estes venham a apresentar características inerentes a tributos plurifásicos, além da previsão de aplicabilidade desse princípio às contribuições para a seguridade social incidentes sobre o faturamento ou receita e importação.

fases do ciclo da não-cumulatividade é tão necessário na consecução dessa técnica impositiva.

A dinâmica que expus reproduz-se, ponto por ponto, em cada período de apuração, irradiando-se pela cadeia produtiva e de comercialização dos produtos e das mercadorias, de tal modo que torne efetivo, concretamente, o preceito constitucional da não-cumulatividade: o contribuinte recolhe ao Fisco a diferença entre os créditos e os débitos, naquele intervalo de tempo. Tudo, para que seja respeitado, em sua inteireza, o princípio constitucional da não-cumulatividade.

3. O princípio da não-cumulatividade no ICMS

A Constituição de 1988, cuidando da instituição do imposto estadual incidente sobre operações relativas à circulação de mercadorias e sobre prestações de serviços de transporte interestadual e intermunicipal e de comunicações (ICMS), prescreve que este "será não-cumulativo, compensando-se o que for devido em cada operação relativa à circulação de mercadorias ou prestação de serviços com o montante cobrado nas anteriores pelo mesmo ou outro Estado ou pelo Distrito Federal" (art. 155, § 2º, I). Erigiu, com esse enunciado, verdadeiro princípio constitucional, cujo alcance não pode ser diminuído nem anulado por normas infraconstitucionais.

A conclusão acima decorre do teor do art. 155, § 2º, II, "a" e "b", da Carta Magna. Sendo a não-cumulatividade um princípio constitucional, sua amplitude somente poderá ser contida por enunciados previstos no próprio Texto Supremo. E este determina que apenas nos casos de isenção ou não-incidência do ICMS sobre a operação relativa à circulação de mercadoria ou serviço, não será esta geradora do direito ao crédito. Só as operações dessa natureza que se encontrarem fora do campo de incidência da regra-matriz do imposto estadual, em princípio, também não ensejarão a incidência da regra-matriz do direito ao crédito. Em todas as demais operações relativas à circulação de mercadorias ou serviços que possam ser subsumidas à hipótese de percussão do tributo, haverá nascimento de crédito.

Ainda assim, mesmo no caso de isenções e não-incidência, o constituinte outorgou, explicitamente, competência para o Poder Público recuperar a integridade do magno princípio da não-cumulatividade, na medida em que inseriu a cláusula "*salvo determinação em contrário da legislação*" (art. 155, § 2º, II). Com isso, está autorizado o legislador infraconstitucional a fazer valer o princípio da não-cumulatividade mesmo em operações que se encontrarem fora do campo de incidência da regra-matriz do ICMS, e que, originalmente, também não sofreriam a incidência da regra-matriz do direito ao crédito.

Como princípio constitucional, a não-cumulatividade configura mandamento estrutural básico do sistema tributário, que orienta a atividade do legislador ordinário ao instituir a regra-matriz de incidência dos tributos a ele sujeitos, como é o caso do ICMS. Funciona, também, como norte ao intérprete, o qual, ao efetuar a aplicação do direito, não pode esquivar-se da observância a essa regra. É, pois, norma que auxilia na delimitação constitucional da competência tributária, considerada em termos normativos gerais e abstratos, bem como na determinação da possibilidade constitutiva do comando individual e concreto, não podendo ter seu alcance diminuído, modificado ou anulado, quer pela legislação complementar, quer pela ordinária e, muito menos, por atos infralegais.

Por isso mesmo, na hipótese de concessão de regime especial que acarrete benefícios fiscais ao contribuinte, os Estados e o Distrito Federal hão de tomar o máximo cuidado para não ofender o princípio da não-cumulatividade. É evidente que a solução de pendências administrativas, no que concerne à adaptação de situações concretas à sistemática do ICMS, não pode ser feita em detrimento de mandamentos superiores que fixem os traços fundamentais do imposto. A não-cumulatividade dista de ser mera recomendação do legislador constituinte, para fins de orientação das entidades tributantes. É diretriz básica, sem observância da qual se quebra a homogeneidade do imposto, rompendo-se o programa nacional que a Constituição estipulou. Nenhum Estado ou o Distrito Federal poderá passar ao largo desse princípio. É algo que se impõe com caráter incisivo a todos os destinatários.

3.1 Não-incidência e isenção: únicas exceções constitucionais ao direito ao crédito de ICMS

Realizado o acontecimento da hipótese de incidência prevista no ordenamento jurídico tributário e constituído o fato pela linguagem competente, propaga-se o efeito jurídico próprio, instalando-se o liame mediante o qual uma pessoa, sujeito ativo, terá o direito subjetivo de exigir de outra, sujeito passivo, o cumprimento de determinada prestação pecuniária. Eis a fenomenologia da incidência tributária. Esta requer, por um lado, a norma jurídica válida e vigente; por outro, a realização do evento juridicamente vertido em linguagem que o sistema indique como própria e adequada. Estaremos diante de não-incidência, portanto, sempre que algum desses elementos não estiver presente.

Da observação do direito positivo brasileiro, identificamos as seguintes causas de não-incidência:

(i) ausência do fato jurídico tributário;

(ii) inexistência da regra-matriz de incidência tributária, a qual, conquanto autorizada constitucionalmente, não foi produzida pelo legislador ordinário;

(iii) falta de previsão constitucional que atribua competência para a tributação de determinado acontecimento;

(iv) incompetência para a tributação de situações específicas, por expressa determinação na Carta Magna (imunidade tributária).

Sendo a "não-incidência" uma das hipóteses eleitas pelo constituinte como obstáculo ao aproveitamento de créditos de ICMS, salvo se a legislação infraconstitucional dispuser em sentido contrário, verificadas as situações acima, não nascerá, para o contribuinte, relação jurídica de direito a crédito.

Cabe registrar, ainda, que em todas as situações de não-incidência, supra-relacionadas, inexiste direito ao crédito e, igualmente, não há nascimento da obrigação tributária. Isso ocorre exatamente porque falta algum elemento necessário à subsunção.

A isenção tributária, por sua vez, também é hipótese de não-incidência tributária. Sua configuração, porém, é mais complexa: não decorre de mera ausência de elemento normativo, oriundo de inatividade do legislador. Ao contrário, o órgão legislativo competente age, editando a norma isentiva que atua sobre a regra-matriz de incidência, investindo contra um ou mais critérios de sua estrutura, para mutilá-los parcialmente. Com efeito, trata-se de encontro de duas normas jurídicas que têm por resultado a inibição da incidência da hipótese tributária sobre os eventos abstratamente qualificados pelo preceito isentivo, ou que tolhe sua conseqüência, comprometendo-lhe os efeitos prescritivos da conduta.

Se o fato é isento, sobre ele não opera a incidência e, portanto, não há que falar em fato jurídico tributário, nem tampouco em obrigação tributária. E se a isenção se der pelo conseqüente, a ocorrência fáctica encontrar-se-á tolhida juridicamente, já que sua eficácia não poderá irradiar-se.

De qualquer maneira, guardando sua autonomia normativa, a regra de isenção ataca a própria esquematização formal da norma-padrão de incidência, para destruí-la em casos particulares, sem aniquilar a regra-matriz, que continua atuando regularmente para outras situações. Se a operação é isenta, a regra-matriz de incidência tributária fica neutralizada, não havendo falar-se em acontecimento do "fato gerador" e, por via de conseqüência, em nascimento da obrigação tributária.

Essas são as duas únicas situações em que a operação relativa à circulação de mercadorias não acarretará crédito de ICMS. Em todos os demais casos, ainda que verificada alguma espécie de benefício fiscal, haverá direito ao crédito.

4. O princípio da hierarquia como autêntico axioma dos sistemas normativos

Chega a ser contra-sentido falar em sistemas de normas sem organização hierárquica. Se o valor integra a própria raiz do dever-ser e se um de seus predicados sintáticos é a gradação dos preceitos em escala de hierarquia, o deôntico vem, desde logo, marcado pela presença indispensável dessa cadeia de vínculos de subordinação. E o critério de pertinência de uma norma a dado sistema reside na contingência de que as múltiplas unidades busquem seu fundamento de validade em outras que lhes sejam superiores. Essa linha de relacionamento vertical corta todo o conjunto, delineando o percurso das regras terminais, que se aproximam das condutas mesmas reguladas pelo direito, até chegar às normas de superior importância, situadas no patamar da Constituição, e prosseguindo, numa derradeira associação, para encontrar a norma hipotética fundamental, pressuposto gnoseológico do conhecimento jurídico, como imaginou Kelsen. Nesse trajeto, contado de preceito a preceito, configura-se a unidade da ordem jurídica, pois todas as mensagens prescritivas hão de convergir para um único ponto. Unidade que pode conviver tanto com a unicidade como com a pluricidade. O sistema brasileiro é uno e único, isto é, tem unidade e unicidade.

É preciso enfatizar que a quebra de qualquer elo de ligação nas relações de subordinação entre as regras do sistema rompe a seqüência da causalidade jurídica, abrindo brechas que comprometem o funcionamento do conjunto, inibindo-lhe a eficácia.

Ora, se assim é, a hierarquia assume proporções decisivas para a operacionalidade da ordem jurídica total, motivo pelo que atua como fator de conexão entre as várias entidades do sistema.

Para além disso, a acomodação de cada norma nos diversos patamares do direito posto é uma função da hierarquia da fonte que a produziu. Se a prescrição adveio de emenda ao Texto Supremo, alojar-se-á no mais alto escalão hierárquico. Agora, se foi introduzida por decreto do Presidente da República, ficará acima das instruções normativas, porém abaixo das leis ordinárias. Eis o laço de subordinação traçando a verticalidade do ordenamento e oferecendo critério seguro para a arrumação sintática das muitas unidades do sistema. A pergunta que se faz, quando da análise de uma proposição prescritiva qualquer, é sempre esta: qual o veículo que a introduziu na ordem positiva? Apenas depois de resolvido esse problema de natureza formal e conhecida a posição da norma no contexto geral, é que passamos a considerar seus aspectos lógico-semânticos, tendo em vista a construção de sentido que chamamos de tarefa interpretativa. A interpretação da regra de direito passa a ser um *posterius* com relação a esse esforço inicial de identificação do nível que a norma ocupa nos diversos setores hierárquicos do conjunto.

Creio não ser preciso dizer mais nada sobre a transcendente importância da hierarquia para o direito, que se move sempre para preservá-la, uma vez que seu desaparecimento mexe com a consistência interna, provocando equiparação inaceitável entre seus componentes, o que torna impossível a decisão a propósito de saber que norma deva prevalecer entre duas que apresentem o mesmo conteúdo, mas sejam expedidas com os modais deônticos opostamente invertidos. Por exemplo, entre a sentença do magistrado e o acórdão do tribunal, toda vez que as mensagens sejam contrárias ou contraditórias.

A hierarquia, enfim, é um valor caríssimo ao direito que, sem ela, não sobrevive, sendo punidas, severamente, as iniciativas dos que a ignorem. Vale repisar que inexiste unidade normativa, no sistema, sem ocupar um dos muitos tópicos na complexa arquitetura sintática da ordem posta. Daí por que a observância da gradação hierárquica venha a ser pressuposto do funcionamento do sistema, como é condição também indeclinável da própria atividade cognoscente das mensagens prescritivas. Se não houver referência ao diploma introdutor, que qualifica o padrão de juridicidade das normas por ele introduzidas, como reconhecer um dispositivo constitucional? De que modo outorgar a importância, muitas vezes de cunho nacional, que a lei complementar merece? De ver está que a hierarquia, tomada como condição cognoscitiva, torna-se igualmente condição de aplicação do direito vigente, o que nos força identificar nela a força propulsora da operatividade da ordem jurídico-prescritiva.

Refletindo sobre tais aspectos é que vejo na hierarquia não apenas um princípio ou mesmo um sobreprincípio, mas um verdadeiro axioma do sistema normativo. E é exatamente por esse prisma que tomo a desconsideração dos liames de subordinação hierárquica como o mais grave atentado que pode sofrer uma ordem jurídico-positiva, residindo na instituição das nulidades e das anulabilidades, as providências imediatas com que o direito responde a essa violação de seu postulado fundamental.

4.1 Relação de constitucionalidade e relação de legalidade

Ao tomar a hierarquia como algo mais que um princípio, um verdadeiro axioma dos sistemas jurídicos, dado seu caráter de absoluta necessidade, não me detive para examinar as variações que os vínculos de subordinação vão experimentando na extensão do direito posto. Conquanto o laço hierárquico sempre deva existir entre unidades da mesma cadeia normativa, em algumas circunstâncias o sistema se torna enfático, acentuando patamares que adquirem evidência, desde o exame do primeiro momento. Quero referir-me a escalões da ordem jurídica, não só bem definidos, como carregados de intensa valoração: (i) o domínio das normas constitucionais, remetendo o exegeta ao domínio complementar das normas infraconstitucionais, e (ii) o conjunto das normas legais, sugerindo o conjunto complementar das normas infralegais.

No direito brasileiro, essas classes são separadas, incisivamente, por firmes determinações axiológicas. Fala-se, portanto, em "supremacia da Constituição" e em "princípio da legalidade", imprimindo a tais expressões valores significativos e vigorosos. Pertencer à Constituição é o predicado mais importante que uma norma jurídica pode ostentar. Numa visão intra-sistêmica, são dois mundos diferentes, dotados de diversos teores de juridicidade. Da mesma maneira, integrar o espaço das normas legais é atributo expressivamente relevante das unidades normativas, credenciadas pelo poder de inovar a ordem jurídica, criando direitos e deveres correspectivos.

Como todo o sistema é cortado pelo timbre da hierarquia, fica dispensado dizer que sempre haverá uma regra superior e outra inferior. Mas, as diferenças dentro das classes e subclasses inferiores não têm a mesma significação daqueles dois estratos.

Pois bem. Focalizemos o Texto Constitucional para colocá-lo como linha de referência entre as proposições prescritivas nele contidas e todas as demais, sotopostas à Lei Suprema. Ao vínculo que há de existir, conectando as unidades do conjunto e de seu complemento, em nexo de subordinação, com preceito subordinante e preceito subordinado, chamarei de "relação de constitucionalidade".

Ao mesmo tempo, se deslocarmos nossa atenção para o intervalo das normas jurídicas introduzidas por lei ou por figuras do procedimento legislativo que a ela se equiparem (decretos legislativos, resoluções e medidas provisórias), montaremos uma classe que, como toda classe, tem seu complemento: o universo das formulações prescritivas infralegais, isto é, todas as regras da ordenação jurídica que forem de hierarquia inferior àquela espécie legislativa, tomada, aqui, em sentido amplo. Eis os dois pólos que se ligam formando a "relação de legalidade", também envolvendo uma norma subalternante e outra subalternada.

Se, como disse linhas acima, verificarmos de modo profuso a existência de muitas conexões de subordinação distribuídas pelo espaço coberto pelo sistema, dada a presença inafastável do axioma da hierarquia, somente por um corte metódico, ser-me-á possível suspender a atenção para essa multiplicidade relacional, concentrado o interesse apenas naqueles vínculos a que aludi: "relação de constitucionalidade" e "relação de legalidade". Acrescento, a título de elucidação do sentido dessas locuções, que nelas não se incluem os vínculos de coordenação, vale dizer, norma constitucional com norma constitucional ou norma legal com norma legal.

Impende repetir que a "relação de constitucionalidade", para efeitos deste estudo, se estabelece entre preceito integrante da Constituição brasileira e qualquer outra regra jurídica de estatura infraconstitucional. Da mesma maneira, a "relação de legalidade" há de cumprir-se, invariavelmente, unindo prescrição constante de lei, ou de ato normativo a ela equiparado, a prescrição de nível infralegal.

4.2 Supremacia da Constituição, relação de constitucionalidade e suas implicações na relação de legalidade

O valor que está na raiz da relação de constitucionalidade é, precisamente, o da supremacia da constituição, significando que todas as unidades normativas do nosso sistema buscam fundamento de validade em normas de superior hierarquia, até tocar o plano constitucional, ponto de chegada das cadeias de regras no processo de fundamentação e ponto de partida das cadeias de normas que nela, Constituição, têm origem, se pensarmos no processo de derivação.

É bom salientar que tal supremacia se exerce tanto em termos formais como materiais. O Brasil, bem o sabemos, tem uma estrutura constitucional rígida, de modo que as modificações que nela se pretendam inserir passam por procedimentos especiais, diferentes daqueles previstos para a alteração das normas infraconstitucionais. Mencione-se, também, que o guardião da constitucionalidade, o órgão a quem compete deliberar, com foros de exclusividade, sobre temas dessa magnitude é o Supremo Tribunal Federal, consoante determina o art. 102 da Carta Magna.

Já a estimativa que inspira a relação de legalidade é o princípio da absoluta necessidade de lei (sentido amplo) para inovar a ordem jurídica brasileira. Di-lo o art. 5º, II, da Constituição da República: "ninguém será obrigado a fazer ou deixar de fazer alguma coisa senão em virtude de lei".

Como expressão do assentimento dos administrados, expressa por seus representantes, a lei foi assumindo o caráter de expediente indispensável para o surgimento de direitos e deveres jurídicos correlatos, num lento e progressivo processo de consolidação nos países civilizados. Nos dias de hoje não se concebe o estabelecimento de qualquer dever imposto ao cidadão, se os mandatários da representação popular sobre ele não tiverem discutido e aprovado. É o cânone da legalidade, que para o direito tributário, no que tange à criação, majoração ou alteração de prescrições relativas a tributos, adquire as proporções de "estrita legalidade".

5. ICMS — Princípio da solidariedade nacional, da eqüiponderância ou homogeneidade de sua incidência

O caráter nacional do ICMS é máxima que sobressai do sistema com grande vigor de juridicidade. Não se aloja na formulação expressa de qualquer dos dispositivos constitucionais tributários, mas está presente nas dobras de inúmeros preceitos, irradiando sua força por toda a extensão da geografia normativa desse imposto. Sua importância é tal que, sem o invocarmos, fica praticamente impossível a compreensão da regra-matriz do ICMS em sua plenitude sintática e em sua projeção semântica. Os conceitos de operação interna, interestadual e de importação; de consumidor final, contribuinte, responsável e substituto tributário; de compensação do imposto, base de cálculo e alíquota, bem como o de isenção e de outros benefícios fiscais, estão diretamente relacionados com diplomas normativos de âmbito nacional, válidos, por mecanismos de integração, para todo o território brasileiro.

Lembremo-nos de que nosso direito positivo abrange quatro distintos plexos normativos: a ordem total, a das regras federais, a das regras estaduais e o feixe dos preceitos jurídicos dos Municípios. Desses conjuntos integrados de normas que formam a complexidade do sistema jurídico nacional, os três primeiros são próprios do esquema federativo, ao passo que o último revela peculiaridade do regime constitucional brasileiro. Tudo, aliás, pode ser resumido na coalescência de quatro sistemas: (i) o sistema nacional; (ii) o sistema federal; (iii) os sistemas estaduais; e (iv) os sistemas municipais. Se as diferenças entre a ordem federal, a estadual e a municipal são claramente perceptíveis, fato idêntico não sucede entre a organização jurídica do Estado Federal (sistema nacional) e a da União (sistema federal). Para tanto, em trabalho insuperável, Oswaldo Aranha Bandeira de Mello[3] apresenta os sinais correspondentes aos dois arranjos, de forma precisa e juridicamente escorreita, dizendo que são ordens jurídicas especiais, visto que as respectivas competências se circunscrevem aos campos materiais que lhes são indicados pela ordem jurídica total. Esta, a ordem jurídica total, está na Constituição do Estado Federal e sua complementação no contexto da legislação nacional.

Pois bem. Há um significativo número de preceitos normativos sobre o ICMS que pertencem ao "sistema nacional", já que valem, indistintamente, em todo o território brasileiro. Agora, como esse subconjunto dispõe a respeito de pontos da intimidade estrutural do gravame, claro está que o conhecimento apurado da regra-matriz do imposto depende da consideração daquelas normas nacionais.

Acrescentemos também que a preservação da rigorosa discriminação de competências impositivas se dá pela ação das "normas gerais de direito tributário", seja regulando as limitações constitucionais ao poder de tributar, seja dispondo sobre conflitos de competência entre as entidades tributantes, modo pelo qual o constituinte amarrou os domínios da possibilidade legiferante de cada um, num dispositivo apto para ser acionado, tão logo apareçam sinais de violação do sistema.

A trama normativa das regras de caráter nacional sobre impostos federais, estaduais e municipais é hoje, verdadeiramente, densa e numerosa. Alcança todos os impostos, além das taxas e das contribuições, mas com relação ao ICMS excede os limites da tradição legislativa brasileira. Não há setor do quadro positivo desse tributo que não experimente forte e decidida influência de preceitos do sistema nacional. Sua própria instituição não é faculdade dos Estados e do Distrito Federal: é procedimento regulado com o modal "O" (obrigatório), ao contrário do que sucede com as demais figuras de tributos. O imposto sobre grandes fortunas, previsto no inciso VII, do art. 153, da Constituição, por exemplo, até agora simplesmente não foi instituído, ainda que a União possa fazê-lo a qualquer instante. São muitos os Municípios que não criaram o ISS, a despeito de terem competência para tanto. Se isso mos-

3. *Natureza Jurídica do Estado Federal*, São Paulo, Ed. RT, 1937, pp. 40-51.

tra, de um lado, que as competências se exprimem como faculdades (F) outorgadas às pessoas políticas, por outro fica evidente a posição do ICMS, em que o titular da competência impositiva não pode deixar de legislar, ficando tolhido a disciplinar o imposto consoante os traços que o constituinte esboçou, ou seja, os titulares da competência são obrigados a instituir o ICMS e, para isso, devem seguir os termos estritos que as leis complementares e as resoluções do Senado prescrevem, por virtude de mandamentos constitucionais.

Está aí, bem nítido, pintado com tintas fortes, em regime de severa gravidade, o caráter nacional de que falamos, surpreendido no plano da linguagem-objeto, que é a linguagem do direito positivo. São normas jurídicas válidas no sistema vigente que, entrelaçadas organicamente, apontam para a existência desse valor, exibindo-o de modo ostensivo. Sua verificação salta aos olhos do menos impertinente dos pesquisadores, pelo vigor e pela freqüência com que se manifesta.

Os traços do ICMS estão assinalados como marcas indeléveis, incisões profundas que lhe dão uma fisionomia singular, quer em confronto com os demais impostos do Brasil, quer em padrões de direito comparado. É assim que os autores proclamam o princípio da uniformidade, da solidariedade nacional, da eqüiponderância ou da harmonia global da incidência, para indicar a propriedade que o tributo tem de manter-se o mesmo, com idênticas proporções semânticas, com uma e somente uma projeção significante para todo o território brasileiro. Firmado o modelo comum, não se concebe que nenhuma das entidades políticas venha a dele discrepar, intrometendo modificações substantivas. Por se tratar de requisito indispensável em termos de concepção econômica, pois as várias operações de circulação hão de integrar-se em bloco para que o gravame atinja, verdadeiramente, o valor acrescido de uma regra-matriz fixa, imutável, esse princípio requer-se observado pela comunidade dos Estados e do Distrito Federal.

6. Função da lei complementar como mecanismo de ajuste que assegura o funcionamento do sistema

A despeito de complexo, nosso ordenamento tributário tem sua racionalidade, de tal sorte que os destinatários, se desejarem, não ficarão perdidos, entregues à prática de construções de sentido desenvolvidas livremente, cada qual emitindo interpretações talhadas por seu exclusivo modo de compreensão e orientadas por sua particular ideologia. O direito posto fixa valores, impõe direcionamento à regulação das condutas, empregando sempre os modais deônticos obrigatório (Op), proibido (Vp) e permitido (Pp), mas sofreando os arroubos intelectivos do receptor das mensagens, mediante vetores expressos ou implícitos, aptos para condicionar o raciocínio exegético e limitar a progressão de estimativas individuais dentro de padrões axiológicos que garantam uniformidade, harmonia e unidade no grande *factum* comunicativo que é o direito.

O delicado relacionamento entre a União, os Estados-membros, os Municípios e o Distrito Federal, pessoas políticas portadoras de autonomia, dá-se pela distribuição rígida das competências impositivas, estabelecidas em faixas exclusivas, pela técnica tabular, vale dizer, enumerando-se imposto por imposto, com suas especificidades. No que tange às taxas e às contribuições, por sua vez, há parâmetros seguros que eliminam, quase que por completo, a possibilidade de entrechoques jurídicos de pretensão tributante.

Ao lado disso e para além de tais cuidados, que ostentam a preocupação do constituinte em manter o esquema federativo, a instituição da República, a autonomia dos Municípios e o rico feixe de direitos e de garantias individuais, está a operativa função da lei complementar, com sua natureza ontológico-formal, dispondo sobre matéria que a Constituição expressamente indica, mas requerendo sempre a adoção de procedimento compositivo mais rigoroso (maioria absoluta nas duas Casas do Congresso).

A legislação complementar cumpre assim, em termos tributários, relevante papel de mecanismo de ajuste, calibrando a produção legislativa ordinária em sintonia com os mandamentos supremos da Constituição da República.

Percebo, contudo, a legislação complementar operando de dois modos diferentes: (i) como instrumento das chamadas "normas gerais de direito tributário", isto é, introduzindo aqueles preceitos que regulam as limitações constitucionais ao exercício do poder tributário, bem como os que dispõem sobre conflitos de competência entre as pessoas políticas de direito constitucional interno; e (ii) como veículo deliberadamente escolhido pelo legislador constituinte, tendo em vista a disciplina jurídica de certas matérias.

O conteúdo de tais considerações força-nos a concluir que se atinarmos à significação axiológica dos grandes princípios constitucionais, se observarmos os limites objetivos que a Constituição estabelece e se nos ativermos ao dinamismo da legislação complementar, exercitando as funções que lhe são próprias, poderemos compreender, adequadamente, os comandos tributários, atribuindo-lhes o conteúdo, sentido e alcance que a racionalidade do sistema impõe. Tudo, entretanto, no pressuposto de que se observe, com o máximo rigor, com toda a radicalização e com inexcedível intransigência, o axioma fundamental da hierarquia, juntamente com o princípio da reserva legal, considerado como aquele segundo o qual os conteúdos deônticos devem ser introduzidos no ordenamento jurídico mediante o veículo normativo eleito pela regra competencial. Sem observação de tais peculiaridades o sistema se dissolve, transformando-se num amontoado de proposições prescritivas, sem organização sintática e sem critério que nos possa orientar para estabelecer a multiplicidade intensiva e extensiva das normas jurídicas, nos vários patamares do direito posto.

Posso resumir para dizer que o constituinte elegeu a legislação complementar como o veículo apto a pormenorizar, de forma cuidadosa, as várias outorgas de competência atribuídas às pessoas políticas, compatibilizando os interesses locais, regionais e federais, debaixo de disciplina unitária, verdadeiro corpo de regras de âmbito nacional, sempre que os elevados valores do Texto Supremo estiverem em jogo. A regra é a franca utilização das competências constitucionais pelas entidades políticas portadoras de autonomia. Quando, porém, qualquer daquelas diretrizes da Lei Maior estiver na iminência de ser violada, pelo exercício regular da atividade legiferante das pessoas políticas, podendo configurar-se conflito jurídico no campo das produções normativas, ingressa a lei complementar colocando no ordenamento "normas gerais de direito tributário", atuando na regulação das limitações constitucionais ao poder de tributar e regendo matérias que, a juízo do constituinte, parecem suscitar maior vigilância, estando por merecer, por isso, cuidados especiais.

Assim, diante da complexidade do assunto e objetivando evitar eventuais conflitos de competência, bem como conferir harmonia e uniformidade à disciplina jurídica do ICMS, o constituinte houve por bem eleger a lei complementar como veículo introdutor de determinadas normas jurídicas tributárias, especificadas no art. 155, § 2º, inciso XII, da Constituição:

> XII — cabe à lei complementar:
>
> a) definir seus contribuintes;
>
> b) dispor sobre substituição tributária;
>
> c) disciplinar o regime de compensação do imposto;
>
> d) fixar, para efeito de sua cobrança e definição do estabelecimento responsável, o local das operações relativas à circulação de mercadorias e das prestações de serviços;
>
> e) excluir da incidência do imposto, nas exportações para o exterior, serviços e outros produtos além dos mencionados no inciso X, "a";

f) prever casos de manutenção de crédito, relativamente à remessa para outro Estado e exportação para o exterior, de serviços e de mercadorias;

g) regular a forma como, mediante deliberação dos Estados e do Distrito Federal, isenções, incentivos e benefícios fiscais serão concedidos e revogados;

h) definir os combustíveis e lubrificantes sobre os quais o imposto incidirá uma única vez, qualquer que seja a sua finalidade, hipótese em que não se aplicará o disposto no inciso X, "b";

i) fixar a base de cálculo, de modo que o montante do imposto a integre, também na importação do exterior de bem, mercadoria ou serviço.

Todos esses são temas que o constituinte considerou especiais e merecedores de maior vigilância, demandando disciplina cuidadosa, a ser introduzida no ordenamento mediante veículo normativo de posição intercalar, em decorrência de seu procedimento legislativo mais complexo.

Está-se diante de típico exemplo do papel de ajuste reservado à legislação complementar, para garantir a harmonia que o sistema requer, imprescindível à regulamentação de imposto que, conquanto incluído na competência dos Estados e do Distrito Federal, apresenta caráter nacional. É o que ocorre com o imposto incidente sobre operações relativas à circulação de mercadorias e prestações de serviços de transporte interestadual e intermunicipal e de comunicação — ICMS, para o qual exigiu o constituinte a edição de lei complementar estabelecendo a forma como, mediante deliberação das pessoas políticas tributantes, isenções, incentivos e benefícios fiscais seriam concedidos e revogados.

7. As prescrições veiculadas pela Lei Complementar 24/1975

Além de conferir ao legislador complementar a competência para uniformizar a disciplina do sistema tributário brasileiro (art. 146, I a III), o constituinte houve por bem especificar essa função no que diz respeito ao ICMS, estabelecendo, no art. 155, § 2º, XII, caber a esse veículo normativo dispor sobre diversos aspectos do imposto estadual, dentre eles, *regular a forma como, mediante deliberação dos Estados e do Distrito Federal, isenções, incentivos e benefícios fiscais serão concedidos e revogados*. Diante da inércia do Congresso Nacional em regulamentar o assunto, vem sendo aplicada a Lei Complementar 24/1975, editada sob a vigência da Constituição anterior.

Dão margem a ingentes discussões, entretanto, as mensagens prescritivas introduzidas no ordenamento brasileiro pela Lei Complementar 24/1975. E, no meu entender, justificadamente. A começar pelo tema da própria recepção na ordem instaurada com a Constituição de 1988, os dispositivos veiculados por aquele Diploma se prestaram a interpretações dissonantes, comprometendo, de certa forma, os objetivos que inspiram sua instituição.

O primeiro argumento que torna duvidosa a constitucionalidade da Lei Complementar 24/1975 decorre do fato de que a Constituição de 1967 determinava, no art. 23, § 6º, que as isenções do então ICM seriam concedidas ou revogadas nos termos fixados em convênios, celebrados e ratificados pelos Estados, segundo o disposto em lei complementar. O legislador complementar, entretanto, extrapolou a competência que lhe foi outorgada pelo constituinte, disciplinando não apenas a concessão e revogação de isenções, mas de toda e qualquer espécie de benefício relacionado ao imposto estadual, estando, por via de conseqüência, maculada em sua origem.

Além disso, a Lei Complementar 24/1975 dispôs, também, sobre sanções aos contribuintes envolvidos nas operações ilegitimamente beneficiadas. Em total agressão ao ordenamento jurídico pátrio, estabeleceu, no art. 8º, ser ineficaz o crédito fiscal relativo às operações beneficiadas, autorizando, simultaneamente a exigência do imposto reduzido em razão do incentivo tributário. A literalidade de tal dispositivo poderia levar ao equivocado entendimento de que, independentemente de julgamento por parte do tribunal competente — o STF —, as normas relativas à concessão de benefícios não teriam presunção de validade e o princípio da não-cumulatividade do ICMS não deveria ser respeitado. Tal conclusão, entretanto, não encontra respaldo no sistema constitucional brasileiro, que reserva ao Judiciário a apreciação de toda e qualquer lesão ou ameaça de lesão a direito, afastando completamente a figura da autotutela.

Ademais, cumpre observar que, considerado o caráter nacional do ICMS e o imperativo princípio da não-cumulatividade desse imposto, a anulação dos efeitos da norma jurídica concessiva de benefício fiscal teria como efeito restabelecer a exigência dos valores dispensados ou devolvidos pela Administração Pública ao contribuinte, e não alternativa ou cumulativamente, como pretendeu o legislador complementar, implicar a anulação do crédito de ICMS e a exigência do imposto dispensado pelo Estado de destino.

Não podemos esquecer que o Texto Constitucional atribui ao legislador complementar a competência para fixar a ***forma*** de concessão das isenções, incentivos e benefícios fiscais, sem, no entanto, permitir a determinação de sanções à sua inobservância, muito menos quando a sanção estabelecida acarreta a anulação de créditos, em manifesta violação ao princípio da não-cumulatividade, e possibilita a exigência do ICMS pelo Estado ou Distrito Federal de destino da mercadoria ou serviço, pessoa política que, nos termos da Constituição da República, não é competente para tanto. Esse o motivo pelo qual entendo que o art. 8º da Lei Complementar 24/1975 não foi recepcionado pela Carta de 1988.

Havendo descumprimento da forma exigida para concessão de isenção, benefício ou incentivo fiscal, incumbe ao Judiciário apreciar sua constitucionalidade, e, caso seja declarada inconstitucional, cabe ao Estado de origem da mercadoria a exigência do tributo que havia sido dispensado, sendo inadmissível a vedação do crédito do contribuinte ou a cobrança do ICMS pelo Estado destinatário do bem.

8. Algumas anotações sobre a chamada "guerra fiscal"

Na multiplicidade de aspectos que podem ser levantados pelo desacordo de opiniões entre as pessoas políticas de direito constitucional interno, dúvidas não há de que se estabeleceu aquilo que chamamos de "guerra fiscal" entre as unidades da Federação. A expressão assume indisfarçáveis conotações políticas, mas reflete, também, no campo de sua amplitude semântica, um plexo de relações jurídicas não conciliadas segundo os princípios da harmonia que o constituinte de 1988 previu. Aliás, diga-se de passagem, a "guerra fiscal" tem seu lado positivo, manifestado no empenho que as entidades tributantes realizam para atrair investimentos, buscando por esse meio acelerar o desenvolvimento econômico e social, com benefícios significativos para a Administração e para os administrados. Sobremais, como tudo há de pautar-se em consonância com as diretrizes do direito posto, esse confronto de política tributária acaba, muitas vezes, propiciando o aprofundamento cognoscitivo das legislações vigentes, desencadeando reformas que aperfeiçoam instituições e aprimoram os mecanismos de implantação dos tributos.

Esse ângulo do assunto, porém, dista de afastar os sérios detrimentos que a "guerra fiscal" desencadeia, tornando-se uma ameaça constante para o bom funcionamento do sistema normativo, sobre comprometer, decisivamente, a aplicabilidade de valores fundamentais para a instituição e administração das figuras impositivas.

Com efeito, não é fácil a articulação das competências que o constituinte estatuiu entre pessoas dotadas de autonomia legislativa, todas no mesmo nível de hierarquia jurídica: União, Estados, Distrito Federal e Municípios. Para fazê-lo, estabeleceu uma série de princípios, em complexa rede axiológica, buscando o equilíbrio de um sistema que foi concebido para movimentar-se de tal sorte que as aptidões para legislar sobre as diversas matérias não viessem a gerar conflitos desestabilizadores, que pusessem em jogo a integridade do conjunto. Quatro focos ejetores de regras, quatro fontes produtoras de instrumentos normativos, situados no mesmo patamar hierárquico, hão de inspirar cuidados especiais e constante vigilância. Ainda mais, no que tange ao ICMS, tributo que não esconde sua tendência para assumir caráter de exação nacional.

É preciso dizer, incisivamente, que o sistema constitucional tributário brasileiro, com todas as críticas que lhe têm sido feitas, é uma organização normativa bem construída, não faltando princípios, sejam eles valores ou limites objetivos, para iluminar os seguimentos controvertidos. Daí por que, estando-se diante dessa espécie de conflito no ordenamento, a solução adotada não pode ser tal que viole qualquer preceito magno, como o da não-cumulatividade.

9. Situação do contribuinte perante a "guerra fiscal" do ICMS

A denominada "guerra fiscal", especialmente a que se refere ao ICMS, envolve atrito ente as entidades tributantes, afetando diretamente os contribuintes que usufruíram de incentivos e aqueles que tiveram algum tipo de relacionamento comercial com eles.

O problema da "guerra fiscal", seus motivos e conseqüências, extrapolam o âmbito estritamente jurídico, invadindo o campo econômico. Os Estados mais desenvolvidos acusam os outros de lançarem mão de mecanismos fiscais contrários à ordem jurídica para atrair a seus territórios empresas teoricamente capazes de estimular o desenvolvimento que perseguem. Já os menos desenvolvidos contra-atacam com o argumento de que têm direito de buscar a concretização de suas metas econômicas e sociais pelos meios de que dispõem, considerando as deficiências e as distorções que o sistema tributário, inegavelmente, ostenta. Com isso, sofrem os contribuintes, inseguros quanto à validade das concessões que lhe são acenadas, e, até mesmo, quanto às possíveis retaliações que a ele possam ser dirigidas.

É exatamente para tentar minimizar essa insegurança que a Constituição da República traz uma série de princípios, cuja observação é obrigatória. Assim, verificando-se a hipótese de "guerra fiscal", as atitudes restauradoras da harmonia devem tomar como ponto de partida diretrizes constitucionais, sob pena de, não o fazendo, combater-se ilegalidade e inconstitucionalidade com medidas igualmente ilegais ou inconstitucionais.

9.1 Validade como relação de pertinência da norma com o sistema e o direito do contribuinte ao crédito de ICMS

As normas jurídicas, por serem constituídas em linguagem prescritiva, não são verdadeiras ou falsas, mas válidas ou não-válidas, submetendo-se à lógica deôntica. Não são coincidentes com a realidade, mas, nas palavras de Lourival Vilanova,[4] incidentes sobre ela, motivo pelo qual lhes falta o *status* semântico de enunciado veritativo. A norma é válida antes mesmo da ocorrência do fato conotativamente descrito em sua hipótese, permanecendo como tal ainda que este nunca venha a concretizar-se, ou que, ocorrendo, não seja observado o comando preceituado na conseqüência normativa. Como assevera Tércio Sampaio Ferraz Júnior, "o valer de uma norma não depende da existência real e concreta das

4. *As Estruturas Lógicas e o Sistema do Direito Positivo*, São Paulo, Noeses, 2005.

condutas que ela prescreve: mesmo descumprida, a norma vale".[5]

O conceito de "validade" pode ser construído a partir da própria definição de direito positivo. Sendo este o conjunto das normas jurídicas válidas, em determinadas coordenadas de tempo e de espaço, toda proposição normativa integrante do ordenamento jurídico apresentará validade. Ser norma válida, portanto, quer significar que esta mantém relação de pertinencialidade com um determinado sistema, sendo a validade o vínculo que se estabelece entre a norma jurídica e o sistema do direito posto. A afirmação de que uma norma "N" é válida significa que pertence ao sistema "S". A validade não é, pois, um atributo que qualifica a norma jurídica, mas a relação de sua pertinência com determinado sistema jurídico.

Confundem-se, conseqüentemente, validade e existência. Afirmar que uma norma existe implica reconhecer sua validade em face de determinado sistema jurídico. Disso se pode inferir: ou a norma existe, está no sistema e é válida, ou não existe como norma jurídica. Ingressando no ordenamento, a norma jurídica tem validade e assim se mantém até que deixe de pertencer ao sistema. Uma vez introduzida na ordem do direito positivo, seja de forma regular ou irregular, a norma será válida e assim permanecerá até que outra a expulse.

Registre-se que a validade de uma regra independe da verificação de contrariedade ou contraditoriedade com outra norma jurídica. O exame concreto dos vários sistemas de direito positivo chama a atenção para a existência de lacunas e contradições entre as unidades do conjunto. E, não obstante os sistemas costumem trazer a estipulação de critérios com o fim de eliminar tais deficiências no instante da aplicação da norma jurídica, ainda que o aplicador escolha um dos preceitos contraditórios, com base na primazia hierárquica (norma constitucional e infraconstitucional) ou na preferência cronológica (a lei posterior revoga a anterior), remanesce a contradição, que somente deixará de haver quando uma das duas regras tiver sua validade cortada por outra norma editada por fonte legítima do ordenamento. Em conseqüência, ainda que o juiz deixe de aplicar uma norma, por entendê-la inconstitucional, nem por isso a regra preterida passa a inexistir, permanecendo válida e pronta para ser aplicada em outra oportunidade. Apenas quando declarada a inconstitucionalidade em controle concentrado é que a norma deixa de existir no ordenamento jurídico, não mais produzindo seus peculiares efeitos.

Teci essas considerações para demonstrar a impossibilidade de uma regra legal e, muito menos, infralegal, desconsiderar o atributo da validade que atinge as normas pertencentes ao sistema jurídico. Esse é o motivo pelo qual não pode um Estado ou o Distrito Federal, com fundamento no art. 8º da Lei Complementar 24/1975, pretender afastar os efeitos da concessão unilateral de benefícios fiscais mediante vedação ao aproveitamento dos créditos que, conquanto tenham sido destacados em notas fiscais, sejam oriundos de unidades federadas concedentes de incentivos sem suporte em convênio.

Tal determinação não pode prosperar, pois além de abalar o princípio da não-cumulatividade, é, formalmente, medida inapropriada, visto que o sistema jurídico brasileiro prescreve o recurso ao Poder Judiciário como forma de impedir lesão a direito. Nesse sentido, pondera José Souto Maior Borges:[6] "Não pode entretanto um Estado-membro da Federação impugnar, glosando-o, o crédito de ICMS destacado em documento fiscal, sob o pretexto de violação ao art. 155, § 2º, 'g', da CF. (...) Não será correto reconhecer ao Estado-membro competência para, independentemente

5. *Introdução ao Estudo do Direito*, São Paulo, Atlas, 1993, p. 179.

6. "O ICMS e os benefícios fiscais concedidos unilateralmente por Estado-membro", in *Grandes Questões Atuais do Direito Tributário*, 4º vol., São Paulo, Dialética, 2000, p. 124.

de um posicionamento jurisdicional, sobretudo em ação declaratória de inconstitucionalidade da lei ou dos atos infralegais impugnáveis, glosar o crédito havido como indevido. Ser ou não devido o creditamento do ICMS, nas relações interestaduais, é algo que somente pode ser indicado, em nosso regime federativo, pelo Supremo Tribunal Federal. O contrário importaria admitir pudesse um Estado-membro desconstituir por portas travessas a legalidade editada por outro, com comportamento ofensivo à federação, naquilo que é atributo essencial do pacto federativo nacional, a harmonia interestadual. E portanto instaurar-se-ia o império da desarmonia, contra a arquitetônica constitucional do federalismo brasileiro".

A Constituição de 1988 assegura às pessoas políticas o direito de proporem ações diretas de inconstitucionalidade perante o Supremo Tribunal Federal visando a extirpar do ordenamento jurídico as normas que ilegitimamente tenham por objeto a concessão de benefícios fiscais unilaterais. Inconcebível, portanto, que qualquer das unidades federadas pretenda afastar os efeitos da concessão de benefícios fiscais que considera indevidos, fazendo-o mediante simples glosa de créditos, elegendo o contribuinte como "inimigo" nessa "guerra fiscal", e não o Estado que teria editado norma violadora do Texto Maior. Até mesmo porque o adquirente das mercadorias e serviços, tendo amparo documental que contenha todos os elementos do negócio mercantil, não tem a obrigação nem as condições necessárias para pesquisar eventual existência de incentivo fiscal concedido ao fornecedor.

Sobremais, além de faltar competência ao contribuinte para controlar a constitucionalidade de qualquer benefício fiscal concedido, caso este venha a ser declarado inconstitucional pelo órgão competente — o excelso STF —, a conseqüência advinda será a imediata exigibilidade do crédito tributário relativo ao tributo não recolhido ao Estado de origem, que o havia dispensado ou reduzido de forma considerada indevida pelo Judiciário.

Contrariamente, a aplicar-se o preceito do art. 8º da Lei Complementar 24/1975, estaria o Estado de destino das mercadorias e serviços habilitado a, ele próprio, fazer julgamentos acerca da legalidade e constitucionalidade dos incentivos fiscais, e, considerando-os indevidos, exigir o imposto não cobrado pela unidade federada de origem. Tal atitude, além de suprimir a apreciação judicial, representa manifesta ameaça ao pacto federativo, uma vez que acarreta a exigência do imposto estadual pela pessoa política destinatária da mercadoria ou serviço, desprezando a repartição constitucional das competências tributárias e o caráter nacional do ICMS. Caracteriza, também, nítida ofensa ao princípio da não-cumulatividade, preceito constitucional que não comporta restrição de espécie alguma, salvo aquelas que o próprio constituinte relacionou: isenção e não-incidência. A Constituição só proíbe o crédito do imposto nessas duas hipóteses, motivo pelo qual os incentivos concedidos mediante a adoção de técnicas diversas, como redução do imposto devido, da base de cálculo, diferimento ou até mesmo escrituração de crédito presumido, não possibilitam seja o creditamento obstado. Em casos como esses, tendo o benefício fiscal sido concedido sem autorização em convênio, cabe ao Poder Judiciário declará-lo inconstitucional, determinando que o ICMS seja exigido em consonância com o arcabouço constitucional do tributo, isto é, pelo Estado de origem das mercadorias e serviços.

10. Conclusões

As considerações tecidas no corpo deste trabalho revelam que o constituinte disciplinou a competência legislativa tributária, fazendo-o de forma rígida e pormenorizada. Desenhou os exatos limites do campo tributável atribuído a cada pessoa jurídica de direito público interno, determinando os fatos que estão autorizados a tributar, bem como os princípios norteadores da imposição tributária. Tudo isso, para erigir um sistema harmônico, compatível com uma República Federativa como a nossa, que prestigia a tripartição dos poderes e assegura direitos fundamentais a todos os indivíduos.

Inadmissível, por conseguinte, que os Estados-membros e o Distrito Federal pretendam, eles próprios, examinar a constitucionalidade das legislações dos demais entes tributantes, proibindo o creditamento e exigindo o imposto que considerem indevidamente dispensado. Observadas as regras constitucionais, cumpriria a essas pessoas políticas, sentindo-se desfavorecidas por qualquer medida legislativa ou administrativa de outra entidade tributante do ICMS, bater às portas do Poder Judiciário, invocando a prestação jurisdicional para ver satisfeitos os direitos porventura violados.

As unidades federadas devem exercitar sua autonomia dentro dos parâmetros fixados pela Lei Maior. Exatamente porque a inconstitucionalidade não se pressupõe, cabe sempre ao Poder Judiciário, por manifestação de sua mais elevada Corte de Justiça, o Supremo Tribunal Federal, declarar a inconstitucionalidade. Por isso, é inconcebível dispositivo legal ou infralegal que determine a glosa de créditos. Ao agir desse modo, o Estado ou Distrito Federal estará invocando a si mesmo uma função que a Constituição determinou fosse desempenhada especificamente pelo Poder Judiciário, arranhando, grosseiramente, o princípio da separação dos poderes.

Em tal hipótese, havendo preceito que determine a desconsideração de créditos de ICMS, também estará configurada violação a diversos outros preceitos do Texto Maior: (i) afronta o princípio federativo, tendo em vista que a pessoa política destinatária das mercadorias ou serviços, ao exigir o ICMS que seria devido pelo Estado de origem caso o benefício fiscal fosse julgado indevido, invade competência tributária alheia; (ii) ao proibir o aproveitamento de créditos decorrentes de operações que não caracterizam casos de isenção ou não-incidência, aniquila o princípio da não-cumulatividade; (iii) são atingidos os princípios da isonomia e da proibição de discriminação de bens e serviços em razão de sua procedência ou destino.

CADERNOS DE DIREITO TRIBUTÁRIO

OMISSÃO DE RECEITAS E DEPÓSITOS BANCÁRIOS NÃO IDENTIFICADOS

LUÍS EDUARDO SCHOUERI

Professor Titular da Cadeira de Legislação Tributária da Faculdade de Direito da USP.
Professor dos Cursos de Pós-Graduação na Universidade Presbiteriana Mackenzie.
Professor do Departamento de Fundamentos Sociais e Jurídicos da Escola
de Administração de Empresas da Fundação Getúlio Vargas — EAESP/FGV. Vice-Presidente do IBDT/USP.
Vice-Presidente da Associação Comercial de São Paulo. Advogado em São Paulo

I — Introdução

O presente artigo propõe-se a investigar se a constatação de depósitos bancários não identificados necessariamente caracterizará a omissão de receitas.

Para tanto, inicialmente é necessário que se esclareça de forma breve a inserção da omissão de receitas na temática das presunções em matéria jurídica, tendo em vista sua relevância no âmbito da disciplina conferida pela legislação tributária pátria à omissão de receitas.

II — Presunções

Noção e espécies de presunção

De modo didático, o legislador do Código Civil francês apresentou, em seu art. 1.349, uma definição das presunções como "as conseqüências que a lei ou o magistrado tira de um fato conhecido para um desconhecido" ("sont des conséquences que la loi ou le magistrat tire d'un fait connu à un fait inconnu"). Idêntica definição se encontra no art. 2.727 do Código Civil italiano ("le presunzioni sono le conseguenze che la legge o il giudice trae da un fatto noto per risalire a un fato ignorato").

De tal definição, já se pode extrair uma primeira classificação das presunções, em razão de sua origem. Temos, assim, as presunções simples, ou presunções do homem, de um lado, e do outro as presunções legais.

Presunções simples são as que decorrem do raciocínio no magistrado, a partir dos fatos que ele aprecia. Uma relevante restrição ao emprego das presunções simples é que, por sua própria natureza, não permitem qualquer conclusão acerca dos aspectos subjetivos da hipótese legal. Conforme explica Schönke, a presunção só se dá na ocorrência de um fato corriqueiro, isto é, havendo uma norma cujo fato gerador descreva uma hipótese que, de acordo com a experiência do aplicador da lei, é a conseqüência de determinada causa.[1]

Presunções simples e presunções legais

Em contraposição às presunções simples, tem-se as presunções legais, assim en-

1. Cf. Adolf Schönke, *Zivilprozeârecht*, 6ª ed., Karlsruhe, C. F. Müller, 1949, p. 222.

tendidas aquelas através das quais o legislador determina o dever de inferir-se, de um fato conhecido, outro cuja ocorrência não é certa.

Como explica Spengler, a diferença entre as presunções simples (que ele denomina "presunções da experiência" — "Erfahrungsvermutungen") e as legais está em que as primeiras decorrem da liberdade de pensamento do aplicador da lei. As presunções simples, originadas da vivência de cada um, não estão disciplinadas em lei e não são impostas ao aplicador da lei; sua utilização depende exclusivamente do livre-convencimento do aplicador da lei em um caso concreto. Já as presunções legais, como o próprio nome o diz, decorrem de expresso mandamento legal.[2]

Assim, enquanto na presunção simples, o juiz tem ampla liberdade para decidir sobre sua aplicação ou não, ainda que suscitada pela parte, no caso de presunção legal, a liberdade do aplicador da lei fica limitada, quando o legislador sobre ela dispõe e a parte requer sua aplicação, demonstrada a ocorrência das premissas previstas.

Outro relevante critério a distinguir as presunções simples das legais é que as primeiras, para serem desmentidas, não exigem nem vedam a produção de prova em contrário, dispensam-na simplesmente: para se contrapor a uma presunção simples adotada pelo magistrado, basta demonstrar a possibilidade de ocorrer outro fato, diverso do presumido, e que tal ocorrência é tão provável (ou pouco provável) como o presumido pelo julgador.[3]

A presunção é expressamente incluída entre os meios de prova dos atos jurídicos (art. 212, IV, do Código Civil de 2002). Os fatos em favor dos quais milita presunção legal são, ademais, incluídos, no art. 334, IV, do Código de Processo Civil, entre os casos de dispensa de prova.

Presunções legais relativas e absolutas

As presunções legais se distinguem entre relativas (*iuris tantum*) e absolutas (*iuris et de iure*), conforme a admissibilidade, ou não, de prova em contrário.

A presunção relativa (ou "condicional", ou "disputável") nada mais faz, em princípio, do que dispor sobre o ônus da prova: reza que, em determinados casos, uma circunstância que, em si, dependeria de uma prova, dispensa comprovação; tal circunstância é tida por verdade, até que se consiga demonstrar o contrário.[4]

Schönke vai mais além, demonstrando que, na verdade, não há qualquer inversão do ônus da prova mas sim, por determinação legal, a conseqüência legal passa a decorrer não mais da hipótese de incidência, mas de um indício escolhido pelo legislador.[5]

Não se pode discordar de tal afirmação, quando se tem em mente que, afinal, a parte a favor de quem corre a presunção não fica dispensada da prova. De seu ponto de vista, ela apenas pôde dispensar a produção da prova de ocorrência de um fato (hipótese ficta), devendo demonstrar, em seu lugar, que se deu outro (base da presunção).

A inversão do ônus, entretanto, não deixa de acontecer, já que, em se concretizando a base da presunção, a prova sobre a ocorrência, ou não, da hipótese ficta passa a ser da parte contra quem corre a presunção.

Contra as presunções absolutas, de outra parte, não se admitem provas em contrário, conforme se exporá com maiores detalhes adiante.

Presunções simples em questões tributárias

Em questões tributárias, não pode o aplicador da lei valer-se de mera presun-

2. Cf. Alexander Spengler, *Inhalt und Wirkung der Vermutungen im Bürgerlichen Gesetzbuch*, Idstein i.T., Buchdruckerei Georg Grandpierre, 1915, pp. 4-5.

3. Cf. Schönke, ob. cit. (nota 1), p. 223.

4. Cf. Alfons Warlo, *Uber die Unterschiede von Tatsachenvermutungen und Rechtsvermutungen*, Breslau, Schlesische Volkszeitung, 1914.

5. Cf. Schönke, ob. cit. (nota 1), p. 221.

ção simples para concluir a respeito da ocorrência do fato gerador do tributo.

Com efeito, como ensinam Tipke e Kruse, prevalecem no direito tributário as regras do ônus objetivo da prova que — excetuados os casos em que a lei dispuser diferentemente — impõe caber o dever de provar o alegado à parte em favor de quem a norma corre. Assim, o credor do tributo, representado pelas autoridades fiscais, deve comprovar a ocorrência dos fatos que possibilitam a exigência ou aumento do tributo; os contribuintes têm o ônus da prova da ocorrência dos fatos que suspendem ou reduzem a exigência tributária. Na falta de tais provas, deve-se decidir pela inocorrência dos fatos alegados.[6]

Ora, se ao Fisco compete comprovar a ocorrência do fato gerador do tributo, é claro que o fato de trazer à colação elementos para convencer o julgador por meio de mera presunção não satisfaz seu dever legal de provar.

Enquanto o Fisco não comprovar que os indícios por ele apresentados implicam *necessariamente* ocorrência do fato gerador, estaremos diante de mera presunção simples, não de prova. Não terá, pois, o fisco cumprido seu ônus e a conseqüência é o dever de o julgador considerar não comprovada a ocorrência do fato gerador e do nascimento da obrigação tributária.

Presunções legais em questões tributárias

O emprego das presunções legais relativas, para dilucidação de questões de índole tributária, não parece encontrar resistência maior na doutrina. Mariz de Oliveira bem resume as questões para tal aceitação:

• a ocorrência do fato gerador é constatada a partir de fatos conhecidos e comprovadamente existentes;

• há correlação lógica entre o fato conhecido (índices de produção, consumo de materiais, sinais exteriores de riqueza, acréscimos patrimoniais, saldo credor de caixa, passivo fictício, suprimentos de caixa) e o fato desconhecido cuja existência se quer provar (fato gerador);

• o método de interpretação e aplicação da lei a partir da presunção é previsto e autorizado em lei, e não decorre apenas de suposição do agente lançador;

• a presunção não é absoluta, admitindo prova em contrário pelo contribuinte, característica implícita em todas as citadas hipóteses legais, quando não expressa;

• trata-se de mero meio de prova, com inversão do ônus da prova da inocorrência do fato gerador, pela comprovação de outros fatos, também desconhecidos, mas hábeis a excluir a incidência tributária.[7]

Maiores dificuldades parecem cercar o emprego das presunções absolutas em matéria tributária, não sendo incomum encontrar, na doutrina pátria, quem, com base no princípio da legalidade tributária, condene seu uso.[8]

Em nosso entender, não cabe o exame da constitucionalidade das presunções legais absolutas, exclusivamente a partir do princípio da legalidade tributária.

As presunções não são normas de direito material, mas processual. Assim, por presunção, ainda que absoluta, não se institui ou aumenta tributo algum. Não há, pois, ofensa ao princípio da legalidade tributária.

6. Cf. Klaus Tipke e Heinrich Wilhelm Kruse, *Abgabenordnung — Finanzgeritchsordnung* (edição de folhas soltas), Colônia, Dr. Otto Schmidt, nota 11b ao § 88.

7. Cf. Ricardo Mariz de Oliveira, "Presunções no Direito Tributário", in Ives Gandra da Silva Martins (coord.), *Presunções no Direito Tributário*, São Paulo, Centro de Estudos de Extensão Universitária/Resenha Tributária, 1984 (*Caderno de Pesquisas Tributárias* 9), pp. 275 a 330 (299-300).

8. Cf. Ives Gandra da Silva Martins, "Presunções no Direito Tributário", in Ives Gandra da Silva Martins (coord.), *Presunções no Direito Tributário*, cit., pp. 35 a 66 (43-44); Mariz de Oliveira, ob. cit. (nota 7), p. 311; Yonne Dolácio de Oliveira, "Presunções no Direito Tributário", in Ives Gandra da Silva Martins (coord.), *Presunções no Direito Tributário*, cit., pp. 357 a 412 (388-389).

A conclusão acima não nos permite extrair qualquer entendimento acerca da licitude da adoção de presunções absolutas em matéria tributária. Estando as presunções no campo do direito processual e, mais especificamente, no âmbito do processo tributário, não pode o jurista fugir das seguintes perguntas: (i) é admitido, no direito processual brasileiro, o emprego da presunção absoluta?; e (ii) há limites, no âmbito do direito processual, à adoção, pelo legislador, da presunção absoluta?

A resposta afirmativa à primeira pergunta é quase evidente. Diversos exemplos de presunções absolutas podem ser encontrados, seja no direito civil, seja no direito penal. Maiores dificuldades, contudo, parece oferecer a resposta à segunda questão acima proposta, sobre os limites do emprego da presunção no direito processual brasileiro.

Relevante, aqui, afigura-se o confronto entre o emprego da presunção absoluta e o princípio da ampla defesa, inserido no inciso LV do art. 5º da Constituição Federal.

Assegurar defesa ampla é possibilitar que o litigante comprove não se ter concretizado a hipótese abstratamente descrita pelo legislador para a imposição da sanção legal. Poder-se-ia, pois, afirmar ser inconstitucional toda e qualquer presunção absoluta, dado impedir a prova de inocorrência da subsunção que se impõe para a sanção legal.

A tal conclusão, contudo, pode opor-se o raciocínio de que, afinal, não se proíbe o litigante de se defender, já que ele pode comprovar a inocorrência da base da presunção. Tal argumento parece de pouca valia para justificar o emprego de presunções absolutas, já que é perfeitamente possível (ainda que, no mais das vezes, improvável) que a ocorrência da base da presunção não implique a concretização do fato gerador da sanção legal.

Em meu entender, o princípio da ampla defesa, hoje estendido a todos os litigantes em processo administrativo ou judicial, exige que se questione a aplicação das presunções absolutas, quando um litigante ficar impedido de comprovar, em juízo, a ocorrência ou não de fato que seja relevante para que se dê, ou não, a subsunção.

Conclui-se, pois, que a presunção absoluta tem, por limite geral, a garantia do exercício da plena defesa no processo administrativo e judicial.

Tratando-se de matéria tributária, o emprego das presunções absolutas oferece dificuldades adicionais, de que não pode escapar o jurista.

Base de nosso ordenamento jurídico, o princípio da igualdade se reflete, em matéria tributária, no princípio da capacidade contributiva.[9] Descartadas as demais considerações que o estudo desse princípio exige, parece acertado afirmar que, em virtude de tal princípio, a tributação apenas pode recair sobre fatos que tenham substância econômica e, ademais, que dois contribuintes que incorrerem em determinado fato gerador de um tributo estão sujeitos à sua incidência (respeitadas as diferentes capacidades contributivas individuais, quando for o caso). Do ponto de vista negativo, proíbe o princípio da capacidade contributiva a tributação daquele que não incorreu em fato econômico eleito pelo legislador como hipótese da incidência de determinado tributo.

Se a presunção implica dispensa de prova, pode-se afirmar que, em matéria tributária, seu emprego afasta a prova da ocorrência do fato gerador do tributo.

Tratando-se de presunção absoluta, mais do que mera dispensa, tem-se, a partir da ocorrência da premissa legal (base de presunção), a certeza legal da ocorrência do fato gerador e a conseqüente proibição de prova em contrário. A prova da ocorrência da base de presunção torna-se, destarte, suficiente para a ocorrência da tributação. A subsunção já não se dá entre hipó-

9. Cf. Klaus Tipke, "Steuergerechtigkeit", in *Theorie und Praxis*, Colônia, Verlag, Dr. Otto Schmidt KG, 1981, pp. 54 e ss.

tese de incidência tributária e fato gerador *in concreto*, mas entre base de presunção e sua concretização.

A base de presunção, por pressuposto, não coincide com a hipótese de incidência tributária. Por base de presunção poderia o legislador, em princípio, eleger qualquer circunstância que, a seu ver, autorizaria a certeza da ocorrência do fato gerador. A base da presunção não tem, pois, necessariamente, conteúdo econômico e, mesmo que o tenha, não implica, necessariamente, existência de capacidade contributiva.

Ora, se a capacidade contributiva é parâmetro para a tributação baseada no princípio da igualdade, parece autorizado afirmar que não é compatível com o princípio da igualdade a eleição de uma situação não (necessariamente) econômica como pressuposto da incidência tributária. Em outras palavras, não pode o legislador substituir o fato gerador do tributo (fato econômico, revelador da capacidade contributiva) por outro, que não guarda relação direta e imediata com a tributação, sob o risco de possibilitar a tributação de alguém que, ainda que incorrendo na base de presunção, não manifeste igual capacidade contributiva daquele que incorre no fato gerador tributário.

Em síntese, pode-se concluir que não se admite, em nosso ordenamento, o emprego da presunção absoluta em matéria tributária, quando dele decorrer a exigência de tributo sem a ocorrência do fato gerador.

Obviamente, nada impede a aplicação da presunção absoluta em matéria tributária, quando se estiver fora do campo de definição do fato gerador. Tal é o caso, por exemplo, do art. 185 do Código Tributário Nacional, presumindo fraudulenta, contra o fisco, a alienação ou oneração de bens ou rendas, ou seu começo, quando o crédito tributário contra ele esteja regularmente inscrito. Aplicam-se, aqui, outrossim, os limites acima expostos, válidos para as presunções absolutas em qualquer matéria, acerca das exigências impostas pelo princípio da ampla defesa.

III — Omissão de receitas

Considerações gerais

O fenômeno empresarial contempla uma realidade complexa, na qual o patrimônio das sociedades apresenta caráter dinâmico, porquanto representa as oscilações de sucessos e insucessos da pessoa jurídica.

Nesse contexto identificam-se as chamadas "mutações patrimoniais", compreendidas como as variações que o patrimônio líquido (saldo entre ativos e passivos) da empresa pode sofrer.[10] Tão logo ocorram, as mutações patrimoniais devem ser registradas na escrituração mercantil da pessoa jurídica,[11] consoante determinam as legislações tributária e comercial.

Não cabe aqui adentrar no campo do Direito Comercial, sendo apenas oportuno observar que o Código Comercial de 1850, em seu art. 12, já prescrevia a necessidade do registro de todos os fatos relevantes da vida da empresa.[12]

No que concerne especificamente ao Direito Tributário, observe-se que a falta de escrituração de receita proveniente de qualquer negócio da pessoa jurídica terá o condão de implicar aparente redução do re-

10. Cf. Sérgio de Iudícibus, Eliseu Martins e Ernesto Rubens Gelbcke, *Manual de Contabilidade das Sociedades por Ações (Aplicável às Demais Sociedades)*, 6ª ed., São Paulo, Atlas, 2003, pp. 376-377.

11. Um fato jurídico somente terá expressão contábil se representar mutação patrimonial. Por essa razão, atos jurídicos que não representem mutações patrimoniais não interessarão à contabilidade da empresa. Percebe-se, portanto, que mutação patrimonial e ato jurídico nem sempre são equivalentes: enquanto em algumas situações o que interessa à contabilidade é o efeito do fato jurídico, em outras faz-se necessário antecipar contabilmente uma relação que, juridicamente, ainda não se estabeleceu. Cf. Nilton Latorraca, *Direito Tributário — Imposto de Renda das Empresas*, São Paulo, Atlas, 2000, p. 255.

12. "No 'Diário' é o comerciante obrigado a lançar todas as suas operações de comércio, letras e outros quaisquer papéis de crédito que passar, aceitar, afiançar ou endossar, e em geral tudo quanto receber e despender de sua ou alheia conta, seja por que título for."

sultado do exercício, e conseqüente diminuição da base de cálculo do imposto devido, configurando a chamada "omissão de receitas".[13]

Nesse sentido, J. L. Bulhões Pedreira afirma que as mutações patrimoniais sofridas pelas pessoas jurídicas e não escrituradas podem ser caracterizadas como omissão dolosa de receitas, rendimentos ou operações de qualquer natureza.[14]

Legislação brasileira de omissão de receitas: breve histórico

Consoante aponta Luciano Amaro, os efeitos fiscais da omissão de receitas têm recebido um tratamento fragmentário na legislação do imposto de renda brasileira, situação que acaba por gerar diversos problemas quando da aplicação aos casos concretos.[15]

Em 1977, a legislação tributária pátria, por meio do Decreto-lei 1.598, passou a tratar de formas específicas de omissão de receitas, como saldo credor de caixa, passivo fictício e suprimentos de caixa não comprovados (§§ 2º e 3º do art. 12). Tais dispositivos sofreram alterações pelo art. 1º, II, do Decreto-lei 1.648/1978, e foram consolidados nos arts. 181 e 182 do Regulamento do Imposto de Renda ("RIR") de 1980.

No entanto, a omissão de receitas somente passou a ser tratada de maneira mais densa e abrangente pela legislação brasileira em 1983, com o advento do Decreto-lei 2.065, que disciplinou em seu art. 8º as situações de omissão de receitas e de qualquer outro procedimento que implicasse redução do lucro líquido do exercício.

O art. 8º do Decreto-lei 2.065/1983, no entanto, foi revogado com a instituição do Imposto sobre o Lucro Líquido (ILL), pela Lei 7.713/1988. Enquanto o primeiro dispositivo determinava que a receita omitida seria considerada como distribuída, para tributação na fonte, com o ILL o lucro líquido auferido passou a sujeitar-se não mais a um imposto sobre distribuição, mas a um imposto sobre a simples apuração do lucro, mesmo que não distribuído. Deste modo, a receita omitida também passaria a integrar a base de cálculo do imposto sobre lucro líquido.

Tal sistemática foi aplicada até o advento da Lei 8.383/1991, que revogou o ILL. A partir do art. 75 desta lei, os lucros da pessoa jurídica não estariam sujeitos à tributação nem na apuração (ILL), nem na distribuição (imposto sobre lucros distribuídos). Os lucros obtidos pela empresa, então, passaram a submeter-se apenas ao Imposto de Renda da Pessoa Jurídica (IRPJ), dada a revogação da retenção na fonte e do ILL sobre os lucros distribuíveis.

Antes mesmo da aplicação da norma revogadora do ILL, foi editada a Lei 8.541/1992, que tratou da omissão de receitas em seus arts. 43 e 44.

Os citados preceitos trouxeram de volta a sistemática de tributação de receitas omitidas do Decreto-lei 2.065/1983, revogado nesse aspecto com a entrada em vigor do ILL. A disciplina da receita omitida é retomada no art. 43, que prescreve, porém que a tributação desta seja feita separadamente, sem somá-la ao lucro (ou prejuízo) real do período.

Os dois artigos da Lei 8.541 que tratavam da omissão de receitas foram, contudo, revogados pela Lei 9.249/1995. Atualmente, a matéria é regulamentada pela Seção IV da Lei 9.430/1996 (arts. 40 e 42), e pelo art. 282 do Regulamento do Imposto de Renda.

Dentre os dispositivos acima citados, merece análise mais detida o art. 42 da Lei 9.430/1996, tendo em vista que trata especificamente da caracterização de omissão de receitas baseada em depósitos bancários.

13. Cf. Luciano Amaro, "Omissão de receitas e efeitos fiscais", in *Imposto de Renda — Conceitos, Princípios e Comentários*, Ives Gandra da Silva Martins (coord.), São Paulo, Atlas, 1996, p. 67.

14. Cf. *Imposto sobre a Renda, Pessoas Jurídicas*, v. 1, Rio de Janeiro, Justec, 1979, p. 355.

15. Cf. ob. cit. (nota 13), p. 67.

Análise do escopo do art. 42 da Lei 9.430/1996

Consoante dispõe o art. 42 da Lei 9.430/1996, *caracterizam também omissão de receita ou de rendimento os valores creditados em conta de depósito ou de investimento mantida junto a instituição financeira, em relação aos quais o titular, pessoa física ou jurídica, regularmente intimado, não comprove, mediante documentação hábil e idônea, a origem dos recursos utilizados nessas operações.*

Oportuno, nesse ponto, desdobrar as disposições contidas no dispositivo supra. De modo geral, pode-se afirmar que a norma versa sobre *valores*:

- creditados em conta de depósito ou de investimento de titularidade pessoa física ou jurídica;
- cuja origem não tenha sido comprovada pelo titular;
- com documentação hábil e idônea;
- após regular intimação.

Tais valores, satisfeitas as condições acima apontadas, caracterizarão *omissão de receita ou de rendimento*, consoante determina o art. 42 da Lei 9.430/1996.

A confirmação da configuração de omissão de receita, por seu turno, terá como conseqüência a sua inclusão no lucro tributável, incrementando, daí, a base de cálculo do IRPJ e da CSL.

Dessa forma, pode-se identificar em proposições sintéticas as hipóteses e as conseqüências jurídicas das duas regras constantes da norma sob análise:

a) Regra 1: hipótese → conseqüência

valores creditados em conta sem comprovação de origem → omissão de receita

b) Regra 2: hipótese → conseqüência

omissão de receita → incidência do imposto de renda

Parece correto afirmar que o dispositivo acima transcrito confere ao Fisco autorização legal para presumir a omissão de receita quando a origem de valores creditados em conta bancária não seja comprovada pelo titular — depois de este ser regularmente intimado — mediante documentação hábil e idônea.

Nesse diapasão, pode-se propor uma representação gráfica da presunção em tela.

se *A* presente → presume-se *B* → *B*, se verdadeiro, tem por conseqüência *T*

em que:

A — presença de depósitos sem origem comprovada (base da presunção);

B — omissão de receita (presumida); e

T — incidência tributária (conseqüência da presunção caso ela se revele verdadeira).

Assim, havendo depósitos sem origem comprovada (*A*) passa-se a presumir a omissão de receitas (*B*), presunção esta que, uma não havendo prova em contrário, será tida por verdadeira, tendo como conseqüência a incidência de tributo (*T*).

Cumpre observar que a única conseqüência imediata da verificação de existência de depósitos bancários sem origem comprovada será a presunção da omissão de receita. Esta omissão, portanto, não figura como única conclusão da ausência de origem dos depósitos, porquanto admite prova em contrário do contribuinte.

Trata-se de presunção legal relativa, por meio da qual a omissão de receita — circunstância que, em si, dependeria da produção de provas por parte do Fisco — dispensa comprovação; tal circunstância será tida por verdade, até que se consiga demonstrar o contrário.

Dessa forma, após operada a presunção relativa de omissão de receita, caberá ao contribuinte o ônus de apresentar provas hábeis e idôneas suficientes para demonstrar a improcedência de tal presunção.

O primeiro modo de afastar a presunção é combater as alegações que lhe dão base. *In casu*, cabe examinar se, de fato, o contribuinte apresenta depósito, em sua conta corrente, de origem não comprovada. Mesmo que o contribuinte não possa vir a negar a existência de depósito de origem não comprovada, poderá ser afastada a presunção se uma das seguintes situações for devidamente demonstrada pelo contribuinte:

(i) houve omissão na escrituração contábil, mas de valor que é entrada diversa de receita (*e.g.*, empréstimo concedido por sócio da pessoa jurídica). Não se tratando de receita, portanto, não pode ter ocorrido omissão de receita; ou

(ii) há, de fato, receita, mas esta foi contabilizada. Se a receita foi escriturada na contabilidade, portanto, não houve omissão de tal receita.

A produção de provas pelo contribuinte, nesses últimos casos, não visa a negar a base fática da presunção (existência de depósitos sem origem comprovada), mas a afastar, no caso concreto, o raciocínio de presumir determinada conseqüência (efetiva omissão de receitas) a partir de tal base.

De modo simplificado, equivale a afirmar:

(i) *reconheço a existência de depósitos sem origem comprovada, mas os valores desses depósitos não são receitas*; ou

(ii) *reconheço a existência de depósitos sem origem comprovada, mas não houve omissão, pois os valores neles constantes foram contabilizados em resultados.*

Apenas na hipótese de não haver provas que demonstrem uma das duas situações acima apontadas é que presunção de omissão de receita será efetivamente mantida e tomada como verdade, passando então a ensejar a incidência tributária.

Nesse ponto, cabe antecipar a indagação: é possível cogitar de autorização legal para a caracterização de omissão de receita referente a valores já contabilizados em resultados?

Entendo que não. Tal cogitação, além de desarrazoada do ponto de vista lógico, acabaria por ampliar o escopo do art. 42 da Lei 9.430/1996 a ponto de atingir operações que tenham contrapartida escriturada em resultados, situação que teria como conseqüência imediata e absurda a necessidade de lançar contabilmente uma mesma receita por duas vezes.

De fato, o escopo do art. 42 da Lei 9.430/1996 não objetiva abranger as operações do contribuinte que tenham seus valores já lançados na escrituração contábil como resultados, mas apenas e tão-somente a existência de receitas ainda não contabilizadas.

Outrossim, consoante se anteviu acima, o lançamento contábil em duplicidade de uma mesma receita implicará a inclusão de valor correspondente ao dobro desta receita no lucro tributável, incrementando de forma inadmissível a base de cálculo da CSL e do IRPJ. Com efeito, este incremento estaria em desacordo com os princípios que informam o sistema tributário nacional, porquanto consistiria em submissão de um mesmo montante à tributação, situação de *bis in idem* tributário que não pode ser justificada no âmbito do Direito pátrio.

IV — Conclusão

Apresentadas as considerações acima, é possível apontar algumas conclusões acerca da disciplina da omissão de receitas no Direito brasileiro, especialmente no que concerne à existência de depósitos bancários de origem não comprovada pelo contribuinte.

O art. 42 da Lei 9.430/1996, acima examinado, confere à Administração autorização legal para presumir a omissão de receita quando a origem de valores creditados em conta bancária não seja comprovada pelo titular mediante documentação hábil e idônea, depois de este ser regularmente intimado a prestar esclarecimentos.

Tal norma, como já se anteviu, disciplina hipótese de presunção legal relativa, por meio da qual a omissão de receita (que, em si, dependeria da produção de provas por parte do Fisco) dispensa comprovação; tal circunstância será tida por verdade, até que se consiga demonstrar o contrário.

In casu, se o contribuinte puder efetivamente demonstrar a inexistência de depósitos sem origem comprovada, efetuados em contas correntes das quais sejam titulares, a presunção relativa do art. 42 da Lei 9.430/1996 restará afastada.

Ainda que tal demonstração não fosse suficiente, a presunção poderia ser afastada se comprovada uma dentre as seguintes situações: (i) os valores omitidos na escrituração contábil correspondem a entradas que não configuram receitas; ou (ii) os valores correspondentes às contas bancárias, muito embora sejam receitas, foram contabilizados.

É importante que se faça a distinção: o dispositivo legal trata de presunção de omissão de receitas, quando estas tenham sido omitidas. Se não houve omissão (i.e., se as receitas foram contabilizadas), torna-se irrelevante, para fins do dispositivo em comento, se a origem das receitas está ou não comprovada. A única sanção pela não comprovação da origem dos depósitos é a presunção de omissão de receita. Se esta não foi omitida, inócuo revela-se o dispositivo legal.

Com efeito, o escopo do art. 42 da Lei 9.430/1996 não objetiva abranger as operações do contribuinte que tenham seus valores já lançados na escrituração contábil em resultados, mas apenas e tão-somente a existência de receitas ainda não contabilizadas.

Que fique claro: a lei autoriza que, *comprovada* a existência dos referidos depósitos, seja presumida a omissão de receita. No lugar da *prova* da omissão de receita, o legislador contenta-se com a *prova* de tais depósitos. Não se dispensa, entretanto, esta última prova.

CADERNOS DE DIREITO TRIBUTÁRIO

CONTEÚDO E ALCANCE DO ART. 129 DA LEI 11.196/2005 – NORMA DE NATUREZA INTERPRETATIVA, DIRIGIDA À FISCALIZAÇÃO, QUE NÃO PERMITE A DESCONSIDERAÇÃO DE SITUAÇÕES JURÍDICAS CONSOLIDADAS

SACHA CALMON NAVARRO COÊLHO
Professor Titular de Direito Tributário da UFRJ.
Doutor em Direito Público pela UFMG. Advogado

1. Intróito. 2. Aspectos legais das sociedades de prestação de serviços intelectuais: 2.1 O conceito de "prestação de serviços intelectuais"; 2.2 Os conceitos de "empregado", "sociedade simples" e "sociedade empresária"; 2.3 A liberdade de contratar e a negativa da mesma ao se desconsiderar sociedades legalmente constituídas para a prestação de serviços intelectuais. 3. Da competência exclusiva da Justiça do Trabalho para reconhecimento de relações de emprego. 4. Da inexistência de norma geral antielisiva no Brasil. Ausência de regulamentação do parágrafo único do art. 116 do CTN. Impossibilidade de aplicação do art. 149, VII, do CTN para se descaracterizar e autuar sociedades prestadoras de serviços intelectuais legalmente constituídas. 5. Conclusões.

1. Intróito

Diversos debates têm sido travados hodiernamente acerca do alcance do art. 129 da Lei 11.196/2005, que impediu a desconsideração, pelos fiscais da Secretaria da Receita Federal e da Secretaria da Receita Previdenciária, da personalidade jurídica das sociedades prestadoras de serviços profissionais (vedando, salutarmente, a prática de uma conduta que vinha sendo correntemente utilizada pela Fiscalização: a desconsideração da existência da empresa e a tributação dos sócios como pessoas físicas, com base nos rendimentos auferidos pela sociedade). É no bojo dessa discussão que procuramos, com o presente trabalho, delimitar o alcance e o conteúdo do dispositivo em questão.

Reza o art. 129 da Lei 11.196/2005: "Art. 129. Para fins fiscais e previdenciários, a prestação de serviços intelectuais, inclusive os de natureza científica, artística ou cultural, em caráter personalíssimo ou não, com ou sem a designação de quaisquer obrigações a sócios ou empregados da sociedade prestadora de serviços, quando por esta realizada, se sujeita tão-somente à legislação aplicável às pessoas jurídicas, sem prejuízo da observância do disposto no art. 50 da Lei n. 10.406, de 10 de janeiro de 2002 – Código Civil".

O art. 50 do CC, ao qual o dispositivo se refere, dispõe que: "Em caso de abuso da personalidade jurídica, caracterizado pelo desvio de finalidade, ou pela confusão patrimonial, pode o juiz decidir, a requerimento da parte, ou do Ministério Público quando lhe couber intervir no processo, que os efeitos de certas e determinadas relações de obrigações sejam estendidos aos bens particulares dos administradores ou sócios da pessoa jurídica".

Ou seja: o próprio art. 129 da Lei 11.196/2005, ao fazer remissão ao art. 50 do CC, já deixa claro que não foi conferido às empresas um passe-livre para a transmutação de relações formais de emprego em contratações de pessoas jurídicas.

De todo modo, tal dispositivo, a nosso sentir, sequer seria necessário, haja vista que nunca houve dúvidas acerca da legitimidade da formação de sociedades para a prestação de serviços intelectuais. As empresas legalmente constituídas para consecução dessas atividades (sociedades de engenheiros, jornalistas, arquitetos, artistas, advogados *et caterva*) nunca puderam – e efetivamente não podem – ser descaracterizadas pelos agentes fiscais da Secretaria da Receita Federal ou da Secretaria da Receita Previdenciária ao argumento de que o serviço prestado pelos profissionais aos seus contratantes seria regido pelas normas da Consolidação das Leis do Trabalho, com todos os reflexos trabalhistas e tributários daí decorrentes. Isso porque:

(a) A presunção de existência de vínculo empregatício é de competência tão-somente do juiz do trabalho.

(b) A desconsideração de personalidade jurídica somente pode ser levada a cabo pelo Judiciário, presentes os requisitos legais para tanto.

(c) A Constituição de 1988 assegura a liberdade de empreender e contratar (art. 170).

(d) O parágrafo único do art. 116 do CTN (invocado pela fiscalização para tributar as sociedades de prestação de serviços intelectuais como se a renda fosse auferida pelas pessoas físicas que as integram) não permite a desconstrução de situações jurídicas consolidadas, mas apenas – e tão-somente – a desconsideração de atos ou negócios jurídicos simulados (o exercício dessa competência depende, ainda, de lei ordinária definindo os procedimentos para sua execução, a qual ainda não foi editada).

(e) O art. 149, VII, do CTN (no qual as fiscalizações federal e previdenciária se arrimam para autuar as pessoas físicas integrantes das sociedades em análise) somente se aplica nos casos de indubitável ocorrência de fraude, dolo ou simulação, o que, obviamente, não é empregável às sociedades prestadoras de serviços intelectuais constituídas de acordo com a legislação pátria, não podendo ser invocado, portanto, contra as mesmas.

Note-se que, na justificativa de inclusão do artigo em tela na medida provisória que posteriormente foi convertida na Lei 11.196/2005, o Senado Federal assim fundamentava a proposta: "Os princípios da valorização do trabalho humano e da livre iniciativa previstos no art. 170 da Constituição Federal asseguram a todos os cidadãos o poder de empreender e organizar seus próprios negócios. O crescimento da demanda por serviços de natureza intelectual em nossa economia requer a edição de norma interpretativa que norteie a atuação dos agentes da Administração Pública e as atividades dos prestadores de serviços intelectuais, esclarecendo eventuais controvérsias sobre a matéria".

De fato, não existe limitação alguma – nem pode existir – a direitos fundamentais, entre eles o da livre iniciativa, o da auto-organização, o da liberdade de contratar conforme à lei. Limites contra o contribuinte nestas bases significam arbítrio, tirania, confusão, insegurança e incerteza, que devem ser veementemente repelidos no Estado Democrático de Direito.

Nessa toada, o art. 129 da Lei 11.196/2005 veio bem a propósito. Trata-se de norma dirigida eminentemente aos agentes fiscais, que não devem se olvidar das premissas nele traçadas. A norma não consiste em autorização ou convite à fraude. Muito pelo contrário: se existente qualquer ilícito, este deve ser coibido, pelos meios próprios para tanto. No entanto, não cabe à fiscalização previdenciária ou da Receita Federal pretender tributar as sociedades prestadoras de serviços profissionais como se não fossem pessoas jurídicas. Qualquer entendimento diverso – e é justamente por isso que o dispositivo em análise calha à fiveleta – importará atuação fiscal fora dos limites legais, violando liberdades essenciais garantidas pela Constituição da República.

Se não, confira-se.

2. *Aspectos legais das sociedades de prestação de serviços intelectuais*

Para melhor exame da *quaestio juris*, faz-se mister analisar, em separado, as seguintes definições: (a) prestação de serviços intelectuais; (b) relação de emprego, sociedades simples e empresárias.

É ver.

2.1 *O conceito de "prestação de serviços intelectuais"*

Ab initio, faz-se necessário definir o que se entende, juridicamente, por "prestação de serviços", para, então, tratarmos dos *serviços intelectuais* propriamente ditos.

"Serviço" é um bem imaterial que resulta do esforço humano. Já, "prestação de serviço" é a obrigação de cunho negocial na qual há a participação de um terceiro que executará uma obrigação de fazer. Destarte, com esforço em Misabel Derzi,[1] podemos concluir que:

(a) A prestação de serviços configura uma utilidade, executada mediante obrigação de fazer (e não de dar).

(b) O serviço deve ser prestado a terceiro (não há incidência do imposto sobre serviço prestado pelo contribuinte a si mesmo).

(c) O serviço deve ser oneroso (produzindo utilidade economicamente apreciável para outrem).

Já, por "serviço intelectual" deve-se entender a atividade realizada por pessoa dotada de determinada cultura científica ou artística.[2] O serviço intelectual, por envolver alto grau de subjetividade, é usualmente prestado em contratos de cunho personalíssimo (*intuitu personae*). Assim é que não há reparos à definição jurídica e dicionarizada da expressão "serviço intelectual", *in verbis*:

"*Em oposição ao serviço físico, ou material, serviço intelectual é o que depende da inteligência ou do preparo acadêmico do trabalhador.*

"Todos os serviços concernentes às profissões liberais, médicos, engenheiros, advogados, dentistas, contadores, economistas etc., bem assim os que referem à imprensa, às letras, ou às artes, entendem-se de natureza intelectual."[3]

A seu turno, Maria Helena Diniz equipara o serviço intelectual ao serviço imaterial, definindo este último como "aquele que exige preparo intelectual do locador de serviço ou do empregado".[4]

Nossos Tribunais já tiveram oportunidade de apreciar, ainda que de forma tangencial, o conceito jurídico de "serviços intelectuais". *Interplures*, vale conferir as seguintes ementas e excertos de votos de acórdãos.

• *Do STJ*

"Tributário – ISS – Programas de computador. (...).

1. "Notas de Atualização" de Aliomar Baleeiro, *Direito Tributário Brasileiro*, 11ª ed., Rio de Janeiro, Forense, 2001, p. 491.

2. Nesse sentido é a lição de Alice Monteiro de Barros, *Curso de Direito do Trabalho*, São Paulo, LTr, 2005, p. 256.

3. De Plácido e Silva, *Vocabulário Jurídico*, 15ª ed., Rio de Janeiro, Forense, 1998, p. 752.

4. Maria Helena Diniz, *Dicionário Jurídico*, 2ª ed., vol. 4, São Paulo, Saraiva, 2005, p. 383.

"1. Os sistemas de computação, constituídos de programas, exprimem o resultado de atividade intelectual, de sorte que configuram bem imaterial e não mercadoria (...)."[5]

Do acórdão citado, vale transcrever o seguinte trecho do voto do Relator, Min. Humberto Gomes de Barros: "O programa de computador não se confunde com o seu suporte físico (...). Não é uma coisa material corpórea e não pode ser considerado mercadoria (...). Orlando Gomes (...) esclarece que: 'O entendimento dominante é de que esse trabalho é atividade criativa de quem o executa e que o seu resultado é uma obra (serviço) original, que exige esforço intelectual típico da personalidade do seu criador. Admitido, como é de resto, que a criação, na obra intelectual, pode consistir na forma de expressão, no padrão intelectual, assim como na coleta, seleção, subdivisão e arranjo criativo da matéria apresentada (...)".[6]

"(...). Fotografia – Publicação sem autorização. (...).

"I – A fotografia, na qual presentes técnica e inspiração, e por vezes oportunidade, tem natureza jurídica de obra intelectual, por demandar atividade típica de criação, uma vez que ao autor cumpre escolher o ângulo correto, o melhor filme, a lente apropriada, a posição da luz, a melhor localização, a composição da imagem etc."[7]

• *Do TST e do TRT/SP*

"(...). Trabalho intelectual – Advogado e consultor jurídico. (...). O advogado, no desempenho de suas atividades, adquire características próprias, decorrentes de sua cultura jurídica, sua criatividade, sua especialização, seu estilo literário e experiência, que, profissionalmente, o tornam diferente de outro colega. Esta a razão pela qual seu trabalho, quantitativo e qualitativo, torna-se insuscetível de valoração por critérios objetivos, mas tão-somente subjetivos (...)."[8]

"(...). Trabalho intelectual. É impossível aferir trabalho de igual valor quando se trate de trabalho intelectual, pois na hipótese não há meios para a verificação da presença do requisito 'igual produtividade e mesma perfeição técnica'. A avaliação sujeita-se a critério subjetivo do empregador, pois somente ele pode valorar o trabalho intelectual."[9]

"(...). Advogados. Serviço intelectual. Trabalho em áreas diversas.

"O trabalho intelectual tem nuances próprias que se escondem em sede de subjetividade e não se apresentam com inteireza nos trabalhos materializados em petições, recursos etc. Não é possível medir a ligeireza intelectual durante uma audiência ou a vivacidade estratégica de um recurso. São inspirações subjetivas diretamente ligadas ao grau de intelectualidade jurídica. Só o tempo fornece. Às vezes nem o tempo."[10]

Pelos precedentes colacionados, a natureza *intuitu personae* dos serviços intelectuais sobressai como uma característica essencial dos mesmos. A qualidade do serviço intelectual assim como a forma pela qual aquele é prestado variam conforme o indivíduo. A inteligência e a cultura da pessoa (manifestadas pelas suas mais variadas formas) são dados essenciais para a própria precificação dos serviços intelectuais, do que se pode dessumir, como já dito, o caráter personalíssimo dessas atividades.

5. STJ, 1ª T., REsp 39.457-SP, rel. Min. Humberto Gomes de Barros, *DJU* 5.9.1994, p. 23.040.

6. Idem.

7. STJ, 4ª T., REsp 121.757-RJ, rel. Min. Sálvio de Figueiredo Teixeira, *DJU* 8.3.2000, p. 117.

8. TST, 4ª T., RR 287.055/1996, rel. Min. Milton de Moura França, j. 18.11.1998.

9. TST, 3ª T., RR 197.754/1995, rel. Min. Roberto Della Manna, j. 15.5.1996.

10. TRT-2ª R., 5ª T., Acórdão 1999.051703-0, *DOESP* 15.10.1999.

2.2 *Os conceitos de "empregado", "sociedade simples" e "sociedade empresária"*

O indivíduo que exerce atividades intelectuais pode levar a cabo suas atividades de três formas: (a) como *empregado* de uma instituição, submetendo-se, nesse caso, a todas as regras do direito do trabalho; (b) como *trabalhador autônomo pessoa física*, sem vínculo empregatício com qualquer de seus contratantes; (c) como *integrante de sociedade* (empresária ou simples, sendo mais usual esta última modalidade) prestadora de serviços intelectuais.

No primeiro caso (trabalho como empregado), a Consolidação das Leis do Trabalho regerá a prestação dos serviços intelectuais ao empregador. Estarão presentes os requisitos necessários à conformação da relação de trabalho, a saber: (a) trabalho por pessoa física; (b) pessoalidade; (c) não-eventualidade; (d) onerosidade; (e) subordinação ao poder hierárquico do empregador.

Sobre os aludidos requisitos, vale conferir a explanação de Maurício Godinho Delgado:

"A) Trabalho por pessoa física – a prestação de serviços que o direito do trabalho toma em consideração é aquela pactuada por uma pessoa física (ou natural). (...). Assim, a figura do trabalhador há de ser, sempre, uma pessoa natural.

"B) Pessoalidade – (...) é essencial à configuração da relação de emprego que a prestação do trabalho, pela pessoa natural, tenha efetivo caráter de infungibilidade, no que tange ao trabalhador. A relação jurídica pactuada – ou efetivamente cumprida – deve ser, desse modo, *intuitu personae* com respeito ao prestador de serviços (...).

"C) Não-eventualidade – (...) para que haja relação empregatícia é necessário que o trabalho prestado tenha caráter de permanência (ainda que por um curto período determinado), não se qualificando como trabalho esporádico.

"D) Onerosidade – (...) o contrato de trabalho é (...) bilateral, sinalagmático e oneroso, por envolver um conjunto diferenciado de prestações e contraprestações recíprocas entre as partes, economicamente mensuráveis.

"E) Subordinação – *não obstante a relação de emprego resulte da síntese indissolúvel dos cinco elementos fático-jurídicos que a compõem, será a subordinação, entre todos esses elementos, o que ganha maior proeminência na conformação do tipo legal da relação empregatícia. (...). Efetivamente, a importância da subordinação é tamanha na caracterização da relação de emprego, que já houve juristas, como o italiano Renato Corrado, que insistiram que não importava à conceituação do contrato empregatício o conteúdo mesmo da prestação de serviços, mas, sim, a forma pela qual tais serviços eram prestados, isto é, se o eram subordinadamente ou não*"[11] (grifamos).

A segunda opção para consecução dos serviços intelectuais é a sua prestação por profissional autônomo, sem vínculo empregatício (*rectius*: sem que estejam presentes os cinco requisitos acima citados). Nesse caso, entretanto, o profissional é pessoa física, e recolherá todos os tributos devidos (imposto de renda e contribuições previdenciárias) como tal.

Por fim, a última opção – que tem sido a mais comumente utilizada pelos prestadores de serviços intelectuais – é a constituição de sociedades para a consecução dessas atividades.

O atual Código Civil distingue as sociedades em *personificadas* e *não-personificadas*.

As *não-personificadas* são as sociedades em comum (sociedades em situação irregular, em face da ausência de registro dos atos constitutivos – arts. 986-990 do CC de 2002) e as em conta de participação

11. Maurício Godinho Delgado, *Curso de Direito do Trabalho*, 4ª ed., São Paulo, LTr, 2005, pp. 219-302.

(onde as atividades são exercidas individualmente pelo sócio ostensivo, delas não participando o sócio oculto, produzindo eventual contrato social efeitos apenas entre os sócios – arts. 991-996).

As *personificadas* são as sociedades simples (arts. 997-1.038 do CC de 2002), em nome coletivo (arts. 1.039-1.044), em comandita simples (arts. 1.045-1.051), limitadas (arts. 1.052-1.087), anônimas (arts. 1.088 e 1.089), em comandita por ações (arts. 1.090-1.092) e cooperativas (arts. 1.093-1.096).

O Código Civil de 2002 distingue, ainda, as sociedades em *empresárias* (que têm por objeto o exercício de atividade própria de empresário, sujeita a registro) e *simples*, que seriam as demais sociedades.[12]

As empresárias devem obrigatoriamente organizar-se sob a forma de sociedade em nome coletivo, em comandita simples, limitada, anônima ou em comandita por ações. Já, as sociedades simples *podem* revestir a roupagem de qualquer tipo de sociedade empresária (ressalvada a existência de disposição legal que, para o exercício de certa atividade, imponha a constituição de sociedade segundo determinado tipo). Não assumindo a forma de sociedade empresária, a sociedade simples será regida pelas regras que lhe são próprias, postas nos arts. 997 a 1.038 do CC.

As sociedades simples têm sido aquelas preferencialmente adotadas pelos prestadores de serviços intelectuais, haja vista que são as que mais se ajustam à natureza personalíssima desses serviços. Dispõe o art. 966 do CC:

"Art. 966. Considera-se empresário quem exerce profissionalmente atividade econômica organizada para a produção ou a circulação de bens ou de serviços.

"Parágrafo único. *Não se considera empresário quem exerce profissão intelectual, de natureza científica, literária ou artística, ainda com o concurso de auxiliares ou colaboradores, salvo se o exercício da profissão constituir elemento de empresa*" (grifamos).

Ou seja: a lei prescreve que o exercício de atividade intelectual não constitui atividade empresarial, mas, caso haja o efetivo exercício da profissão (com habitualidade, intuito de lucro e organização empresarial) pelo prestador dessa modalidade de serviço, poderá haver a caracterização da empresa, permitindo a constituição de sociedade empresária para dita finalidade.

Não obstante, como já salientado, os prestadores de serviços intelectuais têm, em regra, optado pela constituição de sociedades simples (que correspondem às antigas sociedades civis, diferenciáveis das sociedades empresárias – dentre outros fatores – por dependerem de averbação no Registro Civil das Pessoas Jurídicas, não sendo registradas na Junta Comercial[13]). As sociedades simples são disciplinadas pelos arts. 997 e ss. do CC. Confira-se:

"Art. 997. A sociedade constitui-se mediante contrato escrito, particular ou público, que, além de cláusulas estipuladas pelas partes, mencionará: I – nome, nacionalidade, estado civil, profissão e residência dos sócios, se pessoas naturais, e a firma ou a denominação, nacionalidade e sede dos sócios, se jurídicas; II – denominação, objeto, sede e prazo da sociedade; III – capital da sociedade, expresso em moeda corrente, podendo compreender qualquer espécie de bens, suscetíveis de avaliação pecuniária; IV – a quota de cada sócio no capital social, e o modo de realizá-la; V – as prestações a que se obriga o sócio, cuja contribuição consista em serviços; VI – as pessoas naturais incumbidas da administração da sociedade, e seus poderes e atribui-

12. As sociedades anônimas deverão ser sempre sociedades empresárias, por força de disposição expressa da Lei das S/A.

13. Rubens Requião já assentou que as sociedades simples substituíram a disciplina das antigas sociedades civis, servindo, ainda, de substrato (haja vista serem suas regras subsidiariamente aplicáveis) às sociedades empresárias (*apud* José Costa Loures, *Novo Código Civil Comentado*, Belo Horizonte, Del Rey, 2002, p. 433).

ções; VII – a participação de cada sócio nos lucros e nas perdas; VIII – se os sócios respondem, ou não, subsidiariamente, pelas obrigações sociais.

"Parágrafo único. É ineficaz em relação a terceiros qualquer pacto separado, contrário ao disposto no instrumento do contrato."

O próprio STJ já assentou – à luz do antigo Código Civil – que a sociedade que se volta eminentemente à prestação de serviços é uma sociedade civil (atual sociedade simples), ao passo que aquela que exerce a mercancia seria sociedade comercial (empresária). Vale conferir o seguinte trecho do voto do Min. Vicente Cernicchiaro nos autos do REsp 3.664-PB: "A qualificação de uma sociedade se define, salvo imposição legal, como ocorre com a sociedade por ações, pela finalidade social. A sociedade comercial caracteriza-se pela prática de atos de mercancia".[14]

E, mais à frente, averba, sobre o caso então analisado: "Evidencia-se que a recorrida é prestadora de serviços. Não realiza atividade de intermediação. É, pois, sociedade civil (...). A natureza da sociedade, então, é definida pelo objetivo social".

De fato, quando o objeto social é a prestação de serviços intelectuais, a sociedade simples avulta como o modelo preferencialmente adotado, como já, inclusive, anotou Nery Jr.: "*Sociedade simples.* Modalidade de inspiração italiana, difere da sociedade empresária porque exerce atividade intelectual, isto é, prestação de serviços de natureza científica, artística ou literária. (...)".[15]

O citado autor traz ainda o entendimento do STJ (*Jornada III* STJ 206) no sentido de que "a contribuição do sócio exclusivamente em prestação de serviços é permitida nas sociedades cooperativas (art. 1.094, I) e nas sociedades simples propriamente ditas (art. 983, segunda parte)" – o que somente vem confirmar a plena adequação dessa espécie societária à consecução dos serviços intelectuais.

O Regulamento do Imposto de Renda (RIR – Decreto 3.000/1999), a seu turno, também disciplina as sociedades prestadoras de serviços *profissionais* (que se enquadram, em sua totalidade, dentre os serviços denominados *intelectuais*[16]). É ver: "Art. 647. Estão sujeitas à incidência do imposto na fonte, à alíquota de 1,5% (um e meio por cento), as importâncias pagas ou creditadas por pessoas jurídicas a outras pessoas jurídicas, civis ou mercantis, pela prestação de serviços caracterizadamente de natureza profissional (Decreto-lei n. 2.030, de 9 de junho de 1983, art. 2º; De-

14. STJ, 2ª T., REsp 3.664-PB, rel. Min. Vicente Cernicchiaro, *DJU* 9.10.1990, p. 10.885, *apud* Rúbia Carneiro Neves, "Regime jurídico da sociedade simples", in Frederico Viana Rodrigues (org.), *Direito de Empresa no Novo Código Civil*, Rio de Janeiro, Forense, 2004, p. 171.

15. Nelson Nery Jr., *Código Civil Comentado*, 3ª ed., São Paulo, Ed. RT, p. 571.

16. O § 1º do art. 647 do RIR/1999 estipula os serviços considerados profissionais. A totalidade dos mesmos, como se pode dessumir da relação, é composta de serviços intelectuais. Confira-se: "§ 1º. Compreendem-se nas disposições deste artigo os serviços a seguir indicados: 1) administração de bens ou negócios em geral (exceto consórcios ou fundos mútuos para aquisição de bens); 2) advocacia; 3) análise clínica laboratorial; 4) análises técnicas; 5) arquitetura; 6) assessoria e consultoria técnica (exceto o serviço de assistência técnica prestado a terceiros e concernente a ramo de indústria ou comércio explorado pelo prestador do serviço); 7) assistência social; 8) auditoria; 9) avaliação e perícia; 10) biologia e biomedicina; 11) cálculo em geral; 12) consultoria; 13) contabilidade; 14) desenho técnico; 15) economia; 16) elaboração de projetos; 17) engenharia (exceto construção de estradas, pontes, prédios e obras assemelhadas); 18) ensino e treinamento; 19) estatística; 20) fisioterapia; 21) fonoaudiologia; 22) geologia; 23) leilão; 24) medicina (exceto a prestada por ambulatório, banco de sangue, casa de saúde, casa de recuperação ou repouso sob orientação médica, hospital e pronto-socorro); 25) nutricionismo e dietética; 26) odontologia; 27) organização de feiras de amostras, congressos, seminários, simpósios e congêneres; 28) pesquisa em geral; 29) planejamento; 30) programação; 31) prótese; 32) psicologia e psicanálise; 33) química; 34) radiologia e radioterapia; 35) relações públicas; 36) serviço de despachante; 37) terapêutica ocupacional; 38) tradução ou interpretação comercial; 39) urbanismo; 40) veterinária".

creto-lei n. 2.065, de 1983, art. 1º, inciso III; Lei n. 7.450, de 1985, art. 52; e Lei n. 9.064, de 1995, art. 6º)".

Na mesma toada dispõe a Instrução Normativa-SRP 03/2005:

"Art. 148. A contratante fica dispensada de efetuar a retenção e a contratada de registrar o destaque da retenção na nota fiscal, na fatura ou no recibo, quando: (...) III – a contratação envolver somente serviços profissionais relativos ao exercício de profissão regulamentada por legislação federal, ou serviços de treinamento e ensino definidos no inciso X do art. 146, *desde que prestados pessoalmente pelos sócios*, sem o concurso de empregados ou outros contribuintes individuais.

"(...).

"§ 3º. Para fins do disposto no inciso III do *caput*, são serviços profissionais regulamentados pela legislação federal, dentre outros, os prestados por administradores, advogados, aeronautas, aeroviários, agenciadores de propaganda, agrônomos, arquitetos, arquivistas, assistentes sociais, atuários, auxiliares de laboratório, bibliotecários, biólogos, biomédicos, cirurgiões dentistas, contabilistas, economistas domésticos, economistas, enfermeiros, engenheiros, estatísticos, farmacêuticos, fisioterapeutas, terapeutas ocupacionais, fonoaudiólogos, geógrafos, geólogos, guias de turismo, jornalistas profissionais, leiloeiros rurais, leiloeiros, massagistas, médicos, meteorologistas, nutricionistas, psicólogos, publicitários, químicos, radialistas, secretárias, taquígrafos, técnicos de arquivos, técnicos em biblioteconomia, técnicos em radiologia e tecnólogos" (grifamos).

Note-se que o caráter personalíssimo dos serviços prestados pelos integrantes das sociedades em análise é reconhecido por norma da própria Secretaria da Receita Previdenciária, acima transcrita.

Também a Lei 9.317, de 5.12.1996, trata das pessoas jurídicas dedicadas à prestação de serviços intelectuais (dispondo que ditas sociedades não poderão optar pelo SIMPLES): "Art. 9º. Não poderá optar pelo SIMPLES *a pessoa jurídica*: (...) XIII – que preste serviços profissionais de corretor, representante comercial, despachante, ator, empresário, diretor ou produtor de espetáculos, cantor, músico, dançarino, médico, dentista, enfermeiro, veterinário, engenheiro, arquiteto, físico, químico, economista, contador, auditor, consultor, estatístico, administrador, programador, analista de sistema, advogado, psicólogo, professor, jornalista, publicitário, fisicultor, ou assemelhados, e de qualquer outra profissão cujo exercício dependa de habilitação profissional legalmente exigida; (...)" (grifamos).

Outrossim, a legislação federal é ainda expressa ao prever a necessidade de retenção na fonte de tributos quando da realização de pagamentos por pessoa jurídica para outra pessoa jurídica prestadora de serviços profissionais[17] (*rectius*: intelectuais), do que dessome a possibilidade plena e amparada em lei de prestação de serviços intelectuais por meio de sociedades legalmente constituídas.

Assim, resta indubitável que o prestador de serviços intelectuais poderá atuar como empregado, como sócio de sociedade simples ou empresária. Todas essas formas jurídicas são admitidas por lei e pela jurisprudência de nossos Tribunais Superiores, como visto.

2.3 A liberdade de contratar e a negativa da mesma ao se desconsiderar sociedades legalmente constituídas para a prestação de serviços intelectuais

A liberdade de contratar e adotar a forma negocial que mais interesse ao pro-

17. Nesse sentido, cf. que dispõe a Lei 10.833/2003: "Art. 30. Os pagamentos efetuados pelas pessoas jurídicas a outras pessoas jurídicas de direito privado (...) pela remuneração de serviços profissionais estão sujeitos à retenção na fonte da contribuição social sobre o lucro líquido – CSLL, da COFINS e da contribuição para o PIS/PASEP".

fissional é expressamente assegurada pela Constituição de 1988, que dispõe:

"Art. 170. A ordem econômica, fundada na valorização do trabalho humano e na livre iniciativa, tem por fim assegurar a todos existência digna, conforme os ditames da justiça social, observados os seguintes princípios: (...) II – propriedade privada; (...) IV – livre concorrência; (...) VIII – busca do pleno emprego; IX – tratamento favorecido para as empresas de pequeno porte constituídas sob as leis brasileiras e que tenham sua sede e administração no país. [*redação dada pela Emenda Constitucional 6/1995*]

"Parágrafo único. É assegurado a todos o livre exercício de qualquer atividade econômica, independentemente de autorização de órgãos públicos, salvo nos casos previstos em lei."

O livre exercício da atividade econômica não pode, sob hipótese alguma, ser obstaculizado, já tendo sido inclusive sumulado pelo STF o entendimento de que "ao contribuinte em débito não é lícito à autoridade proibir que adquira estampilhas, despache mercadorias nas alfândegas e exerça suas atividades profissionais" (Súmula 547).

No caso em tela, os prestadores de serviços intelectuais, como dito anteriormente, podem organizar-se individualmente, como autônomos (pessoas físicas), ou sob a forma de pessoas jurídicas (sociedades simples ou empresárias), para levar a cabo as suas atividades.

Essa a lição de Alice Monteiro de Barros,[18] que prevê, ainda, a possibilidade de os prestadores de serviços intelectuais figurarem como empregadores (quando, organizados para tanto, admitirem pessoas físicas como empregados), *in verbis*: "Os trabalhadores intelectuais (...) podem exercer suas atividades reunindo os pressupostos do art. 3º[19] da CLT, ou seja, na condição de empregados, como também executar suas funções de forma independente, como autônomos. Podem, ainda, figurar como empregadores, quando se situarem no quadro emoldurado no art. 2º, § 1º,[20] da CLT".

Assim é que, seja como empregado, autônomo ou pessoa jurídica (sociedade simples ou empresária), o prestador de serviço intelectual pode, de forma absolutamente legítima e jurídica, levar a cabo a prestação de seus serviços. Não há qualquer abuso de direito a ser coibido caso o profissional opte pela constituição de sociedade – ao contrário, tal opção lhe é facultada e assegurada pela lei e pela Constituição.

O direito de praticar negócios juridicamente lícitos, cujos resultados não sejam proibidos, é assegurado tanto no direito privado como no tributário. Fora daí não há falar em abuso de direito, que se remete – isto é verdade – ao clássico abuso de formas do direito tributário alemão, nascido à época do Nazismo e por ele combatido pela interpretação dita econômica ou funcional. Para justificar o abuso de direito, seus corifeus lançam o dardo além da meta. Entre nós os direitos fundamentais e os direitos individuais nascem do texto constitucional e são limitados pelo texto constitucional (princípio e contraprincípio, ou princípio e sua limitação). Está claro que a lei infraconstitucional não pode pôr limite em princípio constitucional, nem o intérprete pode mudar-lhe o conteúdo e os destinatários ativos e passivos. Como já averbamos, não existe limitação alguma – nem

18. Alice Monteiro de Barros, *Curso de Direito do Trabalho*, cit., p. 256.

19. Eis o teor do art. 3º, *caput*, da CLT: "Art. 3º. Considera-se empregado toda pessoa física que prestar serviços de natureza não eventual a empregador, sob a dependência deste e mediante salário".

20. Dispõe a CLT:

"Art. 2º. Considera-se empregador a empresa, individual ou coletiva, que, assumindo os riscos da atividade econômica, admite, assalaria e dirige a prestação pessoal de serviço.

"§ 1º. Equiparam-se ao empregador, para os efeitos exclusivos da relação de emprego, os profissionais liberais, as instituições de beneficência, as associações recreativas ou outras instituições sem fins lucrativos, que admitirem trabalhadores como empregados."

pode existir – a direitos fundamentais, entre eles o da livre iniciativa, o da auto-organização, o da liberdade de contratar *secundum legem*. Afora isso, inútil brandir a "ética", a "razoabilidade", a "proporcionalidade". Estas idéias são ideologizadas e idiossincráticas. Os princípios da razoabilidade e da proporcionalidade voltam-se em direito tributário precisamente contra o legislador e o administrador (e é sob essa ótica que o art. 129 da Lei 11.196/2005 foi editada).

Nesse sentido é a lição de Aires Barreto [*anterior à Constituição de 1988*] que prescreve:

"Com efeito, nas relações de direito privado vigora o princípio segundo o qual 'tudo o que não é proibido é permitido'. Há, portanto, no direito privado, a consagração da autonomia da vontade: esta impera até onde o Direito a cerceia, proibindo, expressamente, que se manifeste neste ou naquele sentido.

"Essas noções que presidem o direito privado não são senão corolários de postulados básicos sustentadores da estrutura do Estado Brasileiro, e que se constituem em garantias e direitos fundamentais dos indivíduos, quais sejam: a) o da legalidade, enunciado no art. 153, § 2º, da Constituição da República, segundo o qual 'ninguém é obrigado a fazer ou deixar de fazer senão em virtude de lei'; b) e o da liberdade de trabalho, ofício e profissão (compreendendo, inclusive, o exercício de indústria e comércio), inscrito no art. 153, § 23, pelo qual 'é livre o exercício de qualquer trabalho, ofício ou profissão, observadas as condições de capacidade que a lei estabelecer'.

"Por outro lado, além de radicar-se nas próprias garantias e direitos fundamentais dos indivíduos, a liberdade de contratar ou de celebrar negócios jurídicos promana, também, dos princípios constitucionais que imprimem ao Estado Brasileiro uma feição de Estado Liberal, no que respeita à ordem econômica, com a consagração da (a) liberdade de iniciativa e da (b) proeminência da iniciativa privada na organização e exploração de atividades econômicas. É o que prescrevem, expressamente, os arts. 160, I, e 170 da Constituição da República (...)."[21]

Celso Bastos não destoa, ao assertar que:

"Em segundo lugar surge a liberdade de iniciativa. Na verdade esta liberdade é uma manifestação dos direitos fundamentais e no rol daqueles devia estar incluída. De fato, o homem não pode realizar-se através de uma realização transpessoal. Vale dizer, por meio da organização de outros homens com vistas à realização de um objetivo. Aqui a liberdade de iniciativa tem conotação econômica. Equivale ao direito que todos têm de lançarem-se ao mercado da produção de bens e serviços por sua conta e risco. Aliás, os autores reconhecem que a liberdade de iniciar a atividade econômica implica a de gestão e a de empresa.

"(...).

"O consectário natural deste princípio é que a atuação do Estado na economia é sempre subsidiária. O Estado não está habilitado a retirar dos particulares, transferindo para a responsabilidade da comunidade, atribuições que aqueles estejam em condições de cumprir por si mesmos."[22]

A mesma linha é seguida por André Ramos Tavares, que prediz:

"É ampla a liberdade assegurada ao indivíduo pela Constituição, especialmente em seu art. 5º e incisos. Sobre o primado constitucional da liberdade, sabe-se que ao indivíduo é permitido realizar tudo o que não estiver proibido expressamente em lei. Vigora, pois, o princípio da mais ampla liberdade.

"(...).

"A ampla autonomia de vontades é decorrência imediata do princípio consti-

21. Aires F. Barreto, "Liberdade de contratar e tributação", *RDTributário* 12-44/88-92, São Paulo, Ed. RT, abril-junho/1988.

22. Celso Ribeiro Bastos, *Comentários à Constituição do Brasil: Promulgada em 5 de Outubro de 1988*, São Paulo, Saraiva, 1988, pp. 16-17.

tucional da liberdade. Enquanto regra geral, a autonomia da vontade só se admite limitada, na visão liberal, em face de condutas antijurídicas ou quando esteja presente a culpa (*lato sensu*)." [23]

O próprio STJ, com esforço na doutrina de Celso Antônio Bandeira de Mello, já assentou:

"Responsabilidade civil do Estado – Paridade cambial – Intervenção estatal no domínio econômico – Pretensão de imputação de responsabilidade objetiva por força de alteração da paridade cambial – Conseqüente dever de indenizar à União e ao BACEN – Fatores inerentes à conjuntura internacional que se assemelham ao fato do príncipe – Improcedência.

"1. A intervenção estatal no domínio econômico é determinante para o setor público e indicativa para o setor privado, por força da livre iniciativa e dos cânones constitucionais inseridos nos arts. 170 e 174 da CF.

"2. Deveras, sólida a lição de que um 'dos fundamentos da Ordem Econômica é justamente a 'liberdade de iniciativa', conforme dispõe o art. 170, o qual, em seu inciso IV, aponta, ainda, a 'livre concorrência' como um de seus princípios obrigatórios: 'A ordem econômica, fundada na valorização do trabalho humano e na livre iniciativa, tem por fim assegurar a todos existência digna, conforme os ditames da justiça social, observados os seguintes princípios: (...) IV – livre concorrência'. Isto significa que a Administração Pública não tem título jurídico para aspirar reter em suas mãos o poder de outorgar aos particulares o direito ao desempenho da atividade econômica tal ou qual; evidentemente, também lhe faleceria o poder de fixar o montante da produção ou comercialização que os empresários porventura intentem efetuar. De acordo com os termos constitucionais, a eleição da atividade que será empreendida assim como o *quantum* a ser produzido ou comercializado resultam de uma decisão livre dos agentes econômicos. O direito de fazê-lo lhes advém diretamente do texto constitucional e descende mesmo da própria acolhida do regime capitalista, para não se falar dos dispositivos constitucionais supramencionados. No passado ainda poderiam prosperar dúvidas quanto a isto; porém, com o advento da Constituição Federal de 1988, tornou-se enfaticamente explícito que nem mesmo o planejamento econômico feito pelo Poder Público para algum setor de atividade ou para o conjunto deles pode impor-se como obrigatório para o setor privado. É o que está estampado, com todas as letras, no art. 174: 'Como agente normativo e regulador da atividade econômica, o Estado exercerá, na forma da lei, as funções de fiscalização, incentivo e planejamento, sendo este determinante para o setor público e indicativo para o setor privado'. (...) (Celso Antônio Bandeira de Mello, in *Curso de Direito Administrativo*, 14ª ed., Malheiros, 2002, pp. 619-620). (...)." [24]

Em suma: se a lei autoriza a constituição de sociedades pelos prestadores de serviços intelectuais, estes podem se organizar como tais, sendo tal direito resguardado pela própria Constituição de 1988.

De se ressaltar, por derradeiro, que a descaracterização da pessoa jurídica para fins de reconhecimento de uma relação trabalhista subjacente, com todos os consectários dela decorrentes (tributação pelo imposto de renda e pelo INSS em alíquotas majoradas), somente pode ser levada a cabo pela Justiça do Trabalho, que tem competência constitucional inarredável para reconhecimento de vínculos empregatícios. Assim, não compete à fiscalização – seja do INSS ou da Secretaria da Receita Federal – desconhecer as formas jurídicas nego-

23. André Ramos Tavares, "Do princípio da liberdade em face da tutela do consumidor: uma abordagem constitucional", in Ives Gandra da Silva Martins (coord.), *As Vertentes do Direito Constitucional Contemporâneo*, Rio de Janeiro, América Jurídica, 2002, p. 579.

24. STJ, 1ª T., REsp 614.048-RS, rel. Min. Luiz Fux, j. 15.3.2005, *DJU* 2.5.2005, p. 172.

ciais adotadas pelos prestadores de serviços intelectuais para, ao argumento da existência de dissimulação, tributá-los como se houvesse uma efetiva relação de emprego (quando a mesma inexiste no plano jurídico-formal).

3. *Da competência exclusiva da Justiça do Trabalho para reconhecimento de relações de emprego*

No que tange à descaracterização, pelos agentes fiscais, dos contratos celebrados entre as empresas e os trabalhadores intelectuais, classificados como empregados, cumpre elucidar que, a teor do art. 114 da CF, somente a Justiça do Trabalho tem competência para concluir, de modo definitivo, pela existência ou inexistência de relação empregatícia.

Para que tal ocorra, é condição *sine qua non* o exercício, pelo prestador de serviços, do direito de peticionar, mediante reclamatória trabalhista, perante o órgão jurisdicional citado, postulando o reconhecimento do vínculo empregatício.

Instaurada a lide e observados o contraditório e a ampla defesa, bem como os recursos a ela inerentes, caso transitada em julgado a decisão, aí, sim, estará consubstanciada a relação de emprego, surtindo todos os efeitos legais. Eis o teor do dispositivo constitucional previamente citado: "Art. 114. Compete à Justiça do Trabalho processar e julgar: [*redação dada pela Emenda Constitucional 45/2004*] I – as ações oriundas da relação de trabalho, abrangidos os entes de direito público externo e da Administração Pública direta e indireta da União, dos Estados, do Distrito Federal e dos Municípios; [*incluído pela Emenda Constitucional 45/2004*] (...) IV – os mandados de segurança, *habeas corpus* e *habeas data*, quando o ato questionado envolver matéria sujeita à sua jurisdição; [*incluído pela Emenda Constitucional 45/2004*] (...) VIII – a execução, de ofício, das contribuições sociais previstas no art. 195, I, 'a', e II, e seus acréscimos legais, decorrentes das sentenças que proferir; [*incluído pela Emenda Constitucional 45/2004*] IX – outras controvérsias decorrentes da relação de trabalho, na forma da lei". [*incluído pela Emenda Constitucional 45/2004*]

Portanto, ao conferir a condição de empregado celetista a prestadores de serviços intelectuais que atuam por meio de pessoas jurídicas regularmente constituídas, a fiscalização está avocando para sua competência funcional matéria destinada, pela Constituição, à apreciação exclusiva da Justiça do Trabalho, em processo regularmente instaurado (e, como se verá abaixo, está também descumprindo a lei que delega poderes aos fiscais da Previdência e da Receita Federal).

Apesar do claro teor da norma constitucional, cumpre notar que o art. 229, § 2º, do Decreto 3.048/1999 (Regulamento da Organização e do Custeio da Previdência Social – RPS) estabelece a competência dos fiscais previdenciários para descaracterizarem relações jurídicas previamente pactuadas e reconhecerem a existência de vínculo empregatício, com vistas a exigir as contribuições previdenciárias dos supostos empregadores. É ver: "§ 2º. Se o auditor-fiscal da Previdência Social constatar que o segurado contratado como contribuinte individual, trabalhador avulso, ou sob qualquer outra denominação, preenche as condições referidas no inciso I do *caput* do art. 9º, deverá desconsiderar o vínculo pactuado e efetuar o enquadramento como segurado empregado".

O inciso I do *caput* do art. 9º do RPS, mencionado no dispositivo transcrito, estipula os casos nos quais o segurado da Previdência Social é considerado empregado, devendo ser obrigatoriamente recolhida a contribuição para a Secretaria da Receita Previdenciária.

Ocorre, contudo, que a aludida disposição do Decreto 3.048/1999, além de não encontrar respaldo na Constituição da República de 1988, tampouco tem base legal. A Lei 8.212/1991, em seus dispositivos que tratam do poder fiscalizatório dos agentes do INSS (atual SRP), dispõe:

"Art. 33. Ao Instituto Nacional do Seguro Social – INSS compete arrecadar, fiscalizar, lançar e normatizar o recolhimento das contribuições sociais previstas nas alíneas 'a', 'b' e 'c' do parágrafo único do art. 11, bem como as contribuições incidentes a título de substituição; e à Secretaria da Receita Federal – SRF compete arrecadar, fiscalizar, lançar e normatizar o recolhimento das contribuições sociais previstas nas alíneas 'd' e 'e' do parágrafo único do art. 11, cabendo a ambos os órgãos, na esfera de sua competência, promover a respectiva cobrança e aplicar as sanções previstas legalmente. [*redação dada pela Lei 10.256, de 9.7.2001*]

"§ 1º. É prerrogativa do Instituto Nacional do Seguro Social – INSS e do Departamento da Receita Federal – DRF o exame da contabilidade da empresa, não prevalecendo para esse efeito o disposto nos arts. 17 e 18 do Código Comercial, ficando obrigados a empresa e o segurado a prestar todos os esclarecimentos e informações solicitados.

"§ 2º. A empresa, o servidor de órgãos públicos da Administração direta e indireta, o segurado da Previdência Social, o serventuário da Justiça, o síndico ou seu representante, o comissário e o liquidante de empresa em liquidação judicial ou extrajudicial são obrigados a exibir todos os documentos e livros relacionados com as contribuições previstas nesta Lei.

"§ 3º. Ocorrendo recusa ou sonegação de qualquer documento ou informação, ou sua apresentação deficiente, o Instituto Nacional do Seguro Social – INSS e o Departamento da Receita Federal – DRF podem, sem prejuízo da penalidade cabível, inscrever de ofício importância que reputarem devida, cabendo à empresa ou ao segurado o ônus da prova em contrário.

"§ 4º. Na falta de prova regular e formalizada, o montante dos salários pagos pela execução de obra de construção civil pode ser obtido mediante cálculo da mão-de-obra empregada, proporcional à área construída e ao padrão de execução da obra, cabendo ao proprietário, dono da obra, condômino da unidade imobiliária ou empresa co-responsável o ônus da prova em contrário.

"§ 5º. O desconto de contribuição e de consignação legalmente autorizadas sempre se presume feito oportuna e regularmente pela empresa a isso obrigada, não lhe sendo lícito alegar omissão para se eximir do recolhimento, ficando diretamente responsável pela importância que deixou de receber ou arrecadou em desacordo com o disposto nesta Lei.

"§ 6º. Se, no exame da escrituração contábil e de qualquer outro documento da empresa, a fiscalização constatar que a contabilidade não registra o movimento real de remuneração dos segurados a seu serviço, do faturamento e do lucro, serão apuradas, por aferição indireta, as contribuições efetivamente devidas, cabendo à empresa o ônus da prova em contrário.

"§ 7º. O crédito da seguridade social é constituído por meio de notificação de débito, auto de infração, confissão ou documento declaratório de valores devidos e não recolhidos apresentado pelo contribuinte." [*incluído pela Lei 9.528, de 10.12.1997*]

Em suma: pela Lei 8.212/1991, o poder fiscalizatório dos agentes da Secretaria da Receita Previdenciária é amplo, tendo os mesmos a prerrogativa de acesso a toda a escrituração contábil e de faturamento da empresa. Contudo, *em nenhum momento a Lei 8.212/1991 prevê a possibilidade de reconhecimento de vínculo empregatício por parte da fiscalização previdenciária.*

Tampouco a Lei 10.593, de 6.12.2002, que trata das carreiras dos auditores-fiscais da Receita Federal e da Previdência Social, autoriza o procedimento previsto no art. 209, § 2º, do Decreto 3.048/1999.

É ver:

• *Competência dos fiscais da Receita Federal*

"Art. 6º. São atribuições dos ocupantes do cargo de auditor-fiscal da Receita Federal, no exercício da competência da Secretaria da Receita Federal do Ministério da Fazenda, relativamente aos tributos e às contribuições por ela administrados: I – em caráter privativo: a) constituir, mediante lançamento, o crédito tributário; b) elaborar e proferir decisões em processo administrativo-fiscal, ou delas participar, bem como em relação a processos de restituição de tributos e de reconhecimento de benefícios fiscais; c) executar procedimentos de fiscalização, inclusive os relativos ao controle aduaneiro, objetivando verificar o cumprimento das obrigações tributárias pelo sujeito passivo, praticando todos os atos definidos na legislação específica, inclusive os relativos à apreensão de mercadorias, livros, documentos e assemelhados; d) proceder à orientação do sujeito passivo no tocante à aplicação da legislação tributária, por intermédio de atos normativos e solução de consultas; e e) supervisionar as atividades de orientação do sujeito passivo efetuadas por intermédio de mídia eletrônica, telefone e plantão fiscal; e II – em caráter geral, as demais atividades inerentes à competência da Secretaria da Receita Federal.

"§ 1º. O Poder Executivo poderá, dentre as atividades de que trata o inciso II, cometer seu exercício, em caráter privativo, ao auditor-fiscal da Receita Federal.

"§ 2º. Incumbe ao técnico da Receita Federal auxiliar o auditor-fiscal da Receita Federal no exercício de suas atribuições.

"§ 3º. O Poder Executivo, observado o disposto neste artigo, disporá sobre as atribuições dos cargos de auditor-fiscal da Receita Federal e de técnico da Receita Federal."

• *Competência dos fiscais da Secretaria da Receita Previdenciária*

"Art. 8º. São atribuições dos ocupantes do cargo de auditor-fiscal da Previdência Social, relativamente às contribuições administradas pelo Instituto Nacional do Seguro Social – INSS: I – em caráter privativo: a) executar auditoria e fiscalização, objetivando o cumprimento da legislação da Previdência Social relativa às contribuições administradas pelo INSS, lançar e constituir os correspondentes créditos apurados; b) efetuar a lavratura de auto de infração quando constatar a ocorrência do descumprimento de obrigação legal e de auto de apreensão e guarda de documentos, materiais, livros e assemelhados, para verificação da existência de fraude e irregularidades; c) examinar a contabilidade das empresas e dos contribuintes em geral, não se lhes aplicando o disposto nos arts. 17 e 18 do Código Comercial; d) julgar os processos administrativos de impugnação apresentados contra a constituição de crédito previdenciário; e) reconhecer o direito à restituição ou compensação de pagamento ou recolhimento indevido de contribuições; f) auditar a rede arrecadadora quanto ao recebimento e repasse das contribuições administradas pelo INSS; g) supervisionar as atividades de orientação ao contribuinte efetuadas por intermédio de mídia eletrônica, telefone e plantão fiscal; e h) proceder à auditoria e à fiscalização das entidades e dos fundos dos regimes próprios de previdência social, quando houver delegação do Ministério da Previdência e Assistência Social ao INSS para esse fim; e II – em caráter geral, as demais atividades inerentes às competências do INSS.

"§ 1º. O Poder Executivo poderá, dentre as atividades de que trata o inciso II, cometer seu exercício, em caráter privativo, ao auditor-fiscal da Previdência Social.

"§ 2º. O Poder Executivo, observado o disposto neste artigo, disporá sobre as atribuições dos cargos de auditor-fiscal da Previdência Social."

Não podem, portanto, os fiscais da Secretaria da Receita Federal ou da Secretaria da Receita Previdenciária se imiscuir em seara alheia à sua competência legal (sendo, nessa toada, manifestamente ilegítima a autorização para reconhecimento de relações de emprego pelos fiscais previdenciários prevista no art. 209, § 2º, do Decreto 3.048/1999).

A própria Consolidação das Leis do Trabalho determina a competência exclusiva da Justiça do Trabalho para o julgamento de dissídios oriundos da relação de emprego (art. 652[25]), inclusive para a verificação da existência ou inexistência de vínculo empregatício (art. 39[26]). Confira-se, a respeito, a jurisprudência de nossos Tribunais:

"Previdenciário – Contribuição – Execução fiscal – Embargos do devedor – Inexistência da relação de emprego.

"Mero contrato de prestação de serviços, sem os pressupostos inscritos no art. 3º da CLT, não configura relação de emprego, o que desautoriza a cobrança de contribuições previdenciárias sobre as quantias pagas aos prestadores de serviço.

"Apelação desprovida – Remessa oficial prejudicada."[27]

Cumpre destacar, do acórdão transcrito, o seguinte trecho do voto do Exmo. Relator, Des. federal Vicente Leal, que se amolda com perfeição ao posicionamento ora defendido: "Ademais, não competia à fiscalização do INSS transformar uma relação de serviço em relação de emprego, conforme diretriz da Ordem de Serviço-IAPAS/SAF n. 87, de 11.6.1982, citada na r. sentença, *in verbis*: 'I. A fiscalização do IAPAS, em sua ação junto às empresas, deverá considerar os contratos de serviços efetivados com trabalhadores autônomos, abstendo-se de descaracterizar uma relação de serviço e transformá-la numa relação de emprego'".

Nesse sentido, vale também transcrever o voto do Des. federal Gilson Dipp, condutor do acórdão unânime prolatado pela 1ª Turma do TRF da 4ª Região:

"Ante a fundamentação da sentença recorrida, de que restou indemonstrado o vínculo empregatício entre a embargante e os pesquisadores com ela relacionados, a apelante argumenta com o desenvolvimento, por aqueles, de atividades essenciais necessárias à finalidade da apelada.

"Embora em certo sentido a alegação tenha procedência, a análise dos objetivos da Fundação revela a finalidade intermediária que caracteriza essa entidade. Além de

25. É conferir:

"Art. 652. Compete às Juntas de Conciliação e Julgamento: *[v. Constituição Federal de 1988]* a) conciliar e julgar: I – os dissídios em que se pretenda o reconhecimento da estabilidade de empregado; II – os dissídios concernentes a remuneração, férias e indenizações por motivo de rescisão do contrato individual de trabalho; III – os dissídios resultantes de contratos de empreitadas em que o empreiteiro seja operário ou artífice; IV – os demais dissídios concernentes ao contrato individual de trabalho; V – as ações entre trabalhadores portuários e os operadores portuários ou o Órgão Gestor de Mão-de-Obra – OGMO decorrentes da relação de trabalho; *[acrescentado pela Medida Provisória 2.164-41, de 24.8.2001]* b) processar e julgar os inquéritos para apuração de falta grave; c) julgar os embargos opostos às suas próprias decisões; d) impor multas e demais penalidades relativas aos atos de sua competência. *[Redação dada pelo Decreto-lei 6.353, de 20.3.1944]*

"Parágrafo único. Terão preferência para julgamento os dissídios sobre pagamento de salário e aqueles que derivarem da falência do empregador, podendo o Presidente da Junta, a pedido do interessado, constituir processo em separado, sempre que a reclamação também versar sobre outros assuntos." *[v. Constituição Federal de 1988]*

26. Dispõe a CLT:

"Art. 39. Verificando-se que as alegações feitas pelo reclamado versam sobre a não-existência de relação de emprego ou sendo impossível verificar essa condição pelos meios administrativos, será o processo encaminhado à Justiça do Trabalho, ficando, nesse caso, sobrestado o julgamento do auto de infração que houver sido lavrado. *[Redação dada pelo Decreto-lei 229, de 28.2.1967]*

"§ 1º. Se não houver acordo, a Junta de Conciliação e Julgamento, em sua sentença, ordenará que a Secretaria efetue as devidas anotações uma vez transitada em julgado, e faça a comunicação à autoridade competente para o fim de aplicar a multa cabível. *[Incluído pelo Decreto-lei 229, de 28.2.1967]*

"§ 2º. Igual procedimento observar-se-á no caso de processo trabalhista de qualquer natureza, quando for verificada a falta de anotações na Carteira de Trabalho e Previdência Social, devendo o Juiz, nesta hipótese, mandar proceder, desde logo, àquelas sobre as quais não houver controvérsia." *[Incluído pelo Decreto-lei 229, de 28.2.1967]*

27. TRF-1ª R., Ap. cível 92.01.21652-1-DF, rel. Des. federal Vicente Leal, j. 12.4.1993, *DJU* 2.5.1996.

aplicar programas de ensino, pesquisa, extensão e atividades culturais gerados pela Universidade Federal de Santa Catarina, celebrando contratos, acordos ou convênio de cooperação técnica – ou financeira –, concede bolsas de estudo e pesquisa em nível de graduação, pós-graduação e extensão. Situa-se, por conseguinte, entre a Universidade e a comunidade, utilizando-se de pessoal da própria instituição universitária, ou seja, de professores e pesquisadores.

"Esses elementos não devem ser considerados empregados da recorrida, porque não estão a ela subordinados, prestando-lhe serviços de caráter eventual na medida das atividades (programas e bolsas) de que participam ou se beneficiam.

"O trabalho autônomo não é tipificado pela essencialidade ou necessidade em relação ao objeto da empresa, mas pela eventualidade.

"*De resto, o reconhecimento do vínculo empregatício não se constitui em atribuição das autoridades administrativas, mas compete à Justiça do Trabalho, nos termos do art. 114 da Constituição da República de 1988.*

"É de ser confirmada, portanto, a sentença de primeiro grau.

"Em face do exposto, nego provimento à apelação e à remessa *ex officio*.

"Custas *ex lege*.

"É o meu voto"[28] (grifamos).

Mesmo na esfera administrativa já foi reconhecida a incompetência do órgão previdenciário para a determinação da existência ou inexistência de relação de emprego entre as partes: "(...) não cabe ao IAPAS, nem a qualquer dos órgãos do Poder Executivo, determinar a natureza de vínculos entre as empresas e aqueles que prestam serviços, conforme jurisprudência firmada no Judiciário Trabalhista e no egrégio Tribunal Federal de Recursos".[29]

Dessa forma, só poderiam a Secretaria da Receita Federal e a Secretaria da Receita Previdenciária sancionar o não-recolhimento das contribuições sociais e tributos federais devidos pelos empregados e empregadores diante do reconhecimento prévio da relação de emprego (ato para o qual não têm competência). Nunca na presença de contrato de prestação de serviços celebrado entre pessoas jurídicas, em que inexistem as figuras de empregado e de empregador.

Contudo, tem-se que fazer uma ressalva final quanto ao atual posicionamento da 2ª Turma do STJ acerca da extensão da competência dos agentes fiscais para reconhecimento de relações de emprego. O entendimento mais recente do STJ tem sido pela possibilidade de a fiscalização presumir a existência de relação de emprego em situações nas quais entenda pela ocorrência da mesma, ainda que as partes contratantes sejam pessoas jurídicas. Confira-se:

"Recurso especial – Fiscalização – Constatação de liame laboral por meio de fiscal da Previdência – Alegada possibilidade de aferição de vínculo empregatício de pessoas que prestam serviços nas empresas que devem recolher contribuição previdenciária – Incompetência para desqualificar a relação empregatícia reconhecida em ambas as instâncias – Pretendida reforma com base em julgado deste Sodalício – Recurso provido.

"No particular, o fiscal, ao promover a fiscalização para eventual cobrança da contribuição, entendeu que os médicos que estavam a prestar serviços nas dependências do hospital da contribuinte possuíam vínculo de trabalho, razão por que lavrou os autos de infração.

"O IAPAS ou o INSS (art. 33 da Lei n. 8.212), ao exercer a fiscalização acerca do efetivo recolhimento das contribuições por parte do contribuinte, possui o dever de investigar a relação laboral entre a empresa e as pessoas que a ela prestam serviços. Caso constate que a empresa erroneamente descaracteriza a relação emprega-

28. TRF-4ª R., 1ª T., Ap. cível 96.04.05577-1-SC, rel. Des. federal Gilson Dipp.

29. Processo-JRPS 3.372/1982, 2ª Junta de Recursos da Previdência Social de Porto Alegre/RS.

tícia, a fiscalização deve proceder à autuação, a fim de que seja efetivada a arrecadação. O juízo de valor do fiscal da Previdência acerca de possível relação trabalhista omitida pela empresa, a bem da verdade, não é definitivo e poderá ser contestado, seja administrativamente, seja judicialmente. Nessa linha de entendimento, confira-se REsp n. 236.279-RJ, rel. Min. Garcia Vieira, *DJU* 20.3.2000.

"Recurso especial conhecido e provido com base na divergência jurisprudencial."[30]

Tal decisão, no entanto, deve ser compreendida *cum modus in rebus*. No caso analisado pela 2ª Turma do STJ havia evidente fraude à legislação trabalhista, o que levou o Judiciário a reconhecer – em caráter excepcional – a competência da fiscalização previdenciária para caracterização de vínculo empregatício. Entretanto, a aludida decisão, além de não espelhar o posicionamento definitivo da 1ª Seção do STJ sobre o tema: (a) analisou situação jurídica anterior ao advento da Lei 10.593/2002, que diferenciou, segregando as respectivas competências, a atuação dos fiscais da Previdência, da Receita Federal e do Trabalho, delegando somente a este último o mister de verificar o adequado cumprimento da legislação trabalhista no território nacional; (b) não é clara, *data maxima venia*, pois, no intuito de fazer justiça em um caso específico, dá a entender que os fiscais da Secretaria da Receita Federal e da Secretaria da Receita Previdenciária estariam autorizados a reconhecer existência de vínculo empregatício e cobrar os tributos decorrentes dessa verificação unilateral.

Portanto, o referido *decisum* (e outros eventuais do mesmo gênero) não pode ser entendido como um autorizativo às autuações levadas a cabo pela fiscalização tributária contra as sociedades prestadoras de serviços intelectuais.

30. STJ, 2ª T., REsp 515.821-RJ, rel. Min. Franciulli Netto, *DJU* 25.4.2005, p. 278.

Consoante demonstrado anteriormente, nossas Cortes sempre repeliram o abuso por parte da fiscalização tributária, impedindo os agentes de desconsiderarem relações jurídicas privadas e tratá-las, a seu alvedrio, como se fossem relações de emprego (seja qual for a situação, haja vista que o agir do fiscal é sempre vinculado à lei que lhe delega competência, dela não podendo se afastar).

Assim é que não há possibilidade, em nosso ordenamento jurídico, de os fiscais da Secretaria da Receita Previdenciária e da Secretaria da Receita Federal reconhecerem vínculo empregatício entre empresas contratantes e as respectivas sociedades prestadoras de serviços intelectuais contratadas.

4. Da inexistência de norma geral antielisiva no Brasil. Ausência de regulamentação do parágrafo único do art. 116 do CTN. Impossibilidade de aplicação do art. 149, VII, do CTN para se descaracterizar e autuar sociedades prestadoras de serviços intelectuais legalmente constituídas

A fiscalização, quando da desconsideração de sociedades empresárias regularmente criadas para prestação de serviços intelectuais, tem ainda se arrimado no parágrafo único do art. 116 do CTN, que prediz: "Parágrafo único. A autoridade administrativa poderá desconsiderar atos ou negócios jurídicos praticados com a finalidade de dissimular a ocorrência do fato gerador do tributo ou a natureza dos elementos constitutivos da obrigação tributária, observados os procedimentos a serem estabelecidos em lei ordinária" (incluído pela Lei Complementar 104, de 10.1.2001).

O aludido dispositivo, além de não conferir um cheque em branco à fiscalização, em nada modifica os poderes que os Fiscos já possuem. O parágrafo único do art. 116 do CTN – que não é auto-aplicável, dependendo de lei a regulamentá-lo –

permite apenas e tão-somente o combate à evasão fiscal, mas não a desconsideração de relações jurídicas lídimas, como é o caso dos contratos firmados pelas sociedades prestadoras de serviços intelectuais com outras pessoas jurídicas.

De fato, o novel parágrafo não inovou a ordem jurídica, apenas explicitou o que já se sabia – ou seja: o étimo "simulação" comporta duas modalidades: a *absoluta* e a *relativa*[31] Esta última, contudo, é mais freqüente. Quis, então, o legislador realçá-la, ao tempo em que delegou à lei a função de organizar os procedimentos de desconsideração dos atos e negócios dissimulados.

Até este ponto – repetimos –, nenhuma censura merece o legislador da Lei Complementar 104/2001, mesmo porque antes do parágrafo por ele adicionado à disciplina do art. 116 tanto o Código Tributário Nacional quanto a doutrina admitiam, com a maior tranqüilidade, que as condutas dos sujeitos passivos das obrigações tributárias eivadas de dolo sonegatório, fraudes materiais e simulações (absolutas ou relativas) constituíam atos ilícitos, passíveis de repressão administrativa *ex officio*.

Assim, mesmo após o advento do parágrafo único do art. 116 do CTN continua sendo plenamente válido que o prestador de serviço intelectual opte por constituir uma sociedade ao invés de trabalhar como pessoa física autônoma, não havendo regra no Direito Brasileiro que o impeça de fazê-lo (ao contrário, consoante salientado no item 2 deste artigo, tanto o Código Civil como as normas infralegais relativas ao imposto de renda e às contribuições previdenciárias prevêem a possibilidade de prestação de serviços intelectuais por pessoas jurídicas).

Nossa Constituição proíbe a analogia no direito tributário – que autorizaria a tributação, como pessoas físicas, dos integrantes das sociedades prestadoras de serviços intelectuais –, na medida em que adotou os princípios da legalidade formal e material (ou tipicidade) e do não-confisco. A seu turno, o Código Tributário Nacional explicita, como lei complementar da Constituição Federal de 1988, o conteúdo material do princípio da legalidade e proíbe expressamente a analogia, corolário lógico da legalidade absoluta. Confira-se o *digesto* tributário:

"Art. 108. Na ausência de disposição expressa, a autoridade competente para aplicar a legislação tributária utilizará sucessivamente, na ordem indicada: I – a analogia; II – os princípios gerais de direito tributário; III – os princípios gerais de direito público; IV – a eqüidade.

"§ 1º. O emprego da analogia não poderá resultar na exigência de tributo não previsto em lei.

"§ 2º. O emprego da eqüidade não poderá resultar na dispensa do pagamento de tributo devido."

Ruy Barbosa Nogueira,[32] nos seus dois trabalhos, dá ênfase à limitação da integração analógica, isto é, ao princípio de legalidade. Distingue, com Hensel e Lion, a interpretação extensiva da interpretação analógica. E, como decorrência, conclui que a analogia é de manifesta ilegalidade na interpretação da lei tributária "pois, comparando duas situações de fato, aplica a lei a fato não tributado, o que equivale à criação ou modificação de tributo, sem lei".

31. A Profa. Misabel Derzi bem clarifica os institutos em tela: "A simulação absoluta exprime ato jurídico inexistente, ilusório, fictício, ou que não corresponde à realidade, total ou parcialmente, mas a uma declaração de vontade falsa. É o caso de um contribuinte que abate despesas inexistentes, relativas a dívidas fictícias. Ela se diz *relativa* se atrás do negócio simulado existe outro dissimulado. (...). Para a doutrina tradicional, ocorrem dois negócios: um real, encoberto, dissimulado, destinado a valer entre as partes; e um outro, ostensivo, aparente, simulado, destinado a operar perante terceiros" ("A desconsideração dos atos e negócios jurídicos dissimulatórios segundo a Lei Complementar 104, de 10.1.2001", *O Planejamento Tributário e a Lei Complementar 104*, São Paulo, Dialética, 2001, pp. 214-215).

32. Ruy Barbosa Nogueira, *Da Interpretação e da Aplicação das Leis Tributárias*, Tese, São Paulo, José Bushatsky Editor, 1963, p. 114; e *Direito Financeiro*, São Paulo, José Bushatsky Editor, 1964, p. 103.

Já, segundo Carlos Maximiliano,[33] não suportam as leis tributárias o recurso à analogia, nem à interpretação extensiva; suas disposições aplicam-se no sentido rigoroso, estrito.

O parágrafo único do art. 116 segue atualmente sem regulamentação – e, portanto, é inaplicável aos casos concretos. Não há procedimentos para atestar se há dissimulação em dado ato ou negócio, restando os agentes fiscais impedidos de desconsiderar situações jurídicas validamente constituídas.

E nem se alegue que o art. 149, VII, do CTN autorizaria a realização do lançamento de ofício no caso em tela. O dispositivo somente permite a atuação fiscal quando comprovada a existência de dolo, fraude ou simulação – situações que não se enquadram naquelas analisadas neste trabalho.

Ao comentar o Código Tributário Nacional, Misabel Derzi assim se manifestou sobre o art. 149, VII:

"O art. 149 disciplina o lançamento *ex officio*, modalidade de procedimento em que o sujeito passivo não tem deveres de colaboração com a Administração (ou, se os tem, descumpriu-os). Realizar-se-á então o lançamento sem a participação do sujeito passivo.

"(...). O art. 149 (*caput* e itens I a IX) disciplina também as hipóteses de substituição do lançamento com base em declaração ou por homologação, que deveriam ter sido efetuados originariamente sem vício, pelo procedimento de lançamento de ofício, total ou complementarmente (revisão ou alteração por iniciativa da autoridade administrativa). (...).

"Assim: (...); e) o item VI regula a hipótese de ação ou omissão passíveis de aplicação de penalidade ao sujeito passivo (...). Tais ilícitos podem configurar descumprimento de dever acessório isoladamente (como é o descumprimento do dever de colaboração em geral com a Administração) ou em conjugação com o descumprimento do dever de pagar o tributo propriamente dito; f) o item VII menciona as hipóteses de dolo, fraude ou simulação, que são apenas desdobramento do item anterior, uma vez que configuram ilícitos passíveis de aplicação de penalidade; (...)."[34]

Tavares Paes[35] também esclarece que o lançamento efetuado de ofício na hipótese do art. 149, VII, é admissível quando houver "dolo, fraude, simulação" (conclusão a que se chega, aliás, pela interpretação meramente literal do dispositivo).

Em suma: a contratação realizada com pessoas jurídicas constituídas de forma lídima para a prestação de serviços profissionais nunca foi, não é e nunca será um caso típico de dolo, fraude ou simulação. As sociedades que prestam serviços profissionais são constituídas ao abrigo da legislação pátria, sendo terminantemente vedado à fiscalização tributária desconsiderar figuras jurídicas legítimas para pretender aumentar os ingressos públicos.

A fiscalização, além de não poder invocar o art. 149, VII, do CTN no caso em análise, é expressamente proibida pelo Código Tributário Nacional de considerar como pessoas físicas os integrantes de sociedades prestadoras de serviços intelectuais.

5. *Conclusões*

O art. 129 da Lei 11.196/2005, como já dito, é norma que veio repisar o óbvio, apenas esclarecendo aos agentes fiscais que os mesmos não podem desconsiderar relações jurídicas lídimas e amparadas pela legislação brasileira.

33. Carlos Maximiliano, *Hermenêutica e Aplicação do Direito*, 3ª ed., Rio de Janeiro, Freitas Bastos, 1941.

34. Misabel Derzi, in Carlos Valder do Nascimento (coord.), *Comentários ao Código Tributário Nacional*, Rio de Janeiro, Forense, 1997, pp. 394-396.

35. P. R. Tavares Paes, *Comentários ao Código Tributário Nacional*, São Paulo, Saraiva, 1981, p. 159.

Sua natureza, portanto, é meramente interpretativa, sendo dirigido eminentemente aos agentes da fiscalização – para fatos geradores passados e futuros –, de modo a que os mesmos, no exercício de seus misteres, não se afastem dos ditames legais.

Assim, a norma prevista no art. 129 da Lei 11.196/2005 é de interpretação e direcionada aos agentes fiscais, devendo ser observada para os fatos geradores futuros e passados.

A constituição de sociedades para a prestação de serviços profissionais é autorizada tanto pela legislação civil como pela própria legislação tributária (v. item 2.2 deste artigo), não sendo lícito à fiscalização desconsiderar a existência dessas normas.

CADERNOS DE DIREITO TRIBUTÁRIO

SIMULAÇÃO E ELISÃO ABUSIVA

Ricardo Lobo Torres
Professor Titular de Direito Financeiro da UERJ (Aposentado)

1. Introdução. 2. A simulação. 3. A elisão abusiva. 4. As diferenças entre simulação e abuso de direito. 5. A confusão entre simulação e elisão abusiva. 6. As ambigüidades da Receita Federal: 6.1 As trapalhadas da MP 66/2002: 6.1.1 Impossibilidade de definição da elisão; 6.1.2 As regras procedimentais; 6.1.3 As multas; 6.2 A prática da fiscalização de rendas: 6.2.1 Da elisão abusiva para a simulação; 6.2.2 O exemplo da Espanha. 7. Conclusões. 8. Bibliografia.

1. Introdução

A Secretaria da Receita Federal exerce um duplo e importante papel no País: é ao mesmo tempo o órgão responsável pela formulação da política tributária da União e o agente da fiscalização das rendas nacionais.

Em tema de política de combate à elisão fiscal abusiva a Receita Federal foi a responsável pela elaboração dos anteprojetos da LC 104/2001, que introduziu a regra geral antielisiva no art. 116, parágrafo único, do CTN, e da MP 66, de 29.8.2002, que procurava regulamentar a legislação complementar citada. A falta de aprovação da MP 66 conduziu o Fisco ao abandono dos pressupostos jurídicos da norma antielisiva da LC 104/2001, confundindo-a com a regra antievasiva (= anti-simulação).

O objetivo deste trabalho é ver como as ambigüidades da Receita Federal no seu duplo papel acabam por afetar os direitos dos contribuintes, por ausência de interpretação administrativa coerente e segura.

2. A simulação

O que caracteriza a simulação, na sua vertente de simulação relativa, é que implica a *dissimulação*, o fingimento ou a manipulação dos fatos praticados. Opera no plano do fato gerador concreto, e não do fato gerador abstrato ou hipótese de incidência.

A teoria do direito civil considera a dissimulação como forma de simulação relativa. Era ponto de vista teórico, que se não positivava no direito civil brasileiro, o qual cuidava simplesmente da simulação (art. 102 do Código Civil de 1916). Agora, com o CC de 2002, a matéria aparece claramente disciplinada:

> Art. 167. É nulo o negócio jurídico simulado, mas subsistirá o que se dissimulou, se válido for na substância e na forma.
>
> § 1º. Haverá simulação nos negócios jurídicos quando:
>
> I — aparentarem conferir ou transmitir direitos a pessoas diversas daquelas

às quais realmente se conferem, ou transmitem;

II — contiverem declaração, confissão, condição ou cláusula não verdadeira;

III — os instrumentos particulares forem antedatados, ou pós-datados.

Os civilistas brasileiros concordam na análise dos pressupostos da simulação relativa.[1]

A teoria da simulação do direito civil é a mesma que informa o direito tributário, até mesmo em razão do princípio da unidade do direito.[2] Ainda mais quando se considera que o Código Civil de 2002 adota novas idéias no plano da eticidade, que o aproximam das modificações introduzidas ultimamente no CTN (LC 104/2001 e 105/2001).

Os tributaristas, no Brasil e em outros países, sempre caminharam de passo certo com os civilistas na temática da simulação.

Sampaio Dória dissertava:[3] "A simulação é *absoluta* quando não se quer *nenhum* negócio (fingindo-se celebrar uma venda sem que realmente se pretenda venda ou constituir qualquer outra relação jurídica). E *relativa*, se se deseja negócio diferente do pactuado (venda ocultando doação), se o sujeito é diferente do que integra a relação aparente (dou a A para encobrir doação a B), ou se qualquer outro elemento da relação é falso/preço). Existirá aí, então, um negócio *verdadeiro* (dissimulado), concretizado ordinariamente numa contradeclaração,e a ele sobreposto, escondendo-o, o negócio aparente".

No direito argentino encontra-se a mesma estrutura da simulação relativa. Na palavra de Rodolfo R. Spisso:[4] "Simulación de la Naturaleza del Acto. Comienza el art. 955 del Cód. Civil refiriéndose a la simulación que '*encubre el carácter jurídico de un acto bajo la apariencia de otro*'. Así, el caso de una donación que se encubre bajo la apariencia de una compraventa. El negocio simulado es la liberalidad realizada por el titular de dominio que se vale de un negocio simulado para realizar el fin práctico buscado por los otorgantes y que simultáneamente evita la aplicación de las disposiciones legales que corresponden al negocio disimulado".

No direito alemão Tipke/Kruse fazem arguta observação:[5] "Inexiste simulação quando se obtém com o negócio jurídico

1. Cf. Gustavo Tepedino, Heloisa Barboza e Maria Celina Bodin de Moraes, *Código Civil Interpretado conforme a Constituição da República*, v. 1, *Parte Geral e Obrigações*, p. 313: "A simulação relativa, também denominada dissimulação, é a que contém dois atos jurídicos, quais sejam: o negócio simulado que esconde ou camufla outro negócio, que é o dissimulado, a verdadeira intenção das partes. É então da simulação relativa que fala o dispositivo em tela, referindo-se à preservação do negócio dissimulado, se válido na substância e forma"; Washington de Barros Monteiro, *Curso de Direito Civil, Parte Geral*, pp. 209 e ss.: "Cumpre não confundir simulação com dissimulação. Distinguiu-as Ferrara, nos seguintes termos: na simulação, faz-se aparecer o que não existe, na dissimulação oculta-se o que é; a simulação provoca uma crença falsa num estado não-real, a dissimulação oculta ao conhecimento dos outros uma situação existente (...). Mas em ambas, o agente quer o engano: na simulação quer enganar sobre a existência de uma situação não-verdadeira, na dissimulação, sobre a inexistência de situação real. Se a simulação é um fantasma, a dissimulação é uma máscara"; José Carlos Moreira Alves, "Conferência Inaugural do XXVIII Simpósio Nacional de Direito Tributário", in Ives Gandra da Silva Martins, *O Princípio da Não-Cumulatividade. Pesquisas Tributárias – Nova Série 10*, p. 15: "E isso porque a simulação, como sempre se considerou, apresentava, e apresenta, duas modalidades: uma simulação absoluta, em que o que se quer é apenas criar a aparência, e a simulação relativa, em que, por meio de uma aparência, que é caracterizada pelo negócio simulado, se dissimula o negócio real".

2. Cf. Ricardo Lobo Torres, "O abuso do direito no Código Tributário Nacional e no novo Código Civil", in Betina Treiger Grupenmacher (coord.), *Direito Tributário e Novo Código Civil*, p. 53.

3. *Elisão e Evasão Fiscal*, p. 65.

4. "Fraude de ley, abuso de las formas y simulación", in José Oswaldo Casás (coord.), *Interpretación Económica de las Normas Tributarias*, p. 248.

5. *Abgabenordnung, Finanzgerichtsordnung. Kommentar*, art. 41, nota marginal 68: "Wird mit dem Geschäft ein bestimmter, wirtschaftlich vernünftiger Zweck verfolgt, so ist es kein Scheingeschäft".

uma finalidade determinada e economicamente razoável".

3. *A elisão abusiva*

O art. 116, parágrafo único, do CTN, na redação dada pela LC 104, de 2001, recepcionou o modelo francês de norma antielisiva. O Código Civil de 2002, por seu turno, proclamou a ilicitude do abuso de direito no art. 187.

O modelo brasileiro se aproxima também, do ponto de vista substancial, do alemão, estampado no Código Tributário de 1977 (AO 77):

> Art. 42. A lei tributária não pode ser fraudada através do abuso de formas jurídicas. Sempre que ocorrer abuso, a pretensão do imposto surgirá, como se para os fenômenos econômicos tivesse sido adotada a forma jurídica adequada.[6]

A *dissimulação* prevista no art. 116, parágrafo único, do CTN refere-se à *hipótese de incidência* ou ao *fato gerador abstrato*, o que caracteriza a elisão e jamais a simulação.

O direito brasileiro, diante de vários modelos estrangeiros de melhor qualidade, preferiu recepcionar a solução francesa.

Quando o art. 116, parágrafo único, do CTN diz que "a administração pode desconsiderar atos ou negócios praticados com a finalidade de dissimular a ocorrência do fato gerador tributário" está se referindo à *dissimulação do fato gerador abstrato* e não à *dissimulação do fato gerador concreto*. O ato ou negócio praticado (fato gerador concreto) é *dissimulador* da verdadeira compreensão do fato gerador abstrato, o que, sem dúvida, é uma das características da elisão abusiva, na qual há desencontro entre forma e substância e entre *intentio juris* e *intentio facti*.

No direito alemão a elisão se chama *Steuerumgehung*, que literalmente significa contornar, ladear, circular, envolver ou dar a volta em torno da lei do imposto. Tipke[7] explica que para se caracterizar a elisão: "Uma lei tributária deve ser contornada. O art. 42 do Código Tributário fala do contorno da lei tributária".

A cláusula geral antielisiva do art. 116, parágrafo único, do CTN, nada tem que ver com a simulação porque atua no plano abstrato da definição do fato gerador e dos elementos constitutivos da obrigação tributária (sujeito passivo, tempo, base de cálculo, alíquota, etc.), impedindo que seja dissimulada a sua ocorrência mediante interpretação abusiva do texto da lei tributária. Opera, portanto, no plano da *mens legis*, evitando que se distorça o sentido da lei para dissimular a ocorrência do fato gerador apropriado.

Retornando às lições de Tipke, observa o jurista germânico que "a elisão da lei tributária pressupõe um abuso da possibilidade formal do direito, que se apega não à finalidade, mas à letra da lei".[8] Marco Aurélio Greco apreende muito bem a fenomenologia da norma antielisiva:[9] "Para que ocorra a hipótese de incidência da norma autorizadora da desconsideração é indispensável: 1) que exista a definição legal desse fato gerador, tipicamente descrito; e 2) que, materialmente, ele ocorra, embora dissimuladamente".

6. A tradução é de Alfred. J. Schmid e outros, *Código Tributário Alemão*, p. 17. A redação original é a seguinte: "Durch Missbrauch von Gestaltungsmöglichkeiten des Rechts kann das Steuergesetz nicht umgangen werden. Liegt ein Missbrauch vor, so entsteht der Steueranspruch so, wie er bei einer den wirtschaftlichen Vorgängen angemessenen rechtlichen Gestaltung entsteht".

7. *Die Steuerrechtsordnung*, p. 1.342: "Es muss ein Steuergesetz umgangen werden. § 42 AO spricht von Umgehung 'des Steuergesetzes'".

8. Id., ibid., p. 1.324: "Die Umgehung des Steuergesetzes setzt einen Missbrauch von Gestaltungsmöglichkeiten des Rechts voraus, der zwar nicht am Gesetzeszweck, wohl aber am Gesetzeswortlaut vorbeizielt".

9. "Constitucionalidade do parágrafo único do art. 116 do CTN", in Valdir de Oliveira Rocha (coord.), *O Planejamento Tributário e a Lei Complementar 104*, p. 187.

4. *As diferenças entre simulação e abuso de direito*

O problema fundamental a se examinar é o da distinção entre a simulação e o abuso de direito, neste compreendidas as suas diversas espécies (fraude à lei, a ausência de propósito mercantil, abuso de forma, dissimulação do fato gerador abstrato, etc.). Entre parênteses: registre-se que a diferença entre elisão lícita e elisão ilícita ou abusiva[10] não interessa ao desenvolvimento do assunto.

A distinção básica, como já vimos, consiste em que, na simulação, o fato ou não existiu (ex. compra e venda sem entrega de dinheiro) ou só parcialmente era verdadeiro (ex. compra e venda por baixo preço, que é doação). No primeiro caso ocorre a simulação absoluta; no outro, a simulação relativa.

Já na elisão o *fingimento* não se dá com relação ao *fato concreto*, mas com referência ao *fato gerador abstrato* definido na lei, que é distorcido na subsunção. Tipke observa: "Fingida é apenas a forma jurídica correspondente, não o fato econômico".[11]

Em outras palavras, na elisão abusiva, em qualquer das suas manifestações (fraude à lei, dissimulação do fato gerador abstrato, ausência de propósito mercantil) pretende o contribuinte fazer prevalecer a forma jurídica sobre a substância, enquanto na simulação procura revestir o conteúdo fático com o *nomen juris* ou a forma jurídica inadequados.[12] Mas tanto na simulação quanto na elisão abusiva há o desencontro entre forma e substância jurídica.[13]

Outra distinção importante consiste em que no abuso de direito e na elisão abusiva o fato gerador concreto é lícito, embora a conseqüência jurídica constitua ilícito civil, enquanto na simulação ocorre o contrário: a ilicitude e a falsidade dos meios produz a ilicitude penal.

Mas ainda há diferenças importantes a considerar: na simulação e na fraude contra a lei[14] o fingimento e a manipulação acontecem após a ocorrência do fato gerador, enquanto na elisão abusiva e na fraude à lei a desinterpretação é anterior;[15] naquelas discute-se sobretudo a respeito da matéria de fato, ao passo que na elisão a controvérsia gira em torno da questão de direito; conseguintemente, naquelas a prova é o seu ponto nevrálgico e incumbe ao Fisco

10. Há discussão em torno da expressão *elisão abusiva* ou *elisão ilícita*. A doutrina italiana entende que a elisão é sempre ilícita — cf. Pietro Adonnino, "Parece del Ministero delle Finanze e del Comitato Consultivo per l'Aplicazione delle Norme Antielusive e rilevanza penale dell'elusione", *Rivista di Diritto Tributario* 11(2)/242: "A distinção entre elisão lícita (*elusione lecita*) e elisão ilícita (*elusione illecita*) é um *non senso* porque o fenomeno elisivo, corretamente individualizado, é sempre ilícito. No caso em que não exista norma de contraste que seja violada não se pode falar de elisão". Nos países de língua inglesa emprega-se a expressão *abusive tax avoidance* para caracterizar a elisão ilícita, por oposição a *tax planning, tax minimisation* ou *acceptable tax avoidance* (cf. Graeme S. Cooper, "Conflicts, challenges and choices — The rule of law and anti-avoidance rules", in Graeme S. Cooper (ed.), *Tax Avoidance and the Rule of Law*, p. 31).

11. *Die Steuerrechtsordnung*, cit., p. 1.344: "Fingiert wird (...) nur die angemessene Rechtsgestaltung, nicht der wirtschaftliche Sachverhalt". Observa P. Herrera Molina, "Aproximación a la analogía y el fraude de Ley en Materia Tributaria", *Revista de Direito Tributário* 73/67: "Mediante el fraude de ley se realiza verdaderamente el acto o negocio jurídico manifestado por los interesados — lo que diferencia esta figura de la simulación — aunque con una finalidad atípica y artificiosa".

12. Cf. Frederik Zimmer, "Form and Substance in Tax Law", *General Report. Cahiers de Droit Fiscal International* 87-a/30; Tulio Rosembuj, *El Fraude de Ley, la Simulación y el Abuso de las Formas en el Derecho Tributario*, p. 233.

13. Os autores que defendem a plena licitude da elisão discordam deste ponto — cf., por todos, Antonio Roberto Sampaio Dória, *Evasão e Elisão Fiscal*, p. 67.

14. Registre-se que são inconfundíveis as fraudes à lei (*fraus legis*) e a fraude contra a lei (*contra legem*).

15. Cf. Sampaio Dória, ob. cit., p. 58: "na fraude, opera-se a distorção da realidade econômica no instante em que ou depois que ele já se manifestou sob a forma jurídica descrita na lei como pressuposto de incidência. Ao passo que, pela elisão, o ajuste atua sobre a mesma realidade antes que ele se exterioriza, revestindo-a da forma alternativa não descrita na lei com pressuposto de incidência".

produzi-la, ao contrário da elisão abusiva, na qual não se abre a instância da prova; na simulação ou fraude aplica-se a multa qualificada e na elisão abusiva não há penalidade no ordenamento tributário brasileiro; na simulação existe o pacto ou conluio entre as partes e na elisão, não.

5. *A confusão entre simulação e elisão abusiva*

Importante considerar, neste passo, que a confusão entre elisão e simulação (= evasão) vem sendo cometida também por parte da doutrina brasileira, com especial reflexo sobre os trabalhos da Receita Federal, assim no seu papel de órgão fazendário responsável pela formulação da política jurídico-tributária do País, como na sua atuação prática na fiscalização das rendas.

A LC 104/2001 introduziu o parágrafo único no art. 116 do CTN, tantas vezes citado.

Desde a publicação da LC 104/2001 surgiu a dúvida por parte da doutrina brasileira: tratava-se de regra antielisiva ou antievasiva (anti-simulação)?

Coube a Alberto Xavier lançar, de modo mais articulado, a tese de que se cuidava de norma antievasiva: "o novo parágrafo único do art. 116 do CTN estabelece que a autoridade administrativa 'poderá desconsiderar atos ou negócios jurídicos viciados por simulação'".[16] Além da afirmação de que a dissimulação significa *simulação relativa*, Xavier lança mão do argumento de que, se interpretada como norma antielisiva, a nova regra seria inconstitucional, pois conflitaria com os princípios da legalidade estrita e da tipicidade fechada, afrontaria a proibição de analogia estabelecida no art. 108, § 1º, do CTN e recorreria às teorias da fraude à lei e do abuso do direito, inaplicáveis no direito tributário.[17]

A outra corrente de idéias, à qual nos filiamos,[18] defende a constitucionalidade da LC 104/2001 e a possibilidade e a conveniência das normas antielisivas.[19]

Podemos alinhar os seguintes argumentos gerais no sentido de que a LC 104/2001 trouxe uma verdadeira *norma antielisiva*, influenciada pelo modelo francês, e não uma norma *antievasiva* ou *anti-simulação*:

a) não tem peso argumentativo concluir-se que o Congresso Nacional, legitimamente eleito, teria se reunido para votar lei inócua, que repetiria a proibição de simulação já constante do CTN (arts. 149, VII e 150, § 4º);

b) não faz sentido admitir-se que a lei inócua foi votada por engano ou por ignorância, já que a Mensagem que encaminhou o projeto se referia expressamente à neces-

16. *Tipicidade da Tributação, Simulação e Norma Antielisiva*, p. 68. No mesmo sentido se manifestaram os seguintes autores: Ives Gandra da Silva Martins, "Norma antielisão", in Valdir de Oliveira Rocha (coord.), *O Planejamento Tributário e a Lei Complementar 104*, pp. 117-128; Gabriel Lacerda Troianelli, "O parágrafo único do art. 116 do Código Tributário Nacional como limitação do poder na administração", in Valdir de Oliveira Rocha (coord.), *O Planejamento...*, cit., pp. 85-102; Misabel Abreu Machado Derzi, "A desconsideração dos atos e negócios jurídicos dissimulatórios, segundo a Lei Complementar 104, de 10 de janeiro de 2001", in Valdir de Oliveira Rocha (coord.), *O Planejamento...*, cit., pp. 205-232; Heleno Torres, *Direito Tributário e Direito Privado. Autonomia Privada, Simulação, Elusão Tributária*, p. 260.

17. Xavier, *Tipicidade...*, cit., pp. 19, 98, 102 e 138.

18. Cf. Ricardo Lobo Torres, "A chamada 'interpretação econômica do Direito Tributário', a Lei Complementar 104 e os limites atuais do planejamento tributário", in Valdir de Oliveira Rocha (coord.), *O Planejamento...*, cit., pp. 233-244, e "Normas gerais antielisivas", in Ricardo Lobo Torres (coord.), *Temas de Interpretação do Direito Tributário*, pp. 331-368.

19. Cf. Marco Aurélio Greco, "Constitucionalidade do parágrafo único do art. 116 do CTN...", in Valdir de Oliveira Rocha (coord.), *O Planejamento...*, cit., pp. 181 a 204, e *Planejamento Tributário*; Hermes Marcelo Huck, *Evasão e Elisão. Rotas Nacionais e Internacionais do Planejamento Tributário*, pp. 141 e ss.; Aurélio Pitanga Seixas Filho, "A interpretação econômica no Direito Tributário, a Lei Complementar 104/2001 e os limites do planejamento tributário", in Valdir de Oliveira Rocha (coord.), *O Planejamento...*, cit., pp. 7-19.

sidade de introdução da regra antielisiva no ordenamento jurídico brasileiro;[20]

c) não pode haver nenhuma incompatibilidade da norma antielisiva com o Estado de Direito, senão até que se tornou necessidade premente nas principais nações democráticas na década de 1990;

d) em nenhum país democrático levantou a doutrina a tese da inconstitucionalidade, e muito menos a declararam os Tribunais Superiores;

e) quando muito se encontra a afirmativa de que certas nações não estão "maduras" para a prática das normas antielisivas, como acontece naquelas em que o planejamento tributário se tornava freqüentemente abusivo;[21]

f) as teses da legalidade "estrita" e da tipicidade "fechada" têm conotação fortemente ideológica e se filiam ao positivismo formalista e conceptualista;[22]

g) as normas antielisivas equilibram a legalidade com a capacidade contributiva;[23]

h) as normas antielisivas no direito comparado têm fundamento no combate à fraude à lei (Alemanha, Espanha, Portugal), ao abuso de direito (França) ou ao primado da forma sobre a substância (Estados Unidos, Inglaterra, Canadá, etc.), e não há motivo para que tais fundamentos não possam ser invocados no Brasil.

20. Para o histórico dos trabalhos preparatórios de LC 104/2001: Troianelli, ob. cit., pp. 87 e ss.

21. Pasquale Russo, "Brevi note in tema di disposizioni antielusive", *Rassegna Tributaria* 1/68: "A primeira reflexão a fazer é que o ordenamento italiano, pela tradição e tendo em vista a situação concreta da Administração financeira, não está ainda maduro (*non è ancora maturo*) para a introdução de uma *General-Klause* antielisiva do tipo das vigentes em outros paises (Alemanha, Áustria, Argentina)".

22. Cf. R. L. Torres, "Legalidade tributária e riscos sociais", *Revista Dialética de Direito Tributário* 59/95-112.

23. Cf. Marco Aurélio Greco, *Constitucionalidade...*, cit., p. 188: "(...) o parágrafo único do art. 116 prestigia a legalidade e a tipicidade, pois estas cercam a qualificação dos fatos da vida para dar-lhes a natureza de fato gerador do tributo".

De notar que as normas antielisivas se espalham rapidamente, a partir da década de 1990, por todos os países civilizados e vão entrando no direito tributário sob diferentes configurações, a depender do ambiente cultural dos países que as adotam. O Prof. Frederik Zimmer, Relator-Geral do Tema *Forma e Substância no Direito Tributário*, no Congresso da IFA realizado em Oslo em 2002, depois de ressalvar que todos os países possuem normas específicas antielisivas (*especific tax avoidance rule*), separa-os em três grandes grupos no que concerne às normas gerais: a) não possuem nem regras baseadas na lei (*statute-based*) nem medidas gerais baseadas nas cortes (*court-based general tax avoidance*): Colômbia, Japão, México; b) muitos países criaram regras gerais antielisivas por lei (*General Anti Avoidance Rules — GAAR*): Argentina, Austrália, Bélgica, Canadá, Finlândia, França, Alemanha, Hungria, Itália, Coréia, Luxemburgo, Nova Zelândia, Espanha e Suécia; c) alguns países criaram regras jurisprudenciais antielisivas (*court-based general tax avoidance rules*): Dinamarca, França, Índia, os Países Baixos, Noruega, Suécia, Estados Unidos e Reino Unido.[24]

6. As ambigüidades da Receita Federal

A Receita Federal exerce duplo papel na vida fiscal brasileira: a) é o órgão de cúpula encarregado da formulação da política jurídica do Governo em matéria tributária; b) é a repartição incumbida da fiscalização das rendas da Fazenda Nacional, por intermédio de seu corpo de auditores e funcionários especializados.

Não raro a Receita Federal procede com extrema ambigüidade, deixando que as suas perplexidades no plano da política tributária tenham reflexos sobre o seu relacionamento com os contribuintes.

24. "Form and Substance in Tax Law", *General Report. Cahiers de Droit Fiscal International* 87-a/37.

A questão do combate à elisão abusiva ou ilícita é uma delas.

6.1 As trapalhadas da MP 66/2002

A Receita Federal, como órgão formulador das leis tributárias do País, elaborou as regras estampadas na MP 66, de 29 de agosto de 2002, que tinham o objetivo de regulamentar a norma geral antielisiva do art. 116, parágrafo único, do CTN. Como instrumento autoritário que era, a Medida Provisória, preparada entre quatro paredes, sem discussão prévia, foi mal recebida pelos contribuintes e pela comunidade acadêmica e afinal rejeitada pela Lei 10.637/2002.

A sua recusa serviu para embaralhar definitivamente os limites entre a simulação e a elisão abusiva e para redirecionar os trabalhos dos agentes do Fisco.

6.1.1 Impossibilidade de definição da elisão

O erro maior da MP 66/2002, a nosso ver, centrou-se na tentativa de regulamentar normas gerais abertas e de conteúdo polissêmico, que apenas podem ser objeto de complementação ou interpretação pelo trabalho da doutrina e da jurisprudência. Em nenhum país que possua normas gerais antielisivas — e são todas as nações cultas — procurou o Executivo regulamentá-las; nem mesmo na França, que exibe o modelo no qual se inspirou a LC 104/2001.

De feito, a MP 66/2002 disse inicialmente que não se aplicaria aos casos de dolo, fraude e simulação (art. 13, parágrafo único). Ao depois, estabeleceu que para a desconsideração do ato ou negócio dever-se-ia levar em conta, entre outras, a ocorrência de "falta de propósito negocial e abuso de forma". Além de deixar lacuna, a ser contraditada pelo argumento a *contrario sensu*, a MP 66 pôs-se a definir cada qual daquelas categorias epistemológicas de forma incompleta e contraditória.[25]

A solução do problema só poderia ser, como de fato foi, a não conversão da MP em lei.

Com a falta da regulamentação da norma geral antielisiva o Fisco federal passou a adotar, no plano prático, a teoria de Alberto Xavier às avessas: a regra do art. 116, parágrafo único, do CTN seria constitucional, porém antievasiva (= anti-simulação).

6.1.2 As regras procedimentais

Mas a MP 66 continha dispositivos de grande importância para a normalidade do direito tributário brasileiro, como eram os de ordem processual.

Previa no art. 15 a instauração de procedimento específico de fiscalização. No art. 16 determinava que o ato de desconsideração seria precedido de representação do servidor competente para efetuar o lançamento, com a notificação ao sujeito passivo, que teria 30 dias para os esclarecimentos e provas. A autoridade administrativa, segundo o art. 17, decidiria, em despacho fundamentado, sobre a desconsideração dos atos ou negócios jurídicos praticados. O sujeito passivo teria 30 dias para efetuar o pagamento (art. 17, § 2º), que, não realizado, ensejaria a lavratura do auto de infração (art. 18). Ao lançamento assim efetuado aplicar-se-iam as normas reguladoras do processo de determinação e exigência do crédito tributário (art. 19).

Parece-nos que a recusa do Congresso Nacional em aprovar os arts. 15 a 19 da MP 66/2002 desnorteou a ulterior ação da fiscalização de rendas, por ausência de normas procedimentais. Mas não afetou a eficácia da LC 104/2001, que nunca esteve limitada à ulterior regulamentação, se o ente

25. Art. 14: "§ 2º. Considera-se indicativo de falta de propósito negocial a opção pela forma mais complexa ou mais onerosa, para os envolvidos, entre duas ou mais formas para a prática de determinado ato. § 3º. Para o efeito do disposto no inciso II do § 1º, considera-se abuso de forma jurídica a prática de ato ou negócio jurídico indireto, que produza o mesmo resultado econômico do ato ou negócio jurídico dissimulado".

público possuir regras de processo tributário administrativo, como acontece com a União e os principais Estados brasileiros.

6.1.3 As multas

A Medida Provisória 66/2002 estabelecia que a notificação resultante do despacho da autoridade administrativa cientificaria o contribuinte para o pagamento dos tributos acrescidos de juros e multa de mora, no prazo de 30 dias (art. 17, 2º), isto é, *sem multa penal*; mas a falta de pagamento dos tributos e encargos moratórios, naquele prazo, ensejaria o lançamento do respectivo crédito tributário, mediante lavratura de auto de infração, com aplicação de multa de ofício. Era razoável a regulamentação, pois significava o alívio da penalidade na fase da requalificação e a sua exigência no caso de o contribuinte não aceitar o ato de lançamento. Seguia o modelo da Alemanha[26] e da Espanha,[27] que não aplicam penalidades.

Recusada a aprovação da MP 66/2002 pelo Congresso Nacional, quedou o direito brasileiro sem norma específica penal para os casos de elisão abusiva e, conseguintemente, sem multa a aplicar. O Fisco, acostumado a lavrar auto de infração acompanhado sempre da aplicação da multa, passou a capitular a elisão abusiva como simulação, com a exigência da penalidade qualificada de 150% (art. 44, II, da Lei 9.430, de 1996).

6.2 A prática da fiscalização de rendas

6.2.1 Da elisão abusiva para a simulação

A Receita Federal, órfã da MP 66/2002, ficou, portanto, sem a definição da elisão, sem o procedimento especial para a exigência dos tributos elididos e sem a multa a aplicar.

A solução encontrada pela fiscalização de rendas, no meio de tanta perplexidade, tem sido o de *transformar a elisão em simulação*, que oferece *definições, procedimento tributário administrativo e multa qualificada de 150%.*

Sucede que a metamorfose da elisão abusiva em simulação e fraude *contra legem* acarreta, logicamente, a responsabilidade penal do contribuinte e o início do processo criminal, conclusão absurda para mera divergência de interpretação.

6.2.2 O exemplo da Espanha

Não se pode fazer a injustiça de se restringir à Receita Federal do Brasil a responsabilidade por tal comportamento.

Na perspectiva do direito tributário comparado encontra-se o exemplo da Espanha, que, por dificuldades de ordem teórica e prática, também *resvalou da elisão para a simulação* e só agora encontrou o caminho juridicamente correto.

A *Ley General Tributaria*, em sua redação original de 1963, definia a fraude à lei (art. 24, 2) e dizia que o imposto seria exigido de acordo com a verdadeira natureza jurídica ou econômica do fato gerador (art. 25, 1).

Os dispositivos eram pouco aplicados e a reforma da Ley 25, de 20.7.1995, deu nova regulamentação à fraude à lei (art. 24, 1, 2 e 3)[28] e à simulação (art. 25).[29]

26. Cf. Tipke, *Die Steuerrechtsordung*, cit., p. 1.345.

27. Luiz Cisneros Guillen, "A experiência da Espanha", in *Anais do Seminário Internacional sobre Elisão Fiscal*, p. 154. O art. 15 da Ley General Tributaria (Ley 58/2003) dispõe: "3. En las liquidaciones que se realicen como resultado de lo dispuesto en este artículo, se exigirá el tributo aplicando la norma que hubiera correspondido a los actos o negocios usuales o propios o eliminando las ventajas fiscales obtenidas, y se liquidarán intereses de demora, sin que proceda la imposición de sanciones".

28. Art. 24: "1. Para evitar el fraude de ley se entenderá que no existe extensión del hecho imponible cuando se graven hechos, actos o negocios jurídicos realizados en el propósito de eludir el pago del tributo, amparándose en el texto de normas

Nos anos seguintes assistiu-se à desinterpretação dos dispositivos e firmou-se a tendência de se transmigrar da fraude à lei (art. 24) para a simulação (art. 25), principalmente porque o combate àquela exigia procedimento específico e prescindia da multa.

Explica Marta Villar Ezcurra:[30] "(...) a respeito das conclusões da doutrina dos tribunais, poderíamos dizer que não foram capazes de conceber um critério uniforme sobre as figuras jurídicas civis e seu encaixe com as soluções das normas tributárias para os supostos de simulação ou fraude, ou seja, tanto a administração quanto o contribuinte acabam ficando sem um critério jurisprudencial. A dificuldade probatória da administração exigida pelo art. 24 da Lei General Tributária acabou sendo traduzida no sentido de que os mesmos supostos de fato tenham sido classificados como dissimulação, ou fraude ou economia de opção lícita, com a correspondente insegurança jurídica para todos".

Depoimento semelhante é o de Luiz Cisneros Guillen:[31]

"Finalmente, gostaria de chamar atenção para o inconveniente dessa normativa (art. 24), no sentido de que ela não permite a imposição de sanções e de certa forma, claro, a conduta fraudulenta fica sem uma pena, sem um castigo, acaba ficando aberta a possibilidade de atuar fraudulentamente.

"Em segundo lugar, gostaria de me referir a outra norma, o art. 25 da lei tributária, na qual serão condenadas as simulações. A lei não permite a simulação, em que deve prevalecer o negócio dissimulado sobre o simulado. Nessa norma, diferentemente da fraude de lei, a simulação — a diferença entre ambas as leis é muito importante —, não se exige um procedimento especial que declare essa simulação. Esta seria a diferença na fraude de lei."

O jovem jurista brasileiro Marciano S. Godoi, em Tese de Doutorado defendida perante a Universidad Complutense de Madrid e publicada na Espanha, manifesta-se assim sobre o assunto:

"Nos parece que con la teoría de los negocios anómalos de De Castro en la mano, se multiplican las posibilidades de la Administración Tributaria detectar una simulación en los negocios que según la mayoría de la doctrina tributaria son en fraude a la ley, indirectos o fiduciarios.

"Por ello Ferreiro Lapatza se muestra francamente refractario a la teoría de los negocios anómalos, pues la Administración sigue utilizando la figura 'causalista' de la simulación para reaccionar frente a verdaderos fraudes a la ley tributaria, lo que provoca un doble efecto: no se cumplan los requisitos procedimentales de la declaración del fraude, y se aplican sanciones pecuniarias, lo que está excluido en caso de fraude a la Ley."[32]

A nova Ley General Tributaria (Ley 58/2003) procurou superar as contradições modificando o apelido de *fraude de ley* (anterior art. 24) para *conflicto en la aplicación de la norma tributaria* (art. 15). A doutrina já se manifesta no sentido de que não houve mudança substancial.[33]

dictadas con distinta finalidad, siempre que produzcan un resultado equivalente al derivado del hecho imponible. El fraude de ley tributaria deberá ser declarado en expediente especial en el que se dé audiencia al interesado. 2. Los hechos, actos o negocios jurídicos ejecutados en fraude de ley tributaria no impedirán la aplicación de la norma tributaria eludida ni darán lugar al nacimiento de las ventajas fiscales que se pretendía obtener mediante ellos. 3. En las liquidaciones que se realicen como resultado del expediente de fraude de ley se aplicará la norma tributaria eludida y se liquidarán los intereses de demora que correspondan, sin que a estos solos efectos proceda la imposición de sanciones".

29. Art. 25: "En los actos o negocios en los que se produzca la existencia de simulación, el hecho imponible gravado será el efectivamente realizado por las partes, con independencia de las formas o denominaciones jurídicas utilizadas por los interesados".

30. "Experiência da Espanha", in *Anais do Seminário Internacional sobre Elisão Fiscal*, p. 163.

31. Idem, p. 154.

32. *Fraude a la Ley y Conflicto en la Aplicación de las Leyes Tributarias*, p. 223.

33. Ibid., p. 254.

7. Conclusões

Parece-nos, em síntese, que são claras as diferenças entre os pressupostos da prática da simulação, de um lado, e de abuso de direito ou de fraude à lei, de outro:

a) na simulação o fato ou não existiu (ex. compra e venda sem entrega de dinheiro) ou só parcialmente era verdadeiro (ex. compra e venda por baixo preço, que é doação); no primeiro caso ocorre a simulação absoluta; no outro, a simulação relativa. Já no abuso de direito (= elisão abusiva), em suas diversas configurações (fraude à lei, ausência de propósito mercantil, abuso de forma jurídica, dissimulação do fato gerador abstrato e dos elementos constitutivos da obrigação) o fingimento não se dá com relação ao fato concreto, mas com referência ao fato gerador abstrato definido na lei (*mens legis*);

b) na elisão abusiva pretende o contribuinte fazer prevalecer a forma jurídica sobre a substância, enquanto na simulação procura revestir o conteúdo fático com o *nomen juris* ou a forma jurídica inadequadas;

c) no abuso de direito os negócios jurídicos são lícitos, embora a conseqüência jurídica constitua ilícito civil, enquanto na simulação relativa dá-se o contrário: a ilicitude e a falsidade dos meios produzem a ilicitude penal;

d) na simulação e na fraude contra a lei o fingimento ou a manipulação acontecem após a ocorrência do fato gerador, enquanto na elisão abusiva a desinterpretação é anterior;

e) na simulação discute-se, sobretudo, a respeito da matéria de fato, ao passo que na elisão a controvérsia gira em torno da questão de direito, donde se segue que naquela a prova é o seu ponto nevrálgico e incumbe ao Fisco produzi-la, ao contrário do que acontece no abuso de direito, no qual não se abre a instância da prova e prepondera o ônus argumentativo da Fazenda;

f) na simulação ou fraude *contra legem* aplica-se a multa qualificada e na elisão abusiva inexiste penalidade em diversos ordenamentos jurídicos, inclusive no brasileiro;

g) na simulação há pacto entre as partes ou contradeclaração, mas no abuso de direito, não; na simulação subsistirá o ato que se dissimulou, mediante a conversão levada a efeito pelo Fisco; já no abuso de direito a Fazenda requalifica os fatos ocorridos segundo métodos de integração jurídica das lacunas da lei (redução teleológica ou contra-analogia).

Cremos que se assiste no Brasil, a exemplo do que ocorreu na Espanha, a grande subversão tributária promovida pela própria Receita Federal, principalmente após a rejeição da MP 66/2002 pelo Congresso Nacional. Como não conseguiu, na sua qualidade de órgão formulador da política tributária do País, complementar a legislação das normas antielisivas, enfraquecendo o ordenamento por ausência de regras procedimentais e de sanções, está levando os seus agentes à substituição da elisão pela simulação, que tem procedimento específico e multa de 150%.

8. Bibliografia

ADONNINO, Pietro. "Parece del Ministero delle Finanze e del Comitato Consultivo per l'Aplicazione delle Norme Antielusive e rilevanza penale dell'elusione". *Rivista di Diritto Tributario* 11(2)/239-259, 2001.

CISNEROS GUILLEN, Luiz. "A experiência da Espanha", in *Anais do Seminário Internacional sobre Elisão Fiscal*. Brasília, ESAF, 2002, pp. 151-159.

COOPER, Graeme S. "Conflicts, challenges and choices — The rule of law and anti-avoidance rules", in COOPER, Graeme S. (ed.). *Tax Avoidance and the Rule of Law*. Amsterdam, IBFD, 1997, pp. 13-50.

DERZI, Misabel Abreu Machado. "A desconsideração dos atos e negócios jurídicos dissimulatórios, segundo a Lei Complementar 104, de 10 de janeiro de 2001", in ROCHA, Valdir de Oliveira (coord.). *O Planejamento Tributário e a Lei Comple-*

mentar 104. São Paulo, Dialética, 2001, pp. 205-232.

EZCURRA, Marta Villar. "Experiência da Espanha", in *Anais do Seminário Internacional sobre Elisão Fiscal*. Brasília, ESAF, 2002, pp. 161-168.

GODOI, Marciano S. *Fraude a la Ley y Conflicto en la Aplicación de las Leyes Tributarias*. Madri, Instituto de Estudios Fiscales, 2005.

GRECO, Marco Aurélio. "Constitucionalidade do parágrafo único do art. 116 do CTN", in ROCHA, Valdir de Oliveira (coord.). *O Planejamento Tributário e a Lei Complementar 104*. São Paulo, Dialética, 2001, pp. 181-204.

______. *Planejamento Tributário*. São Paulo, Dialética, 2004.

HERRERA MOLINA, Pedro M. "Aproximación a la analogía y el fraude de ley en materia tributaria", *Revista de Direito Tributário* 73/60-75, s/d.

HUCK, Hermes Marcelo. *Evasão e Elisão. Rotas Nacionais e Internacionais do Planejamento Tributário*. São Paulo, Saraiva, 1997.

MARTINS, Ives Gandra da Silva. "Norma antielisão", in ROCHA, Valdir de Oliveira (coord.). *O Planejamento Tributário e a Lei Complementar 104*. São Paulo, Dialética, 2001, pp. 117-128.

MONTEIRO, Washington de Barros. *Curso de Direito Civil. Parte Geral*. São Paulo, Saraiva, 1989.

MOREIRA ALVES, José Carlos. "Conferência Inaugural do XXVIII Simpósio Nacional de Direito Tributário", in MARTINS, Ives Gandra da Silva. *O Princípio da Não-Cumulatividade. Pesquisas Tributárias — Nova Série 10*. São Paulo, Centro de Extensão Universitária/Ed. RT, 2004, pp. 13-33.

ROSEMBUJ, Tulio. *El Fraude de Ley, la Simulación y el Abuso de las Formas en el Derecho Tributario*. Madri, Marcial Pons, 1999.

RUSSO, Pasquale. "Brevi note in tema di disposizioni antielusive", *Rassegna Tributaria* 1/68-78, 1999.

SAMPAIO DÓRIA, Antonio Roberto. *Elisão e Evasão Fiscal*. São Paulo, José Bushatsky, 1977.

SCHMID, Alfred J. e outros. *Código Tributário Alemão*. Rio/São Paulo, Forense/IBDT, 1978.

SEIXAS FILHO, Aurélio Pitanga. "A interpretação econômica no Direito Tributário, a Lei Complementar 104/2001 e os limites do planejamento tributário", in ROCHA, Valdir de Oliveira (coord.). *O Planejamento Tributário e a Lei Complementar 104*. São Paulo, Dialética, 2001, pp. 7-19.

SPISSO, Rodolfo R. "Fraude de ley, abuso de las formas y simulación", in CASÁS, José Oswaldo (coord.). *Interpretación Económica de las Normas Tributarias*. Buenos Aires, Ed. Rodolfo Depalma, 2004, pp. 221-256.

TEPEDINO, Gustavo; BARBOZA, Heloisa; e MORAES, Maria Celina Bodin de. *Código Civil Interpretado conforme a Constituição da República*. v. 1, *Parte Geral e Obrigações*. Rio de Janeiro, Renovar, 2004.

TIPKE, Klaus. *Die Steuerrechtsordnung*. v. 3. Köln, O. Schmidt, 1993.

______; e KRUSE, Heinrich Wilhelm. *Abgabenordnung, Finanzgerichtsordnung. Kommentar*. Köln, O. Schmidt, 1999.

TÔRRES, Heleno Taveira. *Direito Tributário e Direito Privado. Autonomia Privada, Simulação, Elusão Tributária*. São Paulo, Ed. RT, 2003.

TORRES, Ricardo Lobo. "Legalidade tributária e riscos sociais", *Revista Dialética de Direito Tributário* 59/95-112, 2000.

______. "A chamada 'interpretação econômica do Direito Tributário', a Lei Complementar 104 e os limites atuais do planejamento tributário", in ROCHA, Valdir de Oliveira (coord.). *O Planejamento Tributário e a Lei Complementar 104*. São Paulo, Dialética, 2001, pp. 233-244.

______. "Normas gerais antielisivas", in TORRES, Ricardo Lobo (coord.). *Temas de Interpretação do Direito Tributário*. Rio de Janeiro, Renovar, 2003, pp. 261-330.

______. "O abuso do Direito no Código Tributário Nacional e no novo Código Civil", in GRUPENMACHER, Betina Treiger (coord.). *Direito Tributário e Novo Código Civil*. São Paulo, Quartier Latin, 2004, pp. 43-60.

TROIANELLI, Gabriel Lacerda. "O parágrafo único do art. 116 do Código Tributário Nacional como limitação do poder na administração", in ROCHA, Valdir de Oliveira (coord.). *O Planejamento Tributário e a Lei Complementar 104*. São Paulo, Dialética, 2001, pp. 85-102.

XAVIER, Alberto. *Tipicidade da Tributação, Simulação e Norma Antielisiva*. São Paulo, Dialética, 2001.

ZIMMER, Frederik. "Form and Substance in Tax Law", *General Report. Cahiers de Droit Fiscal International* 87-a/19-67, Rotterdam, IFA, 2002.

CADERNOS DE DIREITO TRIBUTÁRIO

SEGURANÇA JURÍDICA E A QUESTÃO DA HIERARQUIA DA LEI COMPLEMENTAR

HUGO DE BRITO MACHADO

Juiz Aposentado do TRF da 5ª Região. Professor Titular de Direito Tributário da UFC. Presidente do Instituto Cearense de Estudos Tributários

1. Introdução. 2. Segurança jurídica: 2.1 Importância como valor a ser preservado pelo Direito; 2.2 Segurança jurídica e identidade da lei complementar; 2.3 A insegurança decorrente da identificação pelo elemento material: 2.3.1 Matérias reservadas à lei complementar; 2.3.2 Indefinição da identidade específica da lei complementar; 2.3.3 Oportunidade ao abuso de medidas provisórias. 3. Ausência de limites ao uso de lei complementar: 3.1 Enumeração de matérias; 3.2 Lei ordinária anterior à Constituição; 3.3 Reserva de lei ordinária; 3.4 Legalidade e lei complementar. 4. A lei complementar como espécie de norma: 4.1 Exigência de elemento substancial; 4.2 A doutrina estrangeira; 4.3 A questão do fundamento de validade; 4.4 Taxatividade das hipóteses de reserva de lei complementar; 4.5 O legislador e a indeterminação constitucional. 5. Conclusões.

1. Introdução

Tem sido questionada a existência de superioridade hierárquica da lei complementar relativamente à lei ordinária. Entre as correntes doutrinárias que se formaram no trato do assunto destaca a daqueles que sustentam não se tratar propriamente de uma questão de hierarquia de normas, mas de reserva de competência. Como a Constituição Federal estabelece que certas matérias devem ser tratadas por lei complementar, delas não se poderia ocupar a lei ordinária. Assim, uma lei ordinária que tratasse de matéria reservada à lei complementar seria inconstitucional por invasão da competência do legislador complementar.

Não obstante fundada em argumentos consistentes, e tendo em seu apoio manifestações de tributaristas os mais respeitáveis do País, essa corrente de pensamento doutrinário incrementa significativamente a insegurança jurídica e por isto mesmo a nosso ver, sem prejuízo de outros questionamentos que pode suscitar, deve ser objeto da nossa reflexão, posto que a segurança jurídica é indiscutivelmente um dos valores fundamentais da humanidade, que ao Direito cabe preservar.

Aliás, a verdadeira questão que se coloca em torno da lei complementar diz respeito à identidade dessa espécie normativa, e não propriamente a sua posição hierárquica em nosso ordenamento jurídico. É praticamente pacífico o entendimento segundo o qual em nosso ordenamento jurídico a lei complementar é hierarquicamente superior à lei ordinária. A questão está em saber o que é uma lei complementar, posto que para significativa corrente doutrinária só é lei complementar aquela que trata de matérias pela Constituição reservadas a essa espécie normativa.

A nosso ver a identidade específica da lei complementar não deve ser buscada na matéria de que a mesma se ocupa, mas no procedimento adotado para a sua elaboração. Além da Constituição Federal, o regimento do Congresso Nacional alberga normas disciplinando o procedimento para discussão e votação das leis, com regras específicas cuja aplicação caracteriza a espécie legislativa como lei complementar.

Mais importante, porém, é que essa opção interpretativa contribui valiosamente para a preservação da segurança jurídica. Porque assim nos parece é que vamos neste pequeno estudo procurar demonstrar que a qualificação das espécies normativas, entre as quais a lei complementar, tendo em vista seus elementos formais, além de estar consagrada em nosso direito positivo, realiza mais adequadamente a segurança jurídica.

2. *Segurança jurídica*

2.1 Importância como valor a ser preservado pelo Direito

A vida e o espírito postulam um direito *justo*, mas pedem também, e *antes de tudo,* segurança, e portanto um direito certo, ainda que menos justo. "A certeza do direito, sem a qual não pode haver uma regular previsibilidade das decisões dos tribunais, é na verdade condição evidente e indispensável para que cada um possa ajuizar das conseqüências de seus actos, saber quais os bens que a ordem jurídica lhe garante, traçar e executar os seus planos de futuro".[1]

A *segurança* é um dos valores fundamentais da humanidade, que ao Direito cabe preservar. Ao lado do valor *justiça*, tem sido referida como os únicos elementos que, no Direito, escapam à relatividade no tempo e no espaço. "Podemos resumir o nosso pensamento" — assevera Radbruch — "dizendo que os elementos universalmente válidos da idéia de direito são só a *justiça* e a *segurança*".[2] Daí se pode concluir que o prestar-se como instrumento para preservar a justiça, e a segurança, é algo essencial para o Direito. Em outras palavras, sistema normativo que não tende a preservar a justiça, nem a segurança, efetivamente não é Direito.[3]

Digna de registro é a lição que nos oferecem Diogo Leite de Campos e Mônica Horta Neves Leite de Campos, relativamente ao Direito português:

"Existe uma ordem no direito Fiscal português? As normas de Direito Fiscal podem ser entendidas em termos de sistema, orientado por princípios de justiça, organizadas por níveis de generalidade ou imperatividade, harmônicas, não contraditórias?

"Basta contemplar as constantes alterações a que estão sujeitas as leis fiscais, mesmo as mais recentes e as de presumida maior valia técnica, para se pôr imediatamente em dúvida qualquer sentido de ordem, e se começar a suspeitar que as normas tributárias nada mais serão de que um 'agregado' informe, unidas só pela vontade 'imperiosa' do legislador. Agregadas por força de múltiplos interesse e pressões, sobretudo pelo interesse do legislador em obter cada vez mais receitas — os fins justificando os meios. (...) Tudo em prejuízo do interesse público, do governo do povo pelo povo, e para o povo, que está na base da democracia. E o povo, presumido autor das normas tributárias através dos seus representantes no parlamento, deixa de reconhecer os seus interesses nessas normas que

1. Manuel A. Domingos de Andrade, *Ensaio sobre a Teoria da Interpretação das Leis*, Coimbra, Arménio Amado, 1978, p. 54.

2. Gustav Radbruch, *Filosofia do Direito*, trad. Prof. L. Cabral de Moncada, 5ª ed., Coimbra, Arménio Amado, 1974, p. 162.

3. Hugo de Brito Machado, *Os Princípios Jurídicos da Tributação na Constituição de 1988*, 5ª ed., São Paulo, Dialética, 2004, p. 123.

surgem cada vez mais como um sorvedoiro insaciável de bens.

"(...).

"A primeira — talvez principal — vítima desta espiral é a *segurança* do Direito. Segurança que, ao lado da *Justiça*, constitui o pilar do Direito e da própria sociedade. Os agentes económicos, famílias e empresas, vêem-se impossibilitados de fazer previsões; uma sociedade que se constitui para prosseguir um certo objecto, tem de se extinguir por uma alteração inopinada do Direito Fiscal tornar inviável a prossecução dessa finalidade; leis retroactivas vêm pôr em causa as mais estáveis economias domésticas ou empresariais; etc.

"O legislador fiscal parece incapaz de prever para mais do que um ano civil; mesmo diplomas baptizados pomposamente com o nome de 'código', passados poucos exercícios estão descaracterizados. A ponto de o cidadão se perguntar se a culpa também não será da Doutrina que terá revelado dificuldade em estabelecer os princípios axiológicos e as técnicas que informam o Direito Fiscal.

"Com efeito, o Direito Fiscal como ramo autónomo do Direito só tem vindo a consolidar-se, mesmo nos Estados mais avançados nesta matéria, desde os anos quarenta deste século. E, a partir daí, a doutrina pouco mais tem podido do que fazer emergir alguns critérios de justiça, muito genéricos, e algumas escassas regras técnicas, uns e outras olhados, frequentemente, com suma indiferença pelos legisladores e pelos tribunais."[4]

No Brasil não é diferente. Temos enorme inflação legislativa e uma desordem absoluta nas normas às quais nos devemos submeter. Por isto mesmo a nosso ver o mais proveitoso dos esforços que o jurista pode e deve desenvolver na interpretação das leis — e não apenas das leis tributárias — deve orientar-se no sentido de preservar a segurança jurídica.

Segurança e justiça, portanto, são as únicas idéias universalmente válidas para o verdadeiro jurista. E uma não deve excluir a outra. "Sem ordem não há como fazer justiça, e sem justiça não há como manter a ordem".[5] Cuida-se, na verdade, de valores que se completam para viabilizar a convivência. E no que concerne à identidade da lei complementar como espécie normativa não temos dúvida de que a tese que aponta essa identidade a partir dos elementos formais é incomparavelmente melhor do que a que exige, para completar essa identidade, o elemento de conteúdo, vale dizer, a matéria regulada.

2.2 Segurança jurídica e identidade da lei complementar

Temos sustentado, já faz algum tempo, que a doutrina segundo a qual a identidade da lei complementar se perfaz com o elemento material, não realiza o valor segurança.[6] Conhecemos, porém, objeções ao nosso ponto de vista. Ivani Silva da Luz, ilustrada Juíza Federal da 20ª Vara de Minas Gerais, a ele se referiu para divergir, asseverando:

"Penso, ao contrário do que afirma aquele eminente tributarista, que a tese por ele defendida não homenageia o princípio da segurança jurídica, pois não cabe ao legislador ordinário escolher as matérias que elevará à categoria de lei complementar, porque importaria em alterar a vontade do legislador constituinte, bastando anotar que matéria de lei complementar é indelegável (CF, 68, § 1º).

"E mais do que isso, o legislador ordinário poderia chegar ao extremo de só edi-

4. Diogo Leite de Campos e Mônica Horta Neves Leite de Campos, *Direito Tributário*, Coimbra, Almedina, 1997, pp. 9-10.

5. Arnaldo Vasconcelos, *Teoria da Norma Jurídica*, 2ª ed., Rio de Janeiro, Forense, 1986, p. 11.

6. Hugo de Brito Machado, "Posição hierárquica da lei complementar", *Revista Dialética de Direito Tributário* 14/19, São Paulo, Dialética, nov. 1996.

tar lei complementar, tornando a lei ordinária figura decorativa."[7]

Na verdade atribuirmos ao legislador a tarefa de escolher as matérias que elevará à categoria de lei complementar é bem mais seguro do que deixar a todos os intérpretes da Constituição a tarefa de definir o âmbito das matérias reservadas a essa espécie normativa. E o risco de que o legislador passe a editar somente leis complementares é o mesmo de passar este a editar somente emendas constitucionais. E nem por isto se vai sustentar que as emendas constitucionais não podem colocar no âmbito da Constituição normas antes tratadas por leis ordinárias, ou até por simples portarias, como se tem visto em recentes emendas que cuidam de matéria tributária.

Talvez pela deficiência de nossa exposição não logramos convencer a eminente magistrada. E com ela certamente muitos ainda não entenderam porque a tese segundo a qual a identidade da lei complementar exige o concurso do elemento material é nociva à segurança jurídica, que é preservada, isto sim, pela tese que defendemos, segundo a qual a identidade da lei complementar se perfaz à luz do elemento formal, tal como acontece, aliás, com as espécies normativas em geral.

Daí porque nos penitenciamos por nossa deficiência na exposição do assunto e empreendemos esta nova tentativa de demonstrar que a tese contra a qual nos colocamos realmente presta serviços à insegurança.

2.3 A insegurança decorrente da identificação pelo elemento material

2.3.1 Matérias reservadas à lei complementar

A Constituição Federal em diversos dos seus dispositivos formula reserva de matérias à lei complementar. Além dos exemplos por nós já citados neste estudo (item 2.1.2), temos diversos outros dispositivos indicando matéria da denominada reserva de lei complementar. Para facilitar nossa exposição vamos nos referir apenas a alguns deles, que tratam de matéria tributária. Aqueles cuja análise, mesmo superficial, nos parece suficiente para demonstrarmos a enorme insegurança criada pela atribuição, a todos os intérpretes da Constituição, da tarefa de delimitar as matérias reservadas a essa importante espécie normativa.

Vejamos:

> Art. 146. Cabe à lei complementar:
>
> I — dispor sobre conflitos de competência, em matéria tributária, entre União, os Estados, o Distrito Federal e os Municípios;
>
> II — regular as limitações constitucionais ao poder de tributar;
>
> III — estabelecer normas gerais em matéria de legislação tributária especialmente sobre:
>
> a) definição de tributos e de suas espécies, bem como, em relação aos impostos discriminados nesta Constituição, a dos respectivos fatos geradores, bases de cálculo e contribuintes;
>
> b) obrigação, lançamento, crédito, prescrição e decadência tributários;
>
> c) adequado tratamento tributário ao ato cooperativo praticado pelas sociedades cooperativas;
>
> d) definição de tratamento diferenciado e favorecido para as microempresas e para as empresas de pequeno porte, inclusive regimes especiais ou simplificados no caso do imposto previsto no art. 155, II, das contribuições previstas no art. 195, I, e §§ 12 e 13, e da contribuição a que se refere o art. 239.

O exame dessas normas do art. 146 já nos demonstra que se o intérprete da Constituição atribuir a algumas das palavras e expressões nelas contidas um significado amplo, inteiramente possível em face da Teoria do Direito Tributário de todos co-

7. Ivani Silva da Luz, "Lei complementar e lei ordinária", *Correio Brasiliense, Direito & Justiça*, de 12.7.1999, p. 4.

nhecida, chegaremos à conclusão de que praticamente todo o Direito Tributário deve ser composto por leis complementares.

O que devemos entender por normas gerais sobre legislação tributária? Essa questão já pode ser suficiente para que se estabeleça um interminável debate em torno da delimitação do campo das leis complementares em matéria tributária.

Teríamos de admitir que os fatos geradores e as bases de cálculo de todos os impostos devem ser descritos em lei complementar?

Teríamos de admitir também que todos os prazos de prescrição em matéria tributária devem ser fixados pela lei complementar?

Como se não bastasse, estabelece, ainda, a Constituição:

> Art. 146-A. A lei complementar poderá estabelecer critérios especiais de tributação, com o objetivo de prevenir desequilíbrios da concorrência, sem prejuízo da competência de a União, por lei, estabelecer normas de igual objetivo.

Onde estará, neste caso, a fronteira entre a matéria reservada à lei complementar e aquela que pode ser tratada por lei ordinária?

Ao que nos parece neste caso não existe fronteira. Mesmo de difícil determinação. Tudo nos leva a crer que a lei complementar será utilizada simplesmente para obrigar Estados e Municípios, mas tratará exatamente da mesma matéria que pode ser tratada, no que concerne aos tributos federais, por lei ordinária da União. E em sendo assim coloca-se a questão crucial: a lei complementar não será hierarquicamente superior à lei ordinária da União?

2.3.2 Indefinição da identidade específica da lei complementar

A dificuldade, que é evidente, de se definir os limites das matérias das quais só a lei complementar se pode ocupar conduz, automaticamente, à dificuldade na definição da identidade específica dessa espécie normativa.

Quando se afirma que a lei complementar é apenas aquela que trata das matérias reservadas pela Constituição a essa espécie normativa, retira-se do legislador a atribuição de interpretar com exclusividade as normas da Constituição que definem aquelas matérias, deixando-se essa atribuição com todos os intérpretes da Constituição. Em outras palavras, retira-se do legislador a atribuição de estabelecer a identidade específica das leis complementares, transferindo-se essa atribuição para a doutrina e para a jurisprudência, o que, por razões de todos conhecidas, instaura enorme insegurança, na medida em que deixa a critério de cada doutrinador e de cada juiz a atribuição de dizer se determinada lei aprovada como lei complementar é realmente dessa espécie normativa ou se é uma lei ordinária.

Bem melhor, portanto, para realizar o valor segurança, é admitirmos que o legislador decida o que deve ser tratado por lei complementar, em atenção aos dispositivos da constituição que estabelecem a reserva de certas matérias a essa espécie normativa.

Mesmo que o legislador, por qualquer razão, utilize a lei complementar para regular matérias que não se encontram no campo a essa espécie normativa reservado pelo Constituição, isto só contribuirá para prestigiar o valor segurança, evitando-se que as normas sobre tais matérias venham a ser alteradas por eventuais maiorias parlamentares que podem aprovar uma lei ordinária embora não alcancem o *quorum* necessário para aprovação de lei complementar.

Como se vê, não há dúvida de que da identificação da lei complementar por critério formal resulta maior segurança jurídica. Além disto, voltando-se à análise do assunto no plano do Direito positivo, também não vê razão alguma para admitir que a identidade específica da lei complementar deva depender da matéria de que se ocupa, pois não existe na Constituição nenhum limite à utilização da lei complementar.

2.3.3 Oportunidade ao abuso de medidas provisórias

Com a nova redação dada ao art. 62 da Constituição Federal pela Emenda 32 já não há dúvida. É vedada a edição de medidas provisórias sobre matéria reservada à lei complementar.[8] Antes, porém, o tema era polêmico. Chegamos a sustentar a possibilidade de medida provisória tratando de matéria reservada à lei complementar, sendo certo que em tal hipótese a conversão em lei dependeria do *quorum* qualificado e a resultante seria uma lei complementar. A doutrina, todavia, orientou-se no sentido contrário, invocando razões de segurança jurídica.

Antonio Carlos Rodrigues do Amaral, por exemplo, em texto que parece haver sido escrito antes da citada emenda constitucional, sustenta que "sendo a lei complementar diploma legislativo de maior densidade que a lei ordinária — nível hierárquico correto para medidas provisórias —, exigindo o constituinte *quorum* qualificado para sua aprovação, não seria crível admitir que matérias de tal relevância à Nação fossem deixadas ao juízo de urgência e relevância de um único cidadão, que poderia consolidar, a partir da edição da medida provisória, situações de fato e de direito cuja recondução ao estado original seria, no caso de sua não conversão em lei, de dificílima ou mesmo impossível promoção".[9]

Desse excelente argumento podemos colher duas conclusões que fortalecem nossa tese a respeito da lei complementar. Primeira, a de que realmente a exigência do *quorum* qualificado confere maior densidade à lei complementar. Segunda, a de que se admitirmos que não tem a hierarquia de complementar aquela que, mesmo tendo sido como tal aprovada, trata de matéria não reservada a essa espécie normativa, estaremos admitindo a edição de medidas provisórias para o trato de matérias cuja inclusão no âmbito da reserva de lei complementar possa ser questionada.

Em outras palavras, a tese segundo a qual somente será lei complementar aquela que tratar das matérias a essa espécie normativa expressamente reservadas pela Constituição amesquinha a segurança jurídica dando oportunidade ao abuso na edição de medidas provisórias para revogar ou alterar leis complementares, a pretexto de que os dispositivos revogados ou alterados tratam de matérias não reservadas à lei complementar. Como na maior parte dos casos é difícil senão impossível definir-se com precisão os limites das matérias reservadas à lei complementar, restará extremamente facilitada a burla à vedação estabelecida pelo art. 62, § 1º, inciso III, da Constituição Federal.

Por apreço à segurança jurídica, portanto, é preferível admitirmos que o Congresso Nacional, ao elaborar uma lei, entende estar tratando de matéria como, por exemplo, *conflitos de competências*, ou *limitações constitucionais ao poder de tributar*, ou *normas gerais em matéria de legislação tributária*, e por isto opta pela forma de lei complementar e observa, em sua elaboração, as normas definidoras do procedimento próprio para a aprovação dessa espécie legislativa, sua opção deve ser respeitada, não se podendo questionar o conteúdo de cada um dos dispositivos da lei então aprovada com o propósito de demonstrar que não se trata de matéria reservada à lei complementar.

3. Ausência de limites ao uso de lei complementar

3.1 Enumeração de matérias

A rigor, não há na vigente Constituição qualquer norma, ou princípio, que ex-

8. CF/1988, art. 62, § 1º, III, com redação dada pela EC 32, de 11.9.2001.

9. Antonio Carlos Rodrigues do Amaral, "Lei Complementar", em *Curso de Direito Tributário*, coord. Ives Gandra da Silva Martins, 9ª ed., Saraiva, 2006, p. 84.

pressa ou implicitamente autorize a conclusão de que a lei complementar somente pode cuidar das matérias a estas reservadas. É certo que existem normas, na Constituição, que tornam determinadas matérias privativas de lei complementar, o que é coisa rigorosamente diversa.

Realmente, a existência de um campo de reserva de lei complementar não quer dizer que não possa uma norma dessa espécie cuidar de outras matérias. Pode, sim, e deve, o legislador, adotar a forma de lei complementar para cuidar não apenas das matérias a este reservadas pelo constituinte, mas também de outras, às quais deseje imprimir maior estabilidade, ao colocá-las fora do alcance de maiorias ocasionais, ou até dos denominados acordos de lideranças.

Não se diga que a existência de dispositivos da Constituição, asseverando que a lei complementar cuidará de tal matéria, implica vedação ao trato de matéria diversa. Não implica. Basta ver-se que alguns dispositivos da constituição reportam-se a lei, sem qualificação, e isto não quer dizer que só a lei ordinária possa cuidar daquelas matérias.

Aliás, Mestre Paulo de Barros Carvalho o admite, asseverando: "Os assuntos que o constituinte reservou para o campo da lei complementar estão quase sempre expressos, inobstante possamos encontrar, em alguns passos, a simples alusão à lei, desacompanhada do qualificativo *complementar*. Em circunstâncias como essa, a bem empreendida análise do comando supremo apontará que a grandeza do tema somente pode ser objeto de lei complementar, visto que estão em pauta regulações diretas de preceitos da Lei Maior, que por outros estatutos não poderiam ser versados".[10]

Em diversos de seus dispositivos a Constituição Federal faz referência à lei, sem indicar a qual das espécies de lei — se ordinária ou complementar — está se referindo. E nesses casos tanto pode estar se referindo à lei ordinária, como à lei complementar, o que evidencia a existência de um campo onde os assuntos tanto podem ser tratados por lei ordinária, como por lei complementar. Há quem sustente, é certo, que a referência constitucional à lei, sem indicação da espécie, é uma referência à lei ordinária. Essa tese, porém, é insustentável, bastando alguns exemplos para demonstrá-lo.

Basta, aliás, o exame do art. 5º da Constituição. Em seu *caput* diz que todos são iguais perante a *lei*, e com certeza ninguém dirá que a igualdade é somente perante a lei *ordinária*. Em grande número de seus incisos faz referência a *lei*, sem qualificação. Relativamente a alguns deles é razoável dizer-se que a referência é feita à lei ordinária, mas em alguns é indiscutível que a palavra lei abrange também a lei complementar. Nos incisos II, XXXV e XXXVI, que asseguram o princípio da legalidade, o direito à jurisdição e a irretroatividade, por exemplo, é evidente que a referência à *lei* abrange tanto a *ordinária* como a *complementar*.

3.2 Lei ordinária anterior à Constituição

Não se venha argumentar com a possibilidade de alteração, por lei ordinária, de uma lei como tal aprovada embora tenha adquirido depois a estatura de lei complementar. É razoável admitir-se que uma lei ordinária anterior à Constituição de 1967, que ganhou *status* de lei complementar em virtude de seu conteúdo, se contiver algum dispositivo versando matéria alheia ao campo reservado à lei complementar, poderá, nesse dispositivo, ser alterada por lei ordinária. Mas esta é uma outra questão, que restará bem compreendida se entendermos a razão pela qual a lei *ordinária* passou a ser tratada como lei complementar.

As normas são, ou não são, válidas do ponto de vista formal, se estiverem, ou não estiverem de acordo com a norma superior que lhes dá fundamento, vigente na data de

10. Paulo de Barros Carvalho, *Curso de Direito Tributário*, 7ª ed., São Paulo, Saraiva, 1995, p. 136.

sua edição. Enquanto a validade substancial resulta da conformidade da norma inferior com a norma superior no momento em que se faz a avaliação, a validade forma resulta da conformidade da norma inferior com a norma superior na dada da produção da norma inferior.

E tem de ser assim porque a produção de uma norma é um fato jurídico que se encarta no ordenamento jurídico no instante de sua produção. Se o ato de produção, vale dizer, o ato formal de elaboração da norma, está de acordo com a norma superior, a norma se encarta validamente no ordenamento. Mudança posterior daquela norma superior não pode atingir os de produção normativa já então consumados.

Com tais esclarecimentos fica fácil de se entender porque o Código Tributário Nacional, embora aprovado como lei ordinária, só por lei complementar pode ser alterado. Quando se diz que uma lei *ordinária*, editada antes da Constituição de 1967, com o advento desta passou a ser uma lei complementar, o que se quer dizer é apenas que aquela matéria, no regime da referida Constituição, só por lei complementar poderá ser tratada.

3.3 Reserva de lei ordinária

Sabemos todos que existe uma gama de matérias a respeito das quais somente a lei pode dispor. É inegável, todavia, que a lei ordinária pode dispor de matérias que não se encontram a ela reservadas.

Em matéria tributária tivemos já um interessante exemplo desse fenômeno jurídico. Questionou-se a validade de dispositivos da legislação tributária, que fixaram prazos para o recolhimento de tributos, tendo o fisco sustentado que o estabelecimento de tais prazos não se acha no campo da reserva legal.

Sem questionarmos a procedência dessa tese, vamos admitir que realmente é assim: o estabelecimento de prazos de recolhimento não faz parte da reserva legal. Entretanto, se existir uma lei estabelecendo determinado prazo, é inegável que um ato normativo inferior não poderá validamente alterar tal prazo.

3.4 Legalidade e lei complementar

O princípio da legalidade abrange na verdade uma área muito ampla, na qual somente a lei pode estabelecer normas obrigatórias (CF/1988, art. 5º). E parte dessa área é reservada à lei complementar, por vários dispositivos da Constituição, mas não existe uma *reserva de lei ordinária.* Existem na verdade duas reservas, uma dentro da outra. A reserva de lei, área maior, na qual normas inferiores não podem se intrometer. E reserva de lei complementar, na qual normas inferiores não podem penetrar por força do limite mais amplo, e lei ordinária também não pode penetrar, por força do limite mais restrito.

Os limites dessas áreas, todavia, podem ser transpostos pela espécie normativa que dentro deles opera. Assim, a lei ordinária pode dispor sobre matérias que não se encontram nos limites da reserva legal. E pela mesma razão lei complementar pode dispor sobre matérias que estão fora da área menor do terreno da legalidade, a esta espécie reservado.

4. A lei complementar como espécie de norma

4.1 Exigência de elemento substancial

Como já afirmamos, há quem sustente que a caracterização de uma lei complementar exige, além dos elementos formais, também o elemento substancial, vale dizer, a matéria de que se ocupa. Somente seriam leis complementares aquelas que tratassem das matérias reservadas pela Constituição a essa espécie normativa. Geraldo Ataliba, líder dessa corrente doutrinária, afirmava que "a lei complementar, fora de seu campo específico — que é aquêle expressamente estabelecido pelo constituinte — nada mais é que lei ordinária". Para a identidade específica da lei complementar seriam necessários a forma e o conteúdo.[11]

Tal entendimento, porém, como já demonstramos neste estudo, desprestigia seriamente a lei complementar, reduzindo seu âmbito de supremacia relativamente à lei ordinária, e compromete a segurança jurídica, na medida em que torna questionável, em muitos casos, a superioridade hierárquica da nova espécie normativa, em face da imprecisão do objeto regulado.[12] Mesmo assim, em razão do prestígio de seu autor, sem reflexão alguma nós o adotamos, asseverando que se a lei complementar disciplinar matéria fora do campo que lhe foi reservado pela Constituição, neste ponto, segundo conceituados juristas, poderá ser alterada, ou revogada, por lei ordinária.[13] E no mesmo sentido manifestaram-se diversos tributaristas e constitucionalistas.[14]

Não obstante enfático quanto à superioridade hierárquica da lei complementar em relação à lei ordinária, Ives Gandra da Silva Martins declara ter razão a doutrina que afirma ter a lei complementar seu campo próprio de atuação.[15] E com isto, ao que parece, adota a tese segundo a qual, dispondo fora desse campo, a lei complementar perde sua natureza específica e por isto pode ser revogada pela lei ordinária.

Meditando sobre o tema, relendo as referidas lições da doutrina, e especialmente relendo os dispositivos da Constituição, modificamos nosso ponto de vista. Na verdade a lei complementar é espécie normativa superior à lei ordinária, e tem sua identidade específica independentemente da matéria que regula. Mesmo que disponha sobre matéria a ela não reservada pela Constituição, não poderá ser alterada ou revogada por lei ordinária.

4.2 A doutrina estrangeira

Geraldo Ataliba, que combatia os argumentos calcados em doutrinas estrangeiras, ao sustentar a inexistência de hierarquia entre lei complementar e lei ordinária nada mais faz do que reproduzir a doutrina de Enterría,[16] desenvolvida no sentido de demonstrar que a lei ordinária não pode modificar uma lei orgânica, não porque a sua categoria normativa seja inferior à desta, mas porque a Constituição lhe proíbe o acesso às matérias reservadas às leis orgânicas.

Na doutrina estrangeira, porém, encontramos também, e preferimos, a lição de Marcello Caetano, assim expressa:

"O nosso país rege-se por uma Constituição escrita, cuja elaboração e modificação obedecem a um processo legislativo diverso do adoptado para o comum das leis: temos, portanto, uma Constituição *rígida*.

"Materialmente só deveriam ser constitucionais as normas relativas à instituição

11. Geraldo Ataliba, *Lei Complementar na Constituição*, São Paulo, Ed. RT, 1971, p. 36.

12. Em casos como o estabelecido no art. 146, III, será sempre problemática a questão dos limites do objeto a ser regulado pela lei complementar.

13. Hugo de Brito Machado, *Curso de Direito Tributário*, 2ª ed., Forense, Rio de Janeiro, 1981, p. 25.

14. Antonio Carlos Rodrigues do Amaral, "Lei Complementar", em *Curso de Direito Tributário*, coord. Ives Gandra da Silva Martins, Belém-PA/São Paulo, Edições CEJUP/CEEU, 1993, p. 95; José Souto Maior Borges, *Lei Complementar Tributária*, São Paulo, Ed. RT/EDUC, 1975, p. 26; Paulo de Barros Carvalho, *Curso de Direito Tributário*, São Paulo, Saraiva, 1985, p. 109; Hamilton Dias de Souza, "Lei complementar em matéria tributária", em *Curso de Direito Tributário*, coord. Ives Gandra da Silva Martins, São Paulo, Saraiva, 1982, p. 29; Eduardo Marcial Ferreira Jardim, *Manual de Direito Financeiro e Tributário*, São Paulo, Saraiva, 1993, p. 103; Edgar Lincoln de Proença Rosa, *A Questão do Decreto-Lei sobre Tributos*, São Paulo, Ed. RT, 1982, p. 56; Celso Ribeiro Bastos, *Curso de Direito Financeiro e de Direito Tributário*, São Paulo, Saraiva, 1991, pp. 164-166, e *Dicionário de Direito Constitucional*, São Paulo, Saraiva, 1994, p. 99; Michel Temer, *Elementos de Direito Constitucional*, 10ª ed., 2ª tir., São Paulo, Malheiros Editores, 1994, p. 142.

15. Ives Gandra da Silva Martins, *Sistema Tributário na Constituição de 1988*, 2ª ed., São Paulo, Saraiva, 1990, pp. 84-85.

16. Eduardo García de Enterría, *Curso de Direito Administrativo*, trad. Arnaldo Setti, São Paulo, Ed. RT, 1991, pp. 163-165.

e competência dos órgãos da soberania e aos limites do poder político. Porém, a existência de processo especial de produção das leis constitucionais leva o jurista a considerar compreendidas nessa categoria todas as normas definidas e impostas por via desse processo."[17]

4.3 A questão do fundamento de validade

Sustentam alguns que a lei complementar não constitui fundamento de validade da lei ordinária, e, portanto, não pode ser a esta superior. O argumento é aparentemente consistente, mas só aparentemente. Na verdade o fundamento de validade de uma norma de Direito positivo, à luz dos conceitos positivistas, só pode estar em uma norma superior. Todavia, além de ser questionável essa tese, ela não tem nem pode ter o alcance que se lhe pretende atribuir.

Vejamos o que a esse respeito doutrina Alexandre de Moraes: "A tese pela hierarquia da lei complementar sobre a lei ordinária (e os atos que tem a mesma força que esta — a lei delegada e a medida provisória) é fortemente criticada, alegando-se que ambas retiram seu fundamento de validade da própria constituição, bem como possuem diferentes campos materiais de competência. Em relação ao primeiro argumento devemos lembrar que todas as espécies normativas primárias retiram seu fundamento de validade da própria Constituição Federal, inclusive as próprias Emendas Constitucionais, e nem por isso se diga que estariam no mesmo patamar hierárquico que as demais".[18]

Como o fundamento de validade de todas as normas de um sistema é a Constituição, teríamos de admitir que só entre esta e as demais normas existe hierarquia. Existiriam, assim, somente dois planos hierárquicos, o da Constituição e o das demais normas. Mas sabemos todos que não é assim.

Realmente, a própria Constituição estabelece a hierarquia entre as diversas espécies normativas, sem que haja necessariamente de ser o processo de cada espécie normativa regulado pela espécie a ela imediatamente superior. Assim, embora tanto as leis complementares, como as leis ordinárias, tenham na própria constituição regulado o seu processo de elaboração, a posição superior da lei complementar resulta evidente da exigência de *quorum* qualificado para sua aprovação, e da finalidade para a qual o constituinte criou essa espécie normativa.

4.4 Taxatividade das hipóteses de reserva de lei complementar

A questão de saber se são taxativas as hipóteses de reserva de matéria à lei complementar, estabelecidas na Constituição, deve ser examinada com cautela, para que não se extraia da resposta conclusão indevida. Quando se afirma que as referidas hipótese são taxativas apenas se quer dizer que somente nelas é válido exigir-se lei complementar.

Alexandre de Moraes registra duas decisões do Supremo Tribunal Federal que bem demonstram a necessidade de cautela no exame dessa questão. Na primeira delas está dito: "Matéria sujeita ao domínio normativo da legislação ordinária. Enumeração exaustiva das hipóteses constitucionais de regramento mediante lei complementar (...). Só cabe lei complementar, no sistema de direito positivo brasileiro, quando formalmente reclamada a sua edição por norma constitucional explícita".[19]

E na segunda, citada por Moraes como sendo no mesmo sentido da anterior, está

17. Marcello Caetano, *Manual de Direito Administrativo*, t. I, 1ª ed. brasileira, Rio de Janeiro, Forense, 1970, p. 88.

18. Alexandre de Moraes, *Constituição do Brasil Interpretada*, São Paulo, Atlas, 2002, p. 1.171.

19. STF, Pleno, ADI 789-DF, rel. Ministro Celso de Mello, *DJU*-I 19.12.1994, p. 35.180, citação feita por Alexandre de Moraes, *Constituição do Brasil Interpretada*, cit., p. 1.172.

dito: "De há muito se firmou a jurisprudência desta Corte no sentido de que só é exigível lei complementar quando a Constituição expressamente a ela faz alusão com referência a determinada matéria, o que implica dizer que quando a Carta Magna alude genericamente a lei para estabelecer princípio de reserva legal, essa expressão compreende tanto a legislação ordinária, nas suas diferentes modalidades, como a legislação complementar".[20]

Na verdade a segunda dessas duas decisões parece expressar de modo mais exato o entendimento do Supremo Tribunal Federal, ao dizer que só é exigível lei complementar quando a Constituição expressamente a ela faz alusão com referência a determinada matéria. Dizer-se que *só é exigível lei complementar* quando a Constituição expressamente a ela faz referência, e dizer-se que *só cabe lei complementar quando formalmente reclamada a sua edição* não é a mesma coisa. E o exame da íntegra das citadas decisões da Corte Maior nos revela que a discussão ali instaurada dizia respeito à validade, ou não, de lei ordinária. No primeiro caso tinha-se ação proposta pelo Procurador Geral da República argüindo a inconstitucionalidade da Lei 8.443/1992, ao argumento de que seria necessária lei complementar para tratar da matéria concernente ao Ministério Público perante o Tribunal de Contas da União. E no segundo caso tinha-se ação proposta pela Confederação Nacional de Saúde Hospitalar, argüindo a inconstitucionalidade de dispositivos da Lei 9.732/1998, relativos a requisitos para o gozo de imunidade tributária.

Nos dois casos em referência, como em diversos outros, firmou-se a jurisprudência do Supremo Tribunal Federal no sentido de que onde a Constituição exige lei, tanto pode ser a complementar como a ordinária. E sendo assim resta evidente que a lei complementar pode dispor sobre matéria que a ela não esteja expressamente reservada.

Certamente a lei ordinária não pode invadir o campo reservado à lei complementar,[21] porque isto implica desrespeito à norma da Constituição que formulou aquela reserva em favor da lei complementar. Nada impede, todavia, que a lei complementar extrapole o campo a ela reservado, disciplinando matéria que poderia ser tratada por lei ordinária.

4.5 O legislador e a indeterminação constitucional

Se, de todo modo, persistirmos no entendimento segundo o qual a lei complementar não pode extrapolar o campo a ela reservado pela Constituição, sem perder a sua característica de lei complementar, teremos de admitir pelo menos que ao legislador deve ser concedida a atribuição para superar a indeterminação inevitável do alcance de cada norma definidora daquela reserva de lei complementar.

Por apreço à segurança jurídica devemos admitir que se o Congresso Nacional considerou que determinada lei que está elaborando cuida, por exemplo, de *conflitos de competência*, ou de *limitações constitucionais ao poder de tributar*, ou de *normas gerais em matéria de legislação tributária*, e por isto opta pela forma de lei complementar e observa, em sua elaboração, as normas definidoras do procedimento próprio para a aprovação dessa espécie legislativa, sua opção deve ser respeitada, não se podendo questionar o conteúdo de cada um dos dispositivos da lei então aprovada com o propósito de demonstrar que não se trata de matéria reservada à lei complementar.

Isto constituirá, sem dúvida, uma contribuição significativa da doutrina para a

20. STF, Pleno, ADI 2.028-5-DF, medida liminar, rel. Ministro Moreira Alves, *DJU*-I 16.6.2000, p. 30, citação feita por Alexandre de Moraes, *Constituição do Brasil Interpretada*, cit., p. 1.172.

21. STJ, 2ª T., REsp 92.508-DF, *DJU*-I 25.8.1997, p. 39.337, citação feita por Alexandre de Moraes, *Constituição do Brasil Interpretada*, cit., p. 1.172.

realização da segurança jurídica. Com ela se evitará o questionamento, em tese sempre possível, em torno do alcance de grande número de dispositivos da Constituição que formulam reserva de matérias ao legislador complementar.

5. *Conclusões*

Em face das razões expostas podemos firmar as seguintes conclusões:

1ª) Depois de muitas divergências doutrinárias e jurisprudenciais em torno da posição hierárquica da lei complementar, é possível afirmar-se que não existe dissídio em torno da supremacia da lei complementar sobre a lei ordinária, mas, isto sim, em torno da questão de saber o que é uma lei complementar.

2ª) Realmente, enquanto os que sustentam a superioridade hierárquica da lei complementar admitem que a sua identidade específica decorre simplesmente do elemento formal, vale dizer, do fato de haver sido aprovada pelo Congresso Nacional como lei complementar, os que negam tal superioridade hierárquica sustentam que a lei complementar somente se qualifica como tal quando trata de matérias que a Constituição reserva para essa espécie normativa.

3ª) O exame do que ocorre com todas as demais espécies normativas nos demonstra que nenhuma delas ganha identidade específica à luz do elemento material, vale dizer, em razão da matéria de que trata, mas em razão do elemento formal. O que confere identidade específica a uma norma jurídica é competência do órgão do qual emana e o procedimento adotado em sua elaboração.

4ª) A existência de matérias reservadas à lei complementar impede que a lei ordinária trate, validamente, dessas matérias, mas não impede que a lei complementar trate de matérias situadas fora desse campo a ela reservado.

5ª) Além desses elementos de convicção extraídos do Direito positivo, objetivamente considerado, também do ponto de vista axiológico se chega à mesma conclusão, porque admitir que a identidade específica da lei complementar somente se completa com a matéria tratada gera grave insegurança jurídica.

6ª) Realmente, se a identidade específica da lei complementar depende da matéria da qual se ocupa, para definir-se tal identidade tem-se de, primeiramente, delimitar com precisão toda a matéria que a Constituição, em diversos dispositivos, reserva à lei complementar, e no desempenho dessa tarefa é impossível evitar-se o surgimento de inúmeros conflitos.

7ª) Assim, mesmo que se admita serem razoáveis as duas interpretações do texto constitucional, vale dizer, tanto aquela segundo a qual o elemento material é necessário para a identificação da lei complementar, como a outra, segundo a qual a lei complementar tem sua identidade específica porque como tal aprovada pelo Congresso Nacional, com observância do procedimento legislativo adequado, inclusive com observância do *quorum* qualificado, é indiscutível que a opção por esta última se faz preferível do ponto de vista axiológico, porque melhor realiza a segurança jurídica.

8ª) Mesmo que pretendamos sustentar que somente se configura como lei complementar aquela que trate de matéria constitucionalmente reservada a essa espécie normativa, devemos prestigiar a segurança jurídica reconhecendo ao Congresso Nacional competência para superar a indeterminação inevitável das normas constitucionais definidoras das matérias reservadas à lei complementar, e assim evitando o questionamento a respeito do alcance de grande número de dispositivos da Constituição que formulam reserva de matérias ao legislador complementar.

9ª) Ao reconhecermos que ao Congresso Nacional cabe superar a indeterminação das normas constitucionais definidoras das matérias reservadas à lei complementar estaremos prestigiando a segurança jurídica também porque serão evitados abusos na edição de medidas provisórias revogando ou alterando leis complementares a pretexto de que as mesmas tratam de matéria não compreendida na reserva constitucional.

10ª) Ao adotarmos o entendimento preconizado nas duas conclusões anteriores estaremos contribuindo significativamente para que o Direito desempenhe o seu importante papel de instrumento de realização da segurança jurídica, um dos valores fundamentais da humanidade que lhe cabe preservar.

CADERNOS DE DIREITO TRIBUTÁRIO

ENTIDADES EXTRANJERAS SOMETIDAS AL RÉGIMEN DE ATRIBUCIÓN DE RENTAS EN EL IMPUESTO ESPAÑOL SOBRE LA RENTA DE NO RESIDENTES

BEGOÑA PÉREZ BERNABEU

Ayudante LOU Dpto. Disciplinas Económicas y Financieras, Universidad de Alicante

I. Introducción

El objeto del presente artículo es analizar el régimen jurídico tributario que se dispensa en España a determinadas entidades constituidas en el extranjero. Dichas entidades se ven sometidas, como se analizará en las siguientes páginas, al régimen de atribución de rentas regulado en la normativa española.

No existe en la normativa española una definición o listado de este tipo de entidades, sino que, como se estudiará seguidamente, para su identificación se establece un criterio de comparación o asimilación con las entidades constituidas en España y que también se ven sometidas al régimen de atribución de rentas.

Aunque es posible encontrar en la regulación interna de algún Estado una excepción, en la mayoría de ordenamientos, este tipo de entidades comparten como común denominador las siguientes características:

• los perfiles de su personalidad jurídica están difusos;

• la responsabilidad de todos o parte de los socios por las dudas sociales es ilimitada; y

• desde un punto de vista fiscal, son tratadas como sociedades transparentes o en régimen de atribución de rentas.

II.A Los artículos 88 LIRPF y 37 LIRNR: el régimen de atribución de rentas y los criterios de clasificación de entidades extranjeras

El artículo 88 del Real Decreto Legislativo 3/2004, de 5 de marzo, por el que se aprueba el Texto Refundido de la Ley del Impuesto sobre la Renta de las Personas Físicas[1] (en adelante LIRPF), es el encargado de determinar el régimen tributario de las entidades sometidas al régimen de atribución de rentas constituidas en el extranjero. En concreto este precepto establece que:

> Tendrán la consideración de entidades en régimen de atribución de rentas aquellas a las que se refiere el artículo 10 de esta ley y, en particular, las entidades constituidas en el extranjero cuya naturaleza jurídica sea idéntica o análoga a la de las entidades en atribución de rentas constituidas de acuerdo con las leyes españolas.

1. *BOE* n. 60, de 10.3.2004.

Las rentas correspondientes a las entidades en régimen de atribución de rentas se atribuirán a los socios, herederos, comuneros o partícipes, respectivamente, de acuerdo con lo establecido en esta sección 2ª.

Igualmente el artículo 37 del Real Decreto Legislativo 5/2004, por el que se aprueba el Texto Refundido de la Ley del Impuesto sobre la Renta de no Residentes[2] (en adelante LIRNR), tiene una dicción similar al prever que:

Tendrán la consideración de entidades en régimen de atribución de rentas, las entidades constituidas en el extranjero cuya naturaleza jurídica sea idéntica o análoga a la de las entidades en atribución de rentas constituidas de acuerdo con las leyes españolas.

Tras la lectura de estos artículos es preciso aclarar, con carácter previo, dos cuestiones para la correcta aplicación de los mismos. La primera cuestión consiste en determinar qué entidades constituidas según las leyes españolas se ven sometidas al régimen de atribución de rentas, a efectos de su comparación con las entidades constituidas en el extranjero. La segunda cuestión consiste en fijar los criterios para determinar cuándo una entidad constituida en el extranjero tiene una naturaleza jurídica idéntica o análoga a una entidad constituida en España.

La primera incógnita es despejada con la lectura del artículo 10 LIRPF al que se refiere el propio artículo 88 LIRPF. Dicho artículo 10 establece que se verán sometidas al régimen de atribución de rentas las siguientes entidades españolas:

• las sociedades civiles, tengan o no personalidad jurídica;

• las herencias yacentes;

• las comunidades de bienes; y

• el resto de entidades a que se refiere el artículo 35.4 de la Ley General Tributaria,[3] esto es, las entidades que, carentes de personalidad jurídica, constituyan una unidad económica o un patrimonio separado susceptibles de imposición.

Como característica común a todos estos entes — salvo en el caso de las sociedades civiles que sí ostenten personalidad jurídica — es, precisamente, la ausencia de personalidad jurídica.

La segunda de las cuestiones planteadas hace referencia a los criterios para determinar cuándo una sociedad constituida en el extranjero tiene una naturaleza idéntica o similar. En torno a esta cuestión surgen dos dudas que no se ven aclaradas por el texto legal.

La primera de estas dudas hace referencia a si los artículos 88 LIRPF y 37 LIRNR, cuando hablan de "naturaleza jurídica idéntica o similar", se refieren a la naturaleza jurídica mercantil o a la naturaleza jurídica fiscal.

En relación a esta primera duda Vega Borreguero ha puesto de manifiesto que, el texto del proyecto de ley de reforma del IRPF no planteaba esta duda, pues en su redacción se preveía una remisión a la legislación tributaria del Estado de constitución, lo que significaba que el ordenamiento español hubiera admitido la solución tributaria que diera el ordenamiento extranjero.[4] Sin embargo esta redacción original no se ha mantenido en el texto legal en vigor, lo cual no ha sido óbice para que algunos autores[5] españoles hayan recurrido a la vía interpretativa para mantener que el precepto

2. *BOE* n. 62, de 12.3.2004.

3. Ley 58/2003, de 17 de diciembre, General Tributaria (*BOE* n. 302/2003, de 18 de diciembre).

4. F. A. Vega Borreguero, "Entidades extranjeras e impuestos sobre la renta", *Rev. Contabilidad y Tributación* 259/19-20.

5. N. Carmona, *Guía del Impuesto sobre la Renta de No Residentes*, Valencia, CISS, 2003, pp. 141-142; J. M. López Carbajo, F. Seijo Pérez, M. De Miguel Monterrubio, *IRPF 2003-2004*, Madrid, Ediciones Francis Lefebvre, 2003, pp. 58 y 59; A. Rodríguel Vegazo, "El régimen de atribución de rentas tras la Ley 46/2002", *Carta Tributaria* 15/24, 2003; y L. Ruibal Pereira, *La Tributación de las Rentas Obtenidas por las Entidades en Atribución de Rentas*, Aranzadi, Cizur Menor, 2003, p. 54, todos estos citados asimismo por Vega Borreguero en F. A. Vega Borreguero, "Entidades Extranjeras...", *op. cit.*, p. 21 nota a pie 65.

actual se remite a la naturaleza jurídica fiscal que dicha sociedad tiene en el Estado extranjero.

La segunda de estas dudas se centra en si, para examinar la naturaleza jurídica de la entidad constituida en el extranjero, debe analizarse exclusivamente la normativa de dicho Estado extranjero o también hay que tener en cuenta el negocio o contrato en virtud del cual se crea el ente.

En relación a esta segunda cuestión y las dudas que plantea, la Administración tributaria española no ha adoptado una posición clara,[6] por lo que habrá que esperar para aclarar esta cuestión a próximos pronunciamientos administrativos.

Como principal conclusión a lo expuesto hasta ahora, podemos afirmar que, a la espera de una interpretación administrativa que aporte luz a esta cuestión, se verán sometidas al régimen de atribución de rentas en España, las formas societarias constituidas en el extranjero que carezcan de personalidad jurídica.

II.B Régimen de atribución de rentas aplicable a las entidades constituidas en el extranjero

II.B.a) Nociones generales sobre el régimen de atribución de rentas

Es oportuno precisar con carácter previo a la exposición del régimen tributario al que se ven sometidas las entidades constituidas en el extranjero, que este régimen tributario previsto en la normativa española puede verse alterado en virtud de lo previsto en un Convenio bilateral para evitar la doble imposición firmado entre España y otro tercer Estado. Esto ocurrirá cuando dichas entidades obtengan los beneficios de un convenio bien sea a consecuencia directa de su subjetividad fiscal, bien sea cuando se cumplan determinados requisitos establecidos al efecto por el Convenio aplicable.

Con carácter general, es posible afirmar que el régimen de atribución de rentas se basa en someter a tributación las rentas netas de determinadas sociedades, no mediante su inclusión en la base imponible del Impuesto sobre Sociedades o el Impuesto sobre la Renta de No Residentes aplicable a la sociedad, sino mediante su imputación a los socios o miembros de dichas sociedades, incluyéndose directamente en la base imponible del correspondiente impuesto por el que deba tributar el socio, esto es, IRPF (si se trata de una persona física residente en España), IS (si se trata de una persona jurídica residente en España) o IRNR (en los casos en que la persona — física o jurídica — no sea residente en España).

El régimen tributario de atribución de rentas que se expondrá seguidamente se aplica tanto en los supuestos en los que los miembros de la entidad constituida en el extranjero sean residentes, como en aquellos otros supuestos en los que los miembros de dicha entidad sean no residentes, sin perjuicio de las particularidades que resultan aplicables en los supuestos en los que los miembros de estas entidades sean no residentes en territorio Español, particularidades que serán objeto de un estudio por separado en los epígrafes siguientes de este trabajo.

En primer lugar, debemos precisar qué elementos se imputan a los socios. Se imputará a los socios no sólo la parte que les resulte atribuible de renta, sino también, los restantes elementos con trascendencia tributaria de la entidad. Las rentas atribuidas tienen la misma naturaleza que la actividad o fuente de la que proceden y su atribución se debe realizar en el mismo ejercicio en el que la entidad obtiene sus rentas.

En segundo lugar, es preciso fijar las normas de cálculo de la renta atribuible a cada socio de una entidad en régimen de atribución de rentas constituida en el ex-

6. Si bien la Administración tributaria española ha resuelto una consulta relacionada con esta cuestión, en su pronunciamiento no aclaró el razonamiento seguido (Consulta de la Dirección General de Tributos de 22.4.2003).

tranjero. Estas normas son fijadas por el artículo 90, apartados 1, 4 y 5 LIRPF y artículos 23, 29 y 37 del Real Decreto 1.775/ 2004, de 30 de julio, por el que se aprueba el Reglamento del Impuesto sobre la Renta de las Personas Físicas[7] (en adelante RIR PF), los cuales establecen tres premisas básicas para dicho cálculo:

1ª. Como regla general, la renta se determina con arreglo a las normas del IRPF[8] con independencia de que alguno de los miembros de la entidad sea contribuyente por el IRPF, sujeto pasivo del IS o contribuyentes del IRNR. Existen dos importantes excepciones a esta regla general, pues la renta se determinará con arreglo a las normas del IS cuando:

a) todos los miembros de la entidad en régimen de atribución de rentas sean sujetos pasivos del IS y no tengan la condición de sociedades patrimoniales y

b) todos los miembros de la entidad en régimen de atribución de rentas sean contribuyentes del IRNR con establecimiento permanente.

2ª. La renta se determina en sede de la entidad. No obstante, salvo que el miembro de la entidad en régimen de atribución de rentas sea contribuyente por el IRPF, no resultan de aplicación las reducciones sobre el rendimiento neto previstas para las siguientes rentas:

• los rendimientos netos obtenidos por arrendamiento de bienes inmuebles destinados a vivienda;

• los rendimientos netos del capital mobiliario derivados de percepciones de contratos de seguro de vida o invalidez recibidas en forma de capital;

• los rendimientos netos del trabajo derivados de las percepciones en forma de capital procedentes de contratos de seguro colectivo que instrumenten compromisos por pensiones cuando las aportaciones efectuadas por los empresarios hayan sido imputadas a las personas a las que se vinculen las prestaciones.

3ª. La renta se determina para todos los miembros de la entidad. Salvo que a la Administración tributaria española le conste de forma fehaciente las normas o pactos de reparto de rentas entre los socios de estas entidades, la Administración atribuirá las rentas netas a los socios por partes iguales.

La normativa española ha previsto una norma anti-fraude con el fin de evitar que mediante la atribución de rentas negativas de fuente extranjera a los miembros de una entidad se vacíen sus bases imponibles de fuente interna. Para ello se ha previsto — artículo 90 apartado 1 regla 3ª LIRPF — unas normas especiales de imputación temporal aplicables a las rentas negativas, en virtud de las cuales las rentas negativas, calculadas con arreglo al IRPF, obtenidas por la entidad sometida al régimen de atribución de rentas en un Estado o territorio con el que España no tenga suscrito un convenio internacional para evitar la doble imposición, con cláusula de intercambio de información, se computan en la medida que no excedan del importe de las rentas positivas obtenidas en el mismo país o territorio y cuando procedan de la misma fuente. Por su parte, el exceso de rentas negativas no computado, se tendrá en cuenta en los cuatro años siguientes, en la medida que la entidad obtenga rentas positivas en el mismo país o territorio y cuando procedan de la misma fuente.

Al régimen tributario expuesto hasta ahora debemos añadir el hecho de que las entidades en régimen de atribución de rentas se ven obligadas al cumplimiento de determinadas obligaciones y deberes tributarios formales, en concreto:

1ª. Obligación de presentar una declaración de comienzo para darse de alta en el censo de obligados tributarios correspondiente,[9] una declaración de cese, para

7. *BOE* n. 187, de 4.8.2004.

8. Con las salvedades que antes hemos mencionado en relación a los socios no residentes y que serán analizadas más adelante en este trabajo.

9. En España existe, por una lado el Censo de Contribuyentes (formado por la totalidad de las

darse de baja en el mismo y obligación de presentar las correspondientes declaraciones de modificación censales que resulten necesarias, así como la solicitud de CIF (Código de Identificación Fiscal). Además, debe presentar, si así lo desea, su renuncia a la aplicación del régimen de estimación objetiva de su base imponible en el IRPF o, si lo estima oportuno, debe presentar la revocación a esta renuncia.

2ª. Obligación de practicar retenciones a cuenta sobre los rendimientos que se satisfagan (artículo 74 apartado 1 *a)* LIRPF), estas retenciones se imputan a los socios, conforme lo pactado.

3ª. Obligación de presentar declaraciones de IVA.

4ª. Obligación de emisión de facturas.

5ª. Obligación de cumplir con las obligaciones contables y registrales pertinentes, en función del régimen de estimación de base imponible al que estén sometidos.

6ª. Obligación de presentar declaración de operaciones con terceros.

7ª. Obligación de presentar una declaración informativa anual relativa a las rentas a atribuir a sus miembros, ya sean éstos residentes o no en territorio español, siempre que la entidad ejerza una actividad económica o bien sus rentas superen los 3.000 Euros anuales.

8ª. Obligación de notificar a sus miembros, en el plazo de un mes desde la finalización del plazo de presentación de la declaración informativa anual, el importe de la renta total de la entidad y la renta atribuible a cada uno de ellos, las bases de deducciones y el importe de las retenciones e ingresos a cuenta soportados por la entidad y atribuibles a cada uno de ellos.

Por su parte, los miembros de las entidades en régimen de atribución de rentas deben cumplir dos obligaciones:

1ª. Deben comunicar a la Administración tributaria española, mediante declaración censal, su obligación de efectuar pagos fraccionados, así como realizar las declaraciones de modificación censales que resulten necesarias.

2ª. Tienen la obligación de realizar dichos pagos fraccionados en proporción a su participación en el beneficio de la entidad.

Además, cualquiera de los miembros de estas entidades tiene la posibilidad de presentar la revocación a la renuncia de estimación del régimen objetivo de estimación de la base imponible a efectos del IRPF (en este caso, el cumplimiento de esta obligación por cualquiera de los miembros de la entidad exime a la entidad del cumplimiento de esta obligación).

II.B.b) Especialidades del régimen de atribución de rentas aplicables a los miembros no residentes de las entidades sometidas al régimen de atribución de rentas y constituidas en el extranjero

II.B.b)a Ideas generales

El régimen tributario de atribución de rentas al que se ven sometidas las entidades constituidas en el extranjero presenta ciertas particularidades (previstas en la normativa del Impuesto sobre la Renta de No Residentes), en relación al régimen de atribución de rentas previsto en la LIRPF que acabamos de exponer, en aquellos casos en los que los miembros de dichas entidades sean no residentes en España.

A su vez, este tratamiento fiscal especial para los supuestos de miembros no re-

personas o entidades que han de tener un NIF para sus relaciones de naturaleza o con trascendencia tributaria) y, por otro lado, el Censo de Obligados Tributarios (el cual forma parte del censo de contribuyentes), está integrado por todas las personas y entidades que desarrollen o vayan a desarrollar en territorio español las actividades previstas por la normativa española — Orden Ministerial del Ministerio de Hacienda n. 2.567 de 2003, apartados segundo y tercero — dentro de este censo se distinguen, a su vez, los siguientes censos y registros: Censo de empresarios, profesionales y retenedores, Registro de operadores intracomunitarios y Registro de exportadores y otros operadores económicos.

sidentes varía en función de si la entidad dispone o no de "presencia" en territorio español.

Es el artículo 37 de la LIRNR el que nos aclara cuándo se entiende que una entidad tiene presencia en territorio español, al precisar que existirá presencia cuando la entidad realice una actividad económica en territorio español bajo pautas operativas similares a las propias de un establecimiento permanente, esto es, que toda o parte de la actividad se desarrolle, de forma continuada o habitual, mediante instalaciones o lugares de trabajo de cualquier índole, o actúe en él a través de un agente autorizado para contratar en nombre y por cuenta de la entidad.

II.B.b)b Entidades sometidas al régimen de atribución de rentas constituidas en el extranjero con presencia en territorio español

Con carácter general, cuando una entidad constituida en el extranjero con presencia en territorio español se verá sometida al régimen de atribución de rentas, este régimen no será aplicable a la porción de rentas derivadas de la actividad económica realizada en territorio español bajo pautas operativas similares a las propias de un establecimiento permanente y que resulte atribuible a los miembros no residentes de la entidad. Respecto de estas rentas la entidad será calificada como contribuyente del IRNR. Paralelamente, las rentas (ya sean de fuente española o de fuente extranjera) imputables a los miembros que sean residentes en España se atribuyen directamente a éstos.

La entidad considerada como "contribuyente proporcional" debe presentar una liquidación anual en la cual la base imponible estará constituida por la parte de la renta que, con independencia de su lugar de obtención, sea imputable a la actividad realizada en España determinada según la normativa del IRPF y que resulte atribuible a los miembros no residentes de la entidad.

Sobre dicha base se aplicará un tipo de gravamen del 35 por cien, practicándose sobre la cuota resultante las bonificaciones y deducciones que permita el artículo 19 apartado 4 LIRNR, a saber:

a) El importe de las retenciones, de los ingresos a cuenta y de los pagos fraccionados.

b) Las bonificaciones y deducciones previstas en los artículos 30 a 44 LIS, esto es: la deducción para evitar la doble imposición interna de dividendos y participaciones en beneficios (artículo 30), la deducción para evitar la doble imposición internacional del impuesto soportado por el sujeto pasivo (artículo 31), la deducción para evitar la doble imposición internacional de dividendos y participaciones en beneficios (artículo 32), la bonificación por rentas obtenidas en Ceuta y Melilla (artículo 33), la bonificación por actividades exportadoras y de prestación de servicios públicos locales (artículo 34), la deducción por actividades de investigación y desarrollo e innovación tecnológica (artículo 35), la deducción para el fomento de las tecnologías de la información y de la comunicación (artículo 36), la deducción por actividades de exportación (artículo 37), la deducción por inversiones en bienes de interés cultural, producciones cinematográficas, edición de libros, sistemas de navegación y localización de vehículos, adaptación de vehículos para discapacitados y guarderías para hijos de trabajadores (artículo 38), las deducciones por inversiones medioambientales (artículo 39), la deducción por gastos de formación profesional (artículo 40), la deducción por creación de empleo para trabajadores minusválidos (artículo 41), la deducción por reinversión de beneficios extraordinarios (artículo 42) y la deducción por contribuciones empresariales a planes de pensiones de empleo o a mutualidades de previsión social que actúen como instrumentos de previsión social empresarial (artículo 43).

Además, sobre la cuota resultante se practicarán los correspondientes pagos a cuenta, siempre en la parte correspondiente a la renta atribuible a los miembros no residentes de la entidad.

Los pagos fraccionados a cuenta del IRNR han de ser efectuados en los mismos términos que los contribuyentes con establecimiento permanente en España, tal y como dispone el artículo 18 del RIRNR.

El artículo 19 RIRNR contiene unas disposiciones especiales aplicables en aquellos casos en que alguno de los miembros no residentes de estas entidades invoque la aplicación de un convenio de doble imposición. En este caso se considerará que las cuotas satisfechas por la entidad fueron satisfechas por los miembros en la parte que les corresponda. Así que, a pesar de que en modo alguno se les considere contribuyentes por el IRNR, los partícipes no residentes de entidades en atribución de rentas con presencia en España pueden, cuando tengan el amparo de un Convenio sobre doble imposición, requerir a las autoridades fiscales españolas su aplicación y sus consiguientes beneficios con las posibles devoluciones que resulten.

Es oportuno mencionar en último término que en estos casos la entidad tiene una obligación formal complementaria consistente en presentar una declaración informativa ante la Administración tributaria, prevista en los artículos 91 LIRPF y 69 RIRPF; no obstante, su cumplimentación corre a cargo de los miembros de la entidad residentes en España respecto de cuyas rentas no atribuidas no es contribuyente la sociedad extranjera.

II.B.b)c Entidades sometidas al régimen de atribución de rentas constituidas en el extranjero sin presencia en territorio español

En los casos en que una entidad sometida al régimen de atribución de rentas constituida en el extranjero obtenga rentas en territorio español sin presencia en éste, a los miembros no residentes en España se les dispensará el trato de contribuyentes sin establecimiento permanente por la parte de renta que les sea atribuible, en virtud de lo dispuesto en el artículo 39 LIRNR. Esta renta será cuantificada en los términos previstos por los artículos 24 a 31 LIRNR.

El pagador de rentas a la entidad, el cual ostenta la condición de retenedor, deberá aplicar a cada miembro la retención que le corresponda de acuerdo con su impuesto respectivo (IRNR, IRPF o IS), siempre que entienda acreditada la residencia de los miembros de la entidad y la proporción en que se les debe atribuir la renta.

Si al pagador-retenedor no constara esta información o bien la entidad estuviera constituida en un paraíso fiscal, éste deberá practicar la retención o ingreso a cuenta con arreglo a los artículos 30 a 32 LIRNR y 9 a 17 RIRNR, sin considerar el lugar de residencia de sus miembros ni las exenciones que prevé el artículo 14 LIRNR. En estos casos, el importe de la retención sufrida directamente por la entidad será objeto de deducción en la imposición personal del partícipe.

Como apunte adicional al régimen tributario de las entidades en régimen de atribución de rentas constituidas en el extranjero sin presencia en España, podemos afirmar que, tratándose de transmisiones de bienes inmuebles situados en territorio español y cuando alguno de los miembros de la entidad no sea residente en territorio español, el adquirente deberá o bien retener e ingresar el 5 por cien de la contraprestación acordada, o bien efectuar el ingreso a cuenta correspondiente de la contraprestación acordada,[10] en concepto de pago a cuenta del impuesto correspondiente a aquellos. Si esta retención o este ingreso a cuenta no se ingresaran, los bienes transmitidos quedarían afectos al pago del

10. No procederá el ingreso a cuenta en los casos de aportación de bienes inmuebles en la constitución o aumento de capitales de sociedades residentes en territorio español.

importe que resulte menor entre dicha retención o ingreso a cuenta y el impuesto correspondiente.

No obstante, estas previsiones no serán de aplicación cuando el titular del inmueble transmitido fuese una persona física y, a 31 de diciembre de 1996, el inmueble hubiese permanecido en su patrimonio más de 10 años, sin haber sido objeto de mejoras durante ese tiempo.

CADERNOS DE DIREITO TRIBUTÁRIO

O SISTEMA FEDERAL E O ABUSO DE PODER: PRINCÍPIOS CONSTITUCIONAIS DE COORDENAÇÃO DE COMPETÊNCIAS COMO FORMA DE PREVENIR E CONTER ABUSOS DE PODER

FERNANDO L. LOBO D'EÇA
Advogado Tributarista em São Paulo

I — Introdução. II — O Estado de Direito e sua evolução para o Sistema Federal. III — O princípio da intangibilidade do núcleo do pacto federativo pelos poderes constituídos e a supremacia constitucional. IV — O princípio da privatividade da competência como forma de garantir a eficiência do Estado Federal e coordenar a supremacia da União e a autonomia dos entes federados. V — Os princípios coordenadores das competências legislativas concorrentes e das competências administrativas comuns: a) As competências legislativas concorrentes; b) As competências administrativas comuns. VI — Os princípios coordenadores das competências tributárias. VII — A violação das competências constitucionais e a sanção de inconstitucionalidade dos atos do Poder Público. VIII — O Poder Judiciário como árbitro do Federalismo. Conclusões. Referências bibliográficas.

I — Introdução

Há mais de vinte anos, Bernard Schwartz[1] já afirmava que um Estado Federal é necessariamente um *Estado de Direito par excellence*, eis que, necessitando de um tipo de engrenagem que assegure o respeito à divisão de poderes estabelecida na Constituição, o sistema federal "só pode florescer em comunidades imbuídas de um espírito legal e habituadas a acatar a lei".

Como é próprio das decisões básicas sobre as quais se assenta o sistema jurídico na ordenação das relações da sociedade civil e do Estado, e sobre as quais se deve desenvolver, de forma coerente e harmônica, a ordem constitucional, a adoção constitucional do sistema federal sem dúvida enseja uma *concepção substancial de princípios e valores* intangíveis que, não somente *complementam* a proteção jurídica dos direitos e liberdades individuais com uma substancial divisão do poder estatal, como impõem uma *pauta de referência legal* a toda atuação estatal, vinculando positivamente o poder público ao cumprimento de suas finalidades institucionais constitucionalmente estabelecidas pelo povo.

Não obstante as inegáveis *vantagens políticas*[2] e *jurídicas*[3] do sistema federal,

1. Cf. Bernard Schwartz, *El Federalismo Norteamericano Atual*, p. 33.

2. Dentre os vários efeitos do federalismo na construção democrática do Estado, Enoch Alberti

unissonamente proclamadas pela Doutrina, a história mostra que a falta de compreensão dos princípios decorrentes da adoção do referido sistema, pode gerar indesejáveis distorções na sua aplicação concreta, comprometendo a excelência do Estado de Direito referida pelo emérito jurista norte-americano. Realmente, ao criticar as *distorções administrativas e tributárias* do sistema federal brasileiro anterior à Constituição de 1946, em razão da falta de compreensão dos princípios que decorrem do sistema federal adotado no Brasil desde 1891, Aliomar Baleeiro[4] foi enfático ao afirmar que "um dos cancros da administração brasileira é a duplicidade e a triplicação de órgãos para o mesmo serviço num só local". Mais recentemente, ao criticar o atual regime vigente no Brasil, Ives Gandra Martins[5] alerta para o "drama" de uma "Federação esclerosada, que encontrou forma fantástica de *multiplicar as obrigações lançadas sobre a sociedade, complicando-lhe a vida* e *perseguindo-a*, como nos primeiros regimes ditatoriais", assim "tornando o país um dos mais complicados para que uma empresa possa funcionar, sobre gerar um *nível de corrupção* que nos coloca, no incômodo patamar de um dos países onde ela mais viceja no mundo".

Rovira sintetiza a Doutrina Alemã, demonstrando que "através da descentralização dos centros de decisão, se aproxima o poder dos cidadãos", possibilitando um "maior jogo das forças políticas", garantindo o "pluralismo" e permitindo "diversas combinações e relações entre maiorias e minorias", com o que "se protegem as minorias políticas" e "se reforça a participação destas no exercício das funções estatais", o que, por sua vez, gera uma "maior responsabilidade compartilhada" por estas minorias e "seu maior nível de preparação e experiência para o exercício do governa", além de um "agreement on fundamentals" (cf. Enoch Alberti Rovira, *Federalismo y Cooperación en la República Federal Alemana*, pp. 52-53).

3. Ao comentar as vantagens jurídicas da discriminação rígida de competências tributárias impostas pelo sistema federal, Aliomar Baleeiro ironiza afirmando que "a desvantagem única é a de sujeitar o legislador a uma disciplina, que lhe tolhe até certo ponto a liberdade de movimentos, tão grata aos que detém o poder. O capricho fiscal há de conter-se dentro de limites constitucionais no que tange à escolha das variedades da tributação. Mas dentro da competência respectiva, essa variedade pode satisfazer todas as preferências políticas e econômicas" (cf. Aliomar Baleeiro, "Discriminação de Rendas", Publicação n. 1 do Instituto Brasileiro de Direito Financeiro, p. 11).

4. No campo tributário, o festejado jurista prossegue ressaltando que, "desgraçadamente, no Brasil os Estados teimam em abster-se do que constitucional e racionalmente podem e devem fazer, e precipitam-se no abismo do que não podem nem devem fazer", decretando, "sob a denominações diversas, ora impostos de sua própria competência, onerando-se e onerando os contribuintes por atos duplicados para o mesmo fim, ora impostos da competência alheia, caindo no precipício da inconstitucionalidade" (cf. Aliomar Baleeiro, "Discriminação de Rendas", cit., pp. 21 e 23).

Assim, numa primeira aproximação do tema que nos propomos a examinar, desde logo verifica-se que, para assegurar a *excelência do Estado de Direito* através do *sistema federal*, é absolutamente imprescindível um aprofundamento na compreensão de seus elementos tipificadores e dos princípios decorrentes de sua adoção, de modo a evitar as indesejáveis *distorções* denunciadas pela Doutrina e prevenir eventuais *abusos de poder*.

II — O Estado de Direito e sua evolução para o Sistema Federal

Partindo da idéia fundamental de liberdade segundo a qual a *soberania* é *inalienável, imprescritível* e *reside no povo*, portador do Poder Constituinte,[6] não podendo seu exercício ser *usurpado* individualmente por quem quer que seja, o *conceito de Estado de Direito* presente em todas as Constituições democráticas modernas, pressupõe o *império do Direito* (*rule of law*) e a integral submissão dos Poderes

5. Ives Gandra da Silva Martins, *O Abuso do Poder do Estado*, pp. 124 e 125.

6. Como ensina Carl Schmitt "o povo é portador do Poder constituinte, e se dá a si mesmo uma Constituição" (cf. Carl Schmitt, *Teoría de la Constitución*, p. 138); cf. tb. Agustín Gordillo, *Teoría General de Derecho Administrativo*, pp. 49-50 e 52; Rafael Bielsa, *Estudios de Derecho Público — Derecho Fiscal*, v. II, p. 64).

Públicos[7] à ordem constitucional, através de seus *três elementos típicos*, que são: *a*) a *declaração dos direitos fundamentais* do indivíduo, *b*) a *divisão e distinção de poderes* do Estado, e *c*) um *poder judicial independente*, que exerça o *controle da constitucionalidade das leis* e dos *atos* dos Poderes Públicos. De fato, através da declaração constitucional dos direitos fundamentais do indivíduo, garante-se que a esfera de *liberdade individual* seja pressuposta como um dado *anterior e superior ao próprio Estado*[8] e, como tal, em princípio *ilimitada*,[9] posto que tutelada por um *núcleo intangível de direitos subjetivos* oponíveis aos Poderes Públicos.[10] Por seu turno, através da *divisão, distinção e partilha dos poderes do Estado* (Legislativo, Executivo e Judicial) em competências rigorosamente circunscritas, das quais derivam sua autoridade, possibilita-se a *mensurabilidade*, o *controle* e a *responsabilização*[11] de todas as manifestações de poder do Es-

7. Seabra Fagundes ressalta que "a submissão à ordem jurídica não atinge apenas os atos do Poder Executivo. Dentro dela se hão de exercer todas as atividades estatais. O Estado, nascido de um ato institucional limitativo da sua atividade e tendo por finalidade a edição e realização do direito, tem necessariamente de conformar à ordem jurídica o desenvolvimento de sua ação. À ordem jurídica de órbita constitucional se submetem também os poderes Legislativo e Judiciário, que funcionam segundo a competência a eles atribuída na Lei Fundamental" (cf. M. Seabra Fagundes, *O Controle dos Atos Administrativos pelo Pode Judiciário*, 6ª ed., nota 6 à p. 81).

8. Nesse sentido, ensina Thomas Cooley que "as Constituições não foram feitas para criar direitos do povo, mas unicamente para reconhecê-los e conservá-los, e se alguns são especialmente numerados e conferidos é somente porque eles são mais importantes, e ordinariamente expostos à invasões" (cf. Thomas Cooley, *Princípios Gerais de Direito Constitucional dos Estado Unidos da América do Norte*, trad. da 3ª ed., p. 36).

9. Nesse sentido Francisco Campos demonstra que "a *garantia constitucional aos direitos individuais* constitui uma *limitação de ordem geral a todos os Poderes do Estado* (...). Os *direitos fundamentais, assegurados na Constituição, constituem uma fronteira comum a todos os Poderes do Estado*, porque o que a Constituição afirma mediante a declaração daqueles direitos, é, no regime do Estado de Direito, a *regra básica da distribuição de poderes entre o Estado e os indivíduos, de acordo com o critério*, enunciado por Carl Schmitt, de que a *liberdade individual é em princípio ilimitada e a autoridade do Estado se presume em princípio limitada*. (...). O que *se segue da declaração constitucional dos direitos fundamentais é que a lei*, sob o *pretexto de os regular, não pode suprimi-los*, (...)" (cf. Francisco Campos, Parecer intitulado "Lei e Regulamento — Direitos Individuais", *RDA* 80/376 a 378); cf. tb. Carl Schmitt, *Teoría de la Constitución*, cit., p. 138.

10. Gilmar Ferreira Mendes em memorável síntese ressalta que "os direitos individuais são, a um só tempo, direitos subjetivos e elementos fundamentais da ordem constitucional objetiva. Enquanto direitos subjetivos, os direitos fundamentais outorgam aos titulares a possibilidade de impor os seus interesses em face dos órgãos obrigados. Na sua dimensão como elemento fundamental da ordem constitucional objetiva, os direitos fundamentais — tanto aqueles que não asseguram, primariamente, um direito subjetivo, quanto aqueloutros, concebidos como garantias individuais — formam a base do ordenamento jurídico de um Estado de Direito democrático. (...). Na sua concepção tradicional, os direito fundamentais são direitos de defesa (*Abwehrrechte*), destinados a proteger determinadas posições subjetivas contra a intervenção do Poder Público, seja pelo a) não impedimento da prática de determinado ato, seja pela b) não intervenção em situações subjetivas ou pela não eliminação de posições jurídicas. (...) Enquanto direitos de defesa, os direitos fundamentais asseguram a esfera de liberdade individual contra interferências ilegítimas do Poder Público, provenham elas do Executivo, do Legislativo ou, mesmo, do Judiciário. Se o Estado viola esse princípio dispõe o indivíduo da correspondente pretensão que pode consistir fundamentalmente, em uma : (1) pretensão de abstenção (*Unterlassungsanspruch*); (2) pretensão de revogação (*Aufhebungsanspruch*), ou ainda, em uma (3) pretensão de anulação (*Beseitigungsanspruch*). Os direitos de defesa ou de liberdade legitimam ainda duas pretensões adicionais: (4) pretensão de consideração (*Berücksitigungsanspruch*), que impõe ao Estado o dever de levar em conta a situação do eventual afetado, fazendo as devidas ponderações; e (5) pretensão de defesa ou de proteção (*Schutzanspruch*), que impõe ao Estado, nos casos extremos, do dever de agir contra terceiros" (cf. Gilmar Ferreira Mendes, *Hermenêutica Constitucional e Direitos Fundamentais*, pp. 199-200).

11. Ao interpretar o *Princípio Republicano* referendado pela Constituição de 1988 e seu corolário da *responsabilidade dos Governantes*, a Suprema Corte na voz do Min. Celso Mello assentou que "*a responsabilidade dos governantes tipifica-se como uma das pedras angulares essenciais à configuração mesma da idéia republicana*. A *consagração do princípio da responsabilidade* do Chefe do Poder

tado, de tal forma que estas sejam sempre, em princípio *limitadas*, e *reciprocamente controladas*, quer pelos indivíduos,[12] quer pelos demais poderes do Estado (sistema de "*freios e contra-pesos*"[13]), assim evitando-se o *exercício arbitrário* dos poderes públicos. Finalmente, para que o Estado viva conforme com um *regime de Direito*, fazendo respeitar os direitos e poderes constitucionalmente outorgados e reprimindo qualquer ato que lhes seja contrário, "é absolutamente indispensável que detenha uma Jurisdição Superior, que reúna todas as garantias possíveis de *independência, imparcialidade e competência*, perante a qual se possam exercer recursos para anular as decisões que tenham sido tomadas com violação ao direito".[14]

No desenvolvimento desses ideais de liberdade do Estado de Direito, partindo ainda da premissa irretorquível de que a *descentralização*,[15] como forma de organização do Estado, permite uma maior aproximação da *idéia de democracia*, aperfeiçoou-se a *divisão de poderes* através do *sistema de discriminação de competências*, que evoluiu do plano meramente *horizontal* para o *plano vertical*, até chegar no conceito de "*autonomia local*",[16] assumindo particular importância e *direta conexão* com o sistema federal, pois como ressalta Raul Machado Horta,[17] a *repartição de competências* é, a um só tempo, a "*chave da estrutura do poder federal*", o "*elemento essencial da construção federal*", a "*grande questão do federalismo*" e o "*problema típico do Estado Federal*".

Assim, guardadas as diferenças históricas e institucionais específicas de cada Estado, pode-se *definir* o Estado Federal como aquele inserido no domínio tipológico do estado de *composição complexa*, formado por uma *pluralidade de entes constitutivos*[18] e caracterizado essencialmente por uma *descentralização e coordenação constitucional de poderes*, a partir de um Governo central (Governo federal), que convive paralelamente sobre um mesmo território,[19] com um ou mais centros de poder

Executivo, além de refletir uma *conquista básica do regime democrático*, constitui *conseqüência necessária da forma republicana de governo adotada* pela Constituição Federal. O princípio republicano exprime, a partir da idéia central que lhe é subjacente, o dogma de que todos os agentes públicos — os Governadores de Estado e do Distrito Federal, em particular — são igualmente responsáveis perante a lei" (STF, Pleno, ADI 1.021, Rel. Ministro Celso de Mello, *RTJ* 178/565).

12. Nesse sentido Seabra Fagundes ressalta que "a competência vem rigorosamente determinada no direito positivo como condição de ordem para o desenvolvimento das atividades estatais e, também como meio de garantia para o indivíduo, que tem na sua discriminação o amparo contra os excessos de qualquer agente do Estado. Toda vez que o agente procede sem estar investido legalmente, excede ao agir o âmbito de atribuições que a lei lhe designa, há inconstitucionalidade" (cf. M. Seabra Fagundes, *O Controle dos Atos Administrativos...*, cit., p. 52).

13. Manoel Gonçalves Ferreira Filho esclarece que "a *divisão do poder* consiste em *repartir o exercício do poder* político por vários *órgãos diferentes e independentes* (...), de tal sorte que *nenhum órgão isolado possa agir sem ser freado pelos demais*. A *divisão proscreve o arbítrio*, ou ao menos o dificulta sobremodo, porque só pode ocorrer se se der o improvável *conluio* de autoridades independentes. Ela estabelece, pois um *sistema de freios e contra-pesos*, sob o qual pode vicejar a liberdade individual" (cf. Manoel Gonçalves Ferreira Filho, *Curso de Direito Constitucional*, 17ª ed., p. 116).

14. Cf. Léon Duguit, *Léçons de Droit Public General*, p. 280.

15. Kelsen demonstra que "a *descentralização* permite uma aproximação maior da idéia de *democracia*" e do "*princípio de autodeterminação*", de vez que a primeira "exige a conformidade máxima entre a *vontade geral* expressa na ordem jurídica e a *vontade dos indivíduos* sujeitos à ordem; por essa razão, a ordem é criada pelos próprios indivíduos por ela obrigados de acordo com o *princípio de maioria*" (cf. Hans Kelsen, *Teoria Geral do Direito e do Estado*, 2ª ed., p. 305).

16. Para Kelsen "a chamada autonomia local é uma combinação direta e deliberada das idéias de descentralização e democracia" (cf. Hans Kelsen, *Teoria Geral...*, 2ª ed., pp. 305, 307).

17. Cf. Raul Machado Horta, *Direito Constitucional*, 2ª ed., p. 306.

18. Cf. Raul Machado Horta, *Direito Constitucional*, 2ª ed., cit., p. 463.

19. Como ensina Kelsen "a ordem jurídica de um Estado federal compõe-se de normas centrais válidas para o seu território inteiro e de normas locais válidas apenas para porções desse território, para os territórios dos Estados componentes (ou membros). As normas gerais centrais, as 'leis federais',

(entes federados); estes últimos dispõem de *autonomia*[20] para se *auto-organizar*, criar *ordenamento jurídico e tributos próprios*, detendo cada qual, um aparato legislativo, executivo e judicial para poder exigir o cumprimento das normas por eles editadas e cujas competências se exercem diretamente, dentro da esfera outorgada pela Constituição federal, sobre as pessoas e propriedades que se encontrem dentro de seus respectivos limites territoriais.

A *diferença fundamental* entre o *Estado Federal* e o *Estado unitário descentralizado* reside no fato de que, neste último, a *competência autônoma* do governo local está na *dependência do poder legislativo central*, que a qualquer momento *pode restringir a sua autonomia*, enquanto no Estado Federal, a *autonomia dos entes federados* está *fora do alcance do poder legislativo federal*, de vez que é *regulada diretamente na Constituição*, só podendo ser restringida por ato do Poder Constituinte.[21] Esse aperfeiçoamento do *sistema constitucional de discriminação de competências* nos planos *horizontal e vertical*, que caracteriza o Estado Federal, a par de representar um marco na evolução do constitucionalismo moderno, consubstancia importante *garantia complementar ao sistema de garantias de liberdade* do indivíduo, eis que opera importante *restrição constitucional contra o abuso dos poderes governamentais* e contra a *centralização de poder político e econômico*.[22]

Não obstante a sua complexidade, tal como ocorre em qualquer sistema jurídico fechado, ao qual pertencem preceitos individuais como suas partes integrantes, o sis-

são criadas por um órgão legislativo central, a legislatura da federação, enquanto que as normas gerais locais são criadas por órgãos locais, as legislaturas dos Estados componentes. Isso pressupõe que, no Estado federal, a esfera material de validade da ordem jurídica, ou, em outras palavras, a competência legislativa do Estado, está dividida entre uma autoridade central e várias autoridades locais" (cf. Hans Kelsen, *Teoria Geral*..., 2ª ed., cit., p. 309).

20. Raul Machado Horta ao estabelecer o *conceito jurídico da autonomia* que detém os entes federados, para diferenciá-lo do conceito de soberania, cujo detentor é o povo, esclarece que "a autonomia provém, etimologicamente, de *nomos* e significa, tecnicamente, a edição de normas próprias. Em lição clássica, Laband esclareceu o conceito jurídico de autonomia pressupõe o poder de direito público não soberano, em virtude de direito próprio e não de uma delegação, para estabelecer regras jurídicas obrigatórias. É no próprio Laband que retiramos o esclarecimento, segundo o qual os Estados-Membros não são simples partes constitutivas da Republica Federal, pois eles também possuem personalidade de direito público, capacidade de ação e vontade independente. O poder de organização própria é competência exclusiva do Estado-Membro e nele localizamos relevante elemento que diferencia o Estado-Membro da Região e da Comunidade Autônoma do Estado unitário, que são entidades territoriais privadas do poder de organização autônoma" (cf. Raul Machado Horta, *Direito Constitucional*, 2ª ed., cit., pp. 339-340).

21. Victor Nunes Leal esclarece que "a *essência da descentralização* administrativa e política do *federalismo* consiste em estar a *extensão dessa descentralização fora do alcance do poder legislativo central*, o que não sucede no Estado unitário descentralizado. O *controle de constitucionalidade por um órgão diferente do poder legislativo central* constitui um aperfeiçoamento do sistema. Sem ele o poder legislativo central poderia fraudar a definição constitucional das competências federal e estadual, promulgando leis inconstitucionais, com *invasão* da esfera própria dos Estados. Sendo o legislativo federal o único juiz da constitucionalidade de suas leis, a intromissão na área privativa dos Estados ficaria consumada sem apelo, com evidente desfiguração da rigidez ou supremacia do texto constitucional" (cf. Victor Nunes Leal, *Problemas de Direito Público*, p. 111).

22. Solidamente apoiado na Doutrina alemã, Linares Quintana demonstra que "o federalismo com sua divisão de poderes entre as autoridades centrais e locais, é um *suporte do governo constitucional livre*", sendo "*parte integrante do constitucionalismo moderno*" eis que através de "uma divisão especial ou territorial de poderes, a parte da funcional", "opera como *restrição bastante eficaz contra o abuso dos poderes governamentais pelas autoridades centrais*", concluindo que "nunca como agora a forma federativa de governo encarna *uma das garantias mais eficientes da liberdade do individuo*, ao repartir e distribuir o poder em distintos núcleos de autoridade, evitando, ou pelo menos minorando, a formidável concentração de poder político e econômico que hoje se observa na generalidade dos executivos da América do Sul" (cf. Segundo V. Linares Quintana, *El Poder Impositivo y la Libertad Individual*, pp. 85 e 87).

tema federal *não admite contradições ou antinomias*, eis que é logicamente impossível que rejam, ao mesmo tempo, duas normas contraditórias pertencentes a um mesmo sistema, não se podendo exigir de seus destinatários que atuem tanto em um sentido determinado, como no sentido contrário.[23] Para tanto o Estado Federal baseia-se na concepção fundamental da *partilha e segregação constitucional de poderes* entre os entes federados que, nos respectivos *âmbitos de competência rigidamente definidos e excludentes, se limitam reciprocamente* em pé de igualdade.

Na prática, a *coexistência harmônica e coordenada* desses poderes constitucionais é *assegurada*, não só através de um *órgão de representação política das unidades federadas* (geralmente o Senado Federal), que exerce um *controle político prévio* da incolumidade de suas competências constitucionais, harmonizando eventuais conflitos e garantindo que o legislativo federal não as usurpe, nem as mutile, mas também e principalmente, pela existência de Tribunais Superiores (geralmente tendo como vértice a Suprema Corte), que exercem o *controle permanente e definitivo* sobre os eventuais *conflitos de competência* entre a União e os demais entes Federados, impedindo recíprocas *usurpações de competência*.

Daí a imperiosa necessidade de *princípios constitucionais de coordenação* dos diversos poderes públicos, de modo a *assegurar*, de um lado, que *cada governo fique limitado e segregado à sua própria esfera de competência constitucional* e, de outro, que se *preserve a autonomia de cada ente federado* em relação aos demais, no cumprimento dos poderes constitucionais conferidos, assim evitando-se os indesejáveis *conflito e confusão* de poderes. Passemos ao exame de alguns destes princípios e seus corolários.

23. Cf. Hans Nawiasky, *Teoría General del Derecho*, pp. 47 e 200; cf. tb. Lon L. Fuller, *The Morality of Law*, pp. 65 a 70.

III — O princípio da intangibilidade do núcleo do pacto federativo pelos poderes constituídos e a supremacia constitucional

A etimologia da palavra "*federal*" (derivada de *foedus*: tratado, pacto, convenção, aliança[24]), por si só, já indica e *pressupõe* a existência, no ato da instituição do Estado Federal, de um *pacto federativo* prévio, consubstanciado na Constituição Federal, que discrimine seus elementos integrantes e suas respectivas competências. Por esta razão Raul Machado Horta[25] ressalta que a *repartição de competências* é a "coluna de sustentação de todo o edifício constitucional do Estado Federal", posto que a "organização federal provem da repartição de competências", que por sua vez, determina as regras de configuração da União, dos Estados, Municípios e Distrito Federal, indicando as respectivas áreas de atuação constitucional de cada qual.

O reconhecimento da Constituição Federal como *foco irradiador das competências* dos entes federados, necessariamente *implica* em reconhecer, não só a *primazia* da Constituição Federal sobre os ordenamentos jurídicos emanados dos entes federados, mas o *caráter derivado*[26] destes últimos, que obviamente *condiciona* a sua autonomia aos limites impostos pela Constituição Federal.[27]

24. Cf. F. R. dos Santos Saraiva, *Novíssimo Dicionário Latino-Português*, 11ª ed., p. 496.

25. Raul Machado Horta, *Direito Constitucional*, cit., p. 309.

26. O STF em voto do Min. Mário Velloso expressamente reconhece que "No caso brasileiro, esse caráter de subordinação do Poder Constituinte Decorrente à obra do Poder Constituinte Original, no sentido de que deverá ele, Poder Decorrente, sujeitar-se a princípios inscritos na Constituição Federal está bem realçado no art. 25 e art. 11 do ADCT à CF/1988 (Tércio Sampaio Ferraz Jr., "Princípios Condicionantes do Poder Constituinte Estadual em face da Constituição Federal", *RDP* 92/34)" (STF, Pleno, ADI 314, rel. Ministro Carlos Velloso, *RTJ* 177/1022); cf. tb. Raul Machado Horta, *Direito Constitucional*, cit., pp. 326-327.

27. Nesse sentido o E. STF já assentou que "*a Constituição Federal, ao conferir aos Estados a ca-*

Nascido de um *ato institucional limitativo* da sua atividade, o Estado Federal, assim como seus integrantes, têm no *pacto federativo* estabelecido na Constituição Federal,[28] um *vínculo de unidade nacional* e um *compromisso* de *integral subordinação* aos princípios constitucionais,[29] que não podem ser alterados ou dissolvidos ao capricho dos entes federados,[30] nem por quaisquer de seus poderes constituídos.[31]

Embora os elementos e princípios constitutivos do pacto federativo possam variar de Estado para Estado, seja em razão de sua complexidade estrutural específica (federalismo dual ou pluralidade de entes na composição), seja em razão das diferenças históricas e institucionais (federalismo centrípeto ou federalismo centrífugo), no caso brasileiro, verifica-se que a melhor Doutrina já definiu com precisão o *conteúdo essencial* do pacto federativo[32]

pacidade de auto-organização e de autogoverno, impõe a obrigatória observância aos seus princípios, entre os quais o pertinente ao processo legislativo, de modo que *o legislador constituinte estadual não pode validamente dispor sobre as matérias reservadas à iniciativa privativa do Chefe do Executivo.* (...) O *princípio da iniciativa reservada implica limitação ao poder do Estado-Membro de criar como ao de revisar sua Constituição* e, *quando no trato da reformulação constitucional local, o legislador não pode se investir da competência para matéria que a carta da república tenha reservado à exclusiva iniciativa do governador*" (STF, Pleno, ADI 227, rel. Ministro Maurício Corrêa, *RTJ* 177/1.013).

28. Nesse sentido o emérito Ministro Celso Mello em memorável voto na Suprema Corte, solidamente apoiado na Doutrina, ressalta que "o *relacionamento normativo* entre essas instâncias de poder — União, Estados-Membros, Distrito Federal e Municípios — encontra *fundamento* na Constituição, que é a *expressão formal do pacto federal* (Pinto Ferreira, *Comentários à Constituição Brasileira*, v. 1/374, 1989, Saraiva; Michel Temer, *Elementos de Direito Constitucional*, pp. 55-59, 5ª ed., 1989, Ed. RT; Celso Ribeiro Bastos/Ives Gandra da Silva Martins, *Comentários à Constituição do Brasil*, v. 1/216-221, 1988, Saraiva; José Cretella Júnior, *Comentários à Constituição Brasileira de 1988*, v. I/131, item 38, 1898, Forense Universitária)" (voto do Ministro Celso Mello no Ac. do STF, Pleno, ADI 314, rel. Ministro Carlos Velloso, *RTJ* 177/1.038).

29. No caso do Brasil, o "vínculo de unidade nacional" está expresso na Constituição Federal já na definição da República Federativa do Brasil, como sendo "formada por uma união indissolúvel" dos Estados, Municípios e Distrito Federal (CF/1988, art. 1º); da mesma forma o compromisso de subordinação aos princípios constitucionais, está expresso já na nomeação e qualificação de seus componentes como "autônomos, nos termos da Constituição" (CF/1988, art. 18), sendo-lhes "vedado" "criar preferências entre si" (art. 19, III) e impondo-se-lhes individualmente observância aos princípios constitucionais (Estados: art. 25; Municípios: art. 29; e Distrito Federal: art. 32).

30. Story transcrevendo a memorável lição do Chief Justice Marshal lembra que "o povo fez a Constituição e o povo pode desfazê-la. É a criatura da sua vontade e só por sua vontade vive. Mas este poder supremo e irresistível para fazer e desfazer, só reside no corpo inteiro do povo, mas não em uma de suas subdivisões. A tentativa de exercê-lo, de qualquer uma de suas partes é uma usurpação e deve ser repelida por aqueles aos quais o povo delegou o poder de a repelir" (cf. Joseph Story, *Comentários à Constituição dos Estado Unidos por Joseph Story, LL. D. última edição trad. e adapt. à Constituição Brazileira pelo Dr. Theóphilo Ribeiro*, v. II, p. 137).

31. Nesse sentido Schwartz esclarece que a Constituição Federal "é mais do que uma simples aliança ou liga entre comunidades soberanas e independentes", dissolvível ao capricho de qualquer de suas partes, pois através dela "o povo formou uma verdadeira União, cuja própria existência refuta a pretensão de que existam soberanias incompatíveis" (cf. Bernard Schwartz, *Los Poderes del Gobierno — Comentario sobre la Constitución de los Estado Unidos — I. Poderes Federales y Estatales*, pp. 49 e 52).

32. Ao definir o *conteúdo do pacto federal* brasileiro, instituído pela Constituição Federal de 1988, Raul Machado Horta esclarece que "são *peças constitutivas e inelimináveis na fisionomia da forma federativa* de Estado os seguintes elementos de sua configuração constitucional: I — Indissolubilidade do vínculo federativo entre a União, os Estados, os Municípios e o Distrito Federal (Constituição, art. 1º). II — Pluralidade dos entes constitutivos da República Federativa: União, Estados, Distrito Federal e Municípios (Constituição, art. 18). III — Faculdade de incorporação, subdivisão, desmembramento, anexação, formação de novos Estados, bem como criação, incorporação, fusão e desmembramento de Municípios, mediante plebiscito (Constituição, art. 18, §§ 3º e 4º). IV — Vedações constitucionais da União, Estados, Distrito Federal e Municípios (Constituição, art. 19, I, II, III). V — Soberania da União e autonomia dos Estados, Distrito Federal e Municípios (Constituição, arts. 21, I, II, 25, 29, 32). VI — Repartição de competências (arts. 21, 22, 23, 24, 30, 32, § 1º). VII — Interven-

estabelecido na Constituição de 1988, cujo núcleo é *imodificável*[33] por parte dos poderes constituídos, sequer por via de *emenda ou reforma* da Constituição, uma vez que esta última expressamente *proíbe* a "deliberação de proposta de emenda tendente a *abolir* (...) a *forma federativa* de Estado" (CF/1988, art. 60, § 4º, inc. I).[34]

ção federal nos Estados e no Distrito Federal (art. 34). VIII — Intervenção estadual nos Municípios e intervenção federal nos Municípios de Território Federal (Constituição, art. 35). IX — Organização bicameral do Poder Legislativo federal, assegurada a existência da Câmara dos Deputados, órgãos dos representantes do povo e do Senado Federal, órgão dos representantes dos Estados e do Distrito Federal (Constituição, arts. 44, 45, 46). X — A igualdade da representação dos Estados e do Distrito Federal no Senado (Constituição, art. 46). XI — Iniciativa das Assembléias Legislativas Estaduais, para proposta de emenda à Constituição (Constituição, art. 60, III). XII — Poder Judiciário da União, com a inclusão neste de um Supremo Tribunal Federal, para exercer a função de Guarda da Constituição, e do Poder Judiciário nos Estados (Constituição, arts. 92, I, 102, 125). XIII — Ministério Público, na qualidade de instituição essencial à função jurisdicional do Estado, de órgão da ação de inconstitucionalidade e da representação, para fins da intervenção federal da União e da intervenção estadual nos Municípios (Constituição, arts. 36, III, 139, IV). XIV — Poder e competência tributária da União, dos Estados, do Distrito Federal e dos Municípios, observada a particularização dos impostos atribuídos a cada pessoa de direito público interno (Constituição, arts. 145, I, II, III, 153, 154, 155, 156). XV — Repartição das receitas tributárias, objetivando promover o equilíbrio socioeconômico entre Estados e entre Municípios (Constituição, arts. 157, 158, 159 e 161, II)" (cf. Raul Machado Horta, *Direito Constitucional*, 2ª ed., cit., pp. 464-465).

33. Nesse sentido José Afonso da Silva ressalta que "é claro que o texto não proíbe apenas emendas que expressamente declarem: 'fica abolida a Federação, ou a forma federativa de Estado' (...). A *vedação atinge a pretensão de modificar qualquer elemento conceitual da Federação* (...); *basta que a emenda se encaminhe ainda que remotamente, tenda*'(emendas tendentes, diz o texto) *para a sua abolição*" (cf. José Afonso da Silva, *Curso de Direito Constitucional Positivo*, 23ª ed., p. 67). No mesmo sentido Raul Machado Horta ensina que "essas características constitucionais da República Federativa abrangem a natureza, as situações, a organização e as competências que se localizam nos domínios da forma federativa de Estado e cuja abolição se acha proibida ao poder de reforma da Constituição, através da proposta de emenda. Vale dizer, somente o Poder Constituinte originário, na elaboração de nova Constituição Federal, poderá alterar essa configuração federativa, para abolir esta ou aquela características e introduzir no seu lugar outra regra integradora da forma federativa de Estado" (cf. Raul Machado Horta, *Direito Constitucional*, 2ª ed., p. 465).

34. Ao fixar os limites do Poder Constituinte Derivado da União Federal, na aplicação prática do princípio da supremacia constitucional, o Supremo Tribunal Federal reafirmou o princípio da intangibilidade do "núcleo temático" do § 4º do art. 60 da CF/1988, pelos poderes constituídos, assentando em memorável voto do E. Ministro Celso de Mello, que: "O Congresso Nacional, no exercício de sua *atividade constituinte derivada* e no desempenho de sua função reformadora, está *juridicamente subordinado à decisão do poder constituinte originário* que, a par de restrições de ordem circunstancial, inibitórias do Poder Reformador (CF, art. 60, § 1º), identificou, em nosso sistema constitucional, um *núcleo temático intangível e imune à ação revisora* da instituição parlamentar. As *limitações materiais* explícitas, definidas no § 4º do art. 60 da constituição da república, incidem diretamente sobre o *poder de reforma* conferido ao Poder Legislativo da União, inibindo-lhe o exercício nos pontos ali discriminados. A *irreformabilidade* desse *núcleo temático*, acaso desrespeitada, pode legitimar o controle normativo abstrato, e mesmo a fiscalização jurisdicional concreta, de constitucionalidade.Emendas à Constituição — que não são normas constitucionais originárias — podem, assim, incidir, elas próprias, no *vício da inconstitucionalidade*, configurado pela inobservância da de limitações jurídicas superiormente estabelecidas no texto constitucional por deliberação do órgão exercente das *funções constituintes primárias ou originárias*, como tem reconhecido a doutrina, expressa no magistério de Otto Bachof, *Normas Constitucionais Inconstitucionais?*, pp. 52-54, 1977, Atlântida Editora, Coimbra; Jorge Miranda, *Manual de Direito Constitucional*, t. II/287-294, item 72, 2ª ed., 1988, Coimbra Editora; Maria Helena Diniz, *Norma Constitucional e seus Efeitos*, p. 97, 1989, Saraiva; J. J. Gomes Canotilho, *Direito Constitucional*, pp. 756-758, 4ª ed., 1987, Almedina; José Afonso da Silva, *Curso de Direito Constitucional Positivo*, pp. 58-60, 5ª ed., 1989, Ed. RT, entre outros" (STF, Pleno, ADI 466-2-DF, Rel. Ministro Celso de Mello, *RTJ* 136/32). No mesmo sentido, ao tratar sobre a autonomia dos Estados e os limites do Poder Constituinte Derivado Estadual, a Suprema Corte reafirmou a *intangibilidade dos princípios fixados no pacto federativo pelos ordenamentos jurídicos emanados dos entes federados* assentando que: "O *poder constituinte* outorgado pela Carta Federal aos *Estados-Membros* (...) traduz prerrogativa institucional que *sofre todos os condicionamentos normativos impostos pela Constituição* da Repúbli-

Dos preceitos expostos resulta claro que, no Brasil, o *conteúdo essencial* do pacto federativo estabelecido pela Constituição Federal, não pode ser *alterado ou abolido* ao capricho dos entes federados, nem por quaisquer de seus poderes constituintes derivados, uma vez que a *autonomia* destes se encontra *totalmente condicionada* por aqueles princípios fixados no pacto federativo, aos quais, por selarem um vínculo de unidade nacional do povo brasileiro, os entes federados como *delegatários* deste último, devem respeito absoluto.

Corolário da Supremacia da Constituição e do Poder Constituinte Originário, cujo portador é o povo,[35] o *princípio da intangibilidade do pacto federativo* pelos entes federados através dos poderes constituídos, representa uma importante garantia contra a possibilidade de estes últimos *alterarem*, em seu próprio favor, as competências outorgadas pelo povo na Constituição. Assim, aplica-se com vigor ao sistema federal brasileiro, a advertência de Story há mais de um século, como regra de interpretação, segundo a qual, "jamais se poderá presumir que os autores da Constituição, declarada como suprema, tivessem em mente entregar seus poderes ao acaso (...)".[36]

Muito ao revés, as competências atribuídas pelo povo na própria Constituição são *indisponíveis, indeclináveis* e *inderrogáveis*[37] por qualquer meio e por quaisquer dos poderes constituídos, que delas não podem dispor, seja por iniciativa própria, seja mediante aquiescência posterior à usurpação, o que seria muito mais grave do que a delegação espontânea.

Mas não basta assegurar que os poderes constituídos não possam alterar as competências outorgadas pelo povo na Constituição; é preciso ainda assegurar que no exercício de suas atividades, os poderes constituídos se mantenham *segregados* nos *limites* das respectivas competências, de modo a garantir, não só maior *eficácia e eficiência* no cumprimento dos deveres cometidos ao Estado, mas a *mínima interferência nas atividades privadas* e dos demais entes federados. Vejamos quais os meios utilizados para o cumprimento destas finalidades.

IV — O princípio da privatividade da competência como forma de garantir a eficiência do Estado Federal e coordenar a supremacia da União e a autonomia dos entes federados

A Constituição de 1988 tornou inequívoca a *tridimensionalidade do federalismo* brasileiro ao assegurar *autonomia* (CF/1988, art. 18) à União, aos Estados e Distrito Federal,[38] e aos Municípios[39] que,

ca. É nesta — na Constituição da República — que se situa a *gênese do poder constituinte* decorrente dos Estados-Membros, cujo exercício deve, em conseqüência, conformar-se, necessariamente, aos princípios consagrados no texto federal. A *insubmissão normativa* do Estado aos postulados instituídos pela Constituição Federal gera *desvalia jurídica* dos atos que a unidade federada venha a praticar, especialmente naquelas situações (...) em que o comando constitucional tem por destinatário explícito, o próprio Estado-Membro" (voto do Ministro Celso Mello no Ac. do STF, Pleno, AIn 192-RS, Rel. Ministro Moreira Alves, *RTJ* 178/1017).

35. Cf. Carl Schmitt, *Teoría de la Constitución*, cit., pp. 120-123; cf. tb. nota 6, supra.

36. Cf. Joseph Story, *Comentários à Constituição...*, cit., v. II, p. 200.

37. Cf. Francisco Campos, Parecer "Lei e Regulamento...", cit., *RDA* 73/384 e ss.

38. A *autonomia* dos Estados e Distrito Federal genericamente prevista no art. 18 da CF/1988 se materializa nas capacidades constitucionalmente conferidas de *auto-organização* e *autolegislação* (CF, arts. 25 e 32), de *autogoverno* (CF, arts. 27, 28 e 125), de *auto-administração* (CF, art. 25, § 1º) e de exigir *tributos próprios* (CF, arts. 145, 149, § 1º, 155 e 195).

39. Embora não dotados de Poder Judiciário próprio, a *autonomia dos Municípios* genericamente assegurada no art. 18 da CF/1988 se materializa nas *capacidades* constitucionalmente conferidas de *auto-organização* e *autogoverno* (CF, art. 29), de *autolegislação* (CF, art. 30) e de exigir *tributos próprios* (CF, arts. 145, 149, § 1º, 156 e 195). Como lembra Story "o *self-government local*, portanto, é *matéria de direito constitucional* e o Estado não pode aboli-lo e regular os negócios locais por intermédio

como já vimos, se caracteriza pela capacidade de *auto-organização*, de *autogoverno* e pela possibilidade de criar *ordenamento jurídico* e *tributos* próprios. Em razão deste fato, o cidadão brasileiro está sujeito a *três diferentes tipos de ordens normativas*, *administrativas* e *tributárias* (Federal, Estadual e Municipal), subordinadas unicamente à Constituição Federal, que por sua vez *determina* os respectivos *âmbitos de atuação* de cada uma destas ordens, conforme se trate de matérias de *interesse nacional, regional ou local*.

Entretanto, quando se analisa a *discriminação constitucional de competências*, não se pode perder de vista a advertência de Francisco Campos,[40] no sentido de que "o que visa toda Constituição federal é obter maior *eficiência e rendimento da máquina administrativa*, dotando-a do número de órgãos que as condições diferenciais reinantes no país exijam para cobrir, em toda a sua extensão, o campo das necessidades e das conveniências públicas"; "sua intenção não é enfraquecer o Governo pela distribuição ou repartição de competências", mas antes, através da "*especialização das competências*", facilitar aos entes federados o cumprimento das tarefas que lhes foram designadas pelo povo, conferindo a cada Governo a "competência que lhe é mais adequada", de modo que "na órbita dessa competência, o Governo a que lhe foi reservada goze de toda a *independência*, e exerça plenariamente os poderes que lhe foram constitucionalmente atribuídos". Por óbvias razões de *racionalidade* e *coerência lógica* do sistema, não se pode jamais conceber que a Constituição repartisse e discriminasse competências entre os diversos Poderes Públicos dos entes federados, para vê-las confundidas no exercício das tarefas cometidas.

Por outro lado, lembra ainda o festejado jurista que "*implícita ou expressa*", é consubstancial ao regime federativo a regra de que "nenhum dos poderes ou dos governos, de cuja associação se compõe a sua unidade, deve *interferir nas atividades legítimas do outro* que, nem *diretamente*, nem por *vias indiretas*, *oblíquas* ou *furtivas*, poderá *criar óbices*, embaraços, tropeços ou empecilhos ao exercício das suas funções constitucionais e, sobretudo, *onerar*, de qualquer maneira, *diminuir ou destruir a eficácia* dos meios ou instrumentos necessários ou adequados à ação dos seus órgãos na órbita constitucional da sua competência".

Desses judiciosos ensinamentos resulta evidente que o sistema federal não se restringe a uma mera *divisão de poderes* entre governos autônomos, mas antes, se destina fundamentalmente a promover uma *especialização* e *coordenação dos diversos poderes*, cujas *finalidades* são, de um lado, *assegurar eficiência* no exercício dos

de agentes de sua nomeação" (cf. Joseph Story, *Comentários à Constituição...*, cit., v. II, nota "a", p. 14). Em memorável voto do Min. Sepúlveda Pertence o STF solidamente apoiado na Doutrina expressamente reconhece a "inequívoca" "*tridimensionalidade do federalismo brasileiro*", ao assentar que "o sentido do art. 29, nesse passo, é apenas garantir a adoção, em todos os níveis da federação, do modelo estrutural que a Constituição Nacional traçou para a União e que também o Estado está jungido a respeitar (art. 25); não há qualquer diminuição da autonomia municipal. 35. Os Municípios têm, por outorga constitucional, uma *esfera impenetrável e irredutível de competência*, cujo exercício não pode, a nenhum título, ser condicionado ou restringido pela Constituição Estadual. Nessa esfera inclui-se a *auto-organização* (através da lei orgânica), a *edição de leis sobre assuntos de interesse local* (leis comuns) e sua *aplicação* (através de atos da Administração). Portanto, não teria cabimento a pretensão do Estado-Membro absorver parcelas de atribuições normativas municipais, exercendo-as por via de comandos inseridos na Carta Estadual. (...) sob o prisma jurídico, Municípios e Estados nada mais são que *conjuntos independentes de normas jurídicas* cujo nascedouro é o mesmo: a Constituição Nacional. A ordem jurídica municipal não deve sua existência à ordem jurídica estadual; logo uma não é subordinada à outra. Ao contrário, ambas se submetem a uma mesma ordem jurídica (a Carta Constitucional da República) à qual devem igual obediência. Advém daí a conseqüência de as *duas ordens jurídicas* (estadual e municipal) relacionarem-se nos *estritos limites constitucionais*, só interferindo uma na outra pelos meios e para os fins previstos na Constituição" (STF, Pleno, ADIMC 2.112-RJ, Rel. Ministro Sepúlveda Pertence, *RTJ* 178/694-95).

40. Cf. Francisco Campos, Parecer *RDA* 78/422.

poderes conferidos, impedindo que se *confundam* ou se *colidam* entre si e, de outro, possibilitar que o cidadão, destinatário final das tarefas públicas designadas, possa saber com precisão, qual a autoridade incumbida de gerir os negócios e serviços públicos e quais são as leis a que se deve obediência,[41] a fim de poder exigir o seu cumprimento.

Em face da *tridimensionalidade* assumida pelo federalismo brasileiro, esta *coordenação* necessariamente envolve *poderes exclusivos* do Governo Central (União), *poderes exclusivos* dos governos dos demais entes que compõem a Federação (Estados, Distrito Federal e Municípios), e *poderes comuns ou concorrentes*,[42] conforme a *predominância do interesse* de que se cogite (nacional, regional ou local).

Relativamente aos *poderes exclusivos* — na consecução destas imprescindíveis *especialização* e *coordenação* na busca de maior eficiência do Governo Federal e dos governos dos demais entes Federados —, a Constituição brasileira seguindo o exemplo de todas as constituições federais, procede a uma *enumeração de poderes* (legislativos, administrativos e tributários) a partir do Governo Central,[43] cuja autoridade nas *matérias expressamente enumeradas*, por versar sobre *interesses presumidamente nacionais*,[44] é *privativa, indelegável*[45] (exceto

41. Como lembra João Barbalho "se o cidadão acha-se perante mais de um chefe do Estado, mais de um corpo legislativo, se há leis e atos na mesma ocasião procedentes de assembléias e autoridades rivais, que disputam a obediência do povo, não sabe o cidadão a que autoridade recorrer, à qual pagar o imposto, etc.; não existe então governo, mas *anarquia* e *grave perigo e dano para as instituições* e para os *direitos* que elas devem garantir..." (cf. João Barbalho, *Constituição Brasileira — Comentários*, p. 24).

42. Oswaldo Aranha Bandeira de Mello, *A Natureza Jurídica do Estado Federal*, p. 73.

43. Os *poderes legislativos* da União estão genericamente expressos nos arts. 22 e 48 da CF/1988; os *poderes administrativos* da União estão genericamente expressos no art. 21 da CF/1988; os *poderes tributários* da União estão expressos nos arts. 145, 149, § 1º, 153 e 195 da CF/1988.

44. Como ensina Francisco Campos, "o que é nacional não pode, evidentemente, ficar sujeito ao controle, ao poder, à administração ou ao governo nos Estado. O poder ou o governo destes se exerce tão-somente sobre o que é de caráter local ou estadual; como, porém o território é um só, há de haver, por certo, atividades que, embora começando e terminando na jurisdição de um Estado, não tem caráter local em nenhuma de suas fases; são, ao contrário, nacionais na totalidade da sua curva, por consistirem, precisamente em operações que, pelo seu fim ou pela sua natureza, se destinam a continuar além das fronteiras do Estado em que tiveram início" (cf. Francisco Campos, *Direito Constitucional*, v. I, pp. 344-345).

45. O *Princípio da Indelegabilidade da Competência Legislativa* foi referendado pelo Plenário da Suprema Corte nos seguintes termos: "— A nova Constituição da República revelou-se extremamente fiel ao postulado da separação de poderes, disciplinando, mediante regime de direito estrito, a possibilidade, sempre excepcional, de o Parlamentar proceder à delegação legislativa externa em favor do Poder Executivo. A delegação legislativa externa, nos casos em que se apresente possível, só pode ser veiculada mediante resolução, que constitui o meio formalmente idôneo para consubstanciar, em nosso sistema constitucional, o ato de outorga parlamentar de funções normativas ao Poder Executivo. A resolução não pode ser validamente substituída, em tema de delegação legislativa, por lei comum, cujo processo de formação não se ajusta à disciplina ritual fixada pelo art. 68 da Constituição. A vontade do legislador, que substitui arbitrariamente a lei delegada pela figura da lei ordinária, objetivando, com esse procedimento, transferir ao Poder Executivo, o exercício de competência normativa primária, revela-se irrita e desvestida de qualquer eficácia jurídica no plano constitucional. O Executivo não pode, fundando-se em mera permissão legislativa constante de lei comum, valer-se do regulamento delegado ou autorizado como sucedâneo da lei delegada para o efeito de disciplinar, normativamente, temas sujeitos à reserva constitucional de lei. — Não basta, para que se legitime a atividade estatal, que o Poder Público tenha promulgado um ato legislativo. Impõe-se, antes de mais nada, que o legislador, abstendo-se de agir ultra vires, não haja excedido os limites que condicionam, no plano constitucional, o exercício de sua indisponível prerrogativa de fazer instaurar, em caráter inaugural, a ordem jurídico-normativa. Isso significa dizer que o legislador não pode abdicar de sua competência institucional para permitir que outros órgãos do Estado — como o Poder Executivo — produzam a norma que, por efeito de expressa reserva constitucional, só pode derivar de fonte parlamentar. O legislador, em conseqüência, não pode deslocar para a esfera institucional de atuação do Poder Executivo — que constitui instância juridicamente inadequada — o exercício do poder de regulação estatal incidente sobre determinadas categorias temáticas — (...) —, as quais se acham necessariamente submetidas, em razão de sua própria natureza, ao

nos estritos limites da Constituição) e, portanto, *incontrastável*,[46] abrangendo todo o território nacional. Da mesma forma, visando preservar a *autonomia* dos entes federados, a Constituição atribui ainda aos demais entes federados certas áreas de *competência privativa*, como é o caso das *competências tributária* (CF/1988, arts. 155, 156, 145, 149, § 1º, e 195), *reservada* (CF/1988, art. 25, § 1º) e para *legislar sobre "assuntos de interesse local*"[47] (CF/1988, art. 30) que, por versarem sobre matérias de *interesse presumidamente regional e local*, se circunscrevem somente aos respectivos limites territoriais dos Estados e dos Municípios.

Decorrendo diretamente do *modelo estrutural de federação* traçado na Constituição, as *competências privativas* constitucionalmente outorgadas, não só definem a *linha divisória da autonomia* (*self-government*) assegurada aos diversos entes federados (União, Estados, Distrito Federal e Municípios), como explicitam as respectivas *esferas de atuação material* dos poderes outorgados (legislativo, administrativo e tributário), cujo exercício, por ser absolutamente *independente*, *impenetrável e irredutível* em relação aos demais entes federados, não comporta *hierarquia* ou *subordinação*,[48] que não seja ao próprio Poder Constituinte.

postulado constitucional da reserva absoluta da lei em sentido formal. — Traduz situação configuradora de ilícito constitucional a outorga parlamentar ao Poder Executivo de prerrogativa jurídica cuja *sedes materiae* — tendo em vista o sistema constitucional de poderes limitados vigente no Brasil — só pode residir em atos estatais primários editados pelo Poder Legislativo" (STF, Pleno, ADI (ML) 1.296-7-PE, voto Ministro Celso Mello, *JSTF LEX* 203/57).

46. O *desrespeito às leis federais* por parte dos Estados e Municípios chega a justificar a *intervenção* nestes, nos termos dos arts. 34, VI, 35, IV, e 36, III, da CF/1988.

47. Ao definir o *conteúdo dos interesses locais* ainda na vigência da Constituição anterior, em memorável resenha da Doutrina estrangeira, Hely Lopes Meirelles esclarece que "para o clássico Black, tais *interesses se referem aos negócios internos das cidades e vilas*: *internal affairs of towns and countries* (*Constitutional Law*, 1927, pp. 135 e ss.); para Mouskhell, é o que *não afete os negócios da administração central ou regional* (*L'État Fédéral*, 1931, pp. 231 e ss.); para Jellinek, é o *interesse próprio da localidade*, oriundo das suas relações de vizinhança (*L'État Moderne et son Droit*, 1931 1/36 e ss.); para Bonnard, o *peculiar interesse é o* **que** *se pode isolar, individualizar-se e diferençar-se dos outros* (*Droit Administratif*, 1940, pp. 332 e ss.); para Borsi, é o que *não transcende dos limites territoriais do Município* (*Le Funzione dei Comune*, 1955, pp. 435 e ss.); para o moderníssimo Gonnenwein, é o que *se limita aos assuntos da comunidade local* (*Derecho Municipal Alemán*, 1967, pp. 53 e ss.). Como se vê, toda a competência municipal é reconhecida sobre matéria obras, serviços, atividades de *interesse local*, que, entre nós se caracteriza pelo *peculiar interesse* do Município e pela sua realização *nos limites de seu território*. (...) A *competência do Município*, para *organizar e manter* serviços locais, está reconhecida constitucionalmente como um dos princípios asseguradores de sua autonomia administrativa (Const. Rep., art. 15, II, *b*). A única restrição é a de que tais serviços sejam *de seu peculiar interesse* e *se restrinjam ao seu território*. O peculiar interesse, já o definimos, não é o interesse exclusivo do Município, porque não há interesse municipal que o não seja, reflexamente, do Estado-membro e da União. O que caracteriza o *peculiar interesse municipal* é a *predominância* desse interesse, para o Município, em relação ao eventual interesse estadual ou federal acerca do mesmo assunto" (cf. Helly Lopes, Meirelles, *Estudos e Pareceres de Direito Público*, v. V, pp. 150-152).

48. Nesse sentido, ao tratar especificamente dos *poderes legislativos privativos* Victor Nunes Leal ensina que "a *câmara municipal é tão legislativa como as estaduais e federais*: a *diferença* entre elas é de *grau* ou de *importância*, e *não de natureza*. (...) pelo sistema de repartição de competências adotado no Brasil desde a Constituição de 1934, é irrecusável a denominação de 'leis municipais' às posturas e deliberações votadas pelas câmaras de vereadores. Essas resoluções e posturas *criam direitos e obrigações*. Por outro lado, como os municípios, a partir de 1934, têm esfera de *competência privativa*, as suas leis, quando baixadas sem exorbitância dessa competência exclusiva, são diplomas legais bastantes em si mesmos, diante das quais *têm de ceder quaisquer outras leis ordinárias*, inclusive a *legislação federal*" (cf. Victor Nunes Leal, *Problemas de Direito Público*, cit., p. 320). Em outra parte de sua obra, o festejado jurista conclui que "sendo a *lei municipal superior a qualquer outra, na esfera da competência privativa dos municípios* (já que, em tal caso, a *lei estadual ou a federal devem ser tidas por inconstitucionais* e, portanto, inaplicáveis), não se lhe pode recusar o *caráter de autentica lei*, segundo o *critério formal de classificação dos atos do Estado*" (ob. cit., p. 168).

Realmente, como é curial, a atribuição constitucional de *competência privativa* a uma determinada unidade federada, resulta na *exclusão* das demais unidades quanto ao exercício de idêntica competência, pois como ensina a melhor Doutrina[49] "quem diz *privativa*, diz *exclusiva*, quer dizer: *excludente de todas as demais pessoas*. A *exclusividade da competência* implica *proibição peremptória, erga omnes, para exploração desse campo*" por quaisquer dos demais entes federados. Releva notar que na *interpretação* de uma *competência privativa* atribuída pela Constituição a uma determinada unidade federada, devem ainda ser considerados como *partes integrantes do poder* expressamente outorgado, todos os *meios ordinários implicitamente* apropriados à sua execução ou cumprimento das finalidades a que se destina a competência, desde que não sejam expressamente proibidos pela Constituição.[50]

Exemplificando os *efeitos da atribuição competência privativa*, Victor Nunes Leal[51] sintetiza com inigualável clareza: "se a competência estadual é *expressa e privativa*, a legislação do Estado *exclui, simultaneamente*, a *federal* e a *municipal*, porque a União e os Municípios terão exorbitado do seu campo de ação. Em tal caso, *não estão em disputa poderes federais e municipais* expressos, porque estes, *por definição, não existem*; do contrário, a competência estadual não seria privativa. Também não se pode, aqui, dar primazia aos poderes implícitos da União ou dos municípios, porque a *competência implícita cede à expressa* outorgada com *caráter de exclusividade*".[52] Inversamente, os "*poderes remanescentes*" decorrentes da "*competência residual*" outorgada aos Estados, "*só abrangem as matérias que não tiverem sido confiadas, expressa ou implicitamente*, à *União*, de um lado, e aos *Municípios*, de outro".[53]

Embora a Constituição estabeleça *expressamente* que "a lei complementar poderá autorizar os Estados a legislar sobre *questões específicas* das matérias relacionadas" (CF/1988, art. 22, parágrafo único), os *efeitos da privatividade competência* não se alteram, pois a par da *excepcionalidade da delegação*,[54] é evidente que sendo *inderrogável*,[55] a competência constitucional

49. Cf. Geraldo Ataliba, *Sistema Constitucional Tributário Brasileiro*, p. 106; no mesmo sentido: João Barbalho, *Constituição Brasileira — Comentários*, cit., p. 103; Raul Machado Horta, *Direito Constitucional*, cit., pp. 363-364; Amílcar de Araújo Falcão, *Sistema Tributário Brasileiro*, p. 38; Francisco Campos, *Direito Constitucional*, v. II, p. 199.

50. Cf. Joseph Story, *Comentários à Constituição...*, cit., v. II, pp. 181 e 185.

51. Cf. Victor Nunes Leal, *Problemas de Direito Público*, cit., p. 339.

52. No mesmo sentido, Antão de Moraes demonstra que "*não há poder implícito contra poder expresso*" (cf. Antão de Moraes, Parecer *RDA* 32/451; no mesmo sentido, idem, *RDA* 31/480-481).

53. Nesse sentido, Victor Nunes Leal ensina que "desde que entre em jogo um poder federal ou municipal, expresso ou implícito, cessa a competência *remanescente* dos Estados" (cf. Victor Nunes Leal, *Problemas de Direito Público*, cit., p. 339).

54. Ao analisar o referido dispositivo Raul Machado Horta reitera que "*a competência de legislação privativa é por natureza, monopolística e concentrada no titular dessa competência*", sendo que "essa forma de *delegação legislativa* da União aos Estados (...) *não se reveste de generalidade*, requerendo, ao contrário, a particularização de '*questões específicas*', subtraídas ao elenco das matérias incluídas na privatividade legislativa da União, ou seja, a *transferência da competência de legislar* da União para os Estados está submetida à *especificação do conteúdo da legislação* transferida e à *estipulação dos termos de seu exercício*" (cf. Raul Machado Horta, *Direito Constitucional*, cit., pp. 363-364). No mesmo sentido Celso Bastos esclarece que "*esta lei complementar não pode delegar todo um inciso*, ou melhor, a *regulamentação integral de determinada matéria*, asseverando que "deverá ficar restrita ao âmbito das questões específicas constantes das aludidas matérias" (cf. Celso Ribeiro Bastos, *Lei Complementar — Teoria e Comentários*, 2ª ed., p. 85).

55. Cf. Francisco Campos, Parecer *RDA* 73/384 e ss. No mesmo sentido Carlos Maximiliano ensina que "*não se admite o subestabelecimento, sem reservas, do mandato político*. (...). Demais, transmitindo a outrem a tarefa que lhe é própria, *desmoraliza-se* o Legislativo, confessa a sua *impotência*, a *própria incapacidade*" (cf. Carlos Maximiliano, *Comentários à Constituição Brasileira*, 5ª ed., Livraria Freitas Bastos, 1954, pp. 408-409).

privativa deferida à União, mesmo que temporariamente delegada, pode ser exercida a qualquer tempo, seja para modificar os termos da lei de habilitação, seja ainda para simplesmente *suprimir* a delegação, que se pode dar através de *revogação expressa*, ou por simples *derrogação*, através da edição de uma lei complementar posterior que exerça plenamente a competência anteriormente delegada.

Em suma, através do *princípio constitucional da privatividade da competência*, o que se visa é exatamente *evitar* a *possibilidade de conflito* e de *concorrência* (legislativa, administrativa e tributária) entre os diversos entes federados nas matérias taxativamente enumeradas, cujas autoridades por serem *mutuamente excludentes*, se limitam reciprocamente assegurando, de um lado, a *supremacia nacional dos interesses federais*[56] em certas e determinadas matérias, assim impedindo que o Governo Federal fique subordinado aos demais entes federados ou que estes possam interferir no funcionamento do Governo Federal e, de outro, a *autonomia dos entes federados* no exercício dos poderes que lhes são inerentes, nas *matérias de interesse presumidamente regional e local*, dentro dos respectivos territórios. A *violação* à *reserva de competência legislativa privativa*, instituída em favor de um ente federado, pelos demais integrantes da federação, implicará em "*invasão de competência*", consubstanciando uma situação de *inconstitucionalidade formal*, que *compromete a validade e a eficácia jurídicas da lei* editada pelo ente usurpador da competência alheia.[57]

56. Segundo Bernard Schwartz, o *princípio da supremacia nacional* é a "*pedra chave do arco do poder federal*", de vez que "*assegura o eficaz funcionamento da União*" evitando "que o governo Federal se converta em subordinado dos estados", significando essencialmente duas coisas: 1) "os *Estados não podem se imiscuir no funcionamento do Governo Federal*" e 2) a *ação federal* (seja na forma de lei, tratado, decisão judicial ou ato administrativo, se é por si mesma constitucional, *deve prevalecer sobre a ação estadual que seja com ela incompatível*" (cf. Bernard Schwartz, *Los Poderes del Gobierno*..., cit., p. 53).

57. Nesse sentido, confira-se a Jurisprudência da Suprema Corte: "Ação direta de inconstitucionalidade. Constituição do Estado de São Paulo. Outorga de prerrogativas de caráter processual penal ao Governador do Estado. Imunidade à prisão cautelar e a qualquer processo penal por delitos estranhos à função governamental. Inadmissibilidade. Ofensa ao princípio republicano. Usurpação de competência legislativa da União. Prerrogativas inerentes ao Presidente da República enquanto Chefe de Estado (CF/1988, art. 86, §§ 3º a 4º). Ação direta procedente. (...). Imunidade à prisão cautelar. Prerrogativa do Presidente da República. Impossibilidade de sua extensão, mediante norma da Constituição Estadual, ao Governador do Estado. — O Estado-Membro, ainda que em norma constante de sua própria Constituição, não dispõe de competência pare outorgar ao Governador a prerrogativa extraordinária da imunidade à prisão em flagrante, à prisão preventiva e à prisão temporária, pois a disciplinação dessas modalidades de prisão cautelar submete-se, tom exclusividade, ao poder normativo da União Federal, por efeito de expressa reserva constitucional de competência definida pela Carta da República. — A norma constante da Constituição estadual — que impede a prisão do Governador do Estado antes de sue condenação penal definitiva — não se reveste de validade jurídica e, conseqüentemente, não pode subsistir em face de sue evidente incompatibilidade com o texto da Constituição Federal. Prerrogativas inerentes ao Presidente da República enquanto — Os Estados-Membros não podem reproduzir em suas próprias Constituições o conteúdo normativo dos preceitos inscritos no art. 86, §§ 3º a 4º, da Carta Federal, pois as prerrogativas contempladas nesses preceitos da Lei Fundamental — por serem unicamente compatíveis com a condição institucional de Chefe de Estado — são apenas extensíveis ao Presidente da República. Precedente: ADI 978-PB, rel. p/o acórdão Ministro Celso de Mello" (STF, Pleno, ADI 1.021, rel. Ministro Celso de Mello, *RTJ* 178/565).

"Ação direta de inconstitucionalidade. Art. 85 do Ato das Disposições Constitucionais Transitórias da Constituição do Estado do Rio de janeiro. Edição, comercialização e distribuição do vale-transporte. Contrariedade ao art. 22, I, da Carta da República. A norma fluminense sob enfoque, ao dispor sobre direito de índole trabalhista, regulado por legislação federal própria (Lei 7.418/1985), invadiu competência legislativa da União, expressa no mencionado dispositivo da carta da república. Ação julgada procedente" (STF, Pleno, ADI 601, rel. Ministro Ilmar Galvão, *RTJ* 183/13).

"Recurso Extraordinário. Lei estadual que determina o uso obrigatório de cinto de segurança nas vias públicas do Estado. Inconstitucionalidade. O plenário desta Corte, ao julgar a Ação Direta de

Assegurado o necessário *equilíbrio da balança de poderes* para o funcionamento do sistema federal, através da estrita demarcação das *competências privativas* da União e dos entes periféricos, resta ainda coordenar os *poderes concorrentes e comuns*, exercidos paralelamente por todos os entes federados, na *administração conjugada dos interesses nacional, regional ou local*. Vejamos quais os princípios que norteiam o exercício destes poderes, de modo a assegurar-lhes a eficiência.

V — Os princípios coordenadores das competências legislativas concorrentes e das competências administrativas comuns

Sintetizando os ensinamentos dos grandes Juízes norte-americanos,[58] Schwartz[59] assinala que "uma das felizes vantagens que brinda o sistema federal é que ele permite

Inconstitucionalidade 2.101, declarou a inconstitucionalidade de Lei Estadual que tornava obrigatória a notificação pessoal dos motoristas pela não-utilização de cinto de segurança, por cuidar ela de matéria específica de trânsito, invadindo competência exclusiva da União, salientando, ainda, que, enquanto não editada a lei complementar prevista no parágrafo único do art. 22 da Carta Federal, não pode o Estado legislar sobre trânsito. Em sentido análogo, o julgamento da ADFIMEC 874. Recurso extraordinário não conhecido, e declarada a inconstitucionalidade da Lei 10.521/1995 do Estado do Rio Grande do Sul" (STF, Pleno, RE 215.325-RS, rel. Ministro Moreira Alves, *RTJ* 183/1.081).

"Ação Direta de Inconstitucionalidade. Lei 11.223/1999, do Estado de Santa Catarina. Obrigatoriedade de identificação telefônica na carroceria de veículos de transporte de carga e de passageiros (arts. 1º e 2º). Imposição de penalidade restritiva, na forma de bloqueio o licenciamento pela autoridade de trânsito local (art. 3º). Relevância jurídica da alegação de invasão de competência da União para legislar sobre trânsito e transporte (art. 22, XI, da CF). *Periculum in mora* consiste na imposição da sanção em caso de descumprimento da obrigação. Pedido de liminar deferido em parte, e com efeitos *ex tunc*, tão-somente para suspender, até o julgamento final da ação direta, a eficácia do art. 3º" (STF, Pleno, MC em ADI 2.407, rela. Ministra Ellen Gracie, *RTJ* 184/941).

58. As principais idéias que norteiam o conceito de *self-government* nos Estados Unidos foram sumariadas por Story quando afirma que "o *sistema é o de completa descentralização*, cuja *idéia primária e vital* é que *os negócios locais sejam dirigidos por autoridades locais*, e pela *autoridade central os negócios gerais somente*. Foi sob o influxo desta idéia, que se organizou a Constituição nacional, sob a qual os Estados, enquanto *cediam* ao *governo nacional* a *jurisdição completa e exclusiva dos negócios exteriores*, só lhe conferiram em matéria de administração interna, os poderes essenciais à união, força e harmonia nacionais, *poderes sem os quais o fim da organização da autoridade nacional seria ilusório*. É este pensamento também o que impele os diversos Estados, como se por comum acordo, a *subdividirem seus territórios* em condados, cidades, distritos vicinais e escolares e a conferirem a cada um deles os poderes de legislação local, e bem assim a *incorporarem* (constituírem municipalidades) as cidades burgos e vilas, sempre que a *densidade de sua população exige regulamentos diferentes dos que são necessários aos distritos rurais*. (...) um *governo de centralização*, embora escolhido livremente por intermédio de representantes, há de ser *despótico*, como o é necessariamente *qualquer outra forma de centralização*. (...): '*o meio de ter-se um bom governo não é confiá-lo todo a um só, mas dividi-lo por muitos, distribuindo a cada um exatamente as funções para que for competente*. (...). É *dividindo e subdividindo* estas repúblicas da grande república nacional e em todas as suas dependências, *até chegar-se a administração da herdade pelo seu proprietário*; é *colocando sob a direção de cada um o que seus próprios olhos podem superintender*, que *tudo poderá ser melhor conseguido*. (...) O sistema é o *extremo oposto da centralização política*. As cidades são de ordinário autorizadas, na maior latitude *compatível com o bem estar comum da totalidade* das que compõe o Estado, a *velar pelos interesses próprios*, que respectivamente *podem melhor conhecer e mais eficaz e economicamente dirigir* e estes são idênticos aos interesses, que *mais de perto entendem com a segurança, comodidade e a moral pública*. (...). O *governo federal* é um *governo de poderes enumerados*, sendo a sua *bitola a Constituição*, e *pertencendo aos Estados individualmente ou a povo os poderes que por ela não são delegados*. (...). Os *poderes que não são assim delegados ficam no povo dos Estados individualmente*, o qual os *confere para o exercício ordinário, com as exceções, limitações e sob as condições que reputa convenientes*, às repartições públicas e funcionários de governo, que por suas constituições cria para os Estados respectivamente. (...) O *self-government local*, portanto é *matéria de direito constitucional*, e o Estado não pode aboli-lo e regular os negócios locais por meio de agentes de sua nomeação" (cf. Joseph Story, *Comentários à Constituição*..., cit., v. II, nota "a", pp. 8 a 15).

59. Cf. Bernard Schwartz, *El Federalismo*..., cit., pp. 116-117; cf. tb. Carlos Maximiliano, *Comentários à Constituição Brasileira*, cit., p. 208.

a qualquer dos Estados, se o desejam seus cidadãos, servir como *laboratório* para fazer *experimentos sociais e econômicos* sem risco para o resto do país". Esta "*flexibilidade para experimentar*" — prossegue o emérito constitucionalista — "não só permite que cada Estado encontre as melhores soluções para seus problemas, mas também permite que cada Estado possa se beneficiar das experiências e atividades dos demais". Entretanto, adverte que "não seria possível apreender as lições de autogoverno se todas as leis fossem ditadas por uma longínqua assembléia legislativa de caráter nacional. Se queremos preservar a capacidade dos cidadãos para aprender processos democráticos mediante a participação no Governo local, os *cidadãos devem reter o poder para governar*, e *não meramente o de administrar*".

Visando evitar os perigos de um Governo hipercentralizado, a Constituição procura ainda disseminar poderes entre os entes federados conforme os respectivos interesses (nacional, regional e local), enumerando os *poderes administrativos comuns* a todos os entes federados nos âmbitos dos seus respectivos territórios, bem como os *poderes legislativos concorrentes* entre a União, Estados e Distrito Federal, estabelecendo que nessas matérias de *legislação concorrente*, a competência da União se limita ao estabelecimento de *princípios gerais*, não excluindo a *competência suplementar* dos Estados que, no entanto *se suspende*, na *superveniência da legislação federal* no que lhe for contrária. Fora dos *poderes expressamente enumerados* ou dos que lhe sejam *racionalmente implícitos*, os demais poderes não expressamente conferidos e não proibidos são *reservados* aos *Estados* e ao *povo* (CF/1988, arts. 1º, parágrafo único, 5º, § 2º, e 25, § 1º).

A) As competências legislativas concorrentes

Ao contrário do que ocorre no campo da *competência privativa* — onde "o pleno poder para regulamentar determinada matéria implica um *poder total*, que *não deixa nenhum resíduo*"[60] —, a atribuição à União e aos Estados, de *competência concorrente* em *idêntica matéria legislativa*, estabelece um verdadeiro "*condomínio legislativo*",[61] onde expressamente se ressalva à União a legislação sobre *normas gerais* e *diretrizes essenciais*, que exijam *uniformidade* ou *sistema nacionais* (CF/1988, art. 24, § 1º), enquanto se *reserva* aos Estados a *capacidade para impor suas próprias normas para atender suas peculiaridades*, nas matérias que admitam ou requeiram *diversidade de tratamento* de acordo com as *condições locais*. Em caso de *conflito* no exercício da *competências legislativas concorrentes*, a própria Constituição estabelece o *princípio da supremacia do direito federal*,[62] segundo o qual o *direito federal* (ordinário ou complementar) *tem preeminência sobre o direito local* (ordinário ou constitucional), sendo que a *preterição (da lei local pela federal) se dará em todos os casos em que a lei local*

60. Cf. Bernard Schwartz, *Los Poderes del Gobierno...*, cit., p. 313.

61. Cf. Raul Machado Horta, *Direito Constitucional*, cit., p. 321.

62. Ao comentar o referido princípio, fundado em sólida Doutrina estrangeira Francisco Campos ensina que "o princípio resulta da própria estrutura ou forma federal do Estado, ao Estado Federal cabendo, como detentor da *competência da competência* (*Kompetenz-Kompetenz*) o *primado, no exercício de sua competência, do direito por ele emanado sobre o direito legislado pelos Estados.* (...) Deste caráter político-jurídico de todo Estado Federal resulta, como conseqüência, que o *direito federal tem preeminência sobre o direito local, toda vez que o Estado Federal se mantém dentro da sua competência própria* (...). isto é, o *direito federal (tanto constitucional quanto ordinário) tem preeminência sobre o direito local (ordinário ou constitucional)*. (...). '*A preterição (da lei local pela federal) se dará em todos os casos em que a lei local pretende regular matéria incluída na competência federal, sem distinção de forma (lei ordinária, constitucional, regulamento (...) e conteúdo*'" (cf. Francisco Campos, *Direito Constitucional*, v. I, p. 39; no mesmo sentido cf. A. de Sampaio Doria,, *Princípios Constitucionais*, pp. 283-284; Pedro Calmon, *Curso de Direito Constitucional Brasileiro*, p. 54).

pretenda regular matéria incluída na competência federal, para fixar normas gerais e *diretrizes essenciais* ou que exijam *uniformidade* ou *sistema nacionais, sem distinção de forma* (lei ordinária, lei complementar, etc.), hipótese em que a lei federal *suspende a eficácia* da lei estadual,[63] no que lhe for contrária (CF/1988, art. 24, § 4º). Neste caso, a legislação federal sobre princípios, *normas gerais* e *diretrizes essenciais*, que exijam *uniformidade* ou *sistema nacionais*, servirá de "*molde*" *às legislações locais*[64] que, *somente podem preencher lacunas e adequar-se às peculiaridades regionais.*[65]

Note-se que a *inércia da União* em editar as normas gerais referentes às matérias objeto da *competência concorrente* prevista no art. 24 da Constituição, não impede aos Estados-membros e ao Distrito Federal de exercer a "*competência legislativa plena para atender às suas peculiaridades*" (CF/1988, art. 24, § 3º), que somente se *suspende* na hipótese de incompatibilidade com lei federal de normas gerais posteriormente editada, no que lhe for contrária (CF/1988, art. 24, § 4º). O mesmo, entretanto, não ocorre nas matérias que a Constituição expressamente submete ao Princípio da "*reserva de Lei Complemen-*

63. Doutrinando sobre os *efeitos da suspensão do direito local pelo direito federal*, Amílcar de Araújo Falcão com inigualável maestria, conclui que "o caso é típico daqueles a que alguns aplicam o *conceito de nulidade superveniente* ou *invalidade sucessiva* (*nullitá sopravvenuta, invaliditá successiva*). O que caracteriza a *invalidade sucessiva* ou *nulidade superveniente* de um ato é o *fato de sobrevirem à sua formação circunstâncias posteriores*, que *importam em suprimir-lhe um elemento essencial* ou em *torná-lo em conflito com o ordenamento jurídico vigente*. Foi Santi Romano quem introduziu o conceito no direito público. (...). Note-se bem que *a lei federal não se limita a influir sobre a eficácia da lei estadual*: se esse fosse o caso, uma vez revogada a lei federal, voltaria a produzir efeitos a lei estadual, que assim teria continuado a existir em estado latente, com um óbice, apenas quanto à sua eficácia. (...): *o que caracteriza a competência concorrente é a alteridade do seu exercício, com preferência reconhecida à União*. Tanto a *lei estadual se torna a partir daí inconstitucional* que a *ulterior revogação da lei federal não na devolve à existência, não tem efeito repristinatório*: aliás, nem mesmo expressamente determinado pela lei federal, pode decorrer dela *efeito repristinatório* em relação à lei estadual concorrente, porque na espécie, (...) — *os efeitos estão preestabelecidos pelo legislador constituinte* e *se aplicam automaticamente*, sem que seja o próprio legislador federal, por si só e nos termos em que entender, quem possa interferir na área de competência dos Estados, concorrente embora" (cf. Amílcar de Araújo Falcão, *Sistema*..., cit., pp. 114-116).

64. Na feliz expressão utilizada por Raul Machado Horta (*Direito Constitucional*, cit., p. 322).

65. Nesse sentido, ao tratar sobre a *competência legislativa concorrente*, proclamando a *inconstitucionalidade da legislação estadual que refoge à moldura traçada pela Lei federal* a Suprema Corte assentou: "(...) 5. *Repartição das competências legislativas*. CF, arts. 22 e 24. *Competência concorrente dos Estados-Membros. Produção e consumo* (CF, art. 24, V); *proteção de meio ambiente* (CF, art. 24, VI); e *proteção e defesa da saúde* (CF, art. 24, XII). No sistema da CF/1988, como no das anteriores, a *competência legislativa geral* pertence à União Federal. A *residual ou implícita cabe aos Estados* que '*podem legislar sobre as matérias que não estão reservadas à União e que não digam respeito à administração própria dos Municípios, no que concerne ao seu peculiar interesse*' (Representação 1.153-4-RS, voto do Ministro Moreira Alves). O *espaço de possibilidade de regramento pela Legislação estadual*, em casos de *competência concorrente*, abre-se: (1) *toda vez que não haja legislação federal*, quando, então, mesmo sobre *princípios gerais*, poderá a *legislação estadual* dispor; e (2) *quando, existente legislação federal que fixe os princípios gerais, caiba complementação ou suplementação* para o *preenchimento de lacunas*, para aquilo que não corresponda à generalidade; ou ainda, para a *definição de peculiaridades regionais*. Precedentes. 6. Da legislação estadual, por seu *caráter suplementar*, se espera que *preencha vazios ou lacunas* deixados pela legislação federal, *não que venha dispor em diametral objeção a esta.* Norma estadual que proíbe a fabricação, ingresso, comercialização e estocagem de amianto ou produtos à base de amianto está em *flagrante contraste com as disposições da Lei federal* 9.055/1995, que expressamente autoriza, nos seus termos, a extração, industrialização, utilização e comercialização da crisotila. 7. Inconstitucionalidade aparente que autoriza o deferimento da medida cautelar. 8. Medida liminar parcialmente deferida para suspender a eficácia do art. 1º, §§ 1º, 2º e 3º do art. 2º, do art. 3º, §§ 1º e 2º, e do parágrafo único do art. 5º, todos da Lei 2.210/2001, do Estado do Mato Grosso do Sul, até o julgamento final da presente ação declaratória de inconstitucionalidade" (STF, Pleno, ADI 2.396, rela. Ministra Ellen Gracie, *RTJ* 180/160).

tar"[66] *ou* "*Convênio*",[67] em que se exige *legislação integrativa da vontade do constituinte* (*interpositio legislatoris*[68]), para que a *competência legislativa* dos entes fede-

66. Ao tratar sobre o Princípio constitucional da "reserva de Lei Complementar" em memorável voto do emérito Ministro Celso Mello a Suprema Corte assentou que: "Essa *reserva constitucional da lei complementar*, em última análise, enquanto *instrumento de limitação normativa* da ação tributante do Estado, *destina-se a conferir proteção efetiva* e a *dispensar tutela plena aos sujeitos passivos* da obrigação tributária. (...). A *lei complementar* a que se refere o preceito inscrito no art. 146 da Carta Política tem o *caráter de lei nacional, projetando-se e impondo-se, na esfera jurídico-normativa*, e no que concerne aos *estritos limites materiais de sua incidência*, à *compulsória observância das pessoas estatais investidas*, pelo ordenamento constitucional, de competência impositiva. Nessa condição formal, a lei complementar, que *veicula regras disciplinadoras do conflito de competências* tributárias e que dispõe sobre *normas gerais* de direito tributário, evidencia-se como *espécie normativa* que, embora necessariamente obediente às diretrizes traçadas pela Carta da República, *constitui manifestação superior da vontade jurídica do próprio Estado Federal*. A *autoridade dessa lei complementar* — cuja gênese reside no próprio texto da Constituição — *vincula, em sua formulação normativa, as pessoas políticas que integram*, no plano da Federação brasileira, a *comunidade jurídica total*. (...). A *lei complementar nacional* a que se refere o art. 146, I e III, *a*, da Carta da República, *cumpre função constitucional específica*, posto que *vocacionada*, na concreção de seu alcance, dentre outras *finalidades*, a veicular normas que viabilizem a *solução de conflitos de competência* em matéria tributária e a definir os tributos, caracterizando, de *modo genérico e uniforme*, os elementos que lhes compõem a hipótese de incidência. Essa relevante *função jurídica atribuída pela Carta Política à lei complementar* nacional torna rigorosamente imprescindível a sua promulgação, especialmente quando existentes, como no caso do adicional de imposto de renda, *vínculos que o inter-relacionam*, intimamente, ao próprio imposto de renda, *situação esta que recomenda e impõe a formulação de critérios gerais e universais destinados a delinear, de modo adequado, os diversos aspectos estruturais* que compõem o novo tributo deferido à *competência legislativa das unidades federadas regionais*. *Sem esse ato legislativo, portanto, emanado da União* (CF, art. 146, I e III, *a*), (...), *não haverá como criá-la, validamente, no âmbito dos Estados-membros ou do Distrito Federal. Nem mesmo o poder jurídico deferido aos Estados-membros e ao Distrito Federal pelo art. 24, §§ 2º e 4º*, da Constituição Federal, e pelo art. 34, § 3º, do ADCT, *permitirá que estes legislem, autonomamente*, sobre a nova exação tributária, na medida em que o adicional sobre o imposto de renda constitui espécie de tributo necessariamente dependente de regramento sujeito à competência de pessoa estatal diversa. As *recíprocas interferências* que se estabelecerão, obrigatoriamente, entre o imposto de renda, sujeito à *competência legislativa da União*, e o adicional ao Imposto de renda, incluído na *esfera de competência impositiva dos Estados-membros, reclamam a edição de lei complementar de âmbito nacional, vocacionada, precisamente, à indicação de soluções normativas necessárias à resolução de possíveis conflitos de competência entre a União Federal e os Estados-membros*" (STF, Pleno, RE 136.215-RJ, voto do Ministro Celso de Mello, *RTJ* 147/983-986).

67. Nesse sentido a reiterada Jurisprudência do STF, conforme as seguintes e elucidativas decisões:

"Ação direta de inconstitucionalidade. Lei 1.798/1997; Decreto 9.115/1998; Lei 1.292/1992; Resolução SEMADES/SEFOP 329/98; Resolução SEF/SEPRODES S18/99 e 20/99, todos do Estado de Mato Grosso do Sul. Alegada contrariedade aos arts. 150, § 6º; e 155, § 2º, XII, *g*, da Constituição Federal. O primeiro ato normativo estadual, *instituindo benefícios relativos ao ICMS sem a prévia e necessária celebração de convênio entre os Estados e o Distrito Federal, contraria os dispositivos constitucionais* sob enfoque. Alegação de inconstitucionalidade igualmente plausível no que toca ao art. 8º do Decreto 9.115/1998, que, extrapolando a regulamentação da Lei 1.798/1997, *fixa, de forma autônoma, incentivos fiscais sem observância das mencionadas normas da Carta da República*; não restabelecendo, contudo, os benefícios previstos na Lei 1.292, cuja apreciação é inviável em controle abstrato de constitucionalidade, tendo em vista o advento da EC 3/1993. (...). Medida cautelar deferida para suspender a eficácia da Lei 1.798/1997 e do art. 8º do Decreto 9.115/1998, do Estado de Mato Grosso do Sul" (STF, Pleno, ADI 2.439-MS, rel. Ministro Ilmar Galvão, *RTJ* 182/134).

"Ação direta de inconstitucionalidade. Art. 131, X, *d*, da Constituição do Estado de Santa Catarina. Hipótese de não-incidência do ICMS. *Ausência de convênio autorizativo*. Tendo a norma sob enfoque da Carta catarinense instituído *benefício relativo ao ICMS sem a prévia celebração de convênio entre os Estados e o Distrito Federal*, contraria o art. 155, § 2º, XII, *g*, da Constituição Federal. Ação julgada procedente" (STF, Pleno, ADI 260, rel. Ministro Ilmar Galvão, *RTJ* 183/5).

68. Reconhecendo a existência de um "gradualismo na eficácia das normas constitucionais" e a necessidade da *interpositio legislatori* a E. Suprema Corte na voz do E. Ministro Celso Mello, expressamente reconhece que "a doutrina constitucional, quer

rados possa operar em plenitude,[69] todas as suas conseqüências e virtualidades eficaciais. Nesta última hipótese, ao interpretar o § 3º do art. 24 da CF/1988, a Jurisprudência já assentou que a *lei ordinária dos entes federados que disponha a respeito de matéria reservada a lei complementar*,[70] *usurpa competência* fixada na Constituição Federal, incidindo no *vicio de inconstitucionalidade*.[71]

B) As competências administrativas comuns

No campo dos *poderes administrativos comuns* conferidos à União, Estados,

no *plano do direito brasileiro* (com Rui Barbosa, *Comentários à Constituição Federal Brasileira*, coligidos por Homero Pires, v. 2/274-276, 1933; José Afonso da Silva, *Aplicabilidade das Normas Constitucionais*, pp. 253-255, 1968, Ed. RT; Celso Ribeiro Bastos/Carlos Ayres Britto, *Interpretação e Aplicabilidade das Normas Constitucionais*, 1982, Saraiva, dentre outros), quer no plano do *direito comparado* (com Thomas M. Cooley, *A Treatise on the Constitutional Limitations which rest upon the legislative power of the States of the American Union*, pp. 119-120, 1903, Boston; Caetano Azzariti, *Problemi Attuali de Diritto Costituzionale*, p. 98, 1951, Milão; Vezio Crisafulli, *La Costituzioni e le sue Disposizione di Principio*, 1952, Milão, *inter plures*), sempre sustentou, ainda que com variações terminológicas diversas e expressões conceituais distintas, a existência de um *irrecusável gradualismo eficacial entre normas constitucionais*. Maria Helena Diniz, em científica abordagem desse tema (*Norma Constitucional e seus Efeitos*, p. 104, 1989, Saraiva), assevera que 'Há, portanto, um *gradualismo na eficácia das normas constitucionais*, por não serem idênticas quanto à produção de seus efeitos e à sua intangibilidade ou emendabilidade. Certos mandamentos constitucionais são *completos e plenos*, por não exigirem normação subconstitucional posterior, independendo de leis complementares ou de leis ordinárias que permitam a sua aplicação imediata; *outros não têm essa execução imediata*, devendo ser *completados por leis ulteriores*. Nestes últimos, os *efeitos pretendidos pelo poder constituinte só ocorrerão se houver a requerida emissão de norma jurídica ordinária ou complementar*. Há um *escalonamento* na *intangibilidade* e nos *efeitos constitucionais*, pois a Constituição contém normas com *eficácia absoluta, plena e relativa*. (...). *Sem a legislação integrativa da vontade do constituinte, normas constitucionais* — como a de que ora se trata — "*não produzirão efeitos positivos*' *e nem mostrar-se-ão aplicáveis em plenitude*, pois '*Não receberam* (...) *do constituinte normatividade suficiente para sua aplicação imediata*' (Maria Helena Diniz, ob. cit., p. 101). *Reclamam, em caráter necessário, atos de mediação legislativa que lhes complementem o próprio conteúdo normativo*. Essa *exigência de completabilidade da norma constitucional* de *eficácia meramente relativa* torna-a, por via de conseqüência, *diretamente dependente, para fins de sua integral aplicabilidade, de ato legislativo futuro*. Essa *particular situação normativa das regras constitucionais que demandam a 'interpositio legislatoris', para que possam, então, operar, em plenitude, todas as suas conseqüências e virtualidades eficaciais*, foi bem apreendida por Vezio Crisafulli (ob. cit., p. 159), que lhes conferiu a designação formal de *normas constitucionais de eficácia limitada*, por *dependerem* '(...) *de emissão de uma normatividade futura, em que o legislador ordinário, integrando-lhes a eficácia, mediante lei* (...), *lhes dê capacidade de execução em termos de regulamentação daqueles interesses visados*' (...) *A imprescindibilidade da interpositio legislatoris evidencia-se em face da insuficiência mesma dos elementos normativos que compõem a estrutura da regra constitucional* em questão. Na expressiva lição dos eminentes constitucionalistas Celso Ribeiro Bastos e Carlos Ayres de Britto (v. *Interpretação e Aplicabilidade das Normas Constitucionais*, pp. 48-49, 1982, Saraiva), *as normas de integração* — como a de que se trata — *são 'inexeqüíveis em toda a sua potencialidade'*, *condicionando-se*, por isso mesmo, *a sua real aplicação, à existência de 'outra norma integradora de sentido, de modo a surgir uma unidade de conteúdo entre as duas espécies normativas*'" (STF, 1ª T., RE 161.206-RS, Rel. Ministro Celso de Mello, *RTJ* 150/659-663).

69. Em memorável voto do emérito Ministro Carlos Veloso, o E. STF assentou que *em matéria que* "*interessa a mais de uma entidade política* que compõe a Federação e *diz respeito a diversas entidades políticas*, a mais de um Estado-membro, *interessa e diz respeito à própria União*" e, conseqüentemente "*não se pode emprestar à matéria caráter local, para o fim de permitir*, na linha do § 3º do art. 24 da Constituição, *que o Estado-membro exerça competência legislativa plena*" (STF, Pleno, RE 136.215-RJ, voto do Ministro Carlos Velloso, *RTJ* 147/981-982).

70. J. Cretella Jr. esclarece que "o *objetivo da criação da lei complementar* foi o de *proteger algumas matérias*, em seu *aspecto específico, de alterações imprudentes*, ao mesmo tempo que *cercá-las* de alguma *rigidez, na votação*, mas não a tal ponto que não deixe brecha para modificação, caso a alteração se imponha pela própria natureza da medida" (cf. José Cretella Jr., *Comentários à Constituição de 1988*, 2ª ed., v. III, p. 1.679 e v. VII, p. 3.504).

71. Nesse sentido já assentou a Jurisprudência do E. STJ como se pode ver da seguinte e

Distrito Federal e Municípios, em razão da *autonomia* assegurada e da conseqüente capacidade para se *auto-organizar*, verifica-se que, há possibilidade dos três Poderes Executivos (Federal, Estadual e Municipal) atuarem *concomitantemente sobre o mesmo território*. Embora possam não ser necessariamente coincidentes as atuações em função da *predominância dos interesses* tutelados (nacional, regional ou local), para que se torne possível o *exercício simultâneo* desses *três poderes administrativos sobre o mesmo território*, sem que dessa coexistência resulte o *caos*, a *confusão*, ou a *duplicação irracional e desnecessária de serviços e custos*, é imprescindível que os referidos poderes, embora *comuns, não sejam concorrentes*,[72] mas *coordenados* de tal forma que a atuação de cada ente federado se restrinja ao *objeto específico* e à *esfera de gestão dos negócios ou serviços públicos* que lhe são próprios, sem *interferência nas atividades legítimas dos demais*,[73] assim assegurando-se a *eficiência* no exercício dos poderes conferidos, cujo destinatário final é o cidadão.

Atenta às advertências da Doutrina — no sentido de que "um dos *cancros da administração* brasileira é a *duplicidade e a triplicação de órgãos* para o mesmo serviço num só local"[74] —, a Constituição de 1988 expressamente impôs à *Administração Pública direta e indireta* de quaisquer dos Poderes dos entes federados, estrita obediência ao *princípio da eficiência* (CF/1988, art. 37), segundo o qual, para lograr seus objetivos institucionais, a Administração Pública deve ser dotada de *racionalidade*, *rapidez*, e *adequação técnica* aos *fins visados* na *gestão e prestação dos serviços públicos*,[75] o que obviamente é *incompatível* com a *burocracia*, *lentidão*, *custos incompatíveis* ou a *duplicação irracional e desnecessária de serviços e custos*. Nesse particular, não se pode olvidar, que a *repartição de competências adminis-*

elucidativa ementa: "Constitucional. Conflito entre lei complementar e lei ordinária. A *lei ordinária que dispõe a respeito de matéria reservada a lei complementar usurpa competência fixada na constituição federal, incidindo no vício de inconstitucionalidade*; O Código Tributário Nacional, na parte em que dispõe sobre normas gerais, embora lei ordinária, cumpre função de lei complementar, conforme iterativos pronunciamentos do supremo tribunal federal. (...)" (STJ, 2ª T., REsp 83.364-RS, j. 28.3.1996, *DJU* 5.8.1996, p. 26.338).

72. Cf. Francisco Campos, *Direito Constitucional*, cit., v. I, p. 377.

73. Nesse sentido a Suprema Corte proclamou impossibilidade de *Estados-Membros interferirem na esfera das relações jurídico-contratuais estabelecidas entre o poder concedente* (quando este for a União Federal ou o Município) *e as empresas concessionárias de energia elétrica*, como se pode ver da seguinte e elucidativa ementa: "Ação direta de inconstitucionalidade. *Concessão de serviços públicos. Invasão, pelo Estado-Membro, da esfera de competência da União e dos Municípios. Impossibilidade de interferência do Estado-Membro nas relações jurídico-contratuais entre o poder concedente federal ou municipal e as empresas concessionárias. Inviabilidade da alteração, por lei estadual, das condições previstas na licitação e formalmente estipuladas em contrato de concessão de serviços públicos, sob regime federal e municipal.* Medida cautelar deferida. *Os Estados-Membros — que não podem interferir na esfera das relações jurídico-contratuais estabelecidas entre o poder concedente* (quando este for a União Federal ou o Município) *e as empresas concessionárias — também não dispõem de competência para modificar ou alterar as condições*, que, *previstas na licitação, acham-se formalmente estipuladas no contrato de concessão celebrado pela União* (*energia elétrica* — CF, art. 21, XII, *b*) *e pelo Município* (fornecimento de água — CF, art. 30, I e V), de um lado, com as *concessionárias*, de outro, notadamente se essa *ingerência normativa*, ao determinar a *suspensão temporária do pagamento das tarifas* devidas pela prestação dos serviços concedidos (serviços de energia elétrica, sob regime de concessão federal, e serviços de esgoto e abastecimento de água, sob regime de concessão municipal), afetar o equilíbrio financeiro resultante dessa relação jurídico-contratual de direito administrativo" (STF, Pleno, ADI 2.337-SC, rel. Ministro Celso de Mello, *RTJ* 182/922).

74. Cf. Aliomar Baleeiro, *Discriminação de Rendas*, cit., pp. 21 e 23.

75. Como ensina Hely Lopes Meirelles "a *verificação da eficiência* atinge *aspectos quantitativo e qualitativo do serviço*, para aquilatar do seu *rendimento efetivo*, do seu *custo operacional* e da sua *real utilidade* para os administrados e para a Administração. Tal controle desenvolve-se, portanto, na *tríplice linha administrativa, econômica e técnica*" (cf. Hely Lopes Meirelles, *Direito Administrativo Brasileiro*, 27ª ed., p. 103).

trativas comuns, não se restringe a uma *mera questão de partilha de poder*, mas também envolve *partilha de responsabilidades*[76] *e custos* na gestão ou prestação dos serviços públicos de que se cogita, que são *determinados proporcionalmente* em função das respectivas *finalidades*[77] e da *predominância dos interesses* tutelados (nacional, regional ou local), donde a *cumulação de atribuições* deve ser sempre interpretada como *supletiva*, na exata *medida da predominância* e da *necessidade de tutela* dos respectivos interesses (nacional, regional ou local), sob pena degenerar na indesejável *duplicação irracional e desnecessária de órgãos, serviços e custos.*

No que toca ao *exercício* dos *poderes administrativos comuns*, as autoridades administrativas dos entes federados estão igualmente sujeitas ao *princípio da legalidade da Administração* (CF/1988, art. 37), que impõe seja a *lei*, em primeiro lugar, *a dizer qual a autoridade competente para atuar na gestão ou regulamentação dos negócios ou serviços públicos*, e *em que medida*. Assim, a par da previsão genérica de *competência constitucional comum*,[78] em qualquer dos casos (gestão ou regulamentação dos negócios ou serviços públicos), a autoridade administrativa de cada ente federado antes de agir, deve assegurar-se de que detém *competência legal para agir no caso específico*, pois seu ato será *nulo* se não houver lei que a autorize a agir, ou se *exceder os limites (formais e substanciais*[79]) *da competência* que lhe foi legalmente atribuída. Nessa ordem de idéias, o *princípio da legalidade da Administração* também exerce importante função de *limitação e controle* do exercício dos poderes de regulamentação e de polícia[80] dos entes federados.

76. Victor Nunes Leal lembra que "o problema da repartição dos encargos não envolve apenas uma questão de *poder*, mas também de *responsabilidade*. Quando o *serviço é local*, isto significa, ao mesmo tempo, que o município *tem competência para cuidar* dele, mas que tem igualmente a *obrigação de o fazer*" (cf. Victor Nunes Leal, *Problemas de Direito Público*, cit., p. 333).

77. Caio Tácito ao tratar das *competências administrativas* esclarece que "a destinação da competência preexiste à sua investidura. A *lei não concebe a autorização de agir sem um objetivo próprio*. A *obrigação jurídica não é uma criação inconseqüente*: ela *visa a um fim especial, presume um endereço, antecipa um alcance, predetermina o próprio alvo*. (...) A administração está *obrigada*, no exercício de suas atividades, a *cumprir determinados objetivos sociais* e, para alcançá-los, obedece a um *princípio de especialização funcional*: *a cada atribuição corresponde um fim próprio que não deve ser desnaturado*" (cf. Caio Tácito, *Temas de Direito Público — Estudos e Pareceres*, v. 1º, p. 113).

78. Caio Tácito lembra que "*não há em matéria administrativa, nenhuma competência geral ou universal*: por mais ampla que seja, ela *decorre da previsão legal*. A *sua latitude não depende da vontade do agente*, mas dimana sempre de um preceito jurídico anterior. (...) Não é uma criação subjetiva do administrador mas um *critério objetivo da lei*" (cf. Caio Tácito, *Temas de Direito Público*, cit., v. 1º, p. 96).

79. Ao tratar sobre os *requisitos de legalidade dos atos administrativos* Victor Nunes Leal lembra que "a '*legalidade*' *do ato administrativo compreende*, não só a *competência* para a prática do ato e as suas *formalidades extrínsecas*, como também os seus *requisitos substanciais*, os seus *motivos*, os seus *pressupostos de direito e de fato* (desde que tais elementos estejam *definidos em lei como vinculadores do ato administrativo*). Tanto é *ilegal* o ato que *emane de autoridade incompetente*, ou que *não revista a forma determinada em lei*, como o que *se baseie num dado fato* que, *por lei, daria lugar a um ato diverso do que foi praticado*. A *inconformidade do ato* com os *fatos que a lei declara pressupostos* dele constitui *ilegalidade*, do mesmo modo que o constitui a *forma inadequada* que o ato porventura apresente (...). Francisco Campos, em conhecido parecer, citando Jéze e Ranelletti, ensina que é *imprescindível à validade* (quer dizer, *legalidade*) do ato administrativo a *adequação do motivo real ocorrido* com o *motivo que a lei exige para a prática do ato*. Não tem, como se vê, fundamento sólido, a afirmação de que o exame de legalidade está excluída a apreciação de fatos e provas" (cf. Victor Nunes Leal, *Problemas de Direito Público*, pp. 264-265).

80. Ao tratar sobre a definição e limites do poder de polícia Castro Nunes ensina que a locução poder de polícia "define-se pelo seu objeto, pela função auxiliar do direito, pela função adjetiva que desempenha na vida social", donde entender-se "implícito na atividade constitucional de todos os poderes do Estado, como função inerente ao desempenho das suas atribuições expressas, de acordo com as limitações que, por construção constitucional, se devam ter por subentendidas. Seus limites são os que

Consectário lógico do *princípio da legalidade* no sistema federativo, o *princípio da territorialidade* circunscreve a competência legal das autoridades administrativas dos entes federados, aos *respectivos limites territoriais* da autonomia constitucionalmente assegurada, assim *limitando a eficácia das normas jurídicas* por eles editadas e prevenindo contra eventuais *incursões administrativas extraterritoriais*. Realmente, sendo um dos atributos da *autonomia* e, portanto, circunscrita aos mesmos limites,[81] é evidente que a *competência administrativa* dos entes federados, está *confinada* e *somente se exerce dentro dos respectivos limites territoriais*, eis que, extraindo sua autoridade da lei, *não pode haver autoridade administrativa, onde a lei do ente federado não tem efeito ou eficácia.*[82] Assim, o *princípio da territorialidade*,[83] consubstancia uma importante *limitação* ao exercício dos *poderes administrativos comuns*, na medida em que *restringe e confina a competência legal* das autoridades administrativas estaduais e municipais, impossibilitando-as de atuar além dos limites territoriais dos respectivos Estados e Municípios.

VI — Os princípios coordenadores das competências tributárias

Axiomática no Estado Federal e um dos atributos necessários à *autonomia* (*self-government*) constitucionalmente assegurada aos entes federados, é a *competência* para *tributar* pessoas e propriedades que se encontrem dentro de seus respectivos *limites territoriais*,[84] *eis que não pode haver verdadeira autonomia política, sem que se assegure a correspondente autonomia financeira.*[85] *No caso brasileiro a compe-*

se compreendem na sua definição como instrumento da ação pública para os fins do interesse geral. Seus limites objetivos, as normas legais e regulamentares que condicionam o seu exercício e princípios fundamentais da vida jurídica do pais" (cf. Castro Nunes, *Teoria e Prática do Poder Judiciário*, pp. 616-617).

81. Cf. Francisco Campos, *Direito Constitucional*, cit., v. I, p. 378.

82. Cf. Frank Goodnow, *The Principles of the Administative Law*, pp. 340-341.

83. Na aplicação prática do "princípio da territorialidade" o E. STJ recentemente assentou que: "Tributário. Fiscalização Municipal. Apresentação de livros e documentos fiscais. Estabelecimentos situados em outros Municípios. 1. A Fiscalização Municipal *deve restringir-se à sua área de competência e jurisdição*. 2. Ao permitir que o Município de São Paulo exija a apresentação de livros fiscais e documentos de estabelecimentos situados em outros municípios, estar-se-ia concedendo poderes à municipalidade de *fiscalizar fatos ocorridos no território de outros entes federados*, inviabilizando, inclusive, que estes exerçam o seu direito de examinar referida documentação de seus próprios contribuintes. 3. Recurso parcialmente conhecido e não provido" (STJ, 2ª T., REsp 73.086-SP, Rel. Ministro João Otávio de Noronha, j. 17.6.2003, *DJU* 30.6.2003).

84. O Princípio da Territorialidade, axiomático no Direito Tributário tem plena aplicação no Estado Federal, pois como há muito já assentou a Suprema Corte "(...) *o imposto, ato privativo da soberania, é, como ela, essencialmente territorial* (Santi Romano, *Direito Administrativo*, p. 298). É uma *verdade*, que, no Direito norte-americano, se tornou *axiomática*, desde que, no caso McCullock *v.* State of Maryland and Others, *Marshall* a enunciou na Suprema Corte: 'It is obvious that it is an *incident of sovereignty*, and is *coextensive* with that to which it is an incident. *All subjects over which the sovering power of a State extend are objects of taxation*; but *these over which it does not extend are upon the soundest principles, exempt from taxation. This proposition may almost be pronouced self-evident*' (*Marshall's Complete Constitutional Decisions*, annotated by John Dillon, p. 285). Este *princípio tornou-se 'a classic statement of the taxing power*' (Willoughby, *On the Constitution*, v. 1º, p. 577). *'Persons and property not within the Territorial limits of a State cannot be taxed by it'* (Colley, *On Taxation*, v. 1º, p. 84). De acordo com a torrente da doutrina se acha a *torrente jurisprudência*, tendo a Corte Suprema decidido que *'The power of taxation, as regards its territorial extend, is limited to subjects, that is, persons, property, and business within the jurisdiction of the State'* (*American and English Encyclopedia of law*, v. XXVII, p. 584, 2ª ed.)" (STF, Apelação Cível 3.528, 23.8.1922, Rel. Ministro Edmundo Lins, *Revista do STF* v. XLVIII, pp. 161-162).

85. Aliomar Baleeiro lembra que "não há autodeterminação possível onde a entidade que pretende exercitá-la não dispõe dos meios de ação 'serviços e coisas' que, no mundo contemporâneo, só são obtidas com dinheiro. (...). Não há exagero, pois, em afirmar-se a tese de que a origem do Estado Federal,

tência tributária é partilhada entre as *três ordens de entes federados* (União,[86] Estados e Distrito Federal,[87] e Municípios[88]), cujos poderes se exercem independentemente nos respectivos territórios dentro da esfera outorgada pela Constituição federal, através do exercício de *dois direitos diversos* que, embora conseqüentes, são conferidos a *Poderes distintos e independentes*, quais sejam, o *direito de instituir tributo* outorgado privativamente ao *Poder Legislativo* (através da rígida discriminação de competências tributárias), e o *direito de exigir ou de cobrar o tributo*, deferido ao *Poder Executivo* das Entidades dotadas do *poder de tributar*.

Atenta à experiência de outras Federações[89] e, coerente com os princípios que informam a estrutura do Estado Federal, a Constituição brasileira estabeleceu um sistema de *discriminação* de *competências tributárias*[90] (aplicável inclusive às contribuições[91]), presidido pelos princípios da

como forma política, confunde-se com a necessidade de estabelecer-se uma técnica jurídica apta a dar solução ao problema político da convivência harmônica de duas ou três esferas de governo, todas elas investidas do poder de tributar. (...). Um governo local investido de autonomia pela letra expressa de diploma constitucional, ou legal, mas que depende da generosidade ou da boa vontade de outro governo, no plano provincial ou nacional, dificilmente transforma em fatos sua capacidade de autodeterminação" (cf. Aliomar Baleeiro, "Direito Tributário da Constituição", *IBDF* 8/9).

86. Os *poderes tributários* da União estão expressos nos arts. 145, 149, § 1º, 153 e 195 da CF/1988.

87. A *autonomia* dos Estados e Distrito Federal genericamente prevista no art. 18 da CF/1988 se materializa na capacidade constitucionalmente conferida de exigir *tributos próprios* (CF, arts. 145, 149, § 1º, 155 e 195).

88. A *autonomia dos Municípios* genericamente assegurada no art. 18 da CF/1988 se materializa na *capacidade* constitucionalmente conferida de exigir *tributos próprios* (CF, arts. 145, 149, § 1º, 156 e 195).

89. Ao situar "questão técnica" a resolver nas Federações sob o ponto de vista da "*política financeira*", Aliomar Baleeiro sintetiza que "a *capacidade de pagar impostos é delimitada*, normalmente, *pela renda nacional* e, em casos extremos e excepcionais, *pelo patrimônio privado nacional*. Se todos *três níveis de governo disputam essa renda*, o *limite suportável poderá ser fàcilmente atingido*. *Se eles podem decretar concorrentemente imposto* sobre a herança, *é possível que esta não baste ao apetite dos três comensais* e *disso nos dá prova o arranjo norte-americano* de descontar-se do imposto federal "causa mortis" certa parcela do gravame estadual idêntico (*ore dits*). Não só o ponto de vista do contribuinte também é respeitável, pelo fundado receio de esmagamento, através de *super-posições exaustivas*, mas também a *competência concorrente é* susceptível de encorajar uma corrida fiscalista, em que a *vitória tocará ao mais rápido e ávido nas majorações sucessivas de mesmo tributo*. (...) Um *equilíbrio entre os três governos* parece que tem mais oportunidade de realizar-se com a *discriminação das fontes de receitas, para que cada competência se exercite dentro de área econômica fechada*, de sorte que os *atritos inevitáveis se reduzam ao mínimo*. A *superposição*, nessa fórmula, *desaparece de todo em situações remediáveis*, em caso concreto, *pela aplicação da teoria da inconstitucionalidade* (Aliomar Baleeiro, "Direito Tributário da Constituição", cit., *IBDF* 8/45).

90. Amílcar de Araújo Falcão esclarece que "a discriminação de rendas é uma fórmula que a técnica jurídica adota no sentido de, ao mesmo tempo, assegurar a prevalência de certos princípios recomendados pela ciência financeira e pela justiça fiscal (evitar pluritributações, ordenar a atividade financeira de obtenção de receitas em países de regime político compósito, etc.), e, por outro lado, exaltar a autonomia das diferentes unidades políticas destinatárias da distribuição da competência impositiva. Observa-se, por isso, que a discriminação de rendas é problema específico dos estados federados, em que concorrem e convivem diferentes esferas de autonomia política. (...) vários critérios podem ser adotados para presidir à distribuição das competências tributárias: a) o critério da atribuição nominalista e privativa; b) o critério da atribuição de competência concorrente ou alternativa; c) o critério da participação no produto de arrecadação; d) o critério da transferência de impostos; e) o critério da instituição de adicionais (*Zuschlagsabgaben*). Já se vê que, na sua essência, a discriminação de rendas outra coisa não é do que distribuição ou partilha da competência para a instituição de tributos entre as diferentes gradações ou ordens de autonomia política existentes em um Estado" (cf. Amílcar de Araújo Falcão, *Direito Tributário Brasileiro — Aspectos Concretos*, pp. 328 a 330).

91. Nesse sentido Amílcar de Araújo Falcão ensina: "Limitamo-nos, apenas, a afirmar em termos axiomáticos a conclusão que se nos afigura certa e que é, por sinal, consagrada pela *doutrina predominante*, no sentido de *serem as contribuições parafiscais verdadeiros tributos*, cuja *única peculiaridade relevante está em que a sua arrecadação e o*

"*privatividade*",[92] "*rigidez*", "*segregação*" e "*incomunicabilidade das diferentes áreas*"[93] em que estão distribuídas tais competências, e através do qual *enumera taxativamente* quais os tributos cuja instituição é autorizada a cada ente federado, definindo-os em função de *campos de imposição delimitados* pela referência aos fatos econômicos que os caracterizam,[94] de tal forma que a competência tributária dos entes federados *só pode ser exercida em relação aos tributos autorizados*, nos *estritos limites* (materiais e territoriais[95]) dos respectivos *campos de imposição*, na *forma* e nas *condições* autorizadas pela Constituição, vigorando a *parêmia* de que *é proibido o que não é expressamente autorizado* (*prohibita intelliguntur quo non permissum*).

Portanto, no que toca aos limites do *direito de instituir os tributos*, verifica-se que ao *discriminar as competências* tributárias, a Constituição brasileira estabeleceu o que Roque Carrazza[96] denomina de "*norma padrão de incidência*", através da qual aponta aos Legislativos dos entes federados, as hipóteses de incidência possíveis, os sujeitos ativos possíveis, os sujeitos passivos possíveis, as bases de cálculo possíveis e as alíquotas possíveis, das várias espécies e subespécies de tributos, de tal for-

emprego do produto obtido são delegados a entes institucionalmente destacados do estado e dotados de personalidade jurídica própria. (...) Logo, as *contribuições parafiscais também estão sujeitas aos princípios da discriminação de rendas* (cf. Amílcar de Araújo Falcão, *Sistema Tributário Brasileiro — Discriminação de Rendas*, pp. 54-55).

92. Amilcar de Araujo Falcão, esclarece que "no caso da competência privativa, necessariamente (de alguma forma, o mesmo pode ocorrer quanto à competência concorrente), da sua atribuição no texto constitucional provém uma *dúplice decorrência*. Em primeira lugar, a atribuição de competência privativa tem um *sentido positivo ou afirmativo*: importa em reconhecer a uma determinada unidade federada a competência para decretar certo e determinado impôsto. Em segundo lugar, da atribuição de competência privativa decorre um *efeito negativo ou inibitório*, pois importa em *recusar competência idêntica às unidades outras não indicadas no dispositivo constitucional de habilitação*: tanto equivale a dizer, se pudermos usar tais expressões, que *a competência privativa é oponível 'erga omnes'*, no sentido de que *o é por seu titular ou por terceiros contra quaisquer outras unidades federadas não contempladas na outorga*" (Amílcar de Araújo Falcão, *Sistema Tributário Brasileiro...*, cit., p. 38).

93. Ao explicitar o significado e conteúdo dos referidos princípios Amílcar de Araújo Falcão esclarece que "(...) a nossa *discriminação de rendas* é presidida pelo *critério da rigidez e da segregação*, do que *resulta que os diferentes impostos discriminados são entre si inconfundíveis*, sendo *incomunicáveis as diferentes áreas ou esferas de competência impositiva* (...). o citado *princípio da incomunicabilidade das diferentes cédulas de competência* impositiva privativa conduz à *vedação de que uma entidade, na instituição de impostos que lhe pertençam, leve a cabo distorções do respectivo fato gerador ou base de cálculo*, a fim de, disfarçadamente, sob impróprio *nomem iuris*, cobrar impostos de competência concorrente que lhe sejam vedados ou sem obediência aos princípios estabelecidos (...)" (cf. Amílcar de Araújo Falcão, *Direito Tributário Brasileiro...*, cit., pp. 338 e 346).

94. Nesse sentido Rubens Gomes de Sousa esclarece que "a discriminação de rendas é baseada essencialmente num mecanismo jurídico. Mesmo aqueles impostos que se designam por uma referência a fato econômico, como renda e consumo, necessariamente se identificam, na prática legislativa, pelas figuras jurídicas através das quais aqueles fatos econômicos se exteriorizam" (cf. Rubens Gomes Sousa, Parecer "O sistema Tributário Federal", *RDA* 72/19).

95. Ao explicitar o conteúdo e o alcance do princípio da territorialidade Geraldo Ataliba esclarece que "os *fatos imponíveis* — como fatos concretos da vida real, inseridos no mundo fenomênico — *acontecem num determinado lugar*. A *ubiquação dos fatos imponíveis é essencial à configuração da obrigação tributária*. Como descrição legal — condicionante do comando legislativo — *a h.i. só qualifica um fato, como hábil a determinar o nascimento da obrigação, quando este fato se dê (se realize, ocorra) no âmbito territorial de validade da lei*, isto é, na *área espacial a que se estende a competência do legislador tributário*. Isto nada mais é do que *conseqüência do princípio da territorialidade da lei, perfeitamente aplicável ao direito tributário*" (cf. Geraldo Ataliba, *Hipótese de Incidência Tributária*, 3ª ed., p. 97). Na aplicação prática do princípio da territorialidade a Suprema Corte na voz do Min. Prado Kelly esclarece que "foi tal *conceito o que a Constituição recebeu e aceitou para o fim de 'discriminação de competências'*, inclusive *no que toca ao espaço territorial, onde o órgão tributante possuía jurisdição*. Este passou a ser do Estado membro, para as transações nele realizadas" (STF, Pleno, ROMS 16.206, voto Ministro Prado Kelly, *RDA* 93-56/72).

96. Cf. Roque Antonio Carrazza, *Curso de Direito Constitucional Tributário*, 3ª ed., p. 252.

ma que o legislador (federal, estadual, municipal ou distrital), ao exercitar a competência tributária, *deverá ser fiel à norma padrão de incidência* do respectivo tributo pré-traçada na Constituição, da qual definitivamente não pode fugir.

Em suma, através da definição de *competências tributárias privativas na própria Constituição*, em razão da *matéria imponível atribuída a cada ente federado*, pretendeu-se *erradicar as pluritributações sobre o mesmo objeto tributável*, quer no *plano vertical* (tributação simultânea pela União, Estados e Municípios), quer no *plano horizontal* (tributação simultânea por entes do mesmo status na federação), de tal forma que cada um dos entes federados só pudesse *criar e arrecadar* os tributos que lhe foram constitucionalmente atribuídos em *caráter privativo*, sendo que qualquer tentativa de criar um tributo que, pela sua natureza, se defina como de competência privativa de outra entidade federada, implicará em *invasão de competência*, acarretando a *inconstitucionalidade do tributo* assim criado ou cobrado.[97]

No que respeita ao *direito de exigir ou cobrar os tributos*, ciente de que o mesmo se exterioriza através de atos ou *procedimentos administrativos unilaterais* — denominados lançamentos tributários[98] e tendentes a fazer efetivo o cumprimento da obrigação tributária instituída pela lei —, a Constituição cuidou de *balizar* totalmente seu exercício, impondo aos entes federados total submissão aos *correlatos direitos* assegurados aos contribuintes à *"legalidade" da "tributação"*,[99] e *da "Administração"*[100]. (e seus *corolários*: *"reserva de lei"*,[101] *"tipicidade fechada"*, *"anterioridade"*,

97. Cf. Amílcar de Araújo Falcão, *Direito Tributário Brasileiro...*, cit., p. 281.

98. Ruy Barbosa Nogueira explica que "a atividade administrativa de lançamento é vinculada e obrigatória sob pena de responsabilidade funcional" (cf. *Curso de Direito Tributário*, 9ª ed., p. 266). Por seu turno o Código Tributário Nacional (art. 142, Lei 5.172/1966) expressamente define o lançamento como ato privativo e, portanto unilateral, da autoridade administrativa nos seguintes termos: "Art. 142. Compete *privativamente à autoridade administrativa* constituir o crédito tributário pelo lançamento, assim entendido o *procedimento administrativo* tendente a verificar a ocorrência do fato gerador da obrigação correspondente, determinar a matéria tributável, calcular o montante do tributo devido, identificar o sujeito passivo e, sendo caso, propor a aplicação da penalidade cabível".

99. O princípio da legalidade da tributação assegurado pelo art. 150, I, da CF/1988, como já acentuei em outro artigo "supõe que somente a lei há de definir e valorar os elementos constitutivos e estruturais da obrigação tributária, donde decorre que a relação tributária é uma relação jurídica pública e estritamente legal e o crédito tributário dela decorrente é determinado pela lei, independentemente da vontade dos sujeitos da relação jurídica. Assim, tanto a definição dos fatos geradores ou pressupostos de fato das obrigações tributárias, como a fixação dos elementos que permitem qualificá-los e quantificá-los (sujeitos ativo e passivos, responsáveis tributários, substitutos tributários, alíquota, base de cálculo, etc.), somente podem ser estabelecidos pela lei material e formal, emanada do Poder Legislativo, sem qualquer possibilidade constitucional de delegação destes poderes aos órgãos da administração" (cf. Fernando Luiz da Gama Lobo d'Eça, *Curso de Direito Tributário*, pp. 274-275).

100. O art. 37 da Constituição estabelece que: "Art. 37. A *administração pública direta* e indireta de *qualquer dos Poderes* da União, dos Estados, do Distrito Federal e dos Municípios *obedecerá* aos *princípios de legalidade, impessoalidade, moralidade, publicidade* e *eficiência* e, também, ao seguinte: (...)".

101. Na interpretação do referido princípio a E. Suprema Corte assentou que "o *princípio constitucional da reserva de lei formal* traduz *limitação* ao exercício das *atividades administrativas e jurisdicionais* do Estado. A reserva de lei — analisada sob tal perspectiva — constitui postulado revestido de *função excludente*, de *caráter negativo*, pois *veda, nas matérias a ela sujeitas, quaisquer intervenções normativas, a título primário, de órgãos estatais não-legislativos*. Essa cláusula constitucional, por sua vez, projeta-se em uma dimensão positiva, eis que a sua incidência *reforça o princípio*, que, fundado na autoridade da Constituição, *impõe, à administração e à jurisdição, a necessária submissão aos comandos estatais emanados*, exclusivamente, do legislador. *Não cabe, ao Poder Executivo, em tema regido pelo postulado da reserva de lei, atuar na anômala* (e *inconstitucional*) *condição de legislador*, para, em assim agindo, *proceder à imposição de seus próprios critérios, afastando*, desse modo, *os fatores que, no âmbito de nosso sistema constitucional, só podem ser legitimamente definidos pelo Parlamento*. É que, se tal fosse possível, o *Poder Executivo passaria a desempenhar atribuição que lhe é institucionalmente estranha* (*a de legislador*),

"*proibição ao confisco*"[102] — também aplicável às multas[103] —, *ordenação hierárquica de normas*, *impessoalidade*, *moralidade*,[104] *publicidade* e *eficiência* etc.), ao "*devido processo legal*"[105] (e seus corolários: "*contraditório*", "*igualdade das par-*

usurpando, desse modo, no contexto de um *sistema de poderes essencialmente limitados*, *competência que não lhe pertence*, com *evidente transgressão ao princípio constitucional da separação de poderes*" (STF, Pleno, MC na ADI 2.075-RJ, Rel. Ministro Celso Mello, *RTJ* 187/124). No mesmo sentido, o E. STJ já assentou que "*frente à Constituição de 1988, somente é possível estabelecerem-se sanções ou restrições a direitos, através de lei formalmente editada, resultante de Processo Legislativo*, sob *pena de ferir-se o princípio da reserva legal*. Desta forma, *não pode o fisco estabelecer meios coercitivos indiretos de cobranças de tributo, como na espécie, impedindo a inscrição no CNPJ* — com base em *instrução normativa que extrapola a letra da lei* — caso tenha o contribuinte débito para com a Fazenda (...)" (STJ, 1ª T., REsp 475.875-RS, Reg. 2002/0141049-8, Rel. Ministro Luiz Fux, *DJU* 31.3.2003).

102. Na aplicação do referido princípio a Suprema Corte assentou que "a proibição constitucional do confisco em matéria tributária nada mais representa senão a interdição, pela Carta Política, de qualquer pretensão governamental possa conduzir, no campo da fiscalidade, à injusta apropriação estatal, no todo ou em parte, do patrimônio ou dos rendimentos dos contribuintes, comprometendo-lhes, pela insuportabilidade da carga tributária, o exercício do direito a uma existência digna, ou a prática de atividade profissional lícita ou, ainda, a regular satisfação de suas necessidades vitais (educação, saúde e habitação, por exemplo). (...) Resulta configurado o caráter confiscatório de determinado tributo sempre que o efeito cumulativo — resultante das múltiplas incidências tributárias estabelecidas pela mesma entidade estatal — afetar, substancialmente, de maneira irrazoável, o patrimônio e/ou os rendimentos do contribuinte. O *Poder Público*, especialmente em sede de tributação (...), não pode agir imoderadamente, pois a atividade estatal acha-se essencialmente condicionada pelo principio da razoabilidade" (STF, Pleno, ADI 2.010, rel. Ministro Celso de Mello, *RTJ* 181/73).

103. Nesse sentido a Suprema Corte assentou que "a *desproporção* entre o *desrespeito à norma tributária* e a sua *conseqüência jurídica*, a *multa*, *evidencia o caráter confiscatório* desta, *atentando contra o patrimônio do contribuinte*, em *contrariedade ao mencionado dispositivo do texto constitucional* federal" (STF, Pleno, ADI 551-RJ, *RTJ* 187/73).

104. Na aplicação do referido princípio a Suprema Corte recentemente assentou que "o *Princípio da Moralidade Administrativa* — enquanto valor constitucional revestido de caráter ético-jurídico — *condiciona a legitimidade e a validade dos atos estatais*. — *A atividade estatal, qualquer que seja o domínio institucional de sua incidência, está necessariamente subordinada à observância de parâmetros ético-jurídicos que se refletem na consagração constitucional do princípio da moralidade administrativa*. Esse postulado fundamental a atuação do Poder Público, *confere substância e dá expressão a uma pauta de valores éticos sobre os quais se funda a ordem positiva do Estado*. O *princípio constitucional da moralidade administrativa*, ao impor *limitações ao exercício do poder estatal, legitima o controle jurisdicional de todos os atos do Poder Público que transgridam os valores éticos que devem pautar o comportamento dos agentes e órgãos governamentais*" (STF, Pleno, ADI 2.661-MA, rel. Ministro Celso de Mello, *RTJ* 182/525).

105. Sobre o conteúdo e alcance da garantia do "devido processo legal" escrevi em outro artigo: "Nossa Constituição de 1988 expressamente garante que ninguém poderá ser privado da liberdade ou de seus bens sem o devido processo legal. A expressão "*devido processo legal*" (*latu sensu*), cunhada na longa evolução interpretativa da jurisprudência americana, refere-se ao *conjunto* não só dos *procedimentos legislativos, judiciais e administrativos* que *devem juridicamente cumprir-se para que uma lei, sentença ou resolução administrativa que se refira à liberdade individual seja formalmente válida* (*aspecto adjetivo ou processual* do devido processo), mas dos *requisitos de ordem, segurança e justiça que devem revestir estes atos estatais de modo a não lesionar indevidamente a liberdade jurídica individual assegurada e pressuposta como intangível pela Constituição* (*aspecto substantivo* do devido processo legal). Em seu *aspecto processual ou adjetivo*, a garantia do devido processo legal *exige*, em síntese, que ninguém deve ser privado judicial ou administrativamente de seus direitos fundamentais ou de seus bens, sem que *se cumpram certos procedimentos estabelecidos por lei*, *que assegurem* aos indivíduos os *direitos de ser julgado por juiz imparcial*, de *expor as razões de defesa* de seu direito, *provar* cumpridamente essas razões, de esperar *decisão fundamentada* e de *recorrer a um segundo grau de jurisdição*, se assim a decisão lhe for desfavorável. Em seu *aspecto substantivo* (*susbtantive due process*), a garantia do devido processo legal *exige que exista uma substancial, razoável e proporcional relação entre a lei ou resolução administrativa e a finalidade ou motivação, respectivamente invocadas pelo legislador ou pelo administrador para impor sanções ou restrições às liberdades individuais constitucionalmente asseguradas*. Caio Tácito ressalta que "em sentido equivalente, o direito alemão adotou o

tes",[106] "*imparcialidade*" e "*publicidade*") e à "*ampla defesa*" (e seus corolários:[107] *direitos de ser ouvido*, de *oferecer, produzir e fiscalizar a prova*, a uma *decisão fundamentada* que possibilite o exercício de *recurso* ao *duplo grau de jurisdição*, etc.).

Todos estes direitos constitucionalmente assegurados integram o que se convencionou chamar *Estatuto do Contribuinte* que, na lição de Roque Carrazza, "impõe limitações aos Poderes Públicos, inibindo-os de desrespeitarem os direitos subjetivos das pessoas que devem pagar tributos".[108]

Portanto, é inquestionável que tanto o *direito de instituir tributo* outorgado privativamente aos *Poderes Legislativos*, como conseqüentes *direitos de exigir ou de cobrar o tributo*, deferidos aos *Poderes Executivos* dos entes federados a fim de assegurar-lhes a necessária *autonomia financeira*, foram tratados pela Constituição como *atividades estritamente vinculadas à legalidade* e integralmente *balizadas* pelas correspondentes garantias asseguradas aos contribuintes à "*legalidade*" da *Tributação*[109] e da *Administração*, ao "*devido processo legal*"[110] e à "*ampla defesa*".[111]

princípio da proporcionalidade, ou o *princípio da proibição de excesso*, conferindo-lhe a natureza de norma constitucional não escrita, que *permite ao intérprete aferir a compatibilidade entre meios e fins, de modo a evitar restrições desnecessárias ou abusivas contra os direitos fundamentais*". No *primeiro aspecto* (*processual*), a garantia do devido processo legal constitui um *remédio bastante eficaz contra as investidas persecutórias e patrimoniais praticadas contra os indivíduos, pelos integrantes dos Poderes Executivo e Judiciário na aplicação e execução das leis*, especialmente nos campos do direito de propriedade, do *poder de polícia administrativo e legislativo* (*police power*) e das *imposições de sanções* previstas nos Direitos Tributário e Administrativo; no segundo aspecto (*substantivo*), a referida garantia igualmente consubstancia eficiente *instrumento contra os abusos do Estado na regulamentação ou restrição dos direitos e liberdades individuais através das vias legislativa e administrativa*" (cf. Fernando Luiz da Gama Lobo d'Eça, *Curso de Direito Tributário*, cit., pp. 253-255.

106. Na aplicação do referido princípio, embora não em processo de natureza fiscal, a Suprema Corte assentou que "a *igualdade das partes é imanente ao 'procedural due process of law'*; *quando uma das partes é o Estado*, a jurisprudência tem *transigido com alguns favores legais* que, além da vetustez, tem sido reputados *não arbitrários* por visarem a compensar dificuldades da defesa em juízo das entidades públicas; *se*, ao contrário, *desafiam a medida da razoabilidade ou da proporcionalidade, caracterizam privilégios inconstitucionais*: parece ser esse o caso na parte em que a nova medida provisória insiste, ação rescisória quanto ao *prazo de decadência da favorecimento unilateral das entidades estatais*, aparentemente *não explicável por diferenças reais entre as partes* e que, somadas a outras vantagens processuais da Fazenda Pública, *agravam a conseqüência perversa de retardar sem limites a satisfação do direito do particular já reconhecido em juízo*. 4. No *caminho da efetivação do 'due process of law'* — que tem particular relevo na construção sempre inacabada do Estado de direito democrático —, a *tendência* há de ser a da *gradativa superação dos privilégios processuais do Estado*, à custa da *melhoria de suas instituições de defesa em juízo, e nunca a da ampliação deles ou a da criação de outros*, como é preciso dizê-lo — se tem observado neste decênio no Brasil" (STF, MC em ADI 1.910-DF, Rel. Ministro Sepúlveda Pertence, *RTJ* 189/513).

107. Sobre o conteúdo e alcance dos referidos corolários do princípio da ampla defesa cf. nosso artigo intitulado "O processo Tributário na Constituição e a especial atenção ao Processo Administrativo" (cf. Fernando Luiz da Gama Lobo d'Eça, *Curso de Direito Tributário*, cit., pp. 247-250 e 256 e ss.

108. Roque Antonio Carrazza apoiando-se em Paulo de Barros Carvalho define "Estatuto do Contribuinte" como sendo "a somatória harmônica e organizada, dos mandamentos constitucionais sobre matéria tributária que positiva ou negativamente, estipulam direitos, obrigações e deveres do sujeito passivo, diante das pretensões do Estado" (cf. Roque Antonio Carrazza, *Curso de Direito Constitucional Tributário*, 8ª ed., pp. 250-251).

109. Cf. art. 150, I, CF/1988; arts. 97, 113 e 114, CTN.

110. Na interpretação do art. 5º, LIV, CF/1988, o STF recentemente assentou que "*O Estado não pode legislar abusivamente, eis todas as normas emanadas do Poder Público* — tratando-se, ou não, de *matéria tributária* — *devem ajustar-se à cláusula que consagra sua dimensão material, o principio do 'substantive due process of law'* (CF, art. 5º, LIV). O *postulado da proporcionalidade qualifica-se se coma parâmetro de aferição da própria constitucionalidade material dos atos estatais*" (STF, 2ª T., AgRg no RE 196.336-1-RS, rel. Ministro Celso de Mello, *DJ* 8.4.2005 e *RDDT* 117/238).

111. Na interpretação do art. 5º, LV, da CF/1988, a Suprema Corte já assentou que "*o Estado,*

Qualquer *violação* a essas garantias constitucionalmente asseguradas aos contribuintes, por parte dos Entes federados — seja na *regulamentação do direito tributário*, seja na sua aplicação através de *lançamentos individuais* —, provoca *grave e inadmissível lesão* à ordem jurídica e ao patrimônio do contribuinte, ensejando os correlativos *direitos públicos subjetivos*, não só de ver declarada a *inaplicabilidade* e *inconstitucionalidade* do *ato violador*,[112] nem só de ver restaurada a ordem jurídica violada, mas de *exigir*[113] que os entes fe-

em tema de punições disciplinares ou de restrição a direitos, qualquer que seja o destinatário de tais medidas, não pode exercer a sua autoridade de maneira abusiva ou arbitrária, desconsiderando, no exercício de sua atividade, o postulado da plenitude de defesa, pois o *reconhecimento da legitimidade ético-jurídica de qualquer medida estatal* — que importe em punição disciplinar ou em limitação de direitos — *exige, ainda que se cuide de procedimento meramente administrativo* (CF, art. 5º, LV), a *fiel observância do princípio do devido processo legal*, consoante adverte autorizado magistério doutrinário (Manoel Gonçalves Ferreira Filho, *Comentários à Constituição Brasileira de 1988*, v. I/68-69, 1990, Saraiva; Pinto Ferreira, *Comentários à Constituição Brasileira*, v. I/176 e 180, 1989, Saraiva; Jessé Torres Pereira Júnior, *O Direito à Defesa na Constituição de 1988*, pp. 71-73, item 17, 1991, Renovar; Edgard Silveira Bueno Filho, *O Direito à Defesa na Constituição*, pp. 47-49, 1994, Saraiva; Celso Ribeiro Bastos, *Comentários à Constituição do Brasil*, v. 2/268-269, 1989, Saraiva; Maria Sylvia Zanella Di Pietro, *Direito Administrativo*, pp. 401-402, 5ª ed., 1995, Atlas; Lúcia Valle Figueiredo, *Curso de Direito Administrativo*, pp. 290 e 293-294, 2ª ed., 1995, Malheiros, *v.g.*)" (STF, AgRg AI 241.201-SC, rel. Ministro Celso de Mello, *RTJ* 183/371-373).

112. Em voto magistral proferido no STF o E. Ministro Celso de Mello ressaltou as conseqüências da violação dos direitos constitucionalmente assegurados aos contribuintes demonstrando que: "o fundamento do poder de tributar reside, em essência, no *dever jurídico de estrita fidelidade* dos entes tributantes ao que imperativamente dispõe a Constituição da República. Daí, o magistério irrepreensível de Paulo de Barros Carvalho (*Curso de Direito Tributário*, p. 89, 1991, Saraiva), para quem o subsistema constitucional tributário, 'ao dispor sobre os poderes capitais do Estado, no campo da tributação', institui, de modo extremamente significativo, '*medidas que asseguram as garantias imprescindíveis à liberdade das pessoas*, diante daqueles poderes (...)'. A Lei Fundamental delineia, pois, em prescrições revestidas do mais elevado grau de positividade jurídica, um verdadeiro *estatuto do contribuinte* que, na lição da doutrina, impõe, em tema tributário, *limites insuperáveis aos poderes do Estado*. Esta Corte, ao exercer, de modo soberano, a tutela jurisdicional das liberdades públicas, tem o *dever indeclinável de velar pela intangibilidade de nossa Lei Fundamental*, que, ao dispor sobre as relações jurídico-tributárias entre o Estado e os indivíduos, institucionalizou um *sistema coerente de proteção*, a que se revelam subjacentes importantes princípios de caráter político, econômico e social. É preciso advertir o *Estado de que o uso ilegítimo de seu poder de tributar não deve*, sob pena de erosão da própria consciência constitucional, *extravasar os rígidos limites traçados e impostos à sua atuação pela Constituição da República*. Impõe-se ressaltar que o valor jurídico do ato inconstitucional é nenhum. É ele desprovido de qualquer eficácia no plano do Direito. 'Uma conseqüência primária da inconstitucionalidade' — acentua Marcelo Rebelo de Souza (*O Valor Jurídico do Acto Inconstitucional*, v. I/15-19, 1988, Lisboa) — 'é, em regra, a desvalorização da conduta inconstitucional, sem a qual a garantia da Constituição não existiria. Para que o *princípio de constitucionalidade*, expressão suprema e qualitativamente mais exigente do *princípio da legalidade* em sentido amplo, vigore, é essencial que, em regra, uma conduta contrária à Constituição não possa produzir cabalmente os exatos efeitos jurídicos que, em termos normais, lhe corresponderiam'. A *lei inconstitucional*, por ser *nula* e, conseqüentemente, *ineficaz*, reveste-se de absoluta *inaplicabilidade*. Falecendo-lhe legitimidade constitucional, a lei se apresenta desprovida de aptidão para gerar e operar qualquer efeito jurídico. 'Sendo inconstitucional, a regra jurídica é nula' (*RTJ* 102/671)" (STF, Pleno, RE 136.215-RJ, Ministro Celso de Mello, *RTJ* 147/983-986).

113. Dissertando precisamente sobre os *direitos subjetivos dos administrados à legalidade dos atos administrativos* que afetem a sua situação individual, Roger Bonnard, em seu clássico *Précis de Droit Administratif*, já ensinava que "esses *direitos subjetivos à legalidade dos atos administrativos* consistem em que o *administrado tem o poder de exigir que a Administração exerça a sua atividade jurídica segundo as regras que são impostas a essa atividade pelas leis e regulamentos*. Por conseguinte, é o *poder de exigir que a administração não cometa ilegalidade no cumprimento de suas atividades jurídicas*. Esses direitos subjetivos tem portanto por objeto a *legalidade* e, conseqüentemente, *a ausência de ilegalidade nos atos administrativos*" (cf. Roger Bonnard, *Précis de Droit Administratif*, pp. 81-82). No mesmo sentido a Suprema Corte já assentou que "*assiste, ao contribuinte, quando transgredidas as limitações constitucionais ao poder de tributar, o*

derados exerçam a atividade tributária com *observância aos seus direitos impostos àquela atividade pela Constituição.*

Resta, pois, examinar as salvaguardas e sanções estabelecidas para a *restauração da ordem jurídica* eventualmente violada pelos entes federados, seja em razão da *omissão, abuso ou extravasamento* no exercício da própria competência que lhe foi constitucionalmente outorgada, seja em razão de *usurpação ou invasão de competência alheia*, que não lhe pertence.

VII — A violação das competências constitucionais e a sanção de inconstitucionalidade dos atos do Poder Público

O regime constitucional a que está submetido o Estado Federal, por obvias razões de *coerência lógica* do sistema,[114] impõe a necessária obediência ao *princípio de constitucionalidade*, — "expressão suprema e qualitativamente mais exigente do *princípio da legalidade* em sentido amplo"[115] —, do qual resulta que *uma conduta contrária à Constituição não pode produzir efeitos jurídico*, de tal forma que o *ato inconstitucional seja desprovido* de *qualquer valor jurídico* ou *eficácia* no plano do Direito. Parte-se da premissa básica de que as *normas constitucionais relativas à competência* e aos *procedimentos* a serem observados nos atos dos Poderes Públicos, pelo simples fato de constarem da Constituição, têm em si uma *presunção absoluta de "essencialidade, incondicionalidade e inderrogabilidade"*,[116] da qual resulta que, qualquer *violação* ou *derrogação* das referidas normas por parte dos Poderes constituídos, necessariamente *implica* na *sanção* de *nulidade absoluta e insanável* aos *atos violadores*,[117] *sem que se lhe possa atribuir qualquer graduação na nulidade ou inconstitucionalidade*,[118] para efeitos de sanar-lhe a falta.

direito de contestar, judicialmente, a tributação que tenha *sentido discriminatório* ou que revele *caráter confiscatório*" (STF, Pleno, ADI 2.010, rel. Ministro Celso de Mello, *RTJ* 181/73).

114. Doutrinando sobre a necessária coerência lógica e relação de conteúdo existente entre a Constituição e os demais atos de aplicação do Direito, Nawiasky ensina que "a Constituição não só determina a *forma de produção das normas jurídicas*, mas dispõe ao mesmo tempo que as *normas de direito nascidas conforme seus preceitos hão de ser cumpridas e executadas coativamente quando seja necessário*". Assim "(...) a Constituição prevê a *possível criação de Direito por meio da legislação*, e contem por conseguinte uma *autorização* em tal sentido. (...) Esta *idéia de autorização se pode trasladar a todos os demais escalões*: autorização de regulamentos, estatutos autônomos e convenções coletivas; autorização de atos administrativos, sentenças judiciais e negócios jurídicos por lei (...). Assim resulta um *sistema de autorizações escalonadas* (...). *Dentro deste sistema escalonado não se produz nenhuma ruptura* (...). Os *princípios* assim estabelecidos serão a *norma diretiva das atividades de legislação e execução*, que se encontram assim sujeitas a uma *relação de conteúdo*" (cf. Hans Nawiasky, *Teoría General del Derecho*, pp. 82 a 85); cf. tb. Lon L. Fuller, *The Morality of Law*, pp. 65 a 70.

115. STF, Pleno, RE 136.215-RJ, Ministro Celso de Mello, *RTJ* 147/983-986.

116. Cf. Francisco Campos, Parecer cit., *RDA* 73/384.

117. Nesse sentido o STF já assentou que "*o valor jurídico do ato inconstitucional é nenhum*. É ele *desprovido de qualquer eficácia no plano do Direito*. (...) Para que o *princípio de constitucionalidade*, expressão suprema e qualitativamente mais exigente do *princípio da legalidade* em sentido amplo, vigore, é *essencial* que, em regra, uma *conduta contrária à Constituição não possa produzir cabalmente os exatos efeitos jurídicos* que, em termos normais, lhe corresponderiam'. A *lei inconstitucional*, por ser *nula* e, conseqüentemente, *ineficaz*, reveste-se de *absoluta inaplicabilidade*. Falecendo-lhe legitimidade constitucional, a lei se apresenta desprovida de aptidão para gerar e operar qualquer efeito jurídico. '*Sendo inconstitucional, a regra jurídica é nula*' (*RTJ* 102/671)" (STF, Pleno, RE 136.215-RJ, Min. Celso de Mello, *RTJ* 147/983-986).

118. Nesse sentido Francisco Campos esclarece que "*não há, portanto, graduação nas sanções*, como é o caso na teoria da nulidade dos atos administrativos. *Não há nem pode haver, atos inconstitucionais nulos e anuláveis*, ou *atos inconstitucionais absolutamente ou relativamente ineficazes*, ou *atos inconstitucionais suscetíveis de sanatória* e *atos inconstitucionais cuja inconstitucionalidade não possa ser sanada*. (...). De outra maneira a competência de caráter constitucional implicaria no seu titular um *poder de livre disposição*, podendo *transferi-la ou delegá-la* e, mais ainda, *validar pela sua aquiescên-*

No Estado Federal, a inconstitucionalidade dos atos dos Poderes Públicos pode se dar no âmbito da *própria competência* dos entes federados, por *ação* ("*inconstitucionalidade por ação*")[119] — configurada as hipóteses de *abuso no exercício da própria competência*, seja por *exceder os limites dos poderes conferidos* ("*excesso de poder*"), seja por *desvio de finalidade*[120] ("*desvio de poder*") — ou por *omissão* ("*inconstitucionalidade por omissão*");[121] a inconstitucionalidade pode se dar ainda, fora do âmbito da própria com-

cia 'a posteriori' um ato que estaria eivado no nascedouro do *mais grave dos vício jurídicos* (ainda no direito administrativo) que é, precisamente, o *excesso ou a usurpação de poder*" (Parecer cit., *RDA* 73/383 e 387).

119. Ao analisar as "modalidades de comportamentos inconstitucionais do Poder Público" a Suprema Corte já assentou que "o *desrespeito à Constituição* tanto pode ocorrer *mediante ação estatal* quanto *mediante inércia governamental*. A *situação de inconstitucionalidade* pode derivar de um *comportamento ativo do Poder Público*, que *age ou edita normas em desacordo com o que dispõe a Constituição, ofendendo-lhe*, assim, os *preceitos e os princípios que nela se acham consignados*. Essa conduta estatal, que importa em *un facere* (*atuação positiva*), *gera a inconstitucionalidade por ação. Se o Estado deixar de adotar as medidas necessárias à realização concreta dos preceitos da Constituição*, em ordem a *torná-los efetivos, operantes e exeqüíveis, abstendo-se*, em conseqüência, de *cumprir o dever de prestação que a Constituição lhe impôs*, incidirá em *violação negativa do texto constitucional*. Desse *non facere* ou *non praestare*, *resultará a inconstitucionalidade por omissão, que pode ser total*, quando é nenhuma a providência adotada, ou parcial, quando é *insuficiente a medida efetivada pelo Poder Público*" (STF, Pleno, MC em ADI 1.439-DF, rel. Ministro Celso de Mello, *RTJ* 186/794).

120. Na aplicação prática do *princípio do substantive due process of law*, para coibir os desvios de finalidade no exercício dos Poderes Públicos, em voto magistral exarado na Suprema Corte, o E. Minsitro Celso Mello esclarece que "o *princípio da proporcionalidade* qualifica-se — enquanto *coeficiente de aferição da razoabilidade dos atos estatais* (Celso Antônio Bandeira de Mello, *Curso de Direito Administrativo*, pp. 56-57, itens 18/19, 4ª ed., 1993, Malheiros Editores; Lúcia Valle Figueiredo, *Curso de Direito Administrativo*, p. 461 item 3.3, 2ª ed., 1995, Malheiros Editores) — como *postulado básico de contenção dos eventuais excessos do Poder Público*. Essa é a razão pela qual a doutrina, após destacar a *ampla incidência desse postulado sobre os múltiplos aspectos em que se desenvolve a atuação do Estado* — inclusive sobre a atividade estatal de produção normativa — adverte que o *princípio da proporcionalidade, essencial à racionalidade do Estado Democrático de Direito* e imprescindível à tutela mesma das liberdades fundamentais, *proíbe o excesso e veda o arbítrio do Poder*, extraindo a sua justificação dogmática de diversas cláusulas constitucionais, notadamente daquela que veicula, em sua *dimensão substantiva ou material, a garantia do due process of law* (Raquel Denize Stumm, *Princípio da Proporcionalidade no Direito Constitucional Brasileiro*, pp. 159-170, 1995, Livraria do Advogado Ed.; Manoel Gonçalves Ferreira Filho, *Direitos Humanos Fundamentais*, pp. 11-12, item 14, 1995, Saraiva; Paulo Bonavides, *Curso de Direito Constitucional*, pp. 352-355, item 11, 4ª ed., 1993, Malheiros Editores; Gilmar Ferreira Mendes, *Controle de Constitucionalidade — Aspectos Jurídicos e Políticos*, pp. 38-54, 1990, Saraiva; Suzana de Toledo Barros, *O Princípio da Proporcionalidade e o Controle de Constitucionalidade das Leis Restritivas de Direitos Fundamentais*, 2ª ed., 2000, Brasília Jurídica, *v.g.*). Como precedentemente enfatizado, o *princípio da proporcionalidade visa a inibir e a neutralizar o abuso do Poder Público no exercício das funções que lhe são inerentes*, notadamente no desempenho das *atividades de caráter legislativo*. Impende advertir, desse modo, presente o significado de tal princípio, que *todos os atos emanados do Poder Público devem ajustar-se à cláusula que consagra, em sua dimensão material, o princípio do substantive due process of law*. A *validade jurídico-material das manifestações do Estado, analisadas em função de seu conteúdo intrínseco*, passa a *depender*, essencialmente, da observância de *determinados requisitos* que *pressupõem* 'não só a *legitimidade dos meios utilizados* e dos fins perseguidos pelo legislador, mas também a *adequação desses meios para consecução dos objetivos pretendidos* (...) e a *necessidade ele sua utilização* (...)', de tal modo que 'um *juízo definitivo sobre a proporcionalidade ou razoabilidade da medida* há de resultar da *rigorosa ponderação entre o significado da intervenção para o atingido e os objetivos perseguidos pelo legislador* (...)' (Gilmar Ferreira Mendes, 'A proporcionalidade na jurisprudência do Supremo Tribunal Federal', *III Repertório IOB de Jurisprudência* 23/94, p. 475)" (STF, Pleno, MC em ADI 2.667-DF, j. 19.6.2002, rel. Ministro Celso de Mello, *RTJ* 190/874).

121. No mesmo sentido a Suprema Corte já assentou que "a omissão do Estado — que deixa de cumprir, em maior ou em menor extensão, a imposição ditada pelo texto constitucional — qualifica-se como comportamento revestido da maior gravidade político-jurídica, eis que, mediante inércia, o *Poder Público* também desrespeita a Constituição, também

petência, em razão de tentativa de *usurpação*[122] *ou invasão de competência alheia*,[123] que constitucionalmente não pertença ao ente federado.

O *abuso dos poderes* constitucionalmente outorgados aos entes federados, sob os vários matizes em que se pode configurar, por representar uma *ameaça inadmissível às liberdades públicas, à supremacia da ordem constitucional* e aos *valores democráticos que a informam, deslegitima o poder*[124] e *desfigura o ato de autoridade, descaracterizando a atividade pública*, que passa a se caracterizar como *atividade ilícita*[125] e, como tal, não pode ser a nenhum pretexto consentida, sob pena de *desestabilização e ruptura* do próprio Estado de Direito.

Nos inúmeros casos em que tem prontamente coibido os desvios dos Poderes Públicos, a Suprema Corte tem constantemente advertido que a "relação do Poder e de seus agentes, com a Constituição, há de ser, necessariamente, uma *relação de respeito*" e que "a defesa da Constituição não se expõe, nem deve submeter-se, a qualquer *juízo de oportunidade* ou de *conveniência*, muito menos a *avaliações discricionárias* fundadas em razões de *pragmatismo governamental*, pois "o *inaceitável desprezo pela Constituição não pode converter-se em prática governamental consentida*", eis que "*nada compensa a ruptura da ordem constitucional*" assim como "*nada recompõe os gravíssimos efeitos* que derivam do *gesto de infidelidade* ao texto da Lei Fundamental.[126]

Mas, é evidente que todos estes *princípios constitucionais de coordenação* da atividade dos entes federados, assim como as respectivas *sanções* à sua infringência, seriam totalmente *ilusórios*, se sua eficácia dependesse da *interpretação* ou da *vontade oscilante* dos políticos ou dos próprios funcionários do Estado, e não pudessem ser exigíveis perante um Poder Judiciário, dotado das garantias de *independência, im-*

ofende direitos que nela se fundam e também impede, por ausência de medidas concretizadoras, a própria aplicabilidade dos postulados e princípios da Lei Fundamental. — As situações configuradoras de omissão inconstitucional — ainda que se cuide de omissão parcial, derivada da insuficiente concretização, pelo *Poder* Público, do conteúdo material da norma impositiva fundada na Carta Política, de que é destinatário — refletem comportamento estatal que deve ser repelido, pois a inércia do Estado qualifica-se, perigosamente, como um dos Processos informais de mudança da Constituição, expondo-se, por isso mesmo, à censura do *Poder* Judiciário" (STF, Pleno, MC em ADI 1.439-DF, rel. Ministro Celso de Mello, *RTJ* 186/794).

122. Nesse sentido a Suprema Corte já assentou que "a *usurpação da competência legislativa*, quando *praticada por qualquer das pessoas estatais, qualifica-se como ato de transgressão constitucional*" (STF, Pleno, MC em ADI 2.667-DF, j. 19.6.2002, rel. Ministro Celso de Mello, *RTJ* 190/874).

123. Nesse sentido a Suprema Corte já assentou com base no *princípio constitucional da reserva de lei formal* "*não cabe, ao Poder Executivo, em tema regido pelo postulado da reserva de lei, atuar na anômala* (e *inconstitucional*) *condição de legislador*, para, em assim agindo, *proceder à imposição de seus próprios critérios, afastando*, desse modo, *os fatores que, no âmbito de nosso sistema constitucional, só podem ser legitimamente definidos pelo Parlamento*. É que, se tal fosse possível, o *Poder Executivo passaria a desempenhar atribuição que lhe é institucionalmente estranha* (*a de legislador*), *usurpando*, desse modo, no contexto de um *sistema de poderes essencialmente limitados, competência que não lhe pertence*, com *evidente transgressão ao princípio constitucional da separação de poderes*" (STF, Pleno, MC em ADI 2.075-RJ, rel. Ministro Celso Mello, *RTJ* 187/124).

124. Nesse sentido Rui Barbosa há muito já ensinava que "*a usurpação de uma autoridade que as leis não lhe atribuem, deslegitima o poder*" (cf. Rui Barbosa, *Teoria Política*, p. 295).

125. Ao tratar do "limite dos direitos e deveres mútuos entre o indivíduo e os agentes da autoridade", Rui Barbosa há muito já advertia que "esta [autoridade] *resulta da lei e com ela coincide*. De sorte que *o funcionário, transpondo o círculo da lei, ipso facto da sua autoridade se despiu. Não é desde então um funcionário: é um delinqüente. Resistir-lhe será mais que um direito do homem livre: será*, em certos casos o *seu dever*. (...). *justa é a resistência, oposta, ainda com vias de fato, pelo cidadão ao agente da força pública, que, abusando das próprias funções, se entregar a excessos de poder*, e *com violência aberta infringir o direito de liberdade individual*" (cf. Rui Barbosa, *Teoria Política*, cit., pp. 286-287).

126. STF, Pleno, ADI 2.010, rel. Ministro Celso de Mello, *RTJ* 181/73.

parcialidade e *competência* que, situado *fora e acima* dos *interesses parciais* em conflito, de *forma pacífica*, assegurasse o necessário *equilíbrio da balança de poderes* para o funcionamento eficiente do sistema federal.

VIII — O Poder Judiciário como árbitro do Federalismo

A simples *coexistência* de *três diferentes tipos de ordens normativas, administrativas* e *tributárias* (Federal, Estadual, e Municipal) sobre um mesmo território, cada qual capacitada para exercer funções governamentais próprias, já evidencia que para poder funcionar na prática, o sistema federal necessita de *meios* adequados para *resolver*, de *forma pacífica*, os inevitáveis *abusos* e *conflitos* entre as diversas *autonomias*,[127] assegurando o *equilíbrio* entre o *poder Federal* e os *poderes dos demais entes periféricos*.

Revestido de autoridade para *interpretar* e *fazer respeitar os direitos e poderes* constitucionalmente outorgados, *reprimindo* qualquer ato que lhes seja contrário, o Poder Judiciário, *criado e definido* na própria Constituição como poder independente,[128] detém o *monopólio da função jurisdicional nacional*,[129] que por sua vez incide sobre toda e qualquer questão que envolva *lesão ou ameaça a direito*[130] e resulte da aplicação da Constituição, das leis e Tratados, *acompanhando em toda a sua extensão, a competência dos Legislativos e dos Executivos*[131] dos entes federados, no campo reservado à ação de uns e de outros. Para tanto, visando à preservação das autonomias locais, no sistema federal[132] a *função jurisdicional* é *partilhada*[133] na própria

127. Bernard Schwartz demonstra que "a menos que existam meios adequados para resolver os conflitos de competências, corre-se o risco de que o próprio sistema federal entre em colapso" (cf. Bernard Schwartz, *El Federalismo...*, cit., p. 29).

128. Ao proclamar a *inconstitucionalidade* da instituição, por Constituição de Estado-Membro, de "*controle externo*" do Poder Judiciário, através de "colegiado de formação heterogênea e participação de agentes ou representantes dos outros Poderes", sob invocação do princípio da *Separação e independência dos Poderes*, a Suprema Corte reafirmou a *independência do Poder Judiciário*, assentando que "a idéia da independência do Judiciário está extensamente imbricada com os predicados de autogoverno crescentemente outorgados aos tribunais" de vez que "na formulação positiva do constitucionalismo republicano brasileiro, o autogoverno do Judiciário — além de espaços variáveis de *autonomia financeira e orçamentária* — reputa-se *corolário da independência do Poder* (ADI 135-PB, Gallotti, 21.11.1996)" (STF, Pleno, ADI 98-MT, rel. Ministro Sepúlveda Pertence, *RTJ* 188/394).

129. Nesse sentido João Mendes de Almeida Junior esclarece que "o *Poder Judiciário é uma delegação da soberania Nacional*, quer exercido na *jurisdição federal*, quer exercido nas *jurisdições estaduais*", sendo certo que "o *poder dos Juizes estaduais não lhes vem do Estado, vem da Nação*; suas sentenças são proferidas *em nome da Nação* e não em nome do Estado; e, enquanto não passam em julgado, nada impede que outra jurisdição, pertencente ao mesmo *Poder Judiciário nacional*, conheça da mesma causa em instância, (...), revendo os autos e proferindo julgamento definitivo sobre a lide, nos termos em que ela ficou fixada pela litis-contestação" (cf. João Mendes de Almeida Junior, *Direito Judiciário Brasileiro*, pp. 408-409); cf. art. 92, parágrafo único da atual CF.

130. Art. 5º, XXXV, da CF/1988.

131. Como ensina Francisco Campos "o *Poder Judiciário foi organizado na Constituição para se medir com o Poder Legislativo e com o Poder Executivo*, cujas *áreas de atividade ele cobre, em tôda a sua extensão, com a sua competência*. O que determinou a criação do Poder Judiciário foi, obviamente, o *propósito de comensurar com os outros poderes o Poder Judicial do Governo*. (...). A *competência do Poder Judiciário*, em regimes como o nosso, *acompanha, em toda a sua extensão, a competência do Legislativo e do Executivo*, no campo reservado à ação de um e de outro, podendo surgir, desde que se configure um caso, questão, controvérsia ou litígio, a oportunidade, para o Judiciário, de se pronunciar sobre os fatos contestados, ou sobre o direito a propósito de cuja aplicação controvertem os indivíduos entre si ou os indivíduos com a Administração" (cf. Francisco Campos, *Direito Constitucional*, cit., v. II, pp. 259-262).

132. Castro Nunes chega a afirmar que "é impossível compreender a federação sem duas justiças paralelas, correspondentes à partilha de poderes, nas esferas legislativa e administrativa, entre os Estados e a União" (cf. Castro Nunes, *Teoria e Prática do Poder Judiciário*, p. 59).

133. Como esclarece Castro Nunes, "na verdade o *adjetivo local acentua*, apenas, o *traço da competência normal da partilha federativa*. É que em nosso regime *o Judiciário se reparte entre a*

Constituição, entre *duas ordens paralelas* de Juizes e Tribunais, *autônomas e independentes*[134] (Justiça Federal e Justiças Estaduais), cada qual com *competências distintas* e *não subordinadas*, mas antes *coordenadas*, "*ex aequo*", no mesmo *pé de igualdade*, por um ou mais Tribunais Federais Superiores (STF e STJ no caso brasileiro), incumbidos do *controle da constitucionalidade* das *leis e atos* dos Poderes Públicos, bem como da *uniformidade jurisprudencial* na *aplicação do direito federal* que, no caso brasileiro, se dá em *instâncias de superposição*.[135]

Mas ao contrário do que ocorre em outros sistemas federais,[136] no resguardo máximo da *separação e independência* dos Poderes, nossa Constituição explicitou minuciosamente a *estrutura* e as *atribuições* do Poder Judiciário, estabelecendo e demarcando, a partir do Supremo Tribunal Federal, as *atribuições*, *recursos* e os *órgãos necessários* à ação dos Tribunais Federais Superiores, cujos *princípios* devem *obrigatoriamente ser observados pelas Justiças dos Estados* (CF/1988, art. 125), de tal forma que, tanto a *estrutura*, como as *competências* demarcadas no texto constitucional, *não podem ser alteradas pelo Poder Legislativo Federal*,[137] que por sua vez detém competência apenas para *legislar* sobre "*direito processual*", "*organização judiciária*", "custas dos *serviços forenses*", "*criação, funcionamento e processo do juizado de pequenas causas*" e "*procedimentos em matéria processual*".[138]

Incumbido pelo povo da *guarda e defesa da Constituição*, por expressa delegação do Poder Constituinte, ao Judiciário atribuiu-se função de particular importância na *repressão do abuso de Poderes* no Estado Federal eis que, caracterizando-se este como um regime de *poderes limitados*, ao Judiciário cumpre o irrenunciável e excelso encargo de apreciar em *última ins-*

União e os Estados pelo princípio da divisão de jurisdição. Com estes ficou a jurisdição comum; com aquela certas jurisdições especiais destacadas desse tronco. O que é *local é a competência para administrar a jurisdição comum*, regra de competência que é de direito constitucional federativo e nada tem que ver com o conceito de *jurisdição* e suas *subdivisões, matéria de direito judiciário. Jurisdição por si só não é nem federal nem local* podendo estar subdividida em comum e especial, sem a competência diferenciada peculiar ao Estado federal" (cf. Castro Nunes, *Teoria e Prática*..., cit., pp. 475).

134. Mendes de Almeida Júnior esclarece que "as justiças dos Estados não podem interferir em questões submetidas aos tribunais federais, nem anular, alterar ou suspender as suas sentenças ou ordens. (...) E reciprocamente, a justiça federal não pode intervir em questões submetidas aos Tribunais dos Estados, nem anular ou suspender as decisões ou ordens destes, excetuados os casos expressamente declarados na Constituição" (João Mendes de Almeida Junior, *Direito Judiciário Brasileiro*, 5ª ed., p. 398; no mesmo sentido cf. Castro Nunes, *Teoria e Prática*..., cit., pp. 535-536).

135. Cândido Rangel Dinamarco esclarece que no Brasil "esses tribunais *não se limitam à cassação dos julgados*, mas à sua *revisão*, no sentido de que eles aplicam ao caso concreto a interpretação jurídica dada por correta, *substituindo o decisum inferior* e julgando a causa" (cf. Cândido Rangel Dinamarco, *Fundamentos do Processo Civil Moderno*, 3ª ed., v. II, p. 784).

136. Ao comentar a Constituição dos Estados Unidos, Schwartz, lembra que naquele país "só a própria Suprema Corte está expressamente instituída no instrumento orgânico. Todos os demais tribunais federais devem sua existência, não à Constituição, senão à legislatura, porque são estabelecidos por leis do Congresso" (cf. Bernard Schwartz, *Los Poderes del Gobierno*..., cit., p. 423).

137. Nesse sentido Francisco Campos ao referir-se ao Poder Judiciário ensina que "a Constituição o instituiu e conferiu-lhe as atribuições que lhe cabe exercer; organizou-o, portanto, isto é, deu-lhe não somente os órgãos necessários à sua ação, como definiu a competência desses órgãos. Se simples departamento da administração, elevou-o à categoria de departamento independente do Governo Nacional. Instituição constitucional e de atribuições demarcadas na Constituição, subtraído, pois se acha, quer na sua estrutura, quer na sua competência, à ação do Poder Legislativo" (cf. Francisco Campos, *Direito Constitucional*, cit., v. II, p. 356). No mesmo sentido, mais recentemente, a Suprema Corte assentou que "*leis infraconstitucionais, que prevêem o deslocamento da competência* pela conexão ou pela continência, *não têm o condão de modificar a competência fixada pela Constituição*" (STF, 2ª T., HC 77.883-RJ, rel. Ministro Maurício Corrêa, *RTJ* 177/826).

138. CF/1988, art. 22, I e XVII e art. 24, IV, X e XI.

tância, se os atos dos Poderes Públicos, cuja aplicação perante ele se questiona, efetivamente se inserem na competência constitucional do poder que emanam, ou seja, cabe-lhe a *última palavra* sobre a *constitucionalidade formal e material* (intrínseca) das leis e atos dos Poderes Públicos. Nessa ordem de idéias, o E. Min. Celso Mello, certamente um dos mais ilustres e cultos juristas de nosso país, enfatizou que "*se a Suprema Corte falhar* no desempenho da gravíssima atribuição que lhe foi outorgada, a *integridade do sistema político*, a *proteção das liberdades públicas*, a *estabilidade do ordenamento normativo do Estado*, a *segurança das relações jurídicas* e a *legitimidade das instituições da República restarão profundamente comprometidas*".[139]

Assim concebido para manter o delicado ajuste entre os *direitos individuais* e os *poderes públicos* dos diversos entes que compõem o sistema federal, o Poder Judiciário é a "*balança que equilibra todo o sistema constitucional*",[140] cujo *vértice*, representado pela *Suprema Corte*, é o grande "*árbitro do federalismo*"[141] de vez que, assegurando o respeito aos *direitos individuais* e à *divisão de poderes* estabelecidos na Constituição, preserva a *excelência do Estado de Direito* e a *liberdade* do povo, das quais é *fiel depositário*.

Conclusões

1. O Estado Federal *incorpora* os conceitos do *império do Direito* (*rule of law*) e da *integral submissão dos Poderes Públicos à ordem constitucional*, através de seus três *elementos típicos* (declaração dos direitos fundamentais do indivíduo, a divisão e distinção de poderes do Estado, e um poder judicial independente, que exerça o controle da constitucionalidade das leis e dos atos dos Poderes Públicos), *aperfeiçoando e complementando* a proteção jurídica dos direitos e liberdades individuais com uma *substancial divisão do poder estatal*, através da *partilha e segregação constitucional de poderes* (vertical e horizontal) entre os entes federados que, nos respectivos âmbitos de competência rigidamente definidos e excludentes, se limitam reciprocamente em pé de igualdade (*ex aequo*), gozando de "*autonomia*", para se *auto-organizar*, criar *ordenamento jurídico e tributos próprios*, nos limites das respectivas competências constitucionais.

2. Nascido de um *ato institucional limitativo* da sua atividade, o Estado Federal, assim como seus integrantes, têm no *pacto federativo* estabelecido na Constituição Federal, um *vínculo de unidade nacional* e um *compromisso de integral subordinação aos princípios e as competências* atribuídas pelo povo na própria Constituição que, por serem *indisponíveis*, *indeclináveis* e *inderrogáveis*, não podem ser alterados ao capricho dos entes federados, nem por quaisquer de seus poderes constituídos (*princípio da intangibilidade do pacto federativo*).

3. Em face da *tridimensionalidade* assumida pelo *federalismo brasileiro*, na *coordenação e especificação* de poderes, a própria Constituição enumera as *competências privativas* do Governo Central e dos diversos entes federados (União, Estados, Distrito Federal e Municípios), que *determinam as respectivas esferas de atuação material* dos poderes outorgados (legislativo, administrativo e tributário) e definem a *linha divisória da autonomia* (*self-government*), cujo *exercício*, por ser absolutamente *independente, impenetrável, irredutível e excludente* em relação aos demais entes federados, *não comporta hierarquia ou subordinação*, que não seja ao próprio Poder Constituinte, de modo a *evitar a possibilidade de conflito* e de *concorrência* assegurando, de um lado, a *supremacia nacional dos interesses federais*

139. STF, Pleno, ADI 2.010, rel. Ministro Celso de Mello, *RTJ* 181/73.

140. Cf. Wooddrow Wilson, *apud* Bernard Schwartz, *Los Poderes del Gobierno*..., cit., p. 419.

141. Cf. Bernard Schwartz, *El Federalismo*..., cit., p. 72.

em certas e determinadas matérias e, de outro, a *autonomia dos entes federados* no exercício dos poderes que lhes são inerentes, nas matérias de *interesse presumidamente regional e local*, dentro dos respectivos territórios. A *violação* à reserva de *competência legislativa privativa*, instituída em favor de um ente federado, pelos demais integrantes da federação, implicará em "*invasão de competência*", consubstanciando uma *situação de inconstitucionalidade formal*.

4. Visando evitar os perigos de um Governo hipercentralizado, a Constituição procura ainda disseminar poderes entre os entes federados conforme os respectivos interesses (nacional, regional e local), enumerando os *poderes administrativos comuns* a todos os entes federados nos âmbitos dos seus respectivos territórios, bem como os *poderes legislativos concorrentes* entre a União, Estados e Distrito Federal, sendo que fora desses *poderes expressamente enumerados* ou dos que lhe sejam *racionalmente implícitos*, os demais poderes não expressamente conferidos e não proibidos são *reservados* aos *Estados* e ao *povo*.

5. Na enumeração da *competência concorrente* em *idêntica matéria legislativa*, a Constituição estabelece um verdadeiro "*condomínio legislativo*", onde expressamente se *ressalva à União* a legislação sobre *normas gerais* e *diretrizes essenciais*, que exijam *uniformidade* ou *sistema nacionais*, enquanto *reserva aos Estados* a *capacidade para impor suas próprias normas para atender suas peculiaridades*, nas matérias que admitam ou requeiram *diversidade de tratamento* de acordo com as *condições locais*. Em caso de *conflito* no exercício das *competências legislativas concorrentes*, a própria Constituição estabelece o *princípio da supremacia do direito federal*, que *tem preeminência sobre o direito local* e lhe *suspende a eficácia*, no que lhe for contrária, hipótese em que, a legislação federal, servirá de "*molde*" *às legislações locais* que, *somente podem preencher lacunas e adequar-se às peculiaridades regionais*.

6. No campo dos *poderes administrativos comuns* conferidos à União, Estados, Distrito Federal e Municípios, embora possam *não ser necessariamente coincidentes* as atuações em função da *predominância dos interesses* tutelados (nacional, regional ou local), para que se torne possível o *exercício simultâneo* desses *três poderes administrativos sobre o mesmo território*, sem que dessa coexistência resulte o *caos*, a *confusão*, ou a *duplicação irracional e desnecessária de serviços e custos*, é *imprescindível* que os referidos poderes, embora *comuns*, *não sejam concorrentes*, mas *coordenados* de tal forma que a atuação de cada ente federado *se restrinja* ao *objeto específico* e à *esfera de gestão dos negócios ou serviços públicos* que lhe são próprios, sem *interferência nas atividades legítimas dos demais*, observando-se os *princípios constitucionais* da "*eficiência*", *da* "*legalidade da Administração*" *e* "*territorialidade*", eis que a *repartição de competências administrativas comuns*, não se restringe a uma *mera questão de partilha de poder*, mas também envolve *partilha de responsabilidades e custos* na gestão ou prestação dos serviços públicos de que se cogita, estes últimos *determinados proporcionalmente* em função das respectivas *finalidades* e da *predominância dos interesses* tutelados (nacional, regional ou local), donde a *cumulação de atribuições* deve ser sempre interpretada como *supletiva*, na exata *medida da predominância* e da *necessidade de tutela* dos respectivos interesses (nacional, regional ou local), sob pena degenerar na indesejável *duplicação irracional e desnecessária de órgãos, serviços e custos*.

7. Não pode haver verdadeira autonomia política, sem que se assegure a correspondente autonomia financeira, donde há que se conceder *competência tributária* que, no Brasil é *partilhada* entre as *três ordens de entes federados* (União, Estados e Distrito Federal, e Municípios), cujos poderes se exercem *independentemente* nos respectivos territórios dentro da esfera outorgada pela Constituição Federal, através do exercício de *dois direitos diversos* que, embora conseqüentes, são conferidos a *Poderes distintos e independentes*, quais sejam, o *direito de instituir tributo* outorgado privativamente ao *Poder Legislativo* (através da rígida discriminação de competências tributárias), e o *direito de exigir ou de cobrar o tributo*, deferido ao *Poder Executivo* das Entidades dotadas do *poder de tributar, ambos* tratados pela Constituição como *atividades estritamente vinculadas à legalidade* e integralmente *balizadas* pelas correspondentes garantias asseguradas no Estatuto do contribuinte, de tal forma que qualquer *violação* às garantias constitucionalmente asseguradas aos contribuintes, por parte dos Entes federados — seja na *regulamentação do direito tributário*, seja na sua aplicação através de *lançamentos individuais* —, provoca *grave e inadmissível lesão* à ordem jurídica e ao patrimônio do contribuinte, ensejando os correlativos *direitos públicos subjetivos*, não só de ver declarada a *inaplicabilidade* e *inconstitucionalidade* do ato violador, nem só de ver restaurada a ordem jurídica violada, mas de exigir que os entes federados exerçam a atividade tributária com observância aos seus direitos impostos àquela atividade pela Constituição.

8. O *abuso dos poderes* constitucionalmente outorgados aos entes federados, sob os vários matizes em que se pode configurar ("*inconstitucionalidade por ação*", "*excesso*" ou "*desvio*" de poder, "*inconstitucionalidade por omissão*", "*usurpação*" ou "*invasão*" de competência alheia), por representar uma ameaça inadmissível às liberdades públicas, à supremacia da ordem constitucional e aos valores democráticos que a informam, *implica* na *sanção* de *nulidade absoluta e insanável* aos *atos violadores, sem que se lhe possa atribuir qualquer graduação na nulidade ou inconstitucionalidade*, para efeitos de sanar-lhe a falta, *deslegitimando o poder, desfigurando o ato de autoridade e* descaracterizando a atividade pública, que passa a se caracterizar como atividade ilícita e, como tal, não pode ser a nenhum pretexto consentida, sob pena de desestabilização e ruptura do próprio Estado de Direito.

9. O Poder Judiciário, *criado e definido* na própria Constituição como poder independente, detém o *monopólio da função jurisdicional nacional* (para *interpretar* e *fazer respeitar os direitos e poderes* constitucionalmente outorgados, *reprimindo* qualquer ato que lhes seja contrário), *acompanhando em toda a sua extensão, a competência dos Legislativos e dos Executivos* dos entes federados, no campo reservado à ação de uns e de outros, de tal forma que, tanto a sua *estrutura*, como as suas *competências* demarcadas no texto constitucional, *não podem ser alteradas pelo Poder Legislativo Federal.* Incumbido pelo povo da *guarda e defesa da Constituição*, por expressa delegação do Poder Constituinte, ao Judiciário atribuiu-se função de particular importância na *repressão do abuso de Poderes* no Estado Federal e na mantença do delicado ajuste entre os *direitos individuais* e os *poderes públicos* dos diversos entes que compõem o sistema federal, representando a "*balança que equilibra todo o sistema constitucional*", cujo *vértice*, representado pela *Suprema Corte*, é o grande "*arbitro do federalismo*" de vez que, assegurando o respeito aos *direitos individuais* e à *divisão de poderes* estabelecidos na Constituição, preserva a *excelência do Estado de Direito* e a *liberdade* do povo, das quais é *fiel depositário.*

Referências bibliográficas

ALMEIDA JUNIOR, João Mendes. *Direito Judiciário Brasileiro.* Livraria Freitas Bastos, 1960.

ATALIBA, Geraldo. *Sistema Constitucional Tributário Brasileiro.* 1ª ed., Ed. RT, 1966.

______. *Hipótese de Incidência Tributária.* 3ª ed., Ed. RT, 1987.

BALEEIRO, Aliomar. "Direito Tributário da Constituição". *IBDF* 8, Ed. Financeiras, 1959.

______. "Discriminação de Rendas". Publicação n. 1 do Instituto Brasileiro de Direito Financeiro. Rio de Janeiro, 1953.

BANDEIRA DE MELLO, Oswaldo Aranha. *A Natureza Jurídica do Estado Federal*. Ed. RT, 1937.

BARBALHO, João. *Constituição Brasileira — Comentários*. Ed. facsimilar do Senado Federal. Brasília, 1992.

BARBOSA, Rui. *Teoria Política*. Rio de Janeiro, W. M. Jackson Inc., 1950.

BASTOS, Celso Ribeiro. *Lei Complementar — Teoria e Comentários*. 2ª ed., São Paulo, Celso Bastos/IBDC, 1999.

BIELSA, Rafael. *Estudios de Derecho Público — Derecho Fiscal*. v. II. Buenos Aires, 1951.

BONNARD, Roger. *Précis de Droit Administratif*. Paris, Librairie du Recueil Sirey, 1935.

CALMON, Pedro. *Curso de Direito Constitucional Brasileiro*. Rio de Janeiro, Freitas Bastos, 1937.

CAMPOS, Francisco. *Direito Constitucional*. v. I. Rio de Janeiro, Freitas Bastos, 1956.

______. *Direito Constitucional*. v. II. Rio de Janeiro, Freitas Bastos, 1956.

______. Parecer *RDA* 73/384.

______. Parecer *RDA* 78/422.

______. Parecer *RDA* 80/373.

CARRAZZA, Roque Antonio. *Curso de Direito Constitucional Tributário*. 3ª ed., revista, ampliada e atualizada pela CF 1988/1991, Ed. RT.

COOLEY, Thomas. *Princípios Gerais de Direito Constitucional dos Estados Unidos da América do Norte*. Trad. Alcides Cruz, da 3ª ed. inglesa, Porto Alegre, Livraria Universal, 1909.

CRETELLA JR., José. *Comentários à Constituição de 1988*. vs. III e VII. 2ª ed., Forense Universitária, 1993.

D'EÇA, Fernando Luiz da Gama Lobo. *Curso de Direito Tributário*. Coord. Antonio Carlos Rodrigues do Amaral. São Paulo, Celso Bastos, 2002.

DINAMARCO, Cândido Rangel. *Fundamentos do Processo Civil Moderno*. v. II. 3ª ed., Malheiros Editores, 2000.

DORIA, A. de Sampaio. *Princípios Constitucionais*. São Paulo Ed., 1926.

DUGUIT, Léon. *Léçons de Droit Public General*. Paris, E. de Boccard, 1926, p. 280.

FAGUNDES, M. Seabra. *O Controle dos Atos Administrativos pelo Pode Judiciário*. 6ª ed., revista e atualizada, Saraiva, 1984.

FALCÃO, Amílcar de Araújo. *Direito Tributário Brasileiro — Aspectos Concretos*. Ed. Financeiras, 1960.

______. *Sistema Tributário Brasileiro — Discriminação de Rendas*. 1ª ed., Ed. Financeiras, 1965.

FERREIRA FILHO, Manoel Gonçalves. *Curso de Direito Constitucional*. 17ª ed. revisada e atualizada, Saraiva, 1989.

FULLER, Lon L. *The Morality of Law*. New Haven/Londres, Yale University Press, 1969.

GOODNOW, Frank. *The Principles of the Administative Law*. Nova York, G. P. Putnam's Sons, 1905.

GORDILLO, Agustín. *Teoría General de Derecho Administrativo*. Madri, Inst. de Est. de Adm. Local, 1984.

HORTA, Raul Machado. *Direito Constitucional*. 2ª ed., revista, atualizada e ampliada, Belo Horizonte, Del Rey, 1999.

KELSEN, Hans. *Teoria Geral do Direito e do Estado*. 2ª ed., São Paulo, Martins Fontes, 1992.

LEAL, Victor Nunes. *Problemas de Direito Público*. 1ª ed., Forense, 1960.

MARTINS, Ives Gandra da Silva. *O Abuso do Poder do Estado*. Coord. Mauro Roberto Gomes de Mattos. Rio de Janeiro, América Jurídica, 2005.

MAXIMILIANO, Carlos. *Comentários à Constituição Brasileira*. 5ª ed., Freitas Bastos, 1954.

MEIRELLES, Hely Lopes. *Direito Administrativo Brasileiro*. 27ª ed., atual. Eurico de

Andrade Azevedo, Délcio Balestero Aleixo e José Emmanuel Burle Filho. Malheiros Editores, 2002.

______. *Estudos e Pareceres de Direito Público*. v. V. São Paulo, Ed. RT, 1981.

MENDES, Gilmar Ferreira. *Hermenêutica Constitucional e Direitos Fundamentais*. Brasília Jurídica/IDP, 2000.

MORAES, Antão. Parecer *RDA* 32/451.

NAWIASKY, Hans. *Teoría General del Derecho*. Madri, Rial, 1962.

NOGUEIRA, Ruy Barbosa. *Curso de Direito Tributário*. 9ª ed., Saraiva, 1989.

NUNES, Castro. *Teoria e Prática do Poder Judiciário*. Rio de Janeiro, Revista Forense, 1943.

QUINTANA, Segundo V. Linares. *El Poder Impositivo y la Libertad Individual*. Buenos Aires, Editorial Alfa, 1950.

ROVIRA, Enoch Alberti. *Federalismo y Cooperación en la República Federal Alemana*. Madri, Centro de Estudios Constitucionales, 1986.

SARAIVA, F. R. dos Santos. *Novíssimo Dicionário Latino-Português*. 11ª ed., Rio de Janeiro, Livraria Garnier, 2000.

SCHMITT, Carl. *Teoría de la Constitución*. 1ª ed., Alianza Ed., 1982, reimp. 1992.

SCHWARTZ, Bernard. *El Federalismo Norteamericano Actual*. Trad. Juan Manuel Ruigómes. 1ª ed., Civitas, 1984.

______. *Los Poderes del Gobierno — Comentario sobre la Constitución de los Estado Unidos — I. Poderes Federales y Estatales*. Trad. José Juan Olloqui Labastida. Facultad de Derecho Universidad Nacional Autónoma de México, 1966.

SILVA, José Afonso da. *Curso de Direito Constitucional Positivo*. 23ª ed., São Paulo, Malheiros Editores, 2004.

SOUSA, Rubens Gomes. Parecer *RDA* 72.

STORY, Joseph. *Comentários à Constituição dos Estado Unidos por Joseph Story, LL. D. última edição trad. e adapt. à Constituição Brazileira pelo Dr. Theóphilo Ribeiro*. 1ª ed., v. II, 1894.

TÁCITO, Caio. *Temas de Direito Público — Estudos e Pareceres*. v. 1º. Renovar, 1997.

CADERNOS DE DIREITO TRIBUTÁRIO

PRINCÍPIOS E REGRAS: ACERCA DO CONFLITO NORMATIVO E SUAS APLICAÇÕES PRÁTICAS NO DIREITO TRIBUTÁRIO

PAULO CALIENDO

Graduado em Direito pela UFRGS. Mestre em Direito dos Negócios e da Integração pela Faculdade de Direito da UFRGS. Doutor em Direito Tributário junto a PUC/SP. Professor do Mestrado da PUC/RS e da Unisinos, na Disciplina de Direito Tributário, e de diversos Cursos de Pós-graduação no país. Realizou Estágio de Doutoramento na Universidade de Munique (*Ludwig-Maximilians Univesität*), no Instituto de Pesquisas em Direito Europeu e Internacional Tributário (*Forschunsstelle für Europäisches und Internationales Steuerrecht*)

Introdução. PARTE I — DO CONFLITO ENTRE PRINCÍPIOS E REGRAS: 1. Da distinção entre princípios e regras; 2. Das soluções propostas: 2.1 Da prevalência dos princípios; 2.2 Da prevalência das regras; 2.3 Da ausência de prevalência entre princípios e regras: 2.3.1 Argumentos que demonstram que inexiste um critério hermenêutico que defina "a priori" a prevalência dos princípios sobre as regras ou vice-versa: 2.3.1.1 Argumento lógico; 2.3.1.2 Argumento axiológico; 2.3.1.3 Argumento sistemático; 2.3.1.4 Argumento heurístico; 2.3.1.5 Argumento semântico; 2.3.2 Pressupostos teóricos e metodológicos; 2.3.3 Da justificação da ausência de um critério hermenêutico que defina "a priori" a prevalência dos princípios sobre as regras ou vice-versa; 2.3.3.1 Justificação pela consistência; 2.3.3.2 Justificação pela coerência; 2.3.3.3 Justificação pela conformidade. PARTE II — EXAME DE CASOS DE CONFLITO ENTRE PRINCÍPIOS E REGRAS NO DIREITO TRIBUTÁRIO: 3. Solução de casos "fáceis"; 4. Decisões com prevalência de princípios sobre regras: 4.1 Decisões com prevalência de princípios por inconsistência normativa; 4.2 Decisões com prevalência de princípios por incoerência sistemática; 4.3 Decisões com prevalência de princípios por inconformidade constitucional; 5. Decisões com prevalência de regras sobre princípios. 6. Considerações finais.

Introdução

O Direito é por excelência o campo do conflito, da decisão e da formação de consenso. Por estas razões e como não poderia deixar de ser, o estudo sobre o conflito entre princípios e regras tem recebido contribuições extremamente relevantes pela filosofia do Direito no último período. Diversas novas indagações têm surgido, especialmente quanto à aplicação das normas jurídicas e sua função de concretização dos direitos fundamentais em um Estado Democrático de Direito. Este trabalho pretende auxiliar na resposta ao seguinte questionamento: como podem ser resolvidos os conflitos entre princípios e regras? E, principalmente, qual a importância desta questão para o Direito Tributário e à proteção e promoção dos Direitos Fundamentais do

Contribuinte. Não pretende este texto, contudo, estabelecer uma análise exaustiva das diversas teorias sobre o tema, bem como não pretende esgotar todas as possibilidades de concreção de princípios e regras no Direito Público, mas tão-somente apresentar alguns casos de aplicação no Direito Tributário.[1]

Parte I — Do conflito entre princípios e regras

A questão do conflito entre princípios e regras é de fundamental importância para a solução de diversos casos de difícil solução em um Estado Democrático de Direito, especialmente, em virtude do fato de se encontrarem valores distintos em disputa e ser necessária a justa solução desse conflito pelo sistema jurídico, preservando a diferença, mas mantendo a coerência e integridade do sistema. A primeira pergunta a ser realizada é sobre a existência de uma real distinção entre princípios e regras.

1. Da distinção entre princípios e regras

Os princípios e as regras são espécies de normas jurídicas. As normas jurídicas por sua vez podem receber conceituações bastante diversas na teoria do Direito. Dentre os diversos autores que poderiam ser citados podemos destacar, dentre outros: Hans Kelsen, Herbert Hart, Ronald Dworkin e Niklas Luhmann. É importante mencionar que os as contribuições de Hans Kelsen se tornaram um modelo argumentativo dominante no debate jurídico. Os autores se dividiram em uma tentativa de justificá-lo ou de superá-lo e a toda a tradição juspositivista.

Para Kelsen o problema da teoria do Direito seria essencialmente um problema sobre uma teoria das normas jurídicas. O Direito seria entendido como um sistema encadeado de normas, em uma estrutura hierárquica definida. Os valores e outras considerações materiais restavam fora da teoria pura do Direito.

Diversas contribuições surgiram após os estudos de Kelsen, tentando explicar a riqueza do fenômeno normativo, englobando as inovações teóricas da lógica, sociologia e filosofia.

As normas jurídicas serão entendidas como espécies de programação de expectativas. As normas serão consideradas como um resultado intersubjetivo, visto que elas pretendem regular o comportamento humano em sociedade e se não dirigem somente ao indivíduo, mas igualmente ao seu relacionamento em grupo.

As normas jurídicas, igualmente, devem ser entendidas como um fenômeno comunicacional que transmite expectativas em *séries intertemporais*, ou seja, as elas são um fenômeno que tratam sobre *expectativas intersubjetivas no tempo*. Dessa forma, elas foram criadas em algum momento para regular condutas presentes ou futuras. Elas moldam programações sobre comportamentos que devem ocorrer e vinculam duas espécies de programações: (i) *imediatas* e (ii) de longo prazo ou *finalísticas*.

No primeiro caso encontramos as regras e no segundo caso os princípios.[2] As regras são comandos sobre condutas que devem ser realizadas, ou seja, programações sobre o cumprimento imediato de determinada expectativa. Por outro lado, os princípios funcionam como programações que generalizam expectativas sobre "*estados de coisas*" a serem alcançados.

2. Das soluções propostas

O conflito entre princípio e regras tem recebido tradicionalmente duas soluções,

1. Sobre o tema vejam-se os importantes fundamentos expostos pelo Prof. Paulo de Barros Carvalho sobre a interpretação em matéria tributária (*Direito Tributário — Fundamentos Jurídicos da Incidência*, São Paulo, Saraiva, 2004).

2. Não é objeto do presente trabalho exaurir as diversas possibilidades de conceituação de princípios e regras na literatura jurídica, especialmente, em Alexy, Dworkin, Luhmann entre outros.

ou a prevalência dos princípios sobre as regras ou da prevalência das regras sobre os princípios.

2.1 Da prevalência dos princípios

Diversos autores têm sustentado que no conflito entre princípios e regras devem os princípios prevalecer, em função de sua posição normativa superior, bem como pelo fato de que os princípios representam normas portadoras dos valores fundamentais de um sistema jurídico. Dessa forma, por oposição às regras os princípios possuem primazia por hierarquia ou relevância. O entendimento de que os princípios prevalecem sobre as regras pode ser denominado de concepção clássica, defendida por Geraldo Ataliba e Celso Antônio Bandeira de Mello de modo magistral Para Celso Antônio:

"Violar um princípio é muito mais grave do que transgredir uma norma. A desatenção ao princípio implica ofensa não apenas a um específico mandamento obrigatório mas a todo sistema de comando. É a mais grave forma de ilegalidade ou de inconstitucionalidade, conforme o escalão do princípio atingido, porque representa insurgência contra todo sistema, subversão de seus valores fundamentais, contumélia irrenunciável a seu arcabouço lógico e corrosão de sua estrutura mestra. Isto porque, com o ofendê-lo, abatem-se as vigas os sustém, e alui-se a estrutura neles esforçada".[3]

Da mesma forma, defendia Geraldo Ataliba que: "Os princípios são as linhas mestras, os grandes nortes, as diretrizes magnas do sistema. Apontam os rumos a serem seguidos por toda a sociedade e obrigatoriamente perseguidos elos órgãos do governo (poderes constituídos). Eles expressam a substância última do querer popular, seus objetivos e desígnios; as linhas mestras da legislação, da administração e da jurisdição. Por estas não podem ser contrariados; tem que ser prestigiados até as últimas conseqüências".[4]

Podemos listar um conjunto de argumentos em favor da prevalência dos princípios sobre as regras, especialmente:

(a) *Argumento fundacional*

Para este argumento os princípios são dotados de elevada relevância para o ordenamento jurídico, visto que eles definem os fundamentos normativos para a aplicação e interpretação do Direito ao caso concreto.[5] As normas de comportamento, tais como as regras, teriam os seus fundamentos normativos derivados direta ou indiretamente dos princípios.

Se entendermos que os fundamentos normativos dos princípios decorrem direta ou indiretamente das regras, poderíamos afirmar que os princípios possuem uma prevalência sistêmica em relação às regras em função de sua relevância.

(b) *Argumento axiológico*

Segundo o argumento axiológico os princípios possuem um conteúdo axiológico claro e, portanto, seriam detentores dos valores normativos de um sistema jurídico. Dessa forma, os princípios possuiriam uma prevalência sistemática perante as regras, visto que deles derivam os fundamentos axiológicos das regras. Dessa forma, no confronto entre princípios e regras devem os primeiros prevalecer, visto que deles é que decorrem os fundamentos valorativos do sistema.[6]

3. Cf. Celso Antônio Bandeira de Mello, *Elementos de Direito Administrativo*, 3ª ed., São Paulo, Ed. RT, 1992, p. 230.

4. Cf. Geraldo Ataliba, *República e Constituição*, 2ª ed. atual., São Paulo, Malheiros Editores, 1998, p. 34.

5. Cf. Humberto Ávila, *Teoria dos Princípios. Da Definição à Aplicação dos Princípios Jurídicos*, 4ª ed., São Paulo, Malheiros Editores, 2004, p. 35. No mesmo sentido Karl Larenz, *Methodenlehre der Rechtswissenschaf*, 6ª ed., p. 474.

6. Cf. Humberto Ávila, ob. cit., p. 36. Nesse sentido, Claus-Wilhelm Canaris, *Systemdenken und Systembegriff in der Jurisprudenz*, pp. 50, 53 e 55.

Podemos encontrar em Ronald Dworkin um dos principais defensores dessa tese. Para este autor a valorização normativa dos princípios e a sua afirmação decorrem de postulados mais gerais de ataque ao positivismo jurídico. Para Dworkin, à pergunta: por que devemos obedecer as normas? Deve ser respondida não apenas com o recurso às exigências da autoridade ou de uma força externa ao cidadão, mas principalmente pelo recurso à exigências internas e intersubjetivas de moralidade, justiça e ética.[7]

Para Dworkin a distinção entre princípios e regras não é meramente interna, lógica ou quantitativa, mas especialmente qualitativa, que é denominada de forte por Alexy. Desse modo, os princípios são "exigências de justiça, eqüidade ou outra dimensão da moralidade".[8] Os princípios são portadores do núcleo básico e radical do sistema jurídico, sem o qual este perde seus fundamentos.

(c) *Argumento heurístico*

O argumento heurístico aponta a prevalência dos princípios sobre as regras, visto que estes possuem um papel de destaque na resolução de conflitos normativos. As regras são adequadas à resolução de conflitos do tipo "soma zero", ou seja, "tudo ou nada". As regras ou são aplicáveis ou não se aplicam. Os princípios por sua vez resolvem seus conflitos por ponderação ou considerações quanto à "dimensão de peso ou importância". Dessa forma, a consideração de um perante outro princípio deve levar em conta o peso de cada um dos princípios implicados no caso, sendo que a escolha de um princípio não resulta no afastamento do outro, visto que em um caso diversos princípios devem ser tomados em consideração.[9]

Segundo R. Alexy os princípio seriam tidos como "mandados de otimização", visto que exigem a verificação da melhor conduta possível conforme o estado de coisas, ou situação de fato e jurídica que exija a sua aplicação. As regras, contudo, devem ser entendidas como "mandados de comportamento", visto que determinam uma conduta que deva ser seguida em determinado caso.[10]

Os princípios teriam dessa forma uma prevalência normativa perante as regras, visto que teriam a condição de resolverem um conjunto maior de questões e, especialmente, os casos mais difíceis, onde o mero raciocínio subsuntivo é inadequado para a solução normativa.

(d) *Argumento sistemático*

Os princípios em razão de suas características peculiares têm sido entendidos como a "fonte das fontes" ou como a "superfonte" do ordenamento. Conforme Vigo, os princípios cumpririam três funções de destaque no ordenamento jurídico: (i) *fundamento* do ordenamento jurídico; (ii) *orientador* do caráter operativo do direito, ou seja, como norma fundamental para a interpretação jurídica e (iii) *fonte supletiva* ou integradora do ordenamento jurídico, na ausência da lei ou do costume jurídico.

(e) *Argumento lógico*

Os princípios têm sido considerados como estruturas lógicas mais complexas e sofisticadas e, por isso mesmo, superiores na capacidade de transmitirem os valores fundantes do ordenamento jurídico. As regras, por sua vez, têm sido consideradas como possuindo uma estrutura lógica determinada. Alguns autores a consideram

7. O "*ataque geral ao positivismo*" (*general atack on Positivism*) tem suas primeiras investidas realizadas no texto Ronald Dworkin, "The Model of Rules" (*University of Chicago Law Review* 35/14 e ss., 1967), que posteriormente será reeditado com o sugestivo título *Is Law a System of Rules? The Philosophy of Law* (Oxford, Oxford University Press, 1977, pp. 38 e 65).

8. Cf. Rodolfo Luis Vigo, *A Interpretação Jurídica*, São Paulo, Ed. RT, 2005, p. 65.

9. Idem, p. 147.

10. Idem, p. 65.

como uma espécie de juízos categóricos, hipotéticos quanto disjuntivos. Os princípios, por sua vez, têm sido considerados como uma espécie de conceitos axiológicos (Vigo) ou como similares aos axiomas nos sistemas teóricos.[11]

As regras teriam um caráter operativo apropriado ao raciocínio subsuntivo, ao passo que os princípios exigiriam um raciocínio por ponderação.[12]

(f) *Argumento semântico*

Pelo argumento semântico pode-se afirmar que o conteúdo de cada regra conduz duas classes de sentidos distintas: um sentido interno ou específico e um sentido externo ou sistemático. Desse modo, cada regra traria um comando de conduta específica e, por outro lado, os sentidos do ordenamento jurídico por meio de princípios jurídicos que preencheriam de sentido mínimo estas regras.

(g) *Argumento genético*

Para Dworkin a distinção entre princípios e regras pode ser fundamentada igualmente no "teste de origem" ou de *pedigree*. Desse modo, as regras permitem verificar o momento de sua criação, já os princípios existem no ordenamento e não dependem da sua instituição por alguma autoridade, podendo estar implícitos no sistema jurídico. Desse modo, os princípios prevaleceriam perante as regras porque fazem parte da própria gênese do ordenamento, sendo desnecessária a verificação de seu estabelecimento.

(h) *Argumento do modo de justificação*

Para MacCormick os princípios são normas fundamentais, visto que deles decorrem os fundamentos para diversas outras normas ou classe de normas. Para Vigo os princípios agiriam como "direito concentrado", dado que deles derivam outras normas possíveis, que estariam contidas em potência.[13]

As regras permitem identificação, assim podemos realizar uma lista de cada uma delas (*lista canônica*), os princípios por sua vez não permitem uma listagem de tal ordem, visto que não é possível identificar a sua incorporação. Os princípios teriam a função de delimitar a estrutura do discurso do jurista.[14]

(i) *Argumento normativo*

Uma concepção pós-positivista que tenta superar a onipotência jurídica das normas é apresentada por um conjunto de autores que tentam demonstrar que os princípios devem ser considerados como núcleo de validade jurídica. Nesse sentido, as regras teriam os seus fundamentos de validade decorrente de princípios.[15] Igualmente sustenta este argumento o fato de se localizarem topologicamente os princípios no texto constitucional, ou seja, na norma superior do ordenamento jurídico. As regras na maioria dos casos se situam no plano normativo inferior, ou seja, na legislação infraconstitucional.

(j) *Argumento prudencial*

Os princípios seriam detentores de "forma jurídica e conteúdo moral".[16] Eles

11. Para este autor os modos de admissão desses *axiomas* seriam: por convenção ou evidência (empírica ou analítica). Ver Georges Kalinowski, *Metateoría del Sistema Normativo*, Mendonça, Idearium.

12. Cf. Rodolfo Luis Vigo, *A Interpretação Jurídica*, cit., p. 65.

13. Idem, p. 145.

14. Idem, ibidem.

15. Cf. Rodolfo Luis Vigo, "Prólogo" à edição argentina de *A Interpretação Jurídica*, cit., p. 65. Afirma Vigo que "se os princípios contam com uma intrínseca e necessária juridicidade, parece evidente que as normas não podem afetar esse conteúdo radicalmente jurídico, pois, se o fizessem, ficariam afetadas em sua validade. A validade dos princípios é conseqüência necessária do seu conteúdo; por isso, no caso de contradição com as normas, aqueles prevalecerão. A validade das normas deriva de outras normas ou dos princípios"; note-se que o autor fala de normas no sentido de norma-regra (ob. cit., p. 144).

16. Cf. Rodolfo Luis Vigo, *A Interpretação Jurídica*, cit., p. 152.

teriam o sentido de racionalidade prática, desta forma eles representariam uma forma de superação da tese positivista da separação entre o direito e a moral. Sua função precípua seria a de determinar regras de conduta para ação prática. Desse modo, os princípios teriam prevalência sobre as regras, visto que eles determinariam de modo consistente os critérios para a ação prática em sentido amplo ou finalística. As regras representam critérios para ação imediata e, portanto, submetidas aos ditames gerais da ação prática.

(l) *Argumento ontológico*

Diversos autores, dentre os quais Esser, Savigny e Boulanger demonstraram teorética e empiricamente que as mais diversas nações somente se distinguiam superficialmente quanto as suas instituições, normas e regras. As nações apresentavam de modo inequívoco e surpreendente uma "semelhança substancial" (*rejoignent*) em seus princípios essenciais.[17]

Na há como negar que o conjunto de argumentos listados em favor da prevalência dos princípios é altamente persuasiva e de difícil contra-argumentação. Contudo, inegavelmente podemos encontrar alguns argumentos que poderiam ser aduzidos para fundamentar um raciocínio oposto, qual seja: o da *prevalência das regras sobre os princípios*.

2.2 *Da prevalência das regras*

A defesa da prevalência das regras sobre os princípios decorre do fato de que as regras podem ser consideradas como normas que também conduzem valores, contudo, estas normas por possuírem uma previsão imediata da conduta requerida se traduzem como normas em que os valores estão densificados ou mais protegidos.[18] Dessa forma, o ordenamento jurídico no caso concreto determinou qual o meio exato a ser utilizado para alcançar os valores previstos no ordenamento jurídico. Dentre os diversos argumentos que podem ser listados em favor da prevalência das regras sobre os princípios, poderíamos citar:[19]

(a) *Argumento normativo*

Segundo o argumento normativo o legislador ao consagrar as regras com uma eficácia que os princípios não possuem. É justamente porque o legislador dotou as regras de uma eficácia. Para Humberto Ávila: "descumprir uma regra é mais grave que descumprir um princípio".[20] O descumprimento seria mais grave em virtude do fato de que as regras trazem uma pretensão de antecipação da decisão pelo judiciário, ou seja, atualizam um resultado que pode estar na base de um conflito normativo. Os princípios, por sua vez, trariam apenas razões ou fundamentos para decidir que deveriam estar sopesados com outros fundamentos e razões.

Podemos encontrar em Frederick Schauer, Joseph Raz e Donald H. Regan justificativas e elementos para a defesa de

17. Cf. Rodolfo Luis Vigo, *A Interpretação Jurídica*, cit., p. 152.

18. Nesse sentido entende Humberto Ávila que: "(...) num confronto horizontal entre regras e princípios, as regras devem prevalecer, ao contrário do que faz supor a descrição dos princípios como sendo as normas mais importantes do ordenamento jurídico" (Ávila, ob. cit., p. 106).

19. Os estudos de Humberto Ávila se constituem na mais renomada e acabada renovação dos estudos sobre as normas jurídicas e se constituem pela sua importância em uma obra de capital interesse para análise. Diversos dos argumentos aqui esboçados decorrem de sua obra *Teoria dos Princípios*, em que o autor promove um verdadeiro "*ataque geral*" à inquestionável tese da prevalência dos princípios sobre as regras. O autor promove uma revalorização da autoridade normativa das regras, demonstrando a sua dignidade perante os princípios e, ao mesmo tempo, desconstitui muitas das distinções fortes que favorecem aos princípios. Este texto, contudo, não pretende realizar um sumário das idéias do autor, mas apresentar argumentos que favoreçam a argumentação em favor da primazia das regras sobre os princípios, tendo, é claro, o texto do autor como um exemplo de renomada profundidade.

20. Cf. Ávila, ob. cit., p. 104.

uma teoria jurídica fundada em regras.[21] Estas três concepções podem ser denominadas de *concepção de regras indicativas* (Donald H. Regan); *concepção do Direito como sistema excludente* (Joseph Raz) e *positivismo presuntivo* (Frederick Schauer). Estes três modelos teóricos possuem em comum a concepção de uma relevância das regras para o raciocínio prático, visto que elas possuem a função de "completa transparência"[22] e "absoluta opacidade".

Para Donald H. Regan as regras servem como mecanismos para diminuir a capacidade de realização de erros em condições de incerteza. Para Joseph Raz seguir uma regra significa seguir uma norma que possui razões válidas para seu cumprimento. Para Raz podemos denominar de *razão protegida* para esta combinação entre uma razão de primeira ordem para realizar um ato exigido e uma razão excludente para não atuar em uma determinada situação.[23]

Segundo Frederick Schauer[24] as regras em gozariam de uma autonomia semântica em relação a sua justificação, visto que a exemplificação que a sustenta não encontra explicação completa em referência aos propósitos que ditaram as regras. As regras poderiam ser entendidas como *mecanismos de distribuição de poder*, ou seja, como um mecanismo apropriado para sociedades complexas em que as regras cumprem a função de determinar de plano a distribuição de competências.[25]

Os autores advertem, contudo, que a aplicação das regras não exclui automaticamente a possibilidade de conflitos normativos, por razões de alcance ou conteúdo.

(b) *Argumento axiológico*

Não há como se negar que não somente os princípios são portadores de valores, mas igualmente as regras possuem a característica de traduzirem uma relação entre o direito e a moral. Os princípios são entendidos como normas imediatamente finalísticas, diferentemente das regras que são normas imediatamente descritivas,[26] contudo, tanto uma espécie normativa, quanto a outra são portadoras de valores, em circunstâncias distintas.

(c) *Argumento heurístico*

Segundo este argumento é correto afirma-se que somente os princípios possuem as características da "dimensão de peso" e da "ponderação" (*weighting and balancing*, *Abwägung*). O autor observa com muita propriedade que os princípios não trazem em si uma etiqueta com o seu peso específico, eles nada dizem sobre sua dimensão

21. Ver Angeles Ródenas Calatayud, "Entre la transparencia y la opacidad: análisis del papel de las reglas en el razonamiento judicial", *Doxa: Cuadernos de Filosofía del Derecho*, 21, 1, 1998, pp. 99-122; Frederick Schauer, *Playng by the Rules. A philosophical examination of rulle-based decision-making in law and in life*, Oxford, Claredon, 1991; Joseph Raz, *Razón Prática y Normas*, México, UNAM, 1982 e *La Autoridad del Derecho*, Madri, Centro de Estudios Constitucionales, 1991; Donald H. Regan, "Authorithy an value: reflections on Raz's morality of freedom", *Southern California Law Review* 62/995 a 1.095, 1989.

22. Uma norma seria considerada *transparente* quando o agente somente considera racional seguir uma regra quando possui certeza sobre as razões para segui-la, ou seja, que é a decisão racional correta. Por outro lado, ela seria considerada como *opaca* quando o agente fizer o que a regra estabelece sem atender as razões que a fundamentam.

23. Cf. Calatayud, ob. cit., p. 102.

24. Cabe referir que Frederick Schauer não diferencia entre princípios e regras, ver in Schauer *apud* Calatayud, ob. cit., pp. 102-108.

25. Ver Schauer *apud* Calatayud, ob. cit., p. 110.

26. Cf. Ávila, ob. cit., pp. 78 e ss. Muita esclarecedora é a posição do autor que afirma que: "(...) os princípios, embora relacionados a valores, na se confundem com eles. Os princípios relacionam-se aos valores na medida em que o estabelecimento de fins implica na qualificação positiva de um estado de coisas que se quer promover. No entanto, os princípios se afastam dos valores porque, enquanto os princípios se situam no plano deontológico e, por via de conseqüência, estabelecem a obrigatoriedade da adoção de condutas necessárias à promoção gradual de um estado de coisas, os valores situam-se no plano axiológico ou meramente teleológico e, por isso, apenas atribuem uma qualidade positiva a determinado elemento" (p. 80).

de peso, será no caso concreto que o julgador irá realizar a ponderação de valores.[27]

(d) *Argumentos sistemáticos*

Três elementos devem ser considerados para fundamentar-se a superação de uma regra: (i) *justificativa condizente*, (ii) *fundamentação condizente* e (iii) *comprovação condizente*. Estes elementos serão denominados por nós de argumento sistemático, visto que se dirigem ao modo de integração do uso de regras no sistema e de sua possibilidade de superação por princípios.

A *justificação condizente* deve demonstrar a (in)compatibilidade entre a hipótese da regra e a finalidade subjacente. Dessa forma, a superação da regra deve demonstrar que a consagração da justiça no caso concreto (individual) não afeta a justiça geral.

A *fundamentação condizente* diz respeito à exteriorização racional e transparente das razões de superação. A superação deve obedecer a critérios claros de controle.

A *comprovação condizente* exige mais do que a mera suposição ou alegação, torna-se necessária à indicação inquestionável e robusta em provas da solução da controvérsia, de modo que não reste elevado o grau de incerteza, controvérsias e arbitrariedades.

(e) *Argumento lógico*

Em conformidade com o demonstrado por alguns autores a estrutura lógica das regras difere da estrutura sintática dos princípios. As regras possuem uma forma marcada pelo modelo hipotético-condicional (... *se*, *então*...), assumindo a característica de juízos prescritivos. Os princípios, por outro lado, não condicionam o cumprimento de uma conduta específica e estão marcados apenas pela indicação dos fundamentos ou razões para decidir do julgador.[28]

Esta argumentação deve ser complementada com as ponderações de que também os princípios podem possuir conseqüências normativas e hipóteses de incidência. Desse modo, não seria correto afirmar-se que a distinção entre princípios e regras depende da estrutura normativa. Esta distinção decorre principalmente do uso argumentativo ou do contexto discursivo do que de uma verificação sintática. Não haveria, portanto, uma prevalência lógica para os princípios em função de sua riqueza argumentativa, perante uma "restrição" performativa das regras. Não haveria como se alegar que os princípios possuem uma função hermenêutica nobre por dotar o intérprete de múltiplas possibilidades de uso argumentativo, enquanto que as regras seriam limitadas na sua gênese por um raciocínio subsuntivo "pobre".

Tanto princípios e regras se constituem em passos iniciais para a decisão do intérprete, que irá realizar "conexões axiológicas" e determinar o modo de alcance da finalidade a ser alcançada.[29] Não há um privilégio hermenêutico *ab initio* dos princípios perante as regras no uso argumentativo, mas de um uso diferenciado. É quanto ao tipo de prescrição de comportamentos que está a distinção entre princípios e regras, especialmente quanto ao tipo de eficácia de cada tipo destas normas.

(f) *Argumento semântico*

Pelo argumento semântico questiona-se a consagrada noção de que os princípios possuem uma prevalência normativa em virtude de seu elevado grau de generalidade e abstração. Justamente em função des-

27. Segundo Humberto Ávila: "(...) a dimensão de peso não é um atributo empírico dos princípios, justificador de uma diferença lógica relativamente às regras, *mas resultado de juízo valorativo do aplicador*" (Humberto Ávila, ob. cit., p. 59).

28. Idem, p. 40, e Vigo, ob. cit., p. 152.
29. Cf. Ávila, ob. cit., p. 42.

sa característica é que se atribuem aos princípios uma preponderância, visto que representam elementos de significativa apreciação valorativa, as regras de outro lado apresentam baixo grau de mobilidade valorativa, desarmando o aplicador de instrumentos normativos e axiológicos fundamentais para a decisão do caso concreto. *Todas* as normas, inclusive os princípios, possuem espaço para a ponderação. Igualmente, todas as regras trariam implicitamente dois valores no seu interior: o valor segurança jurídica e o valor específico que é carregado por esta. É justamente a elevada carga de generalidade e abstração que irá dificultar a aplicação normativa, gerando um elevado grau de subjetivismo que poderia afrontar os ditames da segurança jurídica e da certeza do direito.

Como se pode notar claramente da argumentação realizada, existe uma fundamentação bastante sólida capaz de justificar a prevalência das regras sobre os princípios. Tentaremos demonstrar em breve que é possível justificar a inexistência *a priori* de uma prevalência dos princípios sobre as regras ou vice-versa.

2.3 Da ausência de prevalência entre princípios e regras

Pretende-se demonstrar que inexiste um *critério hermenêutico* que defina *a priori* a prevalência dos princípios sobre as regras ou vice-versa. Este raciocínio deve ser utilizado para os casos em que princípios e regras possuem mesma hierarquia (constitucional ou infraconstitucional), visto que entre normas de hierarquia distinta os fundamentos de validade podem ser buscados nos critérios sobre norma superior e inferior (*lex superior derogat lex inferior*).

Pretende-se demonstrar que somente a análise tópica ou casuística irá determinar em cada caso qual a norma que irá prevalecer. Este argumento parte da premissa de que é uma regra lógica que entidades de naturezas distintas não podem ser comparadas.

Para o melhor esclarecimento dos argumentos buscar-se-á apresentar os seus pressupostos teóricos e metodológicos, em seguida demonstrar-se-ão os seus fundamentos específicos.

2.3.1 Argumentos que demonstram que inexiste um critério hermenêutico que defina *a priori* a prevalência dos princípios sobre as regras ou vice-versa

Estabelecida a justificação das razões para se crer que inexiste um critério hermenêutico de prevalência de princípios ou regras, esboçamos abaixo os argumentos que sustentam esta posição:

2.3.1.1 *Argumento lógico: Não pode existir conflito entre princípios e regras. Se houver conflito será entre princípios ou entre valores, preponderando o princípio ou valor mais elevado ou tópica e sistematicamente mais relevante.*

Princípios e regras possuem uma natureza lógico-sintática distinta.[30] Não há como existir, portanto, o conflito entre princípios e regras. O ordenamento jurídico pressupõe uma concretização de valores jurídicos mediante normas jurídicas (princípios e regras). As regras por sua vez, são concretizações de princípios. Dessa forma, a solução do conflito entre princípios e re-

30. Para Ana Paula de Barcellos os princípios e regras possuem funções distintas, apesar de sua mesma hierarquia. Segundo a autora: "Inexiste hierarquia entre ambas as categorias, à vista do princípio da unidade da constituição. Isto não impede que princípios e regras desempenhem funções distintas dentro do ordenamento" (Luis Roberto Barroso e Ana Paula de Barcellos, "O começo da história: a nova interpretação constitucional", in Virgílio Afonso da Silva (org.), *Interpretação Constitucional*, São Paulo, Malheiros Editores, 2005, p. 281). Para autora as regras possuem a função de proteger o valor "*segurança*", enquanto que caberia aos princípios fundamentar o valor "*justiça*". Na sua opinião tradicionalmente valorizava-se mais a segurança jurídica, contudo, um sistema "*ideal*" deveria prever um equilíbrio entre os dois.

gras não pode ocorrer.[31] O que conflita, em termos lógicos, são regras com regras, princípios com princípios e valores com valores. Desse modo, a regra não conflita com o princípio, mas é o princípio que fundamenta a regra que conflita com outro princípio.[32]

Nesse caso deve prepondera a norma com maior relevância normativa no sistema, ou seja, portadora de valores normativos mais elevados, maior número de conseqüências jurídicas, conexões normativas e axiológicas, maior eficácia de organização institucional de expectativas intertemporais, entre outros tantos requisitos a serem balanceados no confronto entre soluções divergentes.[33]

2.3.1.2 *Argumento axiológico: O confronto entre princípios e regras deve ser resolvido pela preponderância da norma suportada por valores de maior peso axiológico.*

Se houver um confronto entre normas irá preponderar a norma que possuir um fundamento axiológico mais robusto. Caberá ao intérprete no caso concreto escolher dentre as diversas soluções possíveis, ou seja, a que considerar "melhor" solução *possível*, com base em conexões axiológicas, ou seja, escolhas valorativas.[34]

Não existe no sistema uma definição *a priori* da solução de um conflito entre valores ou princípios. É da ponderação entre diversas soluções possíveis que irá emanar a melhor solução possível para o caso.[35]

2.3.1.3 *Argumento sistemático: A hierarquização de princípios, regras e valores é realizada de modo tópico-sistemático, inexistindo soluções "a priori" do resultado do conflito normativo.*

Do ponto de vista sistemático, a hierarquização de princípios, regras e valores, bem como da resolução de conflitos intra-sistemáticos é a base da interpretação tópi-

31. No mesmo sentido entende Willis Santiago Guerra Filho que inexiste conflito entre regras e princípios, "pois os princípios não se reportam a fatos, ainda que hipotética e absolutamente" (Willis Santiago Guerra Filho, "Princípio da proporcionalidade e devido processo legal", in Virgílio Afonso da Silva (org.), *Interpretação Constitucional*, cit.); ver também Willis Santiago Guerra Filho, "Teses sobre direitos fundamentais, princípios jurídicos e Estado Democrático de Direito", in Agassiz Almeida Filho, Danielle Rocha Cruz (orgs.), *Estado de Direito e Direitos Fundamentais. Homenagem ao Jurista Mário Moacyr Porto*, Rio de Janeiro, Forense, 2005, p. 669. Para o autor este conflito é aparente, pois a regra deriva de princípios e são estes que colidem.

32. Posição semelhante encontrarmos em Eros Roberto Grau. Segundo o autor: "*As regras são as concreções dos princípios*", nesse caso, fica explícita a tese que não poderá existir a antinomia entre regras e princípios (Grau, ob. cit., p. 192). A solução adotada pelo autor é a de que no caso de confronto entre princípios, a regra que concretiza o princípio desprezado fica afastada. Esse afastamento implica em uma perda de eficácia da regra que continua válida.

33. Nesse mesmo sentido, entende Juarez Freitas que: "Desponta, com nitidez, a diferença de patamar entre constitucionalismo (dominado por princípios) e legalismo (dominado por regras), sendo aquele, por definição, superior a este. No cerne, afirma-se que, entre princípios e regras, devem preponderar aqueles, sem que a suposta definitividade das regras afaste o primado, mais do que *prima facie*, dos princípios. Assim, se a lei colidir com o princípio da justa indenização, então, a súmula, no caso, deverá preponderar. Na aplicação, o princípio hierarquizado, tópica e sistematicamente, prepondera e, por conseguinte, resolve as antinomias de primeiro e segundo graus" (Juarez Freitas, "A melhor interpretação constitucional *versus* a única resposta correta", in Virgílio Afonso da Silva (org.), *Interpretação Constitucional*, cit., p. 327.

34. No mesmo sentido entende Ana Paula de Barcellos que tanto os princípios quanto as regras podem ser ponderados, tendo em vista o caso concreto, cita-se como exemplo o HC 7.703-PE, STF. A ponderação é entendida como uma técnica de decisão jurídica aplicada a casos difíceis que permite ao aplicador verificar, diante do caso concreto a extensão e o papel dos princípios e das regras, tendo como fio condutor os princípios da proporcionalidade e da razoabilidade (Barcellos, ob. cit., p. 336).

35. No mesmo sentido, entendem os autores que não há como se definir *ab initio* a solução material para determinado caso concreto, cabendo ao julgador a responsabilidade pela decisão, assim: "No seu limite máximo, presta-se ao papel de oferecer um rótulo para voluntarismos e soluções *ad hoc*, tanto as bem-inspiradas como as nem tanto" (Barcellos, ob. cit., p. 291). A interpretação poderá, no máximo, fornecer racionalidade ao raciocínio desenvolvido na resolução do caso concreto.

co-sistemática. Caberá ao aplicador do Direito proceder a esta solução de modo a garantir a coerência geral do sistema, mantendo a sua unidade de valores.

A aplicação do Direito obedece a um processo hermenêutico "circular", ou seja, a interpretação inicia no texto, tem o seu sentido construído no texto, mas deve reencontrar no texto os seus limites. Igualmente, o caso concreto é ponto de partida e de chegada para alcançar uma solução que deverá sempre ser tópico-sistemática.

2.3.1.4 *Argumento heurístico*: *Tanto as regras como os princípios possuem um papel de destaque na resolução de conflitos normativos.*

Conforme demonstrado não há uma precedência ab initio para apontar uma prevalência de um tipo normativo na resolução de conflitos normativos, esta análise não pode prescindir da verificação do caso concreto, que irá determinar os contornos e a importância normativa que assumirá a regra ou os princípios no caso. Em um caso difícil todo o ordenamento será chamado a resolver o litígio.

2.3.1.5 *Argumento semântico*: *As regras e os princípios possuem um conteúdo semântico mínimo idêntico que são os valores fundantes do ordenamento jurídico.*

Pelo argumento semântico pode-se afirmar que as regras e os princípios possuem um conteúdo semântico mínimo idêntico que são os valores fundantes do ordenamento jurídico. Tanto o valor justiça, quanto o valor segurança jurídica estarão na base desses tipos normativos. As regras, por sua vez, ainda são concretizações de enunciados decorrentes de princípios jurídicos. Desse modo, podemos afirmar que inexistente confronto direto entre princípios e regras, será antes entre princípios ou valores.

Para demonstrar os argumentos acima expostas iremos apresentar os seus pressupostos teóricos e metodológicos, bem como os modos de justificação pela exigência de consistência, coerência e conformidade do discurso jurídico.

2.3.2 Pressupostos teóricos e metodológicos

A tese aqui proposta possui dois grandes fundamentos. O primeiro se refere à compreensão do sistema jurídico como sendo um sistema organizado em torno de valores jurídicos. O ordenamento jurídico é composto de normas jurídicas portadoras de valores normativos que serão implementados por meio de princípios e regras jurídicas. O segundo, é de que este sistema possui uma coerência sistemática em torno de um sistema axiológico plural e fundado na resolução leal de conflitos entre valores, em um Estado Democrático de Direito.

(a) *Giro ético na filosofia*

Esta concepção pode ser denominada de *giro ético*, na medida em que estabelece que as proposições sobre o mundo são proposições sobre o agir humano. Este agir humano, por sua vez será situacional, ou seja, contextualizado no mundo e na história e, especialmente, na intersubjetividade, visto que este agir se desenrola na vida em convívio social.

O Direito será entendido não apenas como texto, mas como sentidos construídos na comunicação humana. Esta comunicação, contudo, não será meramente formal ou vazia, mas estará eivada de pré-compreensões fruto da faticidade do emissor de sentidos. Igualmente, esta enunciação está dirigida para intersubjetividade, ou seja, para a vida em sociedade.

Não há afirmação (enunciado) feito pelo sujeito (emissor) que não se dirija à finalidades do agir humano em interação com outros. Dessa forma, pressupõe-se um "giro ético" na filosofia, ou seja, a questão da ética passa a ser a questão central de pesquisa em filosofia. Igualmente, a ética é o campo próprio do conhecimento produzido pelo ser.

Este pressuposto deve estar igualmente presente no Direito, que é o campo por excelência da racionalidade prática.

(b) *Justificação e aplicação no discurso jurídico*

Outro pressuposto está no entendimento de que as normas jurídicas deverão encontrar na *ética material* fundamentos para a sua justificação. Esse pressuposto se funda na rejeição tanto da identidade entre postulados morais e normas jurídicas, como também de uma afirmação meramente formal do sentido ético do direito — destituída de qualquer sentido material mínimo (*tese da autonomia*).[36]

Esta tese advoga uma autonomia entre justificação e aplicação, ou seja, defende a impossibilidade de se deduzir diretamente a racionalidade das normas jurídicas das normas morais. Contudo, a aplicação das normas jurídicas de buscar a sua fundamentação em determinados valores, que possuem sentido mínimo na linguagem jurídica e ordinária.[37]

Esse entendimento parte de três postulados: (a) *mínimo de sentido "a priori" e estrutura prescritiva "a posteriori"*; (b) *faculdade de julgar crítica* e (c) *presença de um "mundo da vida" comum.*

Segundo a tese da autonomia, não é possível a definição de uma *estrutura prescritiva "a priori"*, ou seja, a definição de existência de uma razão prática com a previsão de certos modelos de condutas universalmente aceitos, a partir do qual poderá ser analisada uma conduta particular e extraída ou não a sua correspondência (justificação). Não haverá uma correspondência direta entre justificação e aplicação. No entanto, poder-se-á determinar o campo de aplicação pelos limites determinados pela justificação. Poderemos, desse modo, falar em aplicação conforme e desconforme os postulados morais básicos de uma sociedade. Não há como se exigir uma única resposta correta, ou seja, uma única aplicação possível e justificada em um sistema jurídico, mas é possível falar-se em campo de aplicações legítimas ou conformes ao mínimo de *ethos* existente na linguagem ordinária.

A *faculdade de julgar crítica*, por sua vez estabelece-se pela distinção entre universalização como critério para ação e o que o critério para a ação seja ele mesmo universal.[38] A universalização não será entendida nem como critério material, nem como critério meramente formal para ação. Haverá uma correspondência entre ambas, de tal modo que exista uma coerência entre a aplicação e a justificação. Inexistirá uma subsunção direta entre ambas, havendo uma relação de coerência e conformidade.

Na tese da *identidade*, a relação entre justificação (Moral) e aplicação (Direito) é uma relação direta e similarmente dedutiva, ou seja, a aplicação apresenta-se como uma forma direta da justificação, dado que as normas jurídicas são consistentes com as normas morais. Na tese da *separação*, toda a dedução torna-se impossível, visto

36. Acreditamos, tal como Lorenz Puntel, na possibilidade de um diálogo genuíno e complexo entre a *tradição* e a *filosofia analítica*, ou seja, na possibilidade de encontrarmos um modo de articulação entre problemas centrais da filosofia continental, tal como a justiça, com o máximo de transparência e rigor metodológico. Nesse sentido, veja-se Lorenz B. Puntel, "É possível um diálogo produtivo entre a filosofia tradicional ('continental-européia') e a filosofia analítica?", *Revista Estudos Jurídicos*, v. 4, n. 6, São Leopoldo, Unisinos, 2003, pp. 19-56.

37. Nesse sentido: "Assim, dentro do campo das condutas possíveis, estas deverão estar inscritas no campo proposicional permitido por esse sentido mínimo. Dessa forma, não há identidade imediata entre justificação e aplicação; tampouco existe separação. A justificação delimita o campo de aplicação possível além do qual haverá ofensa aos axiomas valorativos de determinada sociedade e época. Por mais polissêmica que esta seja, deverá possuir um fio condutor ou integrador comum sob pena de inexistir a própria sociedade" (Caliendo, ob. cit.).

38. Cf. Luiz Moreira, "Prefácio" in Klaus Günther, *Teoria da Argumentação no Direito e na Moral — Justificação e Aplicação*, São Paulo, Landy, 2004, p. 12.

que as normas são, por natureza, inconsistentes, não existindo a possibilidade de derivação de uma por meio da outra. Na tese da *autonomia*, ao contrário, o problema desloca-se do plano da consistência para o plano da coerência, ou seja, nenhuma dedução direta é possível; contudo, deve existir uma *unidade de princípios entre aplicação e justificação*.

Não haverá uma correspondência direta entre *critérios para decisão* (universais) e a própria *decisão* (contingente), mas uma referência coerente, de tal modo que será no *discurso público* que encontraremos a fundamentação para o que venha ser moral, conforme determinada sociedade.[39]

Dado que há uma *cisão das concepções de vida* cabe questionar sobre a possibilidade de existir um mínimo de sentido prescritivo.[40] Iremos entender que sim, visto que, apesar dos axiomas valorativos serem diversos e inexistir uma noção única de vida comum, podemos encontrar, mesmo em uma sociedade polissêmica, possuidora de valores, elementos semânticos agregadores mínimos que possibilitam o convívio social. Esses elementos não são naturais e derivados da observação, mas fruto de um desejo consciente de vida em sociedade. Tais valores encontram-se no *discurso público* sobre aquilo que se proclama como sendo normativo. É nesse pacto social dinâmico que devem ser buscados os elementos de integração e coerência entre discurso ético e jurídico. A essa característica iremos denominar "mundo da vida comum". Entretanto, não se trata de um modo de vida comum (*concepção de vida boa*), mas de uma realidade comum que exige a presença de valores integradores mínimos.[41]

Não existirá uma única visão ética ou de valores morais, mas tão-somente uma ética colmatada no discurso público.

(c) *O Estado Constitucional como um sistema de valores*

O Estado Democrático de Direito (Estado Constitucional) representa uma evolução institucional importante perante o Estado de Direito. A passagem do Estado de Direito para o Estado Constitucional constitui uma mudança de paradigmas:[42]

(i) no Estado de Direito prevalece o princípio da segurança jurídica e do consenso; enquanto que no Estado Constitucional ocorre a prevalência do equilíbrio entre o consenso e o conflito. O Estado Constitucional deve prever dois grandes princí-

39. Cf. Moreira: "somente em um discurso público, realizado conforme 'U', obteremos a justificação daquilo que a sociedade proclama como normativo" (ob. cit., p. 12).

40. Essa cisão de modos de vida encontra-se mesmo na *polis* grega, assim: "se a unidade da vida privada e da vida pública caracterizava a era clássica da Grécia, a ruptura dos quadros da cidade em proveito de conjuntos mais vastos arruína tal unidade. Aristóteles ainda sustenta a coincidência entre a virtude do homem público e do homem privado; entretanto, esta se torna inútil numa sociedade que não mais espera do homem privado que participe nos negócios públicos"; ver Aubenque (2003, p. 33).

41. Sobre "*consistência*" e "*relevância*" entende o autor que "Many a traditional theorist has believed that the dictum that 'equals should be treated equally and unequals unequally', or that 'similar cases should be treated in a similar fashion' would express a principle of justice. This is a grave mistake, unless justice does not mean more than consistence. But if justice is defined in such a way that the distinctions drawn must also be relevant, or that exceptions made must be made on relevant grounds, treating equals equally and unequals unequally does not guarantee relevance and justice by any manner of means. Only the reverse may be true: if the making of the distinction or exception is relevant, then those who are equal on each side of the divide should be treated equally. A classical philosopher may thus treat all'er compatriots (the equals) in exactly the same fashion and all 'barbarian aliens' (the unequals) also in exactly the same fashion, yet this does not prove that the distinction between compatriots and aliens would be relevant, and that it would be just to treat aliens in another way than compatriots, even when done consistently. Such reasoning is fallacious, because it confuses consistence as a necessary with consistence as a sufficient criterion of relevance, and indirectly of justice" (<http://www.trinp.org/MNI/BoI/5/4/1.HTM>, acesso em 5.9.2004, às 16h00).

42. Sobre o tema veja-se Gustavo Zagrebelsky, *Il Diritto Mite: Legge, Diritti, Giustizia*, Turim, Einaudi, 1992.

pios: a preservação do pluralismo de valores e seu confronto leal;

(ii) o Estado de Direito tenta preservar um modelo de coesão social (noção de vida boa identificada com o burguês, *pater familias* e comerciante); no Estado Constitucional não conceito de vida boa, não existem modelos fechados de vida. Os direitos fundamentais é que constituem o substrato do *ethos* social;

(iii) o Estado de Direito representa uma situação ideal (*ficção*) de indivíduos atomizados ou de uma estrutura social homogênea; o Estado Constitucional, por sua vez, representa o claro reconhecimento de uma base fática plural e conflituosa;

(iv) o modelo hermenêutico típico no Estado de Direito é o raciocínio subsuntivo da regra (silogismo legal) Direito, consagrado na Jurisprudência de conceitos; o modelo do Estado Constitucional é a concreção de valores, onde existe uma dogmática fluída, na aplicação de princípios e valores (Jurisprudência de valores);

(v) no Estado de Direito apresenta-se uma homogeneidade do Estado legislativo, em que o ordenamento jurídico aparece como dado; por sua vez, no Estado Constitucional aparece a heterogeneidade do ordenamento jurídico como problema. Se no primeiro caso a lei é pacificadora de conflitos sociais; no segundo caso, a lei representa um compromisso entre valores pluralista. Ela não é mais produto neutro (podendo representar grupos determinados). Os princípios correm o risco de se tornarem em um recurso de esvaziamento semântico de soluções substanciais, pela inexistência de regras e compromissos. Fim da beleza.

É como base nestes fundamentos que se sustenta a natureza valorativa da resolução de conflitos[43] no ordenamento jurídico constitucional.[44]

43. Sobre o assunto veja-se Wilson Antônio Steinmetz, *Colisão de Direitos Fundamentais e Princípio da Proporcionalidade*, Porto Alegre, Livraria do Advogado, 2001.

2.3.3 Da justificação da ausência de um critério hermenêutico que defina *a priori* a prevalência dos princípios sobre as regras ou vice-versa

A solução para o conflito entre princípios e regras deve responder a *três* testes: consistência, coerência e conformidade, visto que as relações entre justificação e aplicação encontram-se no discurso jurídico (discurso público) como fundantes de uma relação coerente e referenciada. Os três níveis da argumentação jurídica diferenciam-se no seguinte sentido:[45]

a) *consistência*: apresenta-se sob a forma de um *raciocínio dedutivo ou subsuntivo*, no qual de determinadas premissas podem ser geradas certas conclusões;

b) *coerência*: por sua vez, apresenta-se como *argumento integrativo*, ou seja, capaz de possuir o maior campo de aplicação; maior número de fatores explicativos e referenciabilidade; e

c) *conformidade* significa a característica do argumento coerente autorizado pelo sistema jurídico como sendo uma interpretação conforme (*raciocínio autorizativo*). De dois ou mais argumentos deve prevalecer aquele conforme o texto oficial (Constituição) ou a tradição. Este nível de argumentação obedece, especialmente, a

44. Para uma completa verificação da proteção dos Direitos Fundamentais veja-se a obra de Ingo Wolfgang Sarlet, *A Eficácia dos Direitos Fundamentais*, Porto Alegre, Livraria do Advogado, 2006.

45. Em Direito Tributário os estudos mais aprofundados sobre o tema podem ser encontrados em Paulo de Barros Carvalho, que expressa de modo bastante sofisticado os casos de interpenetração dos níveis sintático, semântico e pragmático na interpretação jurídica. Conforme o autor: "tais cruzamentos entre os três planos de elaboração, deles não saindo em qualquer dos momentos do percurso gerativo de sentido, exibem, entre outras coisas, a unidade do sistema jurídico, visto como um todo, tecido pelo intérprete numa concepção que salvaguarda, acima de tudo, o dado de sua integridade existencial, uniforme e consistente, adaptando-se o predicado de 'consistência' que convém à função pragmática com que o direito positivo utiliza sua linguagem prescritiva" (Carvalho, ob. cit., p. 130).

uma técnica jurídica de controle da constitucionalidade.[46]

2.3.3.1 *Justificação pela consistência*: A noção lógica de consistência pode assumir três significados, quais sejam: consistência entre proposições, entre um sistema de proposições e entre normas morais.

(i) Da consistência como ausência de contradição entre proposições

O primeiro sentido de consistência em lógica formal se refere à característica de que as proposições não podem ser verdadeiras ou falsas ao mesmo tempo, ou seja, não podem ser contraditórias. O sistema jurídico não pode ser entendido como consistente, dessa forma, em dois sentidos:

(a) *Consistência entre normas jurídicas*

As proposições jurídicas não podem ser verdadeiras ou falsas,[47] visto que não é propriedade das proposições prescritivas afirmar fatos ou propriedades do ser, o que é próprio de proposições descritivas (*Dilema de Jørgensen*).[48] Nesse sentido, as proposições prescritivas poderiam ser proibidas, permitidas ou obrigatórias, mas nunca verdadeiras ou falsas.[49] Dessa forma se existir um princípio que trate determinada questão de modo diverso de uma regra jurídica, nada impede que ambos coexistam no ordenamento jurídico. Contudo, no caso concreto deverá o julgador aplicar um ou outro sentido à resolução do caso.

Contudo, para compararmos duas proposições prescritivas devemos verificar se estas são comparáveis, ou melhor, se possuem estrutura lógica comum para comparação. *Assim como não podemos comparar proposições prescritivas com proposições descritivas, não poderemos comparar ou confrontar proposições prescritivas com estrutura lógico-sintática, distintas*. Para que esta comparação seja feita é preciso que exista um processo lógico de formalização ou uniformização formal.

46. A utilização de cada um dos níveis possui funções específicas. Assim, a consistência (dedução) pode explicar a incidência do imposto sobre a renda na aquisição de renda nova, não poderá, contudo, sem recurso à idéia de coerência e conformidade resolver problemas difíceis, tais como da incidência do IR nos rendimentos pagos em atraso e acumuladamente pela previdência social. Ver, nesse sentido, Paulo Caliendo Silveira, "Da Incidência do Imposto sobre a Renda nos pagamentos pagos acumuladamente e em atraso dos débitos da Previdência", *Interesse Público* 24/1, 2004.

47. Como bem alerta Ota Weiberger, essa construção está fundada nos moldes da lógica alética (*necessário/obrigatório*; *possível/permitido* e *impossível/proibido*). Tal construção, contudo, não está sujeita a críticas, visto que não existe uma correspondência direta entre esses conceitos. Igualmente, tal construção implica o surgimento de diversos paradoxos, como, p.ex., o *Paradoxo de Ross*, que, se obrigatório, *p*, ou seja, (*Op*) então se segue que se o dever *p* não for realizado, qualquer outra conduta, p.ex., *q* deve ser cumprida; ver Weinberger (2001, p. 138).

48. Cf. Ota Weinberger: "This famous dilemma is based on the *prima facie* of the following theses: a) the attributes 'true'/'false' cannot be assigned to norm-sentences (in Jørgensen's terminology 'imperatives'); (b) the concept of inference (logical entailment) is defined in logic as a truth relationship and is therefore applicable only to sentences to which truth values can be ascribed. (c) There are inferences in which norm-sentences occur as elements (premises, conclusions) and to which the same evidential force is attributed as to the indicative deductions" (Ota Weinberger, *A Philosophical Approach to Norm Logic*, *Ratio Juris*, v. 14, n. 1, mar. 2001, pp. 130-141, p. 137). Segundo o autor existem duas formas de superação desse dilema, ou uma rejeição da dicotomia semântica entre o plano do ser (*being*) e dever-ser (*ought*) ou uma revisão do conceito de inferência fundada em relações de verdade unicamente (*inference based only on truth relations*).

49. A procura de elementos que possam esclarecer o fenômeno da consistência normativa é um dos problemas mais instigantes da Filosofia do Direito. Uma das abordagens mais significativas foi elaborada por Paulo de Barros Carvalho. Seguindo as suas contribuições e acrescentando a elas o problema da consistência normativa, poderíamos afirmar que uma norma é, resultado de uma operação em que enunciados particulares possuem os seus sentidos organizados de forma a construir uma proposição com sentido completo. Desse modo, poderíamos dizer que a composição de enunciados deve ser consistente, na medida em que não sejam utilizados enunciados contraditórios à construção de uma norma (proposição com sentido completo).

Partimos do pressuposto que a estrutura lógica de princípios e regras é diversa. Enquanto as regras possuem uma estrutura hipotético-condicional (... *se, então...*), os princípios possuem a forma de conceitos e apenas pela indicam os fundamentos ou razões para decidir do julgador.

Concordamos com Humberto Ávila que a distinção entre princípios e regras em função da estrutura normativa não implica em uma prevalência lógica para os princípios em função de sua riqueza argumentativa, perante uma "restrição" performativa das regras. Concordamos igualmente que esta distinção não traduz uma prevalência hermenêutica na aplicação para os sobre as regras, visto que a abertura do intérprete ao julgar possui um grau semelhante no uso de princípios e regras.

Podemos realizar a solução do conflito entre princípios e princípios ou entre regras e regras utilizando os critérios da especialidade (*lex specialis derogat lex generalis*), cronologia (*lex posterius derogat lex prius*) e hierarquia (*lex superior derogat lex inferior*). A solução do conflito entre entidades de estrutura distinta exige uma solução diversa. Está claro que existe uma diferença na estrutura lógica de ambas as normas. Existindo esta diferença a solução de um conflito entre princípios e regras exige critérios de comparação para solucionar o conflito.

Entendemos que no conflito entre uma norma de conduta descrita (*regra*) uma norma que estabelece os fundamentos para a adoção de uma conduta necessária (*princípio*) deve proceder a uma formalização de segundo grau, ou seja, deverá ser realizado entre os elementos que estão na base de princípios e regras.

Na base dos princípios que são normas de fundamento do sistema encontramos os valores normativos do sistema. Na base das regras encontramos os seus fundamentos (todas as regras são portadoras de fundamentos) e valores normativos.

As regras apresentam uma densificação de princípios (normas de fundamento) e carregam valores. Assim, se houver o conflito entre uma norma de conduta descrita (regra) e uma norma que fundamenta condutas necessárias (princípios) o conflito irá ser deslocado para o fundamento (princípio) da regra sobre uma conduta e a norma de fundamento de condutas necessárias (princípio). Se estes fundamentos ou princípios ainda estiverem no mesmo nível ou não se possa solucionar o seu conflito, então caberá ao intérprete verificar os fundamentos dos fundamentos, ou seja, os valores normativos que o ordenamento jurídico tenta proteger por meio de normas jurídicas.

Nesse caso, caberá ao intérprete proceder a *escolhas axiológicas* com base no sistema constitucional.

Desse modo, no conflito entre um princípio e uma regra o conflito em verdade será realizado entre o princípio e o princípio que fundamenta a regra.[50] Se estes princípios estiverem no mesmo nível de importância para o sistema, caberá ao intérprete solucionar o conflito entre o valor normativo que fundamenta o princípio e o valor normativo que fundamenta o outro princípio. Caberá ao intérprete na ponderação de valores normativos e procedendo as conexões axiológicas necessárias para resolver o conflito entre valores, em última instância.[51]

50. Sobre a posição fundante e estruturante dos princípios no sistema jurídico defende Juarez Freitas que: "(...) na hierarquização simultânea de princípios, normas estritas (no sentido de regras) e valores constitucionais, releva fazer com que os princípios ocupem o lugar de destaque, ao mesmo tempo situando-os na base e no ápice do ordenamento, vale dizer, considerando-os fundamento e cúpula do sistema" (Juarez Freitas, "A melhor interpretação constitucional...", cit., in Virgílio Afonso da Silva (org.), *Interpretação Constitucional*, cit., p. 326). Ver, ainda, Juarez Freitas, *A Interpretação Sistemática do Direito*, São Paulo, Malheiros Editores, 2004.

51. Leciona Juarez Freitas com propriedade que: "Mais: a antinomia entre as regras oculta, necessariamente, uma antinomia ente princípios. Estes ostentam validade formal e não são mais deveis do que aquelas. A diferença reside em que as regras apresentam função hermenêutica instrumental, isto é, devem servir à realização dos princípios. Aliás, a tarefa da hierarquização, no uso dos silogismos

Para ilustrar, na decisão o intérprete irá proceder da seguinte forma:

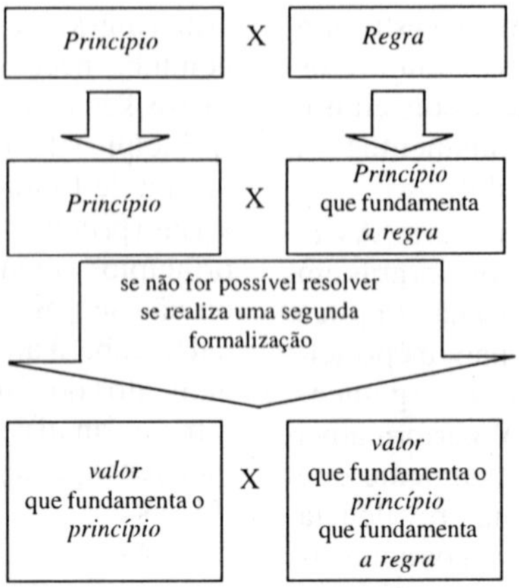

(b) *Consistência no sistema de normas jurídicas*

O sistema jurídico pode comportar a exigência de consistência em algumas situações, para tanto a possibilidade de existir um *sistema consistente de normas jurídicas* exige a adoção de dois postulados iniciais:

1. *uma conclusão proposicional não pode ser falsa se todas as premissas proposicionais são verdadeiras e todas as premissas normativas são válidas*; e

2. *uma conclusão normativa não pode ser inválida se todas as premissas proposicionais são verdadeiras e todas as premissas normativas são válidas.*[52]

Assim, se todas as premissas normativas são válidas a conclusão também deve ser válida. Por exemplo, se dissermos que a lei municipal deve respeitar o princípio da anterioridade, tal conclusão normativa somente pode ser consistente porque todas as premissas normativas em nosso sistema constitucional atestam para esta exigência (regra da anterioridade, princípio da anterioridade, valor segurança jurídica).

Contudo, em alguns casos as premissas não estão estabelecidas de modo inquestionável, visto que existe a possibilidade de contradição entre os valores que fundamentam o sistema e a presença de princípios contraditórios no sistema. Dessa forma, não há como se estabelecer *ab initio* a consistência do sistema, visto que mais de uma premissa pode ser utilizada para resolver o caso concreto.

A exigência do primeiro postulado é que todas as premissas utilizadas sejam verdadeiras e não contraditórias entre si. Se houver contradição entre elas não será possível deduzir uma única resposta válida. Será possível, contudo, buscar a melhor resposta possível no sistema. Nesse caso, estaremos falando em argumentos de conformidade e coerência no sistema.

(c) *Da consistência entre valores normativos no sistema (conflito axiológico)*

A teoria do Direito tem se preocupado pouco com o problema do conflito entre valores no sistema jurídico. Tal despreocupação se deve ao vício positivista de que o sistema jurídico é um sistema composto de normas, ou seja, de puras formas sem sentido material ou valores. A preocupação com os valores seria um aspecto da ética ou da política, mas não do direito. O pró-

dialéticos, culmina justamente na positivação do princípio como superior" (Juarez Freitas, "A melhor interpretação constitucional...", cit., in Virgílio Afonso da Silva (org.), *Interpretação Constitucional*, cit., p. 318).

52. Cf. Weinberger (2001, p. 138).

prio sentido da justiça é entendido como um conceito procedimental.

Entendemos que o Estado Democrático de Direito (Estado Constitucional) é composto por dois postulados: pluralidade axiológica e resolução leal do conflito de valores. Demonstramos, igualmente, que os grandes conflitos constitucionais não são de mera aplicação normativa, mas principalmente de solução leal e coerente de uma ordem fundada sobre valores distintos e em conflito.

A solução do conflito de valores normativos deverá ser solúvel no sistema constitucional, mediante a previsão de cláusulas de cláusulas de exceção ou hierarquia axiológica. O ordenamento constitucional deverá prever os valores que considera superiores no sistema e na presença de valores de mesmo nível deverá prever cláusulas de aplicação.

Uma aplicação de valores normativos será consistente quando existir interpretações possível em que estes valores serão adotados em qualquer circunstância, ou seja, existir um dispositivo em qualquer interpretação possível em que nenhum conflito possa ocorrer.

Um conjunto valores normativos será inconsistente se existir um grupo de interpretações onde todas as regras morais possam ser satisfeitas conjuntamente (*not cosatisfiable*).

O discurso jurídico tem apresentado um grau de sofisticação muito elevado, de tal forma que a mera apresentação de questionamentos de ordem sintática, sobre a estrutura da norma e do fenômeno de incidência tributária são insuficientes para expressar o conjunto de dilemas produzidos pela argumentação jurídica. As limitações da lógica deôntica para explicar inclusive o próprio fenômeno da sintática das normas jurídicas reforçou o apelo por novas soluções capazes de possibilitar uma análise mais abrangente do discurso jurídico. Dentre as inovações mais originais apresentadas, encontramos a *lógica não-monotônica* (*non-monotonic*)[53] e da *lógica da plausibilidade* (*defeasible logic*).[54] O aperfeiçoamento das indagações sobre o discurso jurídico implica considerar a necessida-

53. A diferença entre a *lógica monotônica* e a *lógica não-monotônica* é muito bem explicada da seguinte forma: "(...) logic is monotonic if the truth of a proposition does not change when new information (axioms) are added to the system. In contrast, a logic is non-monotonic if the truth of a proposition may change when new information (axioms) is added to or old information is deleted from the system. When declaiming a line of reasoning, it is the custom to present a case for the object of discourse. During the argument, the propositions are steadily built up, monotonically increasing. But, in non-monotonic logic, the propositions are defeasible; that is, if an impasse is reached, the propositions can be abandoned; thus the number of valid propositions no longer has to increase steadily, but can even decrease and further fluctuate". A *lógica monotônica* possui as seguintes características: a) a verdade das proposições não se altera com o acréscimo de novas informações; b) decorre de um processo dedutivo (informações completas, precisas e consistentes) e c) durante a argumentação ou cadeia proposicional o sentido das proposições aumenta vinculadamente. Na *lógica não-monotônica*: a) a verdade das proposições se altera com o acréscimo de novas informações ou a retirada de informações; b) decorre de um processo não-dedutivo (informações incompletas, inexatas e potencialmente inconsistentes) e c) durante a argumentação ou cadeia proposicional o sentido das proposições pode modificar-se substancialmente, podendo mesmo ser abandonada a premissa inicial, diminuir o seu sentido ou flutuar novamente. Essas características podem ser facilmente observáveis em uma argumentação jurídica, de tal modo que a sua pesquisa aumentou consideravelmente. Ver <http://cs.wwc.edu/~aabyan/Logic/Nonmonotonic.html>, acesso em 12.9.2004, às 17h04; v., tb., <http://plato.stanford.edu/entries/logic-nonmonotonic/>, acesso em 12.9.2004, às 18h08. V., ainda, Daniel Lehmann, *Nonmonotonic Logics and Semantics*, <http://arxiv.org/abs/cs.AI/0202018>, acesso em 12.9.2004, às 18h38.

54. A lógica deôntica é geralmente vista como sendo a lógica aplicável às proposições prescritivas, enquanto que a lógica da plausibilidade aplica-se ao caso das proposições tentativas, ou seja, aquelas nas quais reserva-se o direito de modificação na presença de uma informação nova. Em sentido contrário, ao uso da lógica não-monotônica à teoria da argumentação jurídica, veja-se Jan-R. Sieckmann, *Why Non-Monotonic Logic is Inadequate to Represent Balancing Arguments*, <http://www.kluweronline.com/issn/0924-8463/current>, acesso em 12.9.2004, às 22h07.

de de enxergar para além da mera dedução, subsunção ou consistência de proposições normativas, verificando a sua coerência jurídica.[55]

2.3.3.2 *Justificação pela coerência*: A solução do conflito entre princípios e regras deve obedecer igualmente às exigências de coerência do raciocínio jurídico.[56] O resultado do conflito deve ser em si coerente com o ordenamento jurídico, visto que inexiste um cânone interpretativo *a priori* sobre a melhor a resposta a um conflito entre princípios e regras é fundamental se verificar no caso concreto quais são os critérios que tendem a permitir uma decisão fundada em princípios ou regras.

Na solução de um caso concreto primeiro teste a ser realizado pelo intérprete é denominado de teste de relevância (*test of relevancy*), que irá determinar em um caso concreto quais as normas que são pertinentes à solução da questão.

Verifica-se, assim, se determinadas normas possuem consistência com o sistema como um todo quando de sua aplicação ao caso concreto. Assim, ela irá demonstrar apenas se um argumento é relevante para a decisão, bem como se a sua aplicação ao caso concreto possui sentido com o todo.

A noção de coerência pode se dirigir a duas ordens de interpretação distintas: a coerência do sistema jurídico e a coerência do raciocínio jurídico.

(a) *Da coerência do sistema jurídico ("coherence in the legal system")*

Dentre as diversas posições sobre o *conteúdo do conceito de coerência* de um sistema jurídico, podemos entender a coerência como significando:

(i) a realização de valores ou princípios comuns (*unidade de princípios*);[57]

(ii) a indicação da *aproximação* a uma estrutura definida por um conjunto de proposições.[58]

Dessa forma, a resolução do conflito entre princípios e regras deve ser entendido novamente como uma forma reafirmar a coerência geral do sistema. O intérprete deverá realizar dois raciocínios:

(i) primeiro, determinando os fundamentos que orientam o caso concreto.[59]

55. *Theories of Legal Argumentation and Concepts of Law, An approximation, Ratio Juris*, v. 15, n. 4, dez. 2002, pp. 377-402. Cf. Massimo de La Torre: "the argumentative style proper to constitutional justice consequently spreads throughout the judicial system. Here, then, is a further reason for the rebirth and the prospering of theories of legal reasoning urned towards determining a broad spectrum of criteria for the rightness of a judicial decision" (Massimo de La Torre, *Theories of Legal Argumentation and Concepts of Law*..., cit., pp. 377-402, p. 382).

56. Dentre os diversos autores que têm trabalhado com a questão da coerência no raciocínio jurídico podemos citar: Ronald Dworkin, Aleksander Peczenik, Robert Alexy, Aulis Aarnio e Jaap Hage.

57. Cf. N. MacCormick, "Coherence in legal justification", in A. Peczenik *et al.* (eds.), *Theory of Legal Science*, D. Reidel Publishing, Dordrecht, 1984. Para Dworkin, a idéia da integridade do Direito pode ser entendida como uma visão sobre a coerência, em que interpretar o Direito deve ser entendido como "falar uma só voz" (*speaking with one voice*).

58. Cf. Alexy e Peczenik (1990). Esse autores estabelecem um conjunto de critérios capazes de avaliar a coerência de um sistema jurídico, quais sejam: "(1) the number of supportive relations, (2) the length of the supportive chains, (3) the strength of the support, (4) the connections between supportive chains, (5) priority orders between reasons, (6) reciprocal justification, (7) generality, (8) conceptual cross-connections, (9) number of cases a theory covers, and (10) diversity of fields of life to which the theory is applicable". A dificuldade dessa abordagem está em estabelecer as diferentes medidas e pesos para critérios diversos.

59. Nesse sentido, entende o Prof. Paulo de Barros Carvalho ao tratar do processo hermenêutico de construção de sentido deôntico que: "(...) devendo o exegeta promover a contextualização dos conteúdos obtidos no curso do processo gerativo, com a finalidade de produzir unidades completas de sentido para as mensagens deônticas" (Paulo de Barros Carvalho, *Curso de Direito Tributário*, cit., p. 124). Assim, segue o autor que: "faz-se necessário advertir que o quantum de significação obtido com o isolamento do arcabouço da norma jurídica não é suficiente para expressar a orientação da conduta, como algo definitivo. Sua completude, perante o sistema, continua parcial, representando, apenas, o vencimento de um ciclo do processo exegético, que passa, a

Assim, o confronto entre princípios e regras será entendido como um conflito entre fundamentos e, em última instância, um conflito entre valores. Dessa forma, o conflito seria resolvido de modo mais coerente com a norma (princípio ou regra) que melhor realizasse os princípios gerais do sistema jurídico;

(ii) depois verificando qual o grau de aderência da regra ou o princípio ao caso concreto e ao conjunto geral de proposições normativas do ordenamento. A norma que possuir o grau maior de *suportabilidade* no ordenamento, maior número de efeitos, conexões e conseqüências presentes e futuras na determinação de condutas necessárias conforme os valores normativos do ordenamento possuirá maior grau de coerência e, portanto, maior peso na balança de razões para decidir.

(b) *Da coerência do raciocínio jurídico ("coherence in legal reasoning")*

A coerência no raciocínio jurídico tem sido entendida como uma exigência necessária e suficiente (*sufficient*), ou seja, um requisito essencial na interpretação e aplicação do Direito. Segundo Dworkin, o Direito deve ser entendido como uma voz organizada e coerente (*community of principle*) de uma comunidade de membros que entendem estarem governadas por princípios comuns (*common principles*). Ou seja, capaz de apresentar uma justificação normativa geral.

Na interpretação jurídica a busca de uma argumentação coerente será:

(i) *geral*, quando os juízes, ao julgar, procurarem coerência com o sistema jurídico como um todo;[60] e

(ii) *tópica*, no qual deverão procurar coerência com o sistema jurídico somente com uma parte deste.

Utilizando as observações de Giovanni Sartor poderíamos dizer que o conflito entre princípios e regras nas disputas judiciais se constitui em um confronto entre teorias diversas e conflitantes por sua aceitação como interpretação oficial. Dessa forma, este conflito poderia se entendido como um "intercâmbio dialético de teorias" (*dialectical exchange of theories*).

Um dos critérios que poderia ser utilizado para determinar a "força comparativa de teorias competitivas" (*comparative strengh of competing theories*) é a idéia de coerência. A parte que oferecer a teoria mais coerente irá possuir a maior força comparativa e, possivelmente, alcançar a vitória.

Desse modo, no conflito entre princípios e regras a solução deverá buscar a satisfação de quatro exigências:[61]

partir de então, a experimentar novo intervalo de indagações atinentes ao que poderíamos chamar de esforço de contextualização" (ob. cit., p. 125).

60. Cf. Julie Dickson: "(...) Dworkin (1977, and, although not yet written at the time of Levenbook's article, Dworkin 1986. (...) Dworkin's account of integrity in adjudication requires judges to attempt to view the legal system as a whole as exhibiting coherence and speaking with one voice in interpreting the law, Dworkin does also recognize that compartmentalization into different branches or areas of law is an indisputable feature of legal practice, and he accordingly attempts to integrate it within his vision of adjudicative integrity. He does so via his doctrine of local priority in interpretation, i.e. that if a given principle justifying a judicial decision does not fit at all well with the area of law which the case is classified as falling under, then this counts dramatically against deciding the case in accordance with that principle, no matter how well such an interpretation coheres with other areas of the law (see Dworkin 1986, ch. 7). However, because of the strong pull toward global coherence in law as integrity — expressed in Dworkin's claim that it is necessary to strive to view the legal system as a whole as speaking with one voice, the voice of an authentic political community, in order that law can be seen as justifying state coercion (...)" (Julie Dickson, "Interpretation and coherence in legal reasoning", *The Stanford Encyclopedia of Philosophy*, fall 2001 edition, Edward N. Zalta (ed.), URL = <http://plato.stanford.edu/archives/fall2001/entries/legal-reas-interpret/>, acesso em 12.9.2004, às 21h00.

61. Cf. Giovanni Sartor, "Teleological arguments and theory-based arguments", *Artificial Intelligence and Law* 10, Netherlands, Kluwer, 2002, pp. 95-112, 103-104.

a) *compreensividade* (*case-coverage*), ou seja, a capacidade de explicar um amplo campo de casos;

b) *funcionalidade* (*factor-coverage*), ou seja, a capacidade de levar em consideração argumentos consistentes e contra-argumentos consistentes. Dessa forma, a teoria mais consistente será aquela que referir a consideração do maior número de fatores explicativos, respondendo ao maior número de questionamentos contrários;

c) *conectividade analógica* (*analogical-connectivity*), na qual as premissas de uma teoria possibilitam a construção, por analogia, de outras premissas no interior do mesmo sistema proposicional; e

d) *sustentabilidade* (*non-arbitrariness*), em que todas as premissas de uma teoria encontram-se suportadas mutuamente no interior do sistema proposicional.

Torna-se necessário que se realize uma operação lógica para que se encontre uma base comum de análise, ou seja, é necessário que seja realizado um processo de formalização de segundo grau e neste ponto sejam comparadas às normas. Na resolução de conflitos entre princípios e regras estarão em conflito a base semântica comum a estas espécies normativas: os valores constitucionais. O conflito real ocorrerá entre o valor constitucional que fundamenta o princípio e o valor constitucional que fundamenta o valor.

Encontramos em Vigo um indício para a solução que ora apresentamos, ao tratar do caso de contradição entre normas diz o autor que "uma delas não pode ser válida (se a outra contradiz o é). A decisão a respeito de qual é válida e qual deve ser abandonada ou reformada, deve ser tomada apelando a *considerações que transcendem as próprias normas*".[62]

Igualmente, encontramos em Humberto Ávila indícios para a solução que advogamos, ao estabelecer que: "como o intérprete tem a função de medir e especificar a intensidade da relação entre o dispositivo interpretado e os fins e valores que lhe são potencial e axiologicamente, sobrejacentes, ele pode fazer a interpretação jurídica de um dispositivo hipoteticamente formulado como regra ou como princípio. *Tudo depende das conexões valorativas que, por meio da argumentação, o intérprete intensifica ou deixa de intensificar e da finalidade que entende deva ser alcançada*".

Desse modo, não existe um cânone interpretativo demonstre a prevalência irrestrita dos princípios ou das regras.

2.3.3.3 *Justificação pela conformidade*: A conformidade decorre de uma análise do texto perante o seu contexto normativo. E mais especificamente, a partir da possibilidade de que duas ou mais interpretações sejam consideradas coerentes, mas que uma se apresente como conforme a Constituição, diferentemente de outras abordagens. A noção de conformidade diferencia-se de consistência e coerência; dirigindo-se a uma relação entre o contexto institucional e o texto a ser interpretado.[63] Os ricos debates sobre o tema assumiram proporções significativas no Direito brasileiro com a chamada interpretação conforme a Constituição.

Este raciocínio parte da premissa que inexiste uma única resposta correta a um determinado caso concreto. Igualmente, não há como sustentar que qualquer resposta poderia ser adotada em um conflito entre princípios e regras. Dessa forma, o sistema autoriza a possibilidade de respostas alternativas, dentro do que se pode considerar a melhor resposta possível a um determinado caso. O conflito entre princípio e regra deve ser realizado sempre tendo em vista a realização de valores constitucionais.

62. Cf. Rodolfo Luis Vigo, ob. cit., p. 65.

63. Assim, conforme o Ministro Moreira Alves na Rp 1.417: "a interpretação da norma sujeita a controle deve partir de uma hipótese de trabalho, a chamada presunção de constitucionalidade, da qual se extrai que, entre dois entendimentos possíveis do preceito impugnado, deve prevalecer o que seja conforme à Constituição" (*RTJ* 126/53).

Dois institutos diferentes têm sido utilizados na hermenêutica constitucional para auxiliar na solução de conflitos envolvendo o texto constitucional, dentre os quais se destacam: *a interpretação conforme à Constituição e a declaração parcial de inconstitucionalidade sem redução de texto.*[64]

A interpretação conforme à Constituição se refere aos casos em que existir determinada norma que pode receber interpretação incompatíveis com o texto constitucional. Essa interpretação deve respeitar a noção de presunção de constitucionalidade ínsita às normas constitucionais, sendo que existindo mais de uma interpretação possíveis deverá prevalecer aquela que for considerada constitucional.[65]

No caso da declaração parcial de inconstitucionalidade sem redução de texto a argüição fulminará apenas algumas das hipóteses de incidência do ato normativo, resultando na procedência da argüição de inconstitucionalidade. Conforme bem explica José Levi Mello do Amaral Júnior "Assim, como na declaração parcial de inconstitucionalidade sem redução de texto há efetivo juízo de desvalor da norma, surgindo a *quaestio juris* incidentalmente em um órgão fracionário de Tribunal, o incidente deverá ser remetido ao respectivo Plenário ou Órgão Especial (art. 97 da CRFB/1988 — *full bench*). Por sua vez, a interpretação conforme à Constituição, por ser técnica hermenêutica que visa à preservação do texto inquinado, pode (e deve) ser procedida por todo e qualquer juízo, monocrático ou colegiado, não necessitando, nesse último caso, de provocação do Plenário".[66]

Parte II — Exame de casos de conflito entre princípios e regras no Direito Tributário

A *solução tópico-sistemática* do conflito entre princípios e regras no Direito Tributário, defendida na parte antecedente deste estudo, pode ser muito bem exemplificada com exemplos de casos em Direito Tributário, em que se demonstra ser esta a melhor solução para o caso concreto.

3. Solução de casos "fáceis"

A teoria da interpretação denomina de casos "fáceis" em oposição ao que se denominou de casos "difíceis". A expressão casos "difíceis" é atribuída a Herbert Hart, em sua obra O *Conceito de Direito* (*The Concept of Law*). Para Hart os casos difíceis emanam das limitações da linguagem, que permite que se tenha mais de uma in-

64. Sobre o assunto veja-se o texto esclarecedor de José Levi Mello do Amaral Júnior intitulado de "Da necessária distinção entre a interpretação conforme a Constituição e a declaração parcial de inconstitucionalidade sem redução de texto", disponível em <http://www6.ufrgs.br/ppgd/doutrina/amaralj1.htm>, acesso em 24.7.2006, às 18h00.

65. Sobre o assunto veja-se Gilmar Ferreira Mendes, *Jurisdição Constitucional*, São Paulo, Saraiva, 1996, p. 222. Nesse sentido, igualmente veja-se o voto do Ministro Moreira Alves na Rp. 1.417: "a interpretação da norma sujeita a controle deve partir de uma hipótese de trabalho, a chamada presunção de constitucionalidade, da qual se extrai que, entre dois entendimentos possíveis do preceito impugnado, deve prevalecer o que seja conforme à Constituição" (*RTJ* 126/53). V. Lúcio Bittencourt, *O Controle Jurisdicional da Constitucionalidade das Leis*, 2ª ed., Rio, Forense, 1968 e Jorge Miranda, *Manual de Direito Constitucional*, t. II, 2ª ed., Coimbra, Coimbra Editora, 1988.

66. A interpretação conforme a Constituição deve limitar-se à atuação como legislador negativo, sendo-lhe vedado agir como legislador positivo, nesse sentido, veja-se o voto do Ministro Moreira Alves na ementa da Rp 1.417: "(...) o STF — em sua função de Corte Constitucional — atua como legislador negativo, mas não tem o poder de agir como legislador positivo, para criar norma jurídica diversa da instituída pelo Poder Legislativo. Por isso, se a única interpretação possível para compatibilizar a norma com a Constituição contrariar o sentido inequívoco que o Poder Legislativo lhe pretendeu dar, não se pode aplicar o princípio da interpretação conforme à Constituição, que implicaria, em verdade, criação de norma jurídica, o que é privativo do legislador positivo" (*RTJ* 126/48). Nesses casos, mostra-se inevitável a declaração de inconstitucionalidade. Procedê-la no seio de órgão fracionário, sem a devida provocação plenária (arts. 480 a 482 do CPC) e sob o nome de "interpretação conforme à Constituição".

terpretação para o mesmo texto. Tal situação decorre do fato de que as regras se dirigem a uma classe plural de pessoas (intérpretes) e tenha uma duração temporal longa. Esta *textura aberta* da linguagem faz com que as expressões lingüísticas tenham um núcleo semântico e uma zona de penumbra.[67] Igualmente, Dworkin fará uso da expressão casos "difíceis" para expressar aquela classe de fatos em que possa surgir um desacordo fundamental entre os intérpretes sobre os valores a serem privilegiados no caso de confronto.[68]

Os *casos fáceis* seriam aqueles em que: (i) a *textura da linguagem* permite uma interpretação comum pelos intérpretes ou (ii) *inexiste* um *desacordo valorativo* fundamental entre as escolhas a serem tomadas.

Tomemos por exemplo o seguinte caso: a lei municipal "x" determinou a cobrança de tributo no mesmo exercício de sua instituição. Questiona-se: esta cobrança fere o texto constitucional? A resposta será afirmativa, visto que a CF/1988 determinou expressamente que entre a instituição de tributo e sua cobrança deva existir um período de tempo. Esta regra denominada de "princípio da anterioridade" está prevista no art. 150, III, "c".

O raciocínio utilizado neste exemplo é de um silogismo direto:

Premissa Maior: Todos os tributos devem ter sua cobrança no próximo exercício à sua instituição.

Premissa Menor: A lei municipal exige a cobrança no mesmo exercício.

Conclusão: A lei municipal é inconstitucional.

A definição dos casos fáceis não é sempre tão simples, visto que um caso difícil pode surgir, mesmo em uma situação onde a linguagem se apresenta clara, mas, contudo, existem desacordos valorativos entre os intérpretes sobre o conteúdo e o alcance da interpretação dos enunciados jurídicos. Vejamos os seguintes casos:

(a) *"Prorrogação da CPMF"*

A Emenda Constitucional 42/2003 prorrogou o prazo de vigência da Contribuição Provisória sobre a Movimentação Financeira (CPMF) até 31 de dezembro de 2007. A questão da prorrogação da CPMF já tinha sido julgada pelo STF em caso semelhante, na edição da EC 37/2002. O pleno do STF, ao julgar a Ação Direta de Inconstitucionalidade 2.666-DF, entendeu que a prorrogação da CPMF pela EC 37/2002 não estaria sujeita à anterioridade nonagesimal, visto que teria ocorrido a mera prorrogação de um tributo que já existia. Não existindo inovação não haveria a imposição da regra da anterioridade. Entretanto, a EC 42/2003 modificou a regra-matriz da CPMF para o ano de 2004 ao prever a cobrança de uma alíquota diferente daquela prevista pela EC 32/2002 para o ano de 2004 (0,08%).[69] Entendeu o STF que

67. Para Hart a solução dos casos difíceis passa necessariamente por uma interpretação discricionária e razoável dos juízes no caso concreto. O juiz irá decidir no caso concreto, determinado a decisão que achar mais apropriada. Toda a decisão aqui será uma criação judicial. Como crítico feroz a este modelo de interpretação teremos Ronald Dworkin, que defendeu que o Direito não pode ser identificado separadamente da moral política. As justificações axiológicas são partes fundantes da aplicação da decisão judicial. Trata-se de uma afirmação dos valores da vida em comunidade. Os cidadãos têm direito à decisões consistentes e a um ordenamento lastreado na integridade, como critério de identificação de normas jurídicas.

68. Para Atienza a distinção entre casos fáceis e difíceis se encontra na justificação exigida para cada um deles. Nos casos fáceis justificação se resumiria em um silogismo judicial de tipo dedutivo, enquanto que nos casos difíceis seria necessária a presença de um raciocínio não meramente dedutivo. Apresenta ainda o autor a categoria dos "*casos trágicos*", como sendo aqueles em que não se encontra nenhuma decisão judicial que não implique em sacrifício de algum valor considerado fundamental do ponto de vista jurídico ou moral (Manuel Atienza, "Los límites de la interpretación constitucional — De nuevo sobre los casos trágicos", *Isonomía: Revista de Teoría y Filosofía del Derecho* 6/7-30, p. 15, abr. 1997).

69. O art. 84, § 3º, do ADCT, incluído pela EC 37/2002, autorizou a cobrança da CPMF nos

era inconstitucional esta alteração, não se traduzindo em mera prorrogação, devendo, portanto, respeitar o princípio da anterioridade.

No primeiro caso havia o entendimento de que todas as premissas normativas eram válidas e, logo, a conclusão também deve ser válida (*constitucional*). Contudo, a mudança de uma das premissas (alíquota da CPMF no ano de 2004) implicou uma dúvida sobre a manutenção do silogismo normativo anterior e sobre a validade (*constitucionalidade*) da regra.

Como se poder ver, nesse caso, a denominação de casos fáceis ou difíceis irá depender das conexões lógico-valorativa do intérprete. A mudança em um dos elementos na aplicação normativa pode gerar um conjunto de questionamentos fundamentais sobre a interpretação normativa.[70]

(b) *IPTU progressivo*

O texto originário da constituição estabelecia tão-somente a possibilidade da incidência do IPTU progressivo de natureza extrafiscal sobre a propriedade territorial urbana. A EC 29/2000 permitiu, contudo, aos municípios a cobrança de IPTU em função do valor do imóvel. O texto constitucional é bastante claro ao permitir a cobrança de IPTU progressivo fiscal, contudo o intérprete deve proceder à análise do dispositivo constitucional em comparação com o conjunto do sistema constitucional. Nesse caso, diversos questionamentos irão surgir: existe contradição entre a EC 29/2000 e o texto constitucional originário? Poderá o poder de reforma ampliar a tributação da propriedade, instituindo a tributação progressiva?

exercícios de 2002 e 2003 na alíquota de 0,38% e, no exercício de 2004, a CPMF seria na alíquota de 0,08%.

70. Veja-se igualmente o caso da Emenda Constitucional 3/2001 que foi atacada pela ADI 939-DF, ao instituir o Imposto Provisório sobre a Movimentação ou a Transmissão de Valores e de Créditos e Direitos de Natureza Financeira (IPMF), em violação ao princípio da anterioridade.

Dessa forma, se o texto constitucional não expressar de modo definitivo as suas premissas axiológicas, permitindo a existência de sua pluralidade e a abertura para o seu confronto leal, a solução para a presença de princípios contraditórios no sistema permitirá que mais de uma premissa possa ser utilizada para resolver o caso concreto.

Os confrontos sobre os limites dessa alteração envolverão discordâncias sobre os valores normativos fundamentais do texto constitucional, tais como entre aqueles que entendem correta a utilização dos tributos sobre a propriedade como forma de promoção do direito fundamental à função social da propriedade urbana e aqueles que entendem que a tributação progressiva da propriedade é injusta e não contribuem para a justiça fiscal. Igualmente se discute se um imposto de natureza real deveria levar em conta as características pessoais do contribuinte e o princípio da capacidade contributiva.

4. Decisões com prevalência de princípios sobre regras

Conforme demonstrado anteriormente é possível que no âmbito da aplicação normativa ocorra à interpretação com a prevalência de determinados princípios sobre determinadas regras. Nesse caso, conforme dito não ocorre o confronto direto entre dois tipos normativos, restando, contudo, afastada a eficácia da regra para o caso concreto. Para fins de maior esclarecimento didático, dividimos as possibilidades de decisões com prevalência de princípios sobre regras em três grupos: (i) *por inconsistência normativa*, (ii) *incoerência sistemática* e (iii) *inconformidade constitucional*.

4.1 Decisões com prevalência de princípios por inconsistência normativa

Nos casos de decisões com prevalência de princípios por inconsistência *normativa* o confronto ocorre entre normas de dimensões normativas diversas, nesse caso uma regra afronta direta ou indiretamente texto normativo constitucional. Nos dois casos, existe um confronto entre a regra e as suas premissas (princípios). Dado que as regras são concretizações de valores e princípios constitucionais, elas devem respeitar seus fundamentos. Desse modo, uma regra que afronte os princípios constitucionais poderia ser afastada por inconsistência normativa. O modelo mais simples de afronta ocorre no nível hierárquico, em que uma regra afronta diretamente princípio constitucional ou na encontra fundamento em nenhum princípio constitucional fundamental.

(a) *ITCD progressivo*

Diversos estados instituíram a cobrança progressiva do ITCD sobre a transmissão ou doação de bens imóveis ou móveis. O STF entendeu inexistir autorização constitucional para a instituição de alíquotas progressivas. Desse modo, não ocorreu como no caso do IPTU progressivo um questionamento sobre na possibilidade de um imposto de natureza real, como o ITCD, em utilizar-se da progressividade. Essa cobrança falhava inicialmente no teste de validade por não encontrar respaldo normativo. Desse modo, o primeiro teste de consistência impediu mesmo a verificação do surgimento de conflitos axiológicos.[71]

(b) *Exigência de depósito recursal de 30%*

Muito contribuintes se insurgiram contra a cobrança de depósito recursal de 30% nos recursos administrativos. Para os contribuintes o art. 151, inciso III do Código Tributário Nacional estabelece que o recurso administrativo suspende a exigibilidade do crédito tributário, assim, se fosse permitido a exigência do depósito recursal de 30% a suspensão somente valeria para 70% do crédito. A exigência do depósito seria uma violação do princípio constitucional da ampla defesa e do contraditório.[72]

(c) *ISS sobre aluguel de bens móveis*

Os contribuintes questionaram a incidência de ISS sobre a locação de bens móveis, visto que não existiria uma "obrigação de fazer" na locação, mas tão-somente de "dar". Nesse caso, o STF declarou inconstitucional a expressão "locação de bens móveis" contida no item 79 da lista de serviços. Nesse caso a norma infraconstitucional viola o sentido do imposto, visto que sua hipótese de incidência se dirige às condutas denominadas de "serviços". Por sua vez, determina o art. 146, inciso III da CF, que estabelece as normas gerais em Direito Tributário. Por sua vez o art. 110 do CTN estabelece que não pode a legislação tributária alterar o sentido e o alcance dos conceitos e institutos em Direito Privado.[73]

(d) *Adicional de FGTS de 0,5% no período de 1º de outubro de 2001 a 31 de dezembro de 2001*

Decidiu o Supremo Tribunal Federal, em julgamento em 9 de outubro de 2002, em liminar em Ação Direta de Inconstitucionalidade suspender, com efeitos *ex tunc*, a expressão que aplica o *princípio da anterioridade nonagesimal* à referida LC 110/2001, uma vez que a mesma está sujeita ao art. 150, III, "b", da CF que veda a cobrança dessas contribuições no mesmo exercício financeiro em que haja sido publicada a lei que as instituiu (a expressão "produzindo efeitos" constante do *caput* do art. 14 da LC 110/2001, bem como os incisos I e II do mesmo art. 14).

Dessa forma, entendeu o Supremo Tribunal Federal que as contribuições sociais no ano de 2001 como contribuições adicionais ao FTGS eram inconstitucionais,

71. Ver Incidente de Inconstitucionalidade 70013242508, Tribunal Pleno, TJRS, Rel. Araken de Assis, j. 10.4.2006.

72. Em sentido contrário decidiu o STF no RE-AgR 368.441-SP.

73. RE-AgR 446.003-PR.

devendo ocorrer à devida e legítima compensação destas para o contribuinte.[74]

Igualmente, nesse caso, existia um desacordo fundamental entre uma regra, inscrita em lei complementar, e o texto constitucional.

4.2 Decisões com prevalência de princípios por incoerência sistemática

Nos casos de decisões com prevalência de princípios por incoerência sistemática ocorrerá o afastamento de uma regra, tendo em vista que esta não favorece a integridade do sistema ou é afastada em razão de uma solução mais coerente, do ponto de vista sistemático.

Nesse caso, o primeiro teste realizado pelo intérprete é denominado de teste de relevância (*test of relevancy*), em que se determina para o caso concreto quais as normas que são pertinentes à solução da questão. Em seguida, se verifica qual norma que concretiza melhor os princípios gerais do sistema e, finalmente, se verifica qual a norma que possui maior *grau de suportabilidade* no ordenamento, maior número de efeitos, conexões e conseqüências presentes e futuras na determinação de condutas necessárias conforme os valores normativos do ordenamento. Sem dúvida que as soluções escolhidas serão referenciadas em relação a valores normativos.

Dentre os diversos casos que poderiam ser analisados selecionamos dois: a contribuição previdenciária dos servidores inativos e da substituição tributária para frente no ICMS.

(a) *Contribuição previdenciária dos servidores inativos*

A tributação dos inativos se tornou uma medida de proporções polêmicas muito significativas, visto as suas repercussões nos fundamentos axiológicos de nosso ordenamento jurídico. A primeira tentativa de tributação dos inativos foi fulminada por inconsistência normativa clara, visto que inexistia no sistema autorização constitucional expressa para esta medida.

Inicialmente, o governo federal por meio da Medida Provisória 1.415, de 29 de abril de 1996, e suas reedições, alterava o art. 7º o art. 231 da Lei 8.112/1990 instituindo a tributação dos servidores inativos. O STF decidiu que esta alteração era inconstitucional por inexistir previsão constitucional.

Posteriormente, o governo por meio do art. 4º da Emenda Constitucional 41/2003 promoveu novamente a instituição da contribuição previdenciária de inativos e pensionistas, alteração que foi declarada constitucional pelo STF.[75]

Votaram pela constitucionalidade dessa contribuição os Ministros Cezar Peluso, Eros Grau, Gilmar Mendes, Carlos Velloso, Joaquim Barbosa, Sepúlveda Pertence e Nelson Jobim. De outro lado, se posicionaram contrários a esta tributação a Ministra-Relatora Ellen Gracie e os Ministros Carlos Ayres Britto, Marco Aurélio e Celso de Mello.

(b) *Substituição tributária para frente*

A substituição tributária *subseqüente* ou "para frente" é o regime de arrecadação em que ocorre a tributação sobre fatos geradores futuros e tem por fundamento a simplificação na arrecadação fiscal, que irá arrecadar na ponta da produção do ciclo econômico de circulação de mercadorias ao consumo. Este tipo de arrecadação é bastante utilizada no caso de distribuidores, fabricantes de bebidas, refrigerantes, fumo, cigarros, veículos novos, cimentos, pneus, entre outros.

74. ADI-MC 2.556-DF.

75. Brasil, STF, *Informativo do STF* 357, "Contribuição de Aposentados e Pensionistas", Brasília, DF, 16 a 20.8.2004.

A possibilidade de responsabilidade por substituição tributária para frente foi admitida constitucionalmente por meio da Emenda Constitucional 3/1993, que incluiu o § 7º do art. 150 da Constituição Federal.[76] Esta alteração foi questionada por meio da ADI 1.851-4, em que o Supremo Tribunal Federal manteve a constitucionalidade da Emenda e suspendeu somente a eficácia da Cláusula Segunda do Convênio 13/1997, de 21 de março de 1997, que continha restrições às hipóteses de devolução do ICMS pago a mais. Em seu voto o Relator Ministro Ilmar Galvão assegurou a inexistência de qualquer inconstitucionalidade no § 7º do art. 150 do texto constitucional.

A possibilidade de ocorrer a substituição tributária para frente envolve o conflito entre valores normativos significativos no ordenamento jurídico tais como os inscritos nos princípios da tipicidade tributária, não-cumulatividade, segurança jurídica, capacidade contributiva, entre outros. Por outro lado, os que defendem a constitucionalidade da medida alegam o princípio da praticabilidade, simplicidade na arrecadação tributária e conformidade com os princípios da não-cumulatividade, entre outros.

Igualmente nesse caso a solução adotada pelo STF poderia ser bem diferente, visto que se poderia defender de modo bastante coerente uma decisão pela inconstitucionalidade do dispositivo da EC 33/2003, contudo, a solução adotada em relação a valores normativos defendidos na decisão do STF levou em conta os valores normativos privilegiados pelos Ministros do Supremo, em uma posição francamente contrária aos interesses do contribuinte.

76. "Art. 150. (...) § 7º. A lei poderá atribuir a sujeito passivo de obrigação tributária a condição de responsável pelo pagamento de imposto ou contribuição, cujo fato gerador deva ocorrer posteriormente, assegurada a imediata e preferencial restituição da quantia paga, caso não se realize o fato gerador presumido."

4.3 Decisões com prevalência de princípios por inconformidade constitucional

As decisões por conformidade ou desconformidade decorrem de uma análise do texto perante o seu contexto normativo e é um tipo específico de técnica constitucional de manutenção da coerência do texto constitucional, denominada de "interpretação conforme a Constituição" e a *declaração parcial de inconstitucionalidade sem redução de texto*.

(a) *Contribuição social sobre o lucro decorrente de exportações incentivadas*

No RE 183.119-SC, relatado pelo Ministro Ilmar Galvão, entendeu o STF que a contribuição social sobre o lucro decorrente de exportações incentivadas que a expressão "correspondente ao período-base de 1989", contida no *caput* do art. 1º da Lei 7.988, de 28 de dezembro de 1989, enquanto referida ao inciso II do mesmo dispositivo. Decidiu o STF que: "Inconstitucionalidade que se declara, sem redução de texto, por manifesta incompatibilidade com o art. 195, § 6º, da Constituição Federal (princípio da anterioridade mitigada)".

(b) *Sistema de creditamento do ICMS — Alteração do art. 7º da Lei Complementar 102, de 11 de julho de 2000*

Neste caso o STF recorreu à *interpretação conforme à Constituição e sem redução de texto*, apreciando a questão do princípio da anterioridade, no sentido de afastar a eficácia do art. 7º da Lei Complementar 102, de 11 de julho de 2000, relativamente à inserção do § 5º do art. 20 da Lei Complementar 87/1996. Decidiu-se pela exigência de observar-se, em relação a esses dispositivos, a vigência somente a partir de 1 de janeiro de 2001. Assim: "entendeu-se que a modificação do sistema de creditamento pela norma em questão, quer consubstancie a redução de um benefício de natureza fiscal, quer configure a majoração de tributo, cria uma carga para o contribuinte e, portanto, sujeita-se ao princípio da anterioridade".[77]

5. *Decisões com prevalência de regras sobre princípios*

Igualmente, é possível que ocorra à interpretação com a prevalência de determinados regras sobre princípios, em virtude da sua suportabilidade em razão de consistência normativa, coerência sistêmica e conformidade constitucional. Em todas as situações nas quais a regra afrontada mantiver-se por estar em consonância com o texto constitucional poderemos encontrar um princípio pressuposto suportando esta regra constitucional. Encontraremos igualmente a prevalência deste princípio concretizado na regra e pressuposto, contra o princípio alegado em confronto com a regra.

Como singelo exemplo, poderíamos apresentar o caso da Contribuição para o SAT (Seguro de Acidente de Trabalho), Pleno do Supremo Tribunal Federal, ao julgar o RE 343.446, Relator o Ministro Carlos Velloso, *DJ* de 4.4.2004, declarou constitucional a contribuição social destinada ao custeio do Seguro de Acidente de Trabalho — SAT, bem como sua regulamentação, refutando, dessa maneira, a alegação de inconstitucionalidade do art. 3º, II da Lei 7.787/1989, e do art. 22, II da Lei 8.212/1991, que adotaram como base de cálculo o total das remunerações pagas aos empregados. Entendeu-se, nesse caso, que: "III — As Leis 7.787/1989, art. 3º, II, e 8.212/1991, art. 22, II, definem, satisfatoriamente, todos os elementos capazes de fazer nascer a obrigação tributária válida. O fato de a lei deixar para o regulamento a complementação dos conceitos de 'atividade preponderante' e 'grau de risco leve, médio e grave', não implica ofensa ao princípio da legalidade genérica, CF, art. 5º, II, e da legalidade tributária, CF, art. 150, I". Dessa forma, respeitava a regra claramente os princípios constitucionais, especialmente, o da legalidade.

6. *Considerações finais*

A solução do conflito entre princípios e regras é um dos problemas mais instigantes da ciência do Direito, palco de diversas contribuições e inovações teóricas nos últimos anos. A sua importância prática e teórica não precisaria ser ressaltada, na medida em que ela reflete diariamente na vida do cidadão por meio da interpretação do texto constitucional, na busca da proteção e promoção dos direitos fundamentais do contribuinte.

Sem pretender esgotar todas as possibilidades de concreção de princípios e regras no Direito Tributário, intenta-se demonstrar que inexiste um cânone interpretativo único que indique a prevalência dos princípios sobre as regras ou vice-versa, mas que somente uma *interpretação tópico-sistemática* do caso concreto é que permitirá verificar quais as conexões lógico-axiológicas que indicarão a "*melhor solução possível*" para o caso.

77. Cf. ADI 2.325, Rel. Min. Marco Aurélio, *Informativo* 362.

CADERNOS DE DIREITO TRIBUTÁRIO

PERSPECTIVA ANALÍTICA NO ESTUDO DO CRITÉRIO QUANTITATIVO DAS NORMAS TRIBUTÁRIAS: A BASE DE CÁLCULO

Marcio Roberto Alabarce

Mestre e Doutorando em Direito Tributário pela Faculdade de Direito da PUC/SP. Advogado de Empresas em São Paulo. Professor nos Cursos de Especialização em Direito Tributário da FGV *Law* — EDESP

Destacamos a importância do critério quantitativo da regra-matriz de incidência tributária, que fornece ao aplicador do direito notícias sobre a determinação da dívida tributária. Voltando nossas preocupações para esse momento fundamental do processo de positivação do direito tributário — a determinação do crédito tributário — elaboramos este estudo com o objetivo de analisar o critério quantitativo da regra-matriz de incidência tributária aliando noções sobre linguagem, lógica e matemática ao conhecimento sobre o direito, que nos oferecem subsídios valiosos para o exame de questões relativas à definição, estrutura, predeterminação e manipulação da base de cálculo, e para a análise de figuras cada vez mais comuns, tais como pautas e plantas fiscais, preços de transferência, presunções, técnicas de valoração aduaneira e arbitramentos. Sob o prisma das estruturas e respectivos conteúdos, portanto, trataremos a seguir do conceito e funções da base de cálculo, indicando a sua posição estrutural na norma de competência tributária, na regra-matriz de incidência tributária e na norma individual e concreta, que nos leva à diferentes campos de investigação.

1. Estrutura e decomposição das normas e de seus critérios

Baseamo-nos na concepção segundo a qual as normas jurídicas não se confundem com os enunciados que compõem o sistema de enunciados prescritivos de direito positivo. Normas são construções intelectuais que decorrem da leitura e compreensão desses enunciados. Por isso, em vão procuraremos normas jurídicas na Constituição, nas emendas à constituição, nas leis complementares, nas leis ordinárias, nas medidas provisórias, nos decretos e demais atos de inferior hierarquia: em todos esses documentos normativos só encontraremos enunciados, o que nos permite afirmar que o legislador não produz normas, e sim enunciados. É o intérprete — o particular, o jurista, o administrador público, o juiz, entre outros — que, com sua atividade intelectual, constrói as normas jurídicas baseando-se, entre outros fatores, nos enunciados que compõem o sistema de enunciados prescritivos do direito positivo.

A norma corresponde à articulação ordenada da proposição que descreve um acontecimento hipotético com a proposição que prescreve a conseqüência que há de lhe ser imputada, ligadas não por um vínculo causal, mas por uma relação de imputação deôntica. Esse é o mínimo de significação necessária para a transmissão de uma mensagem deôntica. Sem essa composição mínima, não se tem, por um lado, a descrição do acontecimento que dá ensejo à imputação da conseqüência ou, por outro lado, não se tem a indicação dos contornos da conseqüência imputada à hipótese.

Assim é que, examinando os enunciados contidos na Constituição Federal, nas Lei Complementares, em leis municipais, estaduais, distritais e federais, e, inclusive, em Medidas Provisórias, Decretos e atos de natureza infra-regulamentar, cuja leitura desperta a produção de significações em nossa mente, construímos as normas jurídico-tributárias: os tributos.

Em todas elas, verificamos a existência de um padrão, a evidenciar a existência de uma estrutura comum aos tributos: uma proposição hipótese, composta pela descrição de um comportamento ou estado pessoal, condicionado no tempo e no espaço, e uma proposição conseqüente, composta pelos critérios de constituição da relação jurídica, que inclui a indicação dos critérios de identificação dos sujeitos, ativo e passivo, que irão compor a relação tributária, e dos critérios de quantificação da dívida. Sem um desses critérios não se pode identificar o evento ou constituir a relação jurídico-tributária.

A hipótese normativa (de uma norma tributária abstrata) é conotativa. Nela, não encontramos o fato em si, relatando ou narrando o comportamento efetivo de uma pessoa,[1] mas, sim, a seleção de dados, traços, notas, linhas, caracteres, aspectos ou critérios que há de possuir um dado acontecimento: um sujeito, uma ação ou estado e um complemento ou predicativo, condicionados pelo espaço e pelo tempo. Já no conseqüente do tributo, encontramos, também em termos conotativos, os dados necessários à constituição de uma relação jurídica em que alguém será acometido do dever jurídico de pagar uma quantia ao Estado. Acolhemos a expressão "regra-matriz de incidência tributária", cunhada por Paulo de Barros Carvalho, para designar a estrutura normativa comum aos tributos.

Esclareça-se, por relevante, que a decomposição das normas jurídico-tributárias — que revela a regra-matriz de incidência, suas proposições constitutivas — não afeta a integridade conceitual da norma.[2] O mesmo ocorre com a decomposição de suas proposições, que revela os critérios da hipótese e conseqüência, e, inclusive, com a decomposição dos critérios, que revela a feição interna de cada um deles.

Decompor os critérios normativos é observar, por exemplo, que o critério material da hipótese tributária é formado por três variáveis: (a) a variável que trata do sujeito do evento; (b) a variável que trata do verbo — a ação — do evento; e, por fim, (c) a variável que se refere ao complemento do evento. Com efeito, na composição do critério material, além do verbo (pessoal) e do complemento, hão de estar presentes referências a um sujeito: a pessoa que realiza o comportamento ou que está num dado estado em particular.[3] Essa exigência

1. Cf. Lourival Vilanova, *As Estruturas Lógicas e o Sistema do Direito Positivo*, p. 88.

2. Cf. Paulo de Barros Carvalho, *Direito Tributário: Fundamentos Jurídicos da Incidência*, p. 85.

3. Para Sacha Calmon Navarro Coêlho, as referências às pessoas compõem um dos critérios da hipótese normativa. Segundo ele, existem "fatos já descritos (aspecto material) e situados no espaço e no tempo que só ganham sentido se conotados com certas qualidades das pessoas (daí termos acrescentado mais um elemento à topografia básica da hipótese de incidência das normas tributárias)" (*Teoria Geral do Tributo, da Interpretação e da Exoneração Tributária*, p. 98). Geraldo Ataliba, adotando, é bem verdade, estrutura normativa distinta, observou "tão íntima é a conexão entre o aspecto material e o pessoal — os dois mais importantes — da h.i., que não se pode cuidar de um, com abstração do outro. Assim, não se pode considerar a propriedade imobiliária, com abstração do proprietário, nem a renda, sem a pessoa que a recebe, etc." (*Hipótese de Incidência Tributária*, pp. 95-96). Alfredo Augusto

decorre do fato de o verbo contido no critério material da hipótese normativa ser da espécie dos pessoais, o que exige um sujeito, de tal modo que, se o critério material é formado por um verbo que indica a ação ou o estado, essa ação haverá de estar atrelada ao sujeito que executa a ação ou está no estado indicado pelo verbo.

Identificar o que existe no íntimo dos diferentes critérios da regra-matriz de incidência tributária não afeta, certamente, a integridade conceitual da norma. Pelo contrário, introduz evidente aprofundamento nos estudos relativos à estrutura da norma jurídico-tributária, permitindo a elaboração de descrições mais precisas das estruturas normativas.

A propósito dos critérios, registramos que esse termo — critério — tem sido utilizado para identificar as referências aos componentes da hipótese e conseqüente da norma abstrata. Utiliza-se, por sua vez, o termo "elemento" para indicar os componentes da linguagem que constitui o fato e a relação jurídico-tributárias, constituída por norma concreta (por exemplo, a norma jurídica produzida pelo lançamento).[4]

2. *Conseqüente tributário: critério quantitativo e a matemática*

Como o direito positivo é um sistema de normas diretivas da conduta humana, na expressão de Lourival Vilanova, as condutas proibidas, permitidas ou obrigatórias, decorrentes da aplicação das normas gerais aparecem reguladas, invariavelmente, por meio de relações entre sujeitos.[5] Pela imputação deôntica, constituído o fato jurídico, deve-se dar a constituição de relação jurídica que entrelaçará, pelo menos, duas pessoas em torno de um dado objeto: a conduta permitida, obrigatória ou proibida. A relação jurídica, nesse sentido, é um enunciado fático: não no sentido de que relata um evento qualquer, e sim no sentido de que é um enunciado dotado de referência objetiva e vertido em linguagem jurídica competente.

A conduta objeto da relação jurídico-tributária consiste em dar uma determinada quantia ao sujeito ativo. O comportamento objetivado no conseqüente normativo das normas jurídico-tributárias é a entrega de uma quantia de dinheiro, não a quantia em si, que corresponde ao objeto da prestação. Daí o motivo pelo qual Eurico Marcos Diniz de Santi atribuir ao "crédito tributário" o significado de "direito subjetivo do Fisco de receber prestação patrimonial",[6] não se podendo confundir esse direito subjetivo com o seu objeto, qual seja, o valor da prestação devida pelo sujeito passivo, determinado segundo critérios de cálculo presentes no conseqüente normativo.

Sabendo-se que as relações jurídico-tributárias têm o perfil de prescrever a obrigação de alguém dar dinheiro a outrem — identificados de acordo com critérios contidos no mesmo conseqüente — é correto apontar no conseqüente da regra-matriz de incidência tributária a existência de, no mínimo, dois componentes: as pessoas relacionadas e o objeto da relação. Na norma jurídico-tributária (abstrata), esses componentes aparecem sob a roupagem de referências (a) aos sujeitos da relação jurídica, o critério pessoal, e (b) aos critérios matemáticos de cálculo da dívida tributária, o critério quantitativo.[7]

Becker, por sua vez, observou que "existe um elemento adjetivo que sempre, expressa ou implicitamente, está presente na composição da hipótese de incidência. Este elemento adjetivo sempre constante é o que liga a hipótese de incidência a alguém" (*Teoria Geral do Direito Tributário*, p. 331).

4. Cf. Paulo de Barros Carvalho, *Direito Tributário:...*, cit., p. 113.

5. Cf. *Causalidade e Relação no Direito*, p. 110.

6. *Decadência e Prescrição no Direito Tributário*, p. 96.

7. Sacha Calmon Navarro Coêlho, a esse respeito, anota que "além dos pontos magnos relacionados por Barros de Carvalho — sujeito ativo e passivo (critério pessoal da conseqüência) e base de cálculo e alíquotas (critério quantitativo) —, outros aspectos são encontradiços, todos pertinentes à relação jurídica que se forma com a realização da hipó-

Enfatize-se que o conseqüente da regra-matriz de incidência (norma jurídico-tributária geral e abstrata) não contém uma relação jurídica, mas sim os critérios que servem como referência para a constituição de uma relação jurídica. A relação consistirá em um vínculo entre dois sujeitos — um na posição de sujeito ativo, o outro na posição de sujeito passivo — ao redor de um objeto: uma prestação obrigatória consistente no comportamento do sujeito passivo de entrega de uma quantia em dinheiro ao sujeito ativo. Com a constituição da relação jurídico-tributária, o sujeito passivo passa a ser portador do dever jurídico de entregar quantia certa ao sujeito ativo, que, por sua vez, passa a ser portador do direito subjetivo de exigir o cumprimento dessa prestação. A quantia que deverá ser entregue pelo sujeito passivo ao sujeito ativo deverá ser fixada na norma individual e concreta que, a um só tempo, constitui o fato jurídico tributário em seu antecedente e a relação jurídico-tributária em seu conseqüente.

Para que o aplicador da regra-matriz de incidência fixe a quantia devida pelo sujeito passivo ao sujeito ativo, deverão existir referências em seu conseqüente que (a) prescrevam critérios suficientes ao cálculo de determinação do valor da prestação pecuniária, ou, (b) indiquem o preciso valor da prestação pecuniária que será devida pelo sujeito passivo ao sujeito ativo. Devemos registrar, por oportuno, a impossibilidade jurídica de o conseqüente da regra-matriz de incidência tributária indicar o valor da prestação pecuniária, objeto da relação jurídico-tributária, tendo como referência o sistema constitucional brasileiro instituído pela CF de 1988, que predetermina a existência de dois diferentes fatores na composição do critério quantitativo da regra-matriz de incidência tributária.[8]

tese de incidência: como, onde, de que modo, quando, em que montante satisfazer ao débito em favor do sujeito ativo" (*Teoria Geral do Tributo...*, cit., p. 100). Luciana de Oliveira Angeiras trilha caminho semelhante ao proclamar, na relação jurídica constituída pela norma individual e concreta, um elemento espacial e temporal, contendo as coordenadas de tempo e espaço para que uma prestação seja cumprida (cf. *Lançamento Tributário no Processo de Positivação do Direito*, p. 76). Para os efeitos deste estudo, consideraremos que o conseqüente normativo é formado apenas pelo critério pessoal e quantitativo, deixando de examinar detidamente a existência de outras referências na norma jurídica geral e abstrata necessárias à composição da relação jurídica.

8. Antes de tratarmos sobre a inconstitucionalidade de a norma jurídico-tributária (abstrata) prescrever a exata quantia devida pelo sujeito passivo, prescindindo do cálculo de determinação desse valor, é preciso salientar que, se é possível existir tributo sem base de cálculo e sem alíquota, certo é que não poderá existir regra-matriz de incidência tributária sem critério quantitativo, ou seja, sem referências ao montante da dívida que há de ser constituída. No campo das possibilidades, a determinação da prestação pecuniária devida pelo sujeito passivo poderia decorrer (a) da conjugação da base de cálculo com a alíquota na realização do cálculo prescrito pelo critério quantitativo da regra-matriz de incidência tributária ou, (b) da fixação de seu valor pela lei que institua o tributo, sem que seja necessário recorrer a qualquer espécie de cálculo, de tal modo que no conseqüente da regra-matriz de incidência tributária não existem as figuras da base de cálculo e da alíquota, pois desnecessário é o cálculo. Tributos instituídos por meio desse último expediente costumam ser designados "tributos fixos" ou "tributos em montante fixo".

Em nosso direito positivo, a instituição dos tributos fixos por parte do legislador é inconstitucional porque constitui desrespeito ao comando constitucional que elege a hipótese de incidência e a base de cálculo como binômio diferençador dos tributos, e, dentro desse gênero, de suas espécies e subespécies. Admitir tais figuras, ainda, significaria abrir mão de critério que diferencia os tributos das multas por ato ilícito. Além disso, se o valor da prestação pecuniária devida pelo sujeito passivo é invariável, ofende-se não apenas ao princípio da capacidade contributiva subjetiva, no que se refere aos tributos que tenham como hipótese fato alheio à atuação estatal, como também ao princípio da retributividade, no que diz respeito aos tributos que tenham como hipótese fato vinculado, direta ou indiretamente, à atuação estatal. Tais princípios — e, inclusive, a natureza de tributo — exigem a presença de um critério de cálculo no conseqüente da norma jurídica que o instituir, e, portanto, implicam a existência da base de cálculo.

Embora entendamos que o sistema constitucional não ampara os chamados "tributos fixos", admitimos, porém, que, em alguns casos, a base de cálculo expresse um valor fixo, o que ocorre, geralmente, com as taxas. A possibilidade de as taxas exibirem no critério quantitativo de sua regra-matriz de incidência, mais precisamente, em sua base de cálculo,

Tem-se, portanto, que o critério quantitativo da regra-matriz de incidência conterá as referências ao cálculo de determinação do valor do objeto da prestação pecuniária devida pelo sujeito passivo ao sujeito ativo. Esse cálculo deverá ser efetuado entre duas entidades ou fatores, que, conjugados, permitem o cálculo de determinação da dívida tributária, ou seja, do valor devido pelo sujeito passivo ao sujeito ativo da relação jurídico-tributária.

Os fatores presentes no critério quantitativo da regra-matriz de incidência podem ser considerados incógnitas de uma equação,[9] ou seja, variáveis de uma fórmula (proposição) aritmética em que se estabelece uma equivalência (ou igualdade) destas com a variável que simboliza o valor do objeto da prestação pecuniária.[10] Com as variáveis proposicionais contidas no critério quantitativo da regra-matriz de incidência, e observando as regras de cálculo próprias à matemática, obtém-se o valor da prestação pecuniária.[11]

Em todas as normas tributárias duas são as incógnitas presentes nesse cálculo, às quais costuma-se atribuir os nomes "base de cálculo" e "alíquota". Com a determinação destas, é possível efetuar o cálculo (multiplicação) que resultará no valor da prestação pecuniária devida pelo sujeito passivo ao sujeito ativo.

Saliente-se que determinar a base de cálculo ou a alíquota, nesse sentido, tem a ver com "precisar, indicar (algo) a partir de uma análise, de uma medida, de uma avaliação (...)".[12] Tendo como referência o significado desse termo, tem-se que "determinação" da base de cálculo ou da alíquota é expressão utilizada para aludir à obtenção do valor correspondente à base

a alusão a um valor fixo, e não a incógnitas a serem preenchidas na construção da norma individual e concreta, justifica-se por que a hipótese normativa das taxas é a prestação de serviços públicos ou o exercício do poder de polícia. A base de cálculo de tal espécie tributária — que deve afirmar ou confirmar a hipótese normativa correspondente — não pode ser outra senão uma dimensão da própria atuação estatal, e, se existem serviços públicos cujo custo não depende de características especiais do contribuinte ou de seus bens — por exemplo, o serviço público de expedição de certidões — é razoável supor que, em tais casos a base de cálculo da taxa poderá expressar, desde logo, a medida do valor deste serviço.

Assim como é juridicamente possível que o legislador prescreva base de cálculo fixa na composição da regra-matriz de incidência dos tributos que têm hipótese normativa diretamente vinculada a uma atividade estatal, é também possível que alguns tributos cujas hipóteses não estão vinculadas à atuação estatal tenham bases de cálculo fixas. É o que ocorre quando o legislador adota a chamada "alíquota específica", prescrevendo, no plano abstrato, o preciso valor da base calculada.

9. Para o *Dicionário Houaiss da Língua Portuguesa*, "equação" significa a "igualdade entre duas expressões matemáticas que se verifica para determinados valores das variáveis" (p. 1.182).

10. Segundo Ricardo Guibourg, "Como ya sabemos, la lógica (lógica simbólica o matemática) utiliza un linguage formal compuesto por símbolos convencionales. Estos símbolos permiten manejar las proposiciones según las relaciones que tengan entre sí, y sin prestar atención a su contenido. En esto la lógica se parece al álgebra, que hace lo mismo con el cálculo numérico. Supongamos, por ejemplo, la siguiente fórmula algebraica: 'a + b = b + a'. No nos interesa saber qué número puede asignarse a cada una de las letras minúsculas utilizadas, siempre que cada una de ellas tenga en todos los casos — dentro del mismo cálculo — un valor idéntico. Así, suponemos que 'a' es '4' y que 'b' es '5', la fórmula debería interpretarse de este modo: '4 + 5 = 5 + 4', donde cada letra ha sido reemplazada por el mismo número en todas sus apariciones. Pero, como podemos asignar a 'a' y a 'b' cualquier valor que queramos, la fórmula algebraica mencionada en primer término resulta especialmente útil para mostrar una relación general, a saber: que si sumamos dos números cualesquiera, el resultado será idéntico sin que importe el orden de los sumandos. En la lógica proposicional las letras minúsculas no representan números, sino proposiciones. Se llaman por esto variables proposicionales, ya que podemos asignarles como contenido cualquier proposición concreta que deseemos" (*Lógica, Proposición y Norma*, pp. 38-39).

11. Destaque-se a sensibilidade de Aires Barreto ao perceber que tendo "por cerne o comportamento humano consistente em entrega de dinheiro ao Estado, o Direito, didaticamente classificado como tributário, não pode prescindir da utilização de expressões imanentes à matemática" (*Base de Cálculo, Alíquota e Princípios Constitucionais*, p. 31).

12. *Dicionário Houaiss da Língua Portuguesa*, p. 1.023.

de cálculo (a base calculada) ou o valor correspondente à alíquota (a alíquota concreta).[13] Determinar a base de cálculo ou a alíquota, pois, indica a obtenção do resultado decorrente da avaliação dos critérios normativos com a realidade fática.

Utiliza-se esse termo também para se indicar o cálculo do valor objeto da prestação pecuniária devida pelo sujeito passivo, ou seja, o montante devido pelo sujeito passivo, caso em que a "determinação" faz alusão à obtenção do resultado da equação a que nos referimos.

3. Definição estrutural de base de cálculo e alíquota — Critério semântico de distinção

Em termos estruturais, definimos base de cálculo como a proposição contida no critério quantitativo do conseqüente da regra-matriz de incidência composta pelo conjunto de referências prescritivas necessárias à determinação de uma grandeza numérica expressa em termos pecuniários que, na condição de fator[14] em uma operação aritmética de multiplicação, e combinada com a alíquota, permite apurar o valor da prestação pecuniária devida pelo sujeito passivo da relação jurídico-tributária.

De modo semelhante, definimos alíquota como o fator numérico que, combinado com a base de cálculo em operação aritmética estabelecida pela regra-matriz de incidência tributária, permite a apuração do valor da prestação pecuniária.

Base de cálculo e alíquotas são referências indissociáveis no critério quantitativo da conseqüência da regra-matriz de incidência tributária. Sem que a norma jurídico-tributária especifique os critérios pelos quais cada uma dessas incógnitas será determinada, e, assim, substituída por um símbolo matemático, não é possível efetuar a operação aritmética de determinação do valor da prestação pecuniária.

Entretanto, é importante observar que a definição estrutural da base de cálculo e da alíquota — que revela a existência de dois fatores presentes em meio a uma operação aritmética de multiplicação — não é, por si só, suficiente para diferençar essas duas entidades. A análise matemática da base de cálculo e da alíquota, com efeito, não oferece critério para diferençar uma da outra, pois, estruturalmente, ambas as entidades constituem variáveis que se conjugam na composição do cálculo de determinação da dívida tributária.

É preciso, pois, utilizar um critério semântico que oriente a descrição de cada entidade e que esteja voltado à identificação da natureza de cada uma dessas variáveis. Assim, é somente no plano dos conteúdos que identificaremos diferenças entre as duas figuras, que permitirão, inclusive, uma análise estrutural mais aprofundada, da qual tratamos adiante.[15]

Para identificar tal critério, lembremos que, por questões de natureza constitucional, o quantitativo da norma tributária há de ser formado por critério mensurador de

13. Apesar de não concordarmos integralmente com as "modalidades de determinação" da base de cálculo a que alude Valdir de Oliveira Rocha, não podemos deixar de nos referir a tais distinções, posto que elas deixam claro que, de um lado, existem tributos que exigem o cálculo, e, de outro lado, existem tributos que o dispensam. Para esse autor, como já nos referimos, são três as modalidades de determinação da prestação pecuniária: quantificação, fixação e avaliação. Nossa discordância com o pensamento desse autor está, justamente, no fato de que, para nós, a "avaliação" não consiste em modalidade isolada de determinação da prestação pecuniária devida pelo sujeito passivo, até porque, rigorosamente, todos os tributos sujeitos à "quantificação" dependem de uma avaliação, para que se obtenha o valor da base de cálculo, a ser conjugada com a alíquota (cf. *Determinação do Montante do Tributo: Quantificação, Fixação e Avaliação*, p. 104).

14. Segundo o *Dicionário Houaiss da Língua Portuguesa*, "fator" tem o significado de "1. Aquele que determina algo; 2. Qualquer elemento que concorre para um resultado; 3. Mat. qualquer número ou elemento submetido à operação de multiplicação" (p. 1.313). É com o significado de número submetido à operação de multiplicação que utilizamos o termo fator para definir estruturalmente a "base de cálculo" e a "alíquota".

15. V. item 7, sobre o fator-primário e o fator-secundário da base de cálculo.

um elemento do fato jurídico-tributário: sua magnitude, intensidade ou grandeza pecuniária. A essa variável, conjuga-se um fator qualquer, obtendo o montante da dívida tributária. Dois são, portanto, os fatores que integram esse cálculo: um deles, vinculado à medida do fato tributário, o outro, sem vinculação necessária com o fato, servindo apenas para a determinação da dívida.

Essa diferença, ressalte-se, é assunto que diz respeito ao conteúdo possível da norma tributária, e que implica uma estrutura particular que decorre do aludido conteúdo. Verificando a existência de duas entidades diferentes no plano dos conteúdos, estipulou-se que a base de cálculo é quem realiza a função de medir o fato tributário, servindo como critério para diferençar a base de cálculo da alíquota.[16]

A base de cálculo, portanto, está voltada à mensuração do fato. Anote-se, nesse sentido, que, para o resultado da fórmula ser o valor, em moeda, da prestação pecuniária devido pelo sujeito passivo, impõe-se que pelo menos um dos critérios presentes nesse cálculo esteja expresso em termos pecuniários, ou seja, em moeda. Para que a base de cálculo seja mensuradora — em termos econômicos — de uma das propriedades do evento, impõe-se que ela própria se expresse em termos pecuniários.

A alíquota, por seu turno, será índice percentual, um numeral cardinal, multiplicativo ou fracionário, que não há de guardar uma vinculação necessária com o fato, embora com ele possa se relacionar. Aires Barreto nos dá conta que esse termo, por questões etimológicas, tem sido considerado como quota, pedaço, fatia ou fração que há de ser tomada da base de cálculo.[17] Admitir essa concepção levaria ao equívoco de imaginar que a alíquota é um pedaço da base de cálculo, o que não é verdade. Na melhor das hipóteses, e, ainda assim, a título de retórica, seria possível admitir que a alíquota é critério que serve à obtenção da quota, pedaço, fatia ou fração que há de ser tomada da base de cálculo, e não a quo-

16. A precisão terminológica é sempre importante, porque evita ambigüidades no discurso, particularmente no discurso científico. Nesse sentido, observamos que, para se referir à "base de cálculo", a doutrina costuma utilizar diferentes expressões, das quais destacamos "base para cálculo", "base imponível", "base tributável" e "matéria tributável". Examinamos, abaixo, a pertinência dessas expressões com o propósito de justificar o motivo pelo qual optamos pelo uso de "base de cálculo" para indicar um dos critérios do conseqüente normativo da regra-matriz de incidência tributária.

Confrontada com a expressão "base imponível", parece-nos que a razão apresentada por Paulo de Barros Carvalho para manter o uso da expressão "base de cálculo" é procedente, pois, ao admitir a existência de tributos fixos, sem cálculo, somos forçados a admitir a inexistência de qualquer base. Por outro lado, se existem tributos não fixos, que dependem de cálculo, sempre haverá base e, do mesmo modo, sempre haverá o cálculo, donde se justifica plenamente o uso da expressão "base de cálculo" (cf. *Curso de Direito Tributário*, p. 339).

A expressão "matéria tributável" é utilizada pelo legislador, no art. 142 do CTN. Examinando o teor desse enunciado, observamos que o legislador diferencia duas situações: a determinação da matéria tributável e o cálculo do "montante do tributo". Em outros enunciados, porém, o CTN faz referência à "base de cálculo". Isso ocorre, p.ex., no inciso IV de seu art. 97 ("Somente a lei pode estabelecer (...) a fixação da alíquota do tributo e da sua base de cálculo...").

Em vez de apontar um suposto equívoco terminológico incorrido pelo legislador, como o faz, p.ex., José Souto Maior Borges (cf. *Lançamento Tributário*, p. 148) o melhor é reconhecer que o legislador (adequadamente) utilizou expressões distintas para designar realidades igualmente distintas, e diferenciou a "base de cálculo" da "matéria tributável". Base de cálculo, na acepção utilizada no art. 97 do CTN, indica um dos critérios normativos prescritos pelo conseqüente tributário. "Matéria tributável", pelo contexto do art. 142 do CTN, indica a base calculada. São coisas relacionadas, porém diferentes, motivo pelo qual não nos parece correto utilizar o termo "matéria tributável" para aludir a um dos critérios do conseqüente normativo.

Já no que se refere à expressão "base para cálculo", é fato que o uso da preposição "para" mais claramente evidencia uma das principais funções dessa entidade, como, aliás, observa Aires Barreto (cf. *Base de Cálculo, Alíquota e Princípios Constitucionais*, p. 52). Apesar disso, insistimos no uso da expressão "base de cálculo" pelo fato de esta expressão estar consagrada pelo uso, tornando desnecessários novos acordos entre os utentes da linguagem.

17. Cf. *Base de Cálculo...*, cit., p. 54.

ta, pedaço, fatia ou fração em si mesma; o "pedaço" da base de cálculo, na realidade, seria o resultado da operação aritmética realizada pela conjugação da alíquota com a base de cálculo, o que também, frise-se, só se admite para ilustrar o relacionamento entre essas figuras.

Seja como for, o uso dos termos quota, pedaço, fatia ou fração que há de ser tomada da base de cálculo não é correto, porque leva à uma limitação que, em verdade, não existe, ao se pressupor que o limite das alíquotas em geral seria o valor integral da base de cálculo. Se assim fosse, tomando-se a alíquota como um fator percentual, seu limite seria 100% (cem por cento). Como enfatiza Aires Barreto,[18] porém, a experiência mostra que existem alíquotas que superam em muito esse índice, o que ocorre com algumas poucas alíquotas do IPI.[19]

4. Confusão semântica — Alíquotas "ad valorem" a alíquotas específicas

Reconhecer que utilizamos um critério semântico para conceituar a base de cálculo, diferençando-a da alíquota, o que não se realiza de antemão apenas pela análise das estruturas matemáticas, permite-nos analisar uma situação particular envolvendo as chamadas "alíquota *ad valorem*" e "alíquota específica".

Costuma-se adotar as expressões "alíquota *ad valorem*" e "alíquota específica" para indicar os casos em que a alíquota aparece como percentual (ou fração) ou como valor monetário, respectivamente. Essa nomenclatura contamina não só a legislação infraconstitucional, como verificamos do inciso I do art. 24 do CTN, mas, inclusive, o Texto Constitucional, como é exemplo o inciso III, do § 2º de seu art. 149. No caso das "alíquotas *ad valorem*", argumenta-se, a base de cálculo é o valor do fato. No caso das "alíquotas específicas", a base de cálculo é uma unidade de medida: o peso, a quantidade etc., enquanto a alíquota é um valor determinado, que corresponde à unidade utilizada.

Embora utilize terminologia diferente, Ricardo Lobo Torres, ao tratar da utilização das "alíquotas específicas" assevera que "base de cálculo técnica é a que se expressa em uma grandeza diferente de dinheiro. Assim, a quantidade (grosa, dúzia etc.), o peso (quantidade, tonelada etc.) e a extensão (centímetros, metros etc.) podem servir de referencial para a aplicação de uma alíquota específica, fixada em dinheiro. Um tributo sobre a importação, por exemplo, pode ser cobrado aplicando-se a cada tonelada de mercadoria importada a alíquota específica de R$ 1,00, o que produzirá o *quantum debeatur* de R$ 100,00 se a tonelagem chegar à centena".[20]

Como verificamos anteriormente, o resultado da operação matemática entre alíquota e base de cálculo é, sempre, um valor monetário. A alíquota é um índice percentual, um numeral cardinal, multiplicativo ou fracionário. A base de cálculo, por sua vez, é o conjunto de referências cujo resultado é, sempre, um valor monetário. Não importa o tipo de valor: valor da propriedade, valor da receita, valor da operação, valor da renda, valor da movimentação financeira etc.; a base de cálculo deverá apontar um valor monetário, que, combinado com a alíquota, resultará no valor da prestação pecuniária devida pelo sujeito passivo, expressa, necessariamente, em termos monetários.

Assim, quando a legislação alude à alíquota específica para, em seguida, expressar que a base de cálculo é uma unidade de medida que não um valor monetário, tem-se, no plano das literalidades textuais, um desvio terminológico que resulta da inversão daquilo que se concebe como base de cálculo e como alíquota.

18. Idem, p. 55.

19. Exemplo de produto cuja alíquota para o cálculo do IPI é superior a 100% é o cigarro contendo fumo, cuja alíquota é de 330%.

20. *Curso de Direito Financeiro e Tributário*, p. 253.

Aires Barreto, a propósito, observa que, em tais casos, haveria um processo elíptico pelo qual a base de cálculo não seria o metro, o litro, o alqueire, mas o valor, ou o custo, ou o preço por unidade de medida, ou seja, o valor do metro, o valor do litro, e assim por diante.[21] Devemos convir que dizer isso é (quase) dizer que a base de cálculo, na verdade, é o valor monetário anunciado como "alíquota específica", e, por conseguinte, que a alíquota é o metro, o litro, o alqueire anunciado como "base de cálculo técnica", para utilizarmos a expressão cunhada por Ricardo Lobo Torres.

Em tais situações, legislação e doutrina tratam como "alíquota específica" aquilo que concebemos por base de cálculo, e, de modo inverso, como base de cálculo aquilo que concebemos por alíquota. Desse modo, registramos nosso entendimento no sentido de que se aplica ao exame da "alíquota específica" tudo aquilo que se disser com relação à base de cálculo. A base de cálculo, em tais situações, é determinada mediante a fixação de uma pauta, submetida a critérios os quais, nesta oportunidade, não nos cumpre analisar.[22]

5. *Critério quantitativo na regra-matriz de incidência e elemento quantitativo na norma individual e concreta*

No conseqüente da regra-matriz de incidência tributária estão presentes os critérios necessários à quantificação do valor objeto da prestação devida pelo sujeito passivo, quais sejam, a base de cálculo e a alíquota normativa.

Os enunciados postos pelo conseqüente da norma individual e concreta, expedida quando da aplicação da regra-matriz de incidência tributária, por sua vez, constituem a relação jurídica. A relação jurídica é um enunciado fático no sentido de que é dotada de referência objetiva e é vertida em linguagem competente. São dois os elementos que compõem o fato da relação jurídico-tributária: (a) elemento pessoal, em que estão identificados os sujeitos ativo e passivo da relação jurídica; (b) elemento quantitativo, em que está fixado (ou melhor, quantificado) o valor da prestação pecuniária devida pelo sujeito passivo.[23]

Do mesmo modo como podemos aludir ao fato da relação jurídica, é possível isolar em seu interior o elemento quantitativo para nos referirmos ao "fato da prestação". Esse enunciado expressa o valor monetário resultante da equação matemática prescrita pelo critério quantitativo da regra-matriz de incidência tributária, cálculo esse levado a efeito a partir das referências contidas na base de cálculo e alíquota. Corresponde, exatamente, ao montante da dívida tributária.

Com a constituição do fato jurídico-tributário, as incógnitas prescritas no conseqüente da norma geral e abstrata (base de cálculo e alíquota) são preenchidas por referências concretas verificadas pelo exame do fato assim constituído. Pelo cálculo matemático, tais variáveis são substituídas por um número, que é o resultado da equação matemática estipulada pela norma geral e abstrata.

21. *Base de Cálculo...*, cit., p. 65.

22. Admitir a utilização de tal expediente para a determinação da base de cálculo dos tributos (alíquota específica) significa colocar em segundo plano a medida do fato produzido pelo antecedente da norma concreta, que passa a ser critério de referência para a verdade da base calculada prescrita genericamente pela norma abstrata. No caso do IPI e do II, tributos que revelam uma quantidade significativa de exemplos de "alíquotas específicas", o valor prescrito pelo legislador só se revela compatível com o princípio da capacidade contributiva relativa se guardar uma relação razoável com a precisa medida do fato, que foi colocada em segundo plano pelo legislador, mas que serve, não obstante, como referência da medida razoável da base calculada prescrita pela "alíquota específica".

23. A despeito de consistentes lições no sentido de que existiriam outros elementos ao lado dos mencionados, contendo as coordenadas de tempo e espaço para que uma prestação seja cumprida, para os fins deste trabalho consideramos que o conseqüente normativo é formado apenas pelo critério pessoal e quantitativo, e deixamos de examinar a existência de outras referências na norma jurídica geral e abstrata necessárias à composição da relação jurídica.

Lembre-se, porém, que no momento lógico situado entre a construção da norma geral e abstrata e a expedição da norma individual e concreta, mais precisamente, entre a identificação dos critérios de cálculo voltados à determinação do valor da prestação pecuniária devida pelo sujeito passivo e a obtenção do número que representa o resultado aritmético desse cálculo, focalizamos a determinação dos valores que correspondem às duas incógnitas que compõem o critério quantitativo da norma geral e abstrata.

Nesse sentido, lembramos que as referências prescritas pela base de cálculo compõem, com a alíquota, uma equação matemática, e não uma referência a uma grandeza numérica já determinada no plano abstrato. Entretanto, no interior do critério quantitativo de uma norma jurídico-tributária abstrata podemos distinguir duas diferentes equações: (a) a primeira, interna à base de cálculo, voltada à determinação de uma grandeza numérica (a base calculada) baseada na medida do evento; (b) a segunda, no ambiente do critério quantitativo da regra-matriz de incidência, prescritora do cálculo a ser realizado entre o valor determinado com base nos critérios internos à base de cálculo (a base calculada) e a alíquota, voltada à determinação da prestação pecuniária devida pelo sujeito passivo. Certo é que, antes de se efetuar o cálculo de determinação da dívida tributária, porém, é preciso determinar os fatores que, conjugados, servirão para que se obtenha o resultado dessa segunda equação.

Para nos referirmos a esses dois momentos distintos, utilizamos a expressão "base de cálculo", que indica os critérios de cálculo contidos na regra-matriz de incidência e a expressão "base calculada", adotada por Aires Barreto[24] e por tantos outros estudiosos da matéria, para aludir ao resultado da equivalência ditada pelos critérios de mensuração prescritos pela base de cálculo. A base calculada indica, numericamente, a intensidade do fato prescrito pela hipótese normativa, conforme as propriedades selecionadas pelo legislador ao erigir a base de cálculo, e tendo em vista as reduções e abatimentos nela prescritas, da qual trataremos adiante.

De modo análogo, podemos-nos referir à alíquota normativa (alíquota *in abstrato*) em contraponto com a alíquota concreta (alíquota *in concreto*).[25] Com efeito, com a constituição do fato, as referências feitas pela base de cálculo a um valor e pela alíquota a um fator, ambos em estado de indeterminação, são substituídas por um dado valor (base calculada) ou por um fator específico, um índice, uma fração etc. (alíquota *in concreto*).

Não ignoramos, a propósito, que a alíquota poderá aparecer, desde logo, como um fator fixo para todos os casos já na regra-matriz de incidência tributária, independentemente da intensidade da base calculada. Existe, porém, a possibilidade de esse fator só ser identificado no momento lógico posterior à constituição do fato da base calculada ou (ou includente, note-se) com a constituição do fato jurídico-tributário. É o que ocorre, por exemplo, com o IPI, cujas alíquotas devem variar conforme a essencialidade dos produtos. Em tal situação só é possível constituir o fato da alíquota com a constituição do fato jurídico tributário, a partir de quando se tem a identificação do produto industrializado a cuja classificação fiscal se reporta a Tabela de Incidência do IPI para estabelecer as alíquotas desse imposto. Algo semelhante ocorre com o im-

24. Aires Barreto — com o apoio de Geraldo Ataliba, Roque Antonio Carrazza, Paulo de Barros Carvalho, só para citar alguns — distingue da base de cálculo a base calculada. São suas palavras: "Base calculada é o resultado expresso em moeda da aplicação do critério abstrato (designado base de cálculo) a um caso concreto" (*Base de Cálculo...*, cit., p. 171). Neste tocante, Juan Ramallo Massanet distingue, de modo análogo, a base imponível normativa da base imponível fática ("Hecho imponible y cuantificación de la prestación tributaria", *Revista de Direito Tributário* 11-12/23).

25. Aires Barreto, *Base de Cálculo...*, cit., p. 128.

posto de renda. As alíquotas normativas desse imposto variam conforme o valor ou natureza da renda ou rendimento, de tal modo que a constituição do fato da alíquota só ocorrerá no momento lógico e cronológico posterior à constituição do fato da base calculada.

Cabe, por derradeiro, dizer que, do mesmo modo como é possível aludir ao fato da relação jurídica no sentido de enunciado dotado de referência objetiva vertido em linguagem jurídica competente, é também possível aludir ao fato da base calculada e ao fato da alíquota. O fato da base calculada e o fato da alíquota são enunciados protocolares que expressam, em números, as variáveis contidas nos enunciados conotativos dos elementos que integram o critério quantitativo da regra-matriz de incidência.

6. *Posição estrutural da base calculada e da alíquota concreta*

Não podemos desprezar a relevância da distinção entre base de cálculo e base calculada ou entre alíquota normativa e alíquota concreta. A base calculada (fato da base calculada) e a alíquota concreta (fato da alíquota), contudo, não são elementos da norma individual e concreta que constitui o fato e o crédito tributários, pois é o valor que representa o montante da prestação pecuniária devida pelo sujeito passivo, a que nos referimos como "fato da prestação", que integra a aludida norma individual e concreta.

Com efeito, embora o fato da base calculada e o fato da alíquota sejam componentes imprescindíveis à operação matemática cujo resultado é enunciado pela norma individual e concreta — o fato-prestação — o fato da base calculada e o fato da alíquota não são elementos que integram a norma individual e concreta.[26] A norma individual e concreta não enuncia o fato da base calculada, tampouco o fato da alíquota, apesar de o exame dos documentos que geralmente formalizam a norma individual e concreta infirmar — aparentemente — essa assertiva. Essa aparência decorre do fato de que um mesmo documento poderá conter os enunciados a partir dos quais é construída a norma individual e concreta e a motivação que levou à expedição dessa norma: o antecedente da respectiva norma veículo introdutor.

Na realidade, fato da base calculada e fato da alíquota estão presentes na motivação da norma individual e concreta constituinte da relação jurídica.[27] Nesse sentido, utilizamos o termo motivação com o significado que lhe foi atribuído por Celso Antônio Bandeira de Mello ao tratar dos elementos dos atos administrativos: "(...) fundamentação na qual são enunciados (a) a

26. José Souto Maior Borges é o autor da seguinte lição: "O modo de determinação da base tributável pode corresponder a uma série mais ou menos complexa de atos materiais ou jurídicos (procedimento administrativo) ou a simples operações mentais, nessa qualidade destituídas de relevância jurídica (operações psicológicas de quantificação do débito tributário). Na fórmula literal do art. 142, à determinação da matéria tributável segue-se o cálculo do tributo devido. Determinar a matéria tributável e calcular o tributo devido são operações mentais, momentos intelectuais inconfundíveis. Sua distinção está reconhecida na própria norma. Só a resultante delas — ou seja, a fixação do tributo devido — importa juridicamente" (*Lançamento Tributário*, p. 150).

27. A existência do fato jurídico é pressuposto necessário da existência da relação jurídico-tributária, sobretudo porque é no fato que há de ser encontrada a grandeza ou magnitude objeto da mensuração realizada segundo os critérios prescritos pela base de cálculo. Essa medição e os demais cálculos prescritos por essa proposição resulta na constituição do fato da base calculada, proposição situada no antecedente da norma responsável pela introdução da norma individual e concreta que constitui o fato e a relação jurídico-tributária no sistema de direito positivo. A validade da motivação que serve de pressuposto à expedição da norma que constitui o crédito tributário depende, entre outros fatores, da verdade do fato da base calculada. Se o fato da base calculada — presente no antecedente, ou melhor, na motivação da referida norma introdutora — é falso, inválida é a motivação que serve de pressuposto à expedição da respectiva norma individual e concreta. A invalidade da motivação torna inválida a relação jurídica constituída com base nessa motivação.

regra de Direito habilitante, (b) os fatos em que o agente se estribou para decidir, e, muitas vezes, obrigatoriamente, (c) a enunciação da relação de pertinência lógica entre os fatos ocorridos e o ato praticado".[28] Por comporem a motivação da norma individual e concreta, e, nessa medida, a norma que lhe introduz no sistema de direito positivo, o fato da base calculada e o fato da alíquota hão de estar presentes no antecedente dessa estrutura normativa.[29]

7. Decomposição da base de cálculo — Fator-primário e fator-secundário

7.1 Fator-primário e fator-secundário da base de cálculo

Algumas lições sobre o direito tributário expõem uma noção superficial acerca da compostura da base de cálculo dos diferentes tributos, especialmente dos impostos. Dizem que a base de cálculo do PIS e da COFINS é o valor total das receitas auferidas pela pessoa jurídica, que a base de cálculo do ICMS é o valor da operação, que a base de cálculo do imposto de renda é o valor da renda, e, assim, sucessivamente. Essa concepção ilude quem imagina que a disciplina normativa da base de cálculo seja algo simples.

Muito pelo contrário. Ao examinar as diferentes normas tributárias, deparamo-nos com um tratamento de tal modo exaustivo acerca da base de cálculo dos diferentes tributos que parece pertinente afirmar que, provavelmente, esse é o critério da regra-matriz de incidência do qual mais se ocupa o legislador, que produz os enunciados que servem como suporte físico para a construção das equações matemáticas necessárias à determinação do valor objeto da prestação pecuniária devida pelo sujeito passivo.

Assim, ficaremos frustrados se, em nome de uma desejada simplicidade, esperarmos que a lei tributária se limite a prescrever que, por exemplo, "a base de cálculo do ICMS é o valor da operação". Para o ICMS, o valor da operação é o valor que representa a medida do respectivo fato jurídico tributário, do mesmo modo como o valor da renda é a medida do fato jurídico tributário produzido pelo antecedente de uma norma individual e concreta relativa ao IRPJ, etc.

Para possibilitar um exame analítico da base de cálculo, identificamos a partícula que denominamos "fator-primário" da base de cálculo, que corresponde à medida do fato jurídico tributário. No interior da base de cálculo, o seu fator-primário é a variável mensuradora das proporções reais do fato, e se apresenta na proposição que prescreve a base de cálculo das diferentes regras-matrizes de incidência tributária. Essa variável representa o valor da renda, o valor da operação, o valor da propriedade, etc.

A medida do fato jurídico tributário, ou seja, o fator-primário, porém, não é a única informação a ser levada em consideração na composição da base de cálculo, uma vez que as proposições que compõem a base de cálculo dos diferentes tributos não se limitam a aludir ao valor da renda, ao valor da propriedade, ao valor das operações, etc. Ao examinarmos as regras-matrizes de todos os tributos instituídos no país, verificaremos que, de modo mais ou menos constante, a base de cálculo seleciona um valor — o fator-primário — a partir do qual efetua subtrações ou reduções, que denominamos "fatores-secundários" da base de cálculo, com as quais se obtém, à completude, uma das incógnitas presentes na equação aritmética preordenada à determinação da prestação pecuniária devida pelo sujeito passivo, ou seja, a base de cálculo do tributo.[30]

Esses fatores — primário e secundário —, lado a lado, compõem a estrutura da base de cálculo na regra-matriz de incidên-

28. *Curso de Direito Administrativo*, p. 243.

29. Cf. Eurico Marcos Diniz de Santi, *Decadência e Prescrição no Direito Tributário*, p. 107.

30. Fator-primário e fatores secundários são os categoremas da proposição lógica que representa a base de cálculo dos tributos.

cia. Verificando a existência dessa dualidade, percebe-se claramente, como já o dissemos, que o critério quantitativo tributário dos tributos poderá ser composto por duas diferentes equações, uma delas, entre a base de cálculo e a alíquota, voltada à determinação do crédito tributário, a outra, entre o fator-primário e os fatores-secundários da base de cálculo, voltada à determinação da própria base de cálculo.

É preciso lembrar que o legislador possui razoável liberdade para incluir outros fatores na equação constituída pela base de cálculo. Segundo o critério político, constrangido, é claro, por limitações prescritas pelas normas constitucionais, pode a norma jurídica prescrever que uma parcela do valor mensurado do fato não deverá ser computada na determinação da dívida tributária. Tomemos, como exemplo, a base de cálculo da COFINS, calculada segundo o regime prescrito na Lei 10.833/2003. A base de cálculo desse tributo é o total das receitas, excluídas as receitas referentes às vendas canceladas, às vendas de bens pertencentes ao ativo imobilizado, entre outras: o fator-primário é o valor total das receitas; os fatores-secundários são os valores relativos às receitas de vendas canceladas, receitas de venda de bens pertencentes ao ativo imobilizado, entre outras.

Essas meditações dão ensejo a um estudo sobre as isenções que correspondem à mutilação parcial da base de cálculo. Por muito tempo se considerou que as isenções fossem, na realidade, favores ou benefícios fiscais consistentes na dispensa do pagamento do tributo. Outras concepções acabaram por identificar em meio às isenções a existência de uma norma que incide para que outra — a norma jurídico-tributária — não incidisse. Existem também lições acerca das isenções que descrevem tais figuras como hipóteses de incidência legalmente qualificadas ou como fato impeditivo da incidência.[31]

As isenções, na lição de Paulo de Barros Carvalho, são preceitos que subtraem parcela do campo de abrangência de um critério localizado na hipótese ou conseqüência da regra-matriz de incidência, mutilando-o parcialmente. Para esse autor, ocorre o "encontro de duas normas jurídicas, sendo uma a regra-matriz de incidência tributária e outra a regra de isenção, com seu caráter supressor da área de abrangência de qualquer dos critérios da hipótese ou da conseqüência da primeira (regra-matriz)".[32] No que se refere especificamente às reduções mutilações impostas à base de cálculo, o autor observa que a diminuição do campo de abrangência dessa figura, que não conduz a seu desaparecimento, não é isenção, e sim isenção parcial.[33]

Das referências que apresentamos, podemos conceber que as isenções parciais, isto é, as mutilações impostas à base de cálculo correspondem aos fatores secundários da base de cálculo. Não cogitamos, pois, da existência de uma norma jurídica autônoma — a norma de isenção, motivo pelo qual aproximamo-nos também do pensamento de Sacha Calmon Navarro Coêlho, a quem uma norma é resultante de uma combinação de leis ou artigos de leis que, ao definir os "fatos tributáveis" e respectivas conseqüências, são conjugados com previsões isencionais, para compor uma única regra-matriz de incidência tributária.[34]

Uma última observação é necessária: utilizamos, estipulativamente, o termo "fator" para designar as duas modalidades de variáveis que podem estar presentes na proposição que prescreve a base de cálculo. Sabemos, porém, que esse termo — "fator" — tem o significado matemático próprio de indicar o número submetido à operação de multiplicação. Entre si, fator-primário e fator-secundário não se relacionam por uma multiplicação, e sim por uma subtração, por meio da qual as proporções do fator-pri-

31. Cf. Paulo de Barros Carvalho, *Curso de Direito Tributário*, p. 488.

32. Idem, p. 491.

33. Idem, p. 496.

34. Cf. *Teoria Geral do Tributo*..., cit., p. 209.

mário (subtraído) são reduzidas pelo fator-secundário (subtraendo). Cientes dessa aparente impropriedade terminológica, insistimos no uso de "fator" — ao lado dos termos "primário" e "secundário" — para indicar os termos necessários à obtenção de um resultado: a base calculada. Esta sim é fator na operação de multiplicação com a alíquota (o outro fator), cujo resultado corresponde ao objeto da prestação pecuniária devida pelo sujeito passivo.

7.2 Adições e reduções para determinação do fator-primário

Uma das funções da base de cálculo é mensurar uma grandeza ínsita ao fato produzido pela norma jurídica individual e concreta. Este, aliás, é o critério semântico que diferencia a base de cálculo da alíquota na composição do critério quantitativo da regra-matriz de incidência tributária. A realização dessa função é assegurada por meio de dois instrumentos: pelo fator-primário da base de cálculo, que deve representar a medida das proporções do fato jurídico tributário; e pela inexistência de adições ao valor que representa o fator-primário da base de cálculo: determinado o fator-primário da base de cálculo, nada a ele pode ser adicionado.

Com efeito, negamos a possibilidade de valor estranho à medida do fato ser adicionado ao fator-primário da base de cálculo, que consiste no resultado da mensuração das proporções do fato. Isto porque, como o limite da base de cálculo é seu fator-primário, nenhuma adição é admitida na compostura da base de cálculo, pois o contrário significaria admitir a possibilidade de a base de cálculo mensurar algo além das proporções reais do fato jurídico-tributário.

O exame da legislação tributária parece contrariar a afirmação de que não se admitem adições ao valor que representa a medida das proporções reais do fato. Tomemos como exemplo a base de cálculo do ICMS devido na realização de operações de circulação de mercadorias. Com base nos enunciados prescritivos contidos no art. 13, I, e § 1º da Lei Complementar 87/1996, a base de cálculo do ICMS em tal hipótese é o resultado da soma dos seguintes valores: (a) "valor da operação", na expressão literal da legislação, (b) valor do ICMS, que integra a própria base de cálculo, (c) seguros, juros e demais importâncias pagas, recebidas ou debitadas, bem como descontos concedidos sob condição, (d) frete, caso o transporte seja efetuado pelo próprio remetente ou por sua conta e ordem e seja cobrado em separado, (e) valor do IPI, exceto quando a operação, realizada entre contribuintes e relativa a produto destinado à industrialização ou à comercialização, configurar hipótese de incidência de ambos os tributos.

Todos os enunciados prescritos no dispositivo acima referido indicam, apenas, adições ao "valor da operação", que, como dissemos no início, seria o fator-primário da base de cálculo desse imposto. Neste caso em particular, tais adições existem porque a legislação tributária, na linguagem que lhe é peculiar, mistura conceitos e acaba por confundir os conceitos de "valor da operação" com os conceitos de "preço", "custo da mercadoria produzida", "custo de fabricação", "valor de aquisição", dentre outros, de tal modo que, na verdade, as adições prescritas pelo art. 13, I, e § 1º da Lei Complementar 87/1996 são variáveis preordenadas à determinação do fator-primário da base de cálculo.

Sem ignorar os desvios, impropriedades e atecnias que, por vezes, comete o legislador, a existência de adições na compostura da base de cálculo ocorre porque nem sempre a determinação do fator-primário da base de cálculo decorre do simples exame dos documentos que relatam o fato, ou da mensuração de um de seus aspectos. Não raro, a determinação dessa variável depende de providências aritméticas mais ou menos complexas, como é o caso de certas adições feitas no lucro contábil para a obtenção do valor da renda dos contribuintes do imposto de renda das pessoas jurídicas.[35] É o que também ocorre com as adições à base de cálculo do ICMS, acima referidas. Ao preço pago pela aquisição da mercadoria — impropriamente designado pela lei de "valor da operação" — adiciona-se o valor do frete, cobrado em separado, dos seguros, juros e demais importâncias pagas, recebidas ou debitadas, bem como descontos concedidos sob condição, dentre outros. A soma destes valores compõe o valor da operação, fator-primário da base de cálculo do ICMS.

Nos tributos em geral, a determinação dessa variável depende, por vezes, de providências de cunho administrativo. É o que ocorre com a fixação do valor venal dos imóveis e a determinação da valorização imobiliária que decorre da obra pública. Em tais hipóteses, o agente público há de realizar providências (inspeções, avaliações etc.) com o propósito de determinar o fator-primário da base de cálculo.

Seja como for, tendo como premissa que a base de cálculo deve mensurar as propriedades reais do fato jurídico tributário, tem-se que adições, no interior da base de cálculo de um tributo só são admitidas quando incluídas em equação matemática preordenada à mensuração da intensidade do fato jurídico tributário, ou seja, quando, necessária à determinação do fator-primário da base de cálculo (valor da renda, do valor da operação etc.).

A adição de algo ao valor que representa o fator-primário da base de cálculo, ou seja, à medida do fato jurídico tributário, significa tomar como base calculada algo que é além do fato jurídico, o que é inadmissível. Dessa análise estrutural da base de cálculo, cabe ao intérprete investigar o conteúdo das diferentes materialidades tributárias, circunscrevendo os limites entre o que é e o que não é renda, prestação de serviços, receitas, entre outras.

8. Funções da base de cálculo (e da alíquota)

Podemos destacar seis funções para a base de cálculo.

A primeira delas, que decorre de sua definição estrutural, é servir para a determinação do valor da dívida tributária. A base de cálculo, combinada com a alíquota normativa, permite seja efetuado o cálculo de determinação da prestação pecuniária devida pelo sujeito passivo.

A segunda função da base de cálculo é fornecer o critério de mensuração para um elemento do fato jurídico tributário. Essa função serve, lembre-se, como critério diferençador da base de cálculo e da alíquota. Aqui, inexiste uma diferença entre dizer o que é uma coisa e dizer para o que ela serve. A base calculada deve mensurar um elemento do fato jurídico-tributário: sua magnitude, intensidade ou grandeza pecuniária. Para isso, faz-se necessário que a base de cálculo ofereça adequado critério de medição do fato produzido pela norma individual e concreta. Essa função é assegurada pela presença do fator-primário.

Isso leva à terceira função da base de cálculo, que é afirmar, confirmar ou infirmar a hipótese normativa. Com efeito, ape-

35. Confira-se, a seguir, como Sacha Calmon Navarro Coêlho disserta sobre os cálculos necessários à determinação da base de cálculo do imposto sobre a renda: "(...) o imposto sobre a renda brasileira, no concernente às pessoas jurídicas, grava o lucro tributável final conforme delineado em lei. Todas as deduções são feitas para extrair esse lucro tributável que se confunde com o conceito de renda. Apenas ocorre que certas deduções são consentâneas com a natureza jurídica do tributo, enquanto outras são previstas por razões extrafiscais (exonerativas). Evidentemente, a dedução dos salários pagos para a obtenção dos produtos e/ou serviços vendidos — típico dispêndio operacional — é diferente da dedução de um valor Y a título, *v.g.*, de incentivo pelo treinamento dos empregados. Na primeira hipótese estamos diante de uma despesa que era necessário fazer para obter a receita, esta tributável. A dedução é feita para adequar a matéria tributável ao 'fato jurígeno' previsto em lei. No segundo caso, trata-se de um incentivo, politicamente concedido para reforçar a mão-de-obra, e, pois, a sua dedução traduz uma exoneração fiscal sob a forma de diminuição do *quantum debeatur*, da qual se aproveitam alguns contribuintes que excluem da tributação uma parcela de sua renda, de outra forma normalmente tributada" (*Teoria Geral do Tributo...*, cit., p. 241).

sar de a definição da natureza da atuação estatal, no caso de tributo que tenha como hipótese normativa um fato vinculado a uma atuação estatal, e a definição da materialidade (verbo e complemento do verbo do respectivo critério material) do tributo, no caso de tributo cuja hipótese normativa não está vinculada a uma atuação estatal, depender, em princípio, do exame da hipótese normativa, tal circunstância há de ser afirmada, confirmada ou infirmada pelo exame do fator-primário da base de cálculo correspondente.

Com efeito, se a descrição de uma hipótese normativa em particular revelar a descrição do evento "auferir rendas", é possível dizer que, em princípio, estamos diante de um tributo com hipótese normativa não vinculada a uma atuação estatal sobre a renda. Se, por sua vez, a descrição de uma hipótese normativa em particular revelar a descrição do evento "prestação de serviços públicos de limpeza urbana", é possível dizer que, em princípio, estamos diante de um tributo com hipótese normativa vinculada a uma atuação estatal que remunera o serviço público de limpeza urbana.

Diremos que essas conclusões são verdadeiras "em princípio", porque o fator-primário da base de cálculo deverá confirmar, afirmar ou infirmar tal conclusão. A pergunta, invariavelmente, será se o critério de valor prescrito pela regra-matriz de incidência para compor a base de cálculo — o fator-primário da base de cálculo — dimensiona algum elemento da hipótese normativa? Se a resposta for afirmativa, a base de cálculo afirmará ou confirmará a hipótese normativa. Se, por outro lado, a resposta for negativa, a base de cálculo infirmará a hipótese normativa, desvirtuando a espécie tributária anunciada pela hipótese normativa, convertendo-a, por exemplo, de imposto de renda para imposto sobre o patrimônio, ou de imposto para taxa, segundo os exemplos oferecidos por Rubens Gomes de Souza.[36]

Em tais casos, tem-se a hipótese normativa anunciando algo e, logo em seguida, a base de cálculo infirmando as afirmações da hipótese. Esse descompasso entre a base de cálculo e a hipótese de incidência não faz prevalecer, ao contrário de opiniões correntes, a primeira (construção da norma jurídico-tributária segundo os dados fornecidos pela base de cálculo). Isso porque hipótese e base de cálculo devem estar em harmonia, sobretudo porque estão em harmonia a hipótese e conseqüência possíveis do arquétipo tributário.[37] Se a hipótese é de um "imposto sobre o patrimônio", e a base de cálculo é o valor das rendas, não se tem um imposto sobre patrimônio, tampouco um imposto sobre rendas. Não se tem, validamente, uma figura tributária. Do mesmo modo, se a hipótese anunciada é de uma prestação de serviços públicos, e a base de cálculo mensura o valor do patrimônio imobiliário do sujeito passivo, não se tem um tributo. A inconstitucionalidade de tais figuras é ainda mais evidente quando o evento descrito pela hipótese normativa está inserido no campo de competências materiais da pessoa política, mas o evento cuja intensidade é quantificado pela base de cálculo, não, ou o contrário.

Diferente de dizer que existe um descompasso entre hipótese e base de cálculo é observar que, durante a fase intelectual de construção da regra-matriz de incidência tributária (inclusive, na construção do arquétipo tributário), notadamente nos casos em que são obscuros ou mal formulados os enunciados que anunciam a hipótese normativa, a base de cálculo é índice seguro para que o intérprete construa adequadamente os termos da hipótese, por ser possível identificar, a partir da base de cál-

36. Cf. "Um caso de ficção legal no Direito Tributário: a pauta de valores como base de cálculo do ICMS", *Revista de Direito Público* 11/16.

37. A harmonia prescrita pelo arquétipo tributário implica e impõe a harmonia da regra-matriz de incidência tributária. Para que haja a harmonia de que tratamos nas proposições do arquétipo tributário, o fator-primário da base de cálculo possível do tributo deverá ser composto por critério de medição voltado ao verbo ou respectivo complemento do critério material possível do arquétipo tributário.

culo, o evento cuja intensidade é mensurada. Isso não significa, porém, abandonar a hipótese normativa em favor da base de cálculo, até porque, como observa Aires Barreto, todos os critérios da regra-matriz de incidência tributária são igualmente importantes e estarão presentes na regra-matriz de incidência.[38]

Paulo de Barros Carvalho utiliza referências precisas para indicar a relação existente entre o evento, a hipótese normativa e a base de cálculo. Segundo ele, entre "as 'portas' de entrada para o mundo jurídico-tributário, todas, obviamente, pela via normativa, uma será o antecedente ou suposto; outra, a proposição base de cálculo. Os dois enunciados incidem sobre o mesmo fato, colhendo-o, entretanto por perspectivas diversas. A proposição hipótese ocupa-se da materialidade da ocorrência, definindo as coordenadas de tempo e de espaço dessa realização. A proposição base de cálculo dirige-se para o mesmo sucesso, tomando-o, porém, de modo diverso: focaliza a materialidade descrita pela hipótese e seleciona, dela, algum aspecto que possa ser dimensionado, elegendo, por esse modo, a grandeza quantificadora ajustada para medir a intensidade do acontecimento factual".[39]

Por tudo isso, está claro que, não importa o nome dado pela lei ao tributo, o que, até mesmo o inciso I do art. 4º do CTN afirma. O que importa — para saber se ele é tributo cuja hipótese é, ou não, evento vinculado a uma atividade estatal, e a própria natureza dessa atividade — é o exame da descrição do evento pela hipótese, que poderá ser confirmada, afirmada ou infirmada pela base de cálculo, ou, como preferimos, por seu fator-primário.[40]

Esclareça-se, por oportuno, que o que indica o descompasso entre base de cálculo e hipótese normativa, permitindo o aprofundamento de tais considerações, é o exame da predeterminação da base de cálculo pela hipótese normativa possível, assunto do qual não nos ocupamos neste breve estudo.

Outra função que pode ser atribuída à base de cálculo (por seu fator-primário) é a de servir como índice para aferir se a União, exercendo a porção residual de suas competências tributárias em matéria de tributos cuja hipótese normativa não esteja vinculada a uma atuação estatal, erigiu como hipótese normativa evento que, verdadeiramente, denote a existência de capacidade contributiva.[41] Inclusive, é, entre outros fatores, a admissão do princípio da capacidade contributiva no sistema de direito positivo e a necessária diferença entre os conceitos de "tributo" e "multa" que se atribui à base de cálculo a função de afirmar, confirmar ou infirmar a respectiva hipótese.

Ainda no campo das competências residuais da União, identificamos uma outra função para a base de cálculo, que é a de servir de índice seguro para atestar se a União respeitou as competências tributárias

38. Cf. *Base de Cálculo...*, cit., p. 47.

39. "Base de cálculo como fato jurídico e a taxa de classificação de produtos vegetais", *Revista Dialética de Direito Tributário* 37/126.

40. Interessante ponderar essas afirmações com a lição de Hans Kelsen sobre a possibilidade de o direito positivo falar sobre si. Segundo ele, "um ato, na medida em que se expresse em palavras faladas ou escritas, pode ele próprio até dizer algo sobre a sua significação jurídica. Nisto reside uma particularidade do material oferecido ao conhecimento jurídico. Uma planta nada pode comunicar sobre si própria ao investigador da natureza que a procura classificar cientificamente. Ela não faz qualquer tentativa para cientificamente explicar a si própria. Um ato de conduta humana, porém, pode muito bem levar consigo uma auto-explicação jurídica, isto é, uma declaração sobre aquilo que juridicamente significa. Os indivíduos reunidos num parlamento podem expressamente declarar que votam uma lei. Uma pessoa pode expressamente designar como testamento a sua disposição de última vontade. Duas pessoas podem declarar que concluem um negócio jurídico. Assim, o conhecimento que se ocupa do Direito encontra já, no próprio material, uma auto-explicação jurídica, que toma a dianteira sobre a explicação que ao conhecimento jurídico compete" (*Teoria Pura do Direito*, p. 3).

41. Segundo Aires Barreto, em "face dos impostos, fere-se o princípio, seja pela eleição de fato sem conteúdo econômico, seja pela não adoção de base de cálculo lastreada nesse valor" (*Base de Cálculo...*, cit., p. 135).

outorgadas pelo constituinte aos demais entes políticos. Essa função é realizada pela manipulação dos fatores-primários da base de cálculo.

Uma última função para a qual nos parece servir a base de cálculo é ser instrumento para a realização de outros interesses do Estado que, mutilando-a parcialmente, ou seja, concedendo isenções, poderá dimensionar o ônus tributário de acordo com as diferentes políticas públicas. Essa função é realizada pela manipulação dos fatores-secundários da base de cálculo.

Para a alíquota, por sua vez, destacamos cinco funções.

A primeira delas é a de compor, ao lado da base de cálculo, o cálculo necessário à determinação da prestação pecuniária devida pelo sujeito passivo. A alíquota também se presta para a realização da progressividade dos tributos, por meio da manipulação das diferentes técnicas de fixação de alíquotas.[42]

A terceira função atribuída à alíquota é a de servir, tal como a base de cálculo, como instrumento da realização de interesses outros do Estado, que poderá graduá-la tendo em vista os objetivos de suas políticas públicas, seja mediante a concessão de isenções (alíquota zero), seja mediante a realização do princípio da seletividade em função da essencialidade dos tributos.

A quarta função atribuída à alíquota é a de servir, aliada à base de cálculo, de índice para que se apure o caráter confiscatório dos tributos e das multas aplicadas ao descumprimento da legislação tributária, que é vedado pelo valor prescrito pela CF no inciso IV de seu art. 150.

Infelizmente, não podemos deixar de mencionar uma função que tem sido atribuída às alíquotas: servir como instrumento para atribuir à obrigação tributária a função de maximizar o controle e fiscalização do cumprimento das obrigações tributárias relativas a outros tributos por parte dos contribuintes. Por meio da utilização de alíquotas reduzidas, transforma-se o tributo em instrumento útil para a fiscalização. Tome-se como exemplo o disposto no art. 2º da Lei 11.033/2005. Esse dispositivo atribuiu às corretoras de valores mobiliários a condição de responsáveis pela retenção e recolhimento do imposto de renda sobre as operações realizadas em bolsa de valores, de mercadorias, de futuros e assemelhadas. A alíquota para o cálculo do valor a ser retido é de 0,005% sobre os valores das operações realizadas num mesmo dia. Notavelmente, a alíquota em questão serviu para que a União transformasse o tributo em instrumento de fiscalização.

9. Aprofundamento no estudo da base de cálculo: manipulação e predeterminação

O estudo da base de cálculo não há de se restringir à análise de sua estrutura e funções, uma vez que pelo menos outras duas são as investigações abertas ao intérprete. A base de cálculo pode ser examinada sob o ângulo de sua manipulação, ou seja, pela atividade legislativa de introduzir, modificar e suprimir enunciados integrantes do sistema de enunciados de direito positivo que fornecem notícias acerca desse critério da regra-matriz de incidência dos tributos. A base de cálculo dos tributos também pode ser analisada sob o aspecto dinâmico da predeterminação constitucional, ou seja, pelas relações existentes entre a lei superior (a norma de competência tributária) e a lei inferior (a norma jurídico-tributária), particularmente pelos expedientes por meio dos quais a norma de competência tributária prescreve o conteúdo que a base de cál-

42. A CF de 1988 impõe a adoção da progressividade com base na variação da base de cálculo para o imposto sobre a renda (art. 153, § 1º), imposto sobre propriedade territorial rural (art. 153, § 4º, I), facultando a adoção da progressividade para o imposto sobre propriedade territorial urbana (art. 156, § 1º). A progressividade que a CF permite seja instituído para o imposto sobre propriedade territorial urbana, com o intuito de estimular o adequado aproveitamento do solo, não tem base na variação da base de cálculo, e sim no tempo em que persistir o fato do inadequado aproveitamento do solo.

culo dos tributos deverá, poderá ou não poderá conter.

O escopo deste estudo impede o aprofundamento de tais questões, motivo pelo qual limitamo-nos à introdução das questões fundamentais que hão de ser levadas em consideração no exame de cada um desses aspectos.

9.1 A manipulação da base de cálculo pelo legislador

A norma sobre produção jurídica é geral e abstrata, pois prescreve em sua hipótese critérios suficientes à identificação de um evento e constituição de um fato (o fato do procedimento legislativo), e, em seu conseqüente, os critérios que presidem a constituição de uma relação jurídica, que, se e quando constituída, vinculará o órgão competente e sujeitos indeterminados em torno da obrigatoriedade de os enunciados introduzidos no sistema de enunciados de direito positivo serem observados quando da construção das normas jurídicas.

Embora associadas, as normas sobre produção jurídica são diferentes das normas que estabelecem as competências tributárias. São normas que prescrevem em suas hipóteses um sujeito — o agente competente — e o procedimento prescrito pelo ordenamento jurídico para a produção normativa. Em seu conseqüente, prescrevem a obrigação de todos respeitarem o significado dos enunciados inseridos pelo veículo introdutor (norma concreta resultado de sua aplicação) no sistema de enunciados de direito positivo.

A "norma veículo introdutor" é a norma individual e concreta decorrente da aplicação da norma sobre produção jurídica. É ela quem introduz enunciados prescritivos no sistema, encartados em um dado documento normativo, dentre os quais destacamos a lei complementar, a lei ordinária, a lei delegada e a medida provisória.

Nesse sentido, duas são as principais indagações que surgem quando examinamos a manipulação da base de cálculo pelo legislador, ou seja, o fenômeno de introdução, modificação e supressão dos enunciados integrantes do sistema de enunciados de direito positivo que fornecem notícias acerca desse critério da regra-matriz de incidência dos tributos.

De um lado, indagamos sobre os documentos normativos credenciados pelo sistema de direito positivo brasileiro baseado na CF de 1988 para introdução, modificação ou supressão de enunciados acerca da base de cálculo. Essa questão há de ser investigada sob o ângulo do princípio da legalidade, e envolve a definição do sentido básico da legalidade e do limite objetivo segundo o qual a criação ou modificação dos critérios da regra-matriz de incidência dos diferentes tributos, quando decorrente da modificação do plano de expressão do direito positivo, há de ser efetuada a partir de enunciados prescritivos introduzidos no plano das literalidades textuais por meio dos documentos normativos designados, genericamente, como "lei". O estudo da manipulação da base de cálculo sob o prisma da legalidade abrange também a verificação do papel da Lei Complementar e dos atos infralegais na construção das equações necessárias à determinação das variáveis que compõem o critério quantitativo da regra-matriz de incidência tributária. São questões que se relacionam diretamente.

A manipulação da base de cálculo também há de ser investigada sob a ótica do princípio da anterioridade, indagando-se sobre o momento a partir do qual a introdução, a modificação ou a supressão de enunciados (efetuada por documento normativo apto a realizar tal mister) deve ser observada pelo intérprete quando da construção da norma jurídica. Isto ocorre porque o limite objetivo prescrito pela anterioridade tributária, com seu perfil cada vez mais complexo e variável conforme a natureza do tributo, está situado no conseqüente da norma sobre produção jurídica associada à norma de competência tributária, estipulando a partir de quando poderá ser exigida obediência à significação que tenha suporte nos enunciados introduzidos no sistema de enunciados do direito positivo pelos diferentes documentos normativos.

9.2 A predeterminação da base de cálculo pela norma de competência tributária

A norma jurídica constitucional é aquela construída a partir dos enunciados contidos no sistema de enunciados prescritivos de direito constitucional. Essas normas gozam de uma situação hierárquica vertical superior em relação às demais normas do sistema de direito positivo, o que significa dizer que estas últimas retiram seu fundamento de validade das normas constitucionais. Dentro dessa concepção, é pertinente afirmar que as normas constitucionais constituem fundamento de validade semântica das normas inferiores, predeterminando o conteúdo destas últimas.[43] Dizer que a Constituição predetermina, positiva ou negativamente, que as leis tenham certo conteúdo significa dizer que as normas constitucionais de competência obrigam, permitem ou proíbem que normas de inferior hierarquia obriguem, permitam ou proíbam certas condutas.[44] Com a utilização desse expediente, e, paralelamente, ao prescrever as normas sobre produção jurídica, o direito regula a produção de seus elementos.

Em meio a isso, reitere-se que, entre nós, o constituinte foi generoso ao dispor sobre questões tributárias, produzindo enunciados que permitem a construção de um sem número de normas jurídicas relativas a essa matéria.[45] No sistema constitucional brasileiro, podemos demarcar uma região formada pelas normas jurídicas que disciplinam, direta ou indiretamente, a atividade tributária do Estado. As normas que integram esse subsistema exibem certa homogeneidade semântica por tratarem, direta ou indiretamente, do tributo.

Entre elas, destaca-se a norma de competência tributária, que confere às pessoas políticas a permissão para que criem tributos, predeterminando o perfil das espécies tributárias que poderão ser instituídas pelas pessoas políticas, prescrevendo o respectivo arquétipo. A noção de arquétipo tributário (ou regra-matriz de incidência possível) está associada ao fato de a CF de 1988 não ter prescrito a regra-matriz de incidência tributária. Poderia fazê-lo, mas não o fez. O subsistema constitucional tributário contém apenas, o que não é pouca coisa, a norma de competência tributária e, associada a ela, a norma sobre produção jurídica.

A norma de competência tributária é uma norma que permite obrigar. O comportamento por ela regulado é o comportamento de produção legislativa, que está voltado à introdução de novos elementos no sistema de enunciados prescritivos do direito positivo com base nos quais se poderá inovar o sistema de direito positivo. A norma de competência tributária permite a produção de normas obrigatórias, ou seja, normas que disciplinam uma conduta obrigatória, no caso, o dever de alguém dar certo montante de dinheiro ao Estado.

Assim é que, antes de o legislador infraconstitucional expedir os enunciados que lhe cabem, exercitando, desse modo, a competência que lhe foi outorgada, não há tributo, somente a possibilidade de fazê-lo dentro dos limites demarcados pela norma

43. Para aludir ao fenômeno de a lei superior determinar o conteúdo da lei inferior, Aires Barreto faz uso dos termos "prefiguração" e "prefinição". Preferimos o termo "predeterminação" para indicar a relação existente entre a lei superior e a lei inferior, que melhor expressa o fato de a primeira estipular o conteúdo possível à segunda. A propósito, segundo o *Dicionário Houaiss da Língua Portuguesa*, "predeterminar" tem o significado de "1. t.d. dar determinação, ordem, instrução antecipadamente <o chefe havia predeterminado o que fazer no dia seguinte>. 2. t.d. preparar, planejar, definir com antecedência <antes de sair, predeterminou tudo que iria fazer>" (p. 2.282).

44. Cf. Hans Kelsen, *Teoria Geral do Direito e do Estado*, p. 183.

45. Cf. Geraldo Ataliba, *Sistema Constitucional Tributário Brasileiro*, p. 31.

de competência tributária. O exercício de uma competência tributária — como, aliás, o exercício de qualquer competência legislativa — se dá pela aplicação da norma sobre produção jurídica associada à norma de competência correspondente, resultando na construção da norma veículo introdutor, que introduz um documento normativo contendo novos enunciados no sistema de enunciados de direito positivo cujo significado há de introduzir, suprimir ou modificar elementos do sistema de direito positivo.

Em nosso país, a norma de competência tributária não se limita a conferir a permissão para que a pessoa política expeça normas que prescrevam o dever de alguém pagar certo montante ao Estado. Pelo contrário, a norma de competência tributária prescreve o perfil da norma obrigatória que poderá ser criada, o arquétipo tributário a que já nos referimos. Justamente por isso, Aires Barreto, apoiando-se em José Souto Maior Borges, observa que, na Constituição Brasileira já se tem os "*traços ligeiros*" dos tributos.[46]

Nesse sentido, o conseqüente da norma de competência tributária prescreve, entre outras questões, quais eventos poderão, deverão ou não poderão ser descritos nas hipóteses das regras-matrizes de incidência tributária, quais pessoas poderão, deverão ou não poderão ser sujeito passivo dos tributos, quais grandezas e fatores poderão, deverão ou não poderão ser utilizados como critério para o cálculo da prestação pecuniária que será devida pelo sujeito passivo. Inclusive, o conseqüente da norma de competência tributária poderá prescrever qual o destino que poderá ser dado aos recursos arrecadados com o tributo, se esses recursos deverão (ou não) ser restituídos ao particular. No conseqüente da norma de competência tributária, relevante é saber o que a regra-matriz de incidência poderá, deverá ou não poderá prescrever em sua hipótese e conseqüência.

No momento em que fazemos referência aos critérios possíveis da regra-matriz de incidência tributária, precisamos enfatizar que, quando a norma de competência tributária prescreve a regra-matriz de incidência tributária possível — o arquétipo tributário —, queremos dizer que o campo de possibilidades aberto à pessoa política é o resultado da construção de significado estimulado pelo conjunto de enunciados que integram o subsistema constitucional tributário de enunciados prescritivos (associados segundo relações sintagmáticas e paradigmáticas entre os signos que têm tais enunciados como suporte e, evidentemente, em dado contexto) e, é claro, pelos demais fatores que compõem o texto em sentido amplo.

Tome-se como exemplo a competência tributária para a instituição do ICMS. Um enunciado expressa: os Estados e o Distrito Federal poderão criar um imposto que tenha em sua hipótese os fatos "operações de circulação de mercadorias". O outro enunciado estabelece: os Estados e o Distrito Federal não poderão criar um imposto que tenha em sua hipótese os fatos "operações de circulação de mercadorias destinadas ao exterior". Por questões lingüísticas, na linguagem escrita não há modo de superar a necessidade de os enunciados serem dispostos em seqüência. Assim, desde o início, a competência tributária alude à instituição de um imposto em cuja hipótese poderiam estar descritos os fatos das operações de circulação de mercadorias menos os fatos das operações de circulação de mercadorias ao exterior. São enunciados distintos que mantém relações de hierarquia horizontal, conjugando-se para a composição de uma só significação deôntica.

É por isso que não concebemos as imunidades constitucionais como normas jurídicas autônomas, e sim como enunciados constitucionais que estabelecem a impossibilidade de a pessoa política instituir tributos sobre as situações específicas caracterizadas por esses enunciados.[47] As

46. Cf. *Base de Cálculo, Alíquota e Princípios Constitucionais*, p. 34.

47. Em sentido diverso, para Paulo de Barros Carvalho imunidade tributária é a "classe finita e ime-

imunidades mutilam parcialmente os diferentes critérios da regra-matriz de incidência possível, pois não há espaço para duas normas jurídicas: uma que outorgue a competência, e outra que estabeleça a incompetência. Existe apenas o significado decorrente do significado construído a partir de enunciados que expressam "pode tributar" e dos enunciados que expressam "não pode tributar".

Em meio a isso, são diversos os expedientes por meio dos quais a norma constitucional predetermina quais poderão ser as referências contidas no critério quantitativo da regra-matriz de incidência. Assim, estabelece a norma de competência tributária uma base de cálculo possível para os diferentes tributos, estipulando que a regra-matriz de incidência tributária deverá seguir tais e quais parâmetros ao prescrever o cálculo de determinação da prestação pecuniária devida pelo sujeito passivo.

A base de cálculo possível expressa que o legislador deverá, ao prescrever os fatores primários e secundários da base de cálculo, observar certas referências prescritas pelo constituinte, abstendo-se de tantas outras combinações. Não se tem, é certo, a base de cálculo prescrita pela CF, mas algo muito próximo a isso, pois cinzelado está o que, em matéria de base de cálculo, é obrigatório, permitido ou proibido ao legislador. Essa é, em síntese, a noção de base de cálculo possível.

Na construção da base de cálculo possível, verificamos que são diversos os meios e modos pelos quais a norma de competência tributária predetermina a base de cálculo que há de estar prescrita na regra-matriz de incidência dos diferentes tributos que podem ser instituídos no Brasil. Na verdade, afirmamos que o primeiro modo de o Texto Constitucional predeterminar a base de cálculo reside, justamente, no fato de predeterminar a existência dessa entidade — e, conseqüentemente, a existência da alíquota — para todos os tributos.[48] Com efeito, embora, especialmente no que se refere às taxas, possamos cogitar da possibilidade de a regra-matriz de incidência tributária prescrever uma base de cálculo expressando um valor fixo, não se pode admitir, nem mesmo para essa espécie tributária, a inexistência de base de cálculo ou de alíquota. Estas entidades — base de cálculo e alíquota — deverão estar presentes na regra-matriz de incidência de quaisquer espécies tributárias.

No que se refere ao conteúdo possível da base de cálculo dos diferentes tributos, a norma de competência tributária predetermina a base de cálculo indiretamente, pois, ao erigir o critério material possível, acaba por prescrever o fator-primário possível da base de cálculo, predeterminando, conseqüentemente, a base de cálculo possível da regra-matriz de incidência. Com efeito, se o fator-primário possível da base de cálculo de um tributo deve ser um critério de mensuração de uma grandeza que dimensione aquele ou aqueles eventos descritos na hipótese tributária, certo é que as grandezas que o legislador poderá selecionar ao erigir o fator-primário da base de cálculo são aquelas ínsitas ao critério material possível do arquétipo tributário, condicionado por uma dada referência de tempo e espaço.[49] Existem, por outro lado, enunciados

diatamente determinável de normas jurídicas, contidas no texto da Constituição Federal, e que estabelecem, de modo expresso, a incompetência das pessoas políticas de direito constitucional interno para expedir regras instituidoras de tributos que alcancem situações específicas e suficientemente caracterizadas" (*Curso de Direito Tributário*, p. 185).

48. Cf. nota 10.

49. Segundo Roque Antonio Carrazza, "para total garantia do contribuinte de que está sendo tributado nos termos da Constituição, exige-se uma correlação lógica entre a base de cálculo e a hipótese de incidência do tributo. Por quê? Porque a base de cálculo é índice seguro para a identificação do aspecto material da hipótese de incidência, que confirma, afirma ou infirma (caso em que o tributo torna-se incobrável, por falta de coerência na norma jurídica que o instituiu). Estamos, pois, percebendo que a materialidade de cada tributo já permite que se infira sua base de cálculo possível" (*Curso de Direito Constitucional Tributário*, p. 222).

por meio dos quais o texto constitucional predetermina, de modo direto e específico, a base de cálculo de certas espécies tributárias: a predeterminação direta da base de cálculo pela norma de competência tributária é verificada nos enunciados contidos nos arts. 146-A; 149, § 2º, III; 155, § 2º, XI; 155, § 2º, XII, "i"; 195, § 9º, da CF, e arts. 72, V, § 1º; e 88, II, do ADCT.

Comente-se, por fim, que além de predeterminar a base de cálculo dos tributos por meio do critério material possível, pela prescrição do sujeito passivo possível, oportunidade em que o constituinte se ocupa, ainda que indiretamente, da predeterminação do fator-primário da base de cálculo dos tributos, ou por referências diretas, incisivas sobre a base de cálculo possível, certo é que a base de cálculo possível do arquétipo tributário é também informada pelos vetores axiológicos ou limites prescritos pelos princípios constitucionais tributários, especialmente pelos princípios da isonomia tributária, capacidade contributiva, irretroatividade, uniformidade geográfica, não-discriminação tributária e irretroatividade, nos quais surpreendemos a existência de informações relevantes sobre a composição da base de cálculo possível dos tributos, predeterminando diferentes modos de arranjo dos fatores-primário e secundário da base de cálculo dos tributos.

Bibliografia

ANGEIRAS, Luciana de Oliveira. *Lançamento Tributário no Processo de Positivação do Direito.* Dissertação (Mestrado em Direito), São Paulo, PUC/SP, 1999, 208 pp.

ATALIBA, Geraldo. *Hipótese de Incidência Tributária.* 5ª ed., São Paulo, Ed. RT, 1998.

______. *Sistema Constitucional Tributário Brasileiro.* São Paulo, Ed. RT, 1968.

BARRETO, Aires. *Base de Cálculo, Alíquota e Princípios Constitucionais.* 2ª ed., São Paulo, Max Limonad, 1998.

BECKER, Alfredo Augusto. *Teoria Geral do Direito Tributário.* 3ª ed., São Paulo, Lejus, 1998.

BORGES, José Souto Maior. *Lançamento Tributário.* São Paulo, Malheiros Editores, 1999.

CARRAZZA, Roque Antonio. *Custo de Direito Constitucional Tributário.* 16ª ed., São Paulo, Malheiros Editores, 2001.

CARVALHO, Paulo de Barros. *Curso de Direito Tributário.* 17ª ed., São Paulo, Saraiva, 2005.

______. *Direito Tributário, Fundamentos Jurídicos da Incidência.* 3ª ed., São Paulo, Saraiva, 2004.

______. "Base de cálculo como fato jurídico e a taxa de classificação de produtos vegetais", *Revista Dialética de Direito Tributário* 37/18-143, São Paulo, out. 1998.

COÊLHO, Sacha Calmon Navarro. *Teoria Geral do Tributo, da Interpretação e da Exoneração Tributária.* 3ª ed., São Paulo, Dialética, 2003.

ECHAVE, Delia Teresa; URQUIJO, María Eugenia; GUIBOURG, Ricardo A. *Lógica, Proposición e Norma.* 1ª ed., Buenos Aires, Editorial Astrea, 1997.

HOUAISS, Antônio. Mauro de Salles Villas. *Dicionário Houaiss da Língua Portuguesa.* São Paulo, Objetiva, 2001.

KELSEN, Hans. *Teoria Geral do Direito e do Estado.* Trad. Luíz Carlos Borges. 3ª ed., São Paulo, Martins Fontes, 2000.

______. *Teoria Pura do Direito.* Trad. João Baptista Machado. 6ª ed., São Paulo, Martins Fontes, 1999.

MASSANET, Juan Ramallo. "Hecho imponible y cuantificación de la prestación tributaria", *Revista de Direito Tributário* 11-12/9-52, São Paulo, jan./jun. 1980.

MELLO, Celso Antônio Bandeira de. *Curso de Direito Administrativo.* 10ª ed., São Paulo, Malheiros Editores, 1998.

ROCHA, Valdir de Oliveira. *Determinação do Montante do Tributo: Quantificação, Fixação e Avaliação.* 2ª ed., São Paulo, Dialética, 1995.

______. *Decadência e Prescrição no Direito Tributário.* São Paulo, Max Limonad, 2000.

SOUZA, Rubens Gomes. "Um caso de ficção legal no Direito Tributário: a pauta de valores como base de cálculo do ICMS",

Revista de Direito Público 11/13-32, São Paulo, Ed. RT, jan./mar. 1970.

TORRES, Ricardo Lodo. *Curso de Direito Financeiro e Tributário*. 12ª ed., Rio de Janeiro, Renovar, 2005.

VILANOVA, Lourival. *As Estruturas Lógicas e o Sistema do Direito Positivo*. São Paulo, Max Limonad, 1997.

______. *Causalidade e Relação no Direito*. 4ª ed., São Paulo, Ed. RT, 2000.

CADERNOS DE DIREITO TRIBUTÁRIO

TRIBUTAÇÃO E ACESSO AO JUDICIÁRIO

ANGELINA MARIZ DE OLIVEIRA

Graduada pela Faculdade de Direito da USP. Mestre em Direito Processual Civil pela PUC/SP. Especialista em Direito Tributário pela USP/IBDT-IBET. Advogada em São Paulo

1. Amplitude do direito de obtenção de prestação jurisdicional

O direito de os pleitos dos cidadãos serem julgados por um juiz imparcial, embasado em normas gerais e anteriormente conhecidas é uma das grandes conquistas sociais da civilização ocidental, que aos poucos se dissemina pelo mundo, conforme os direitos humanos passam a ser positivados e praticados pelas nações. Um Poder Judiciário independente é essencial para garantir o respeito e pleno exercício desse direito fundamental, que no Brasil é amplamente conferido aos brasileiros e também aos estrangeiros que precisem litigar nas Cortes do País.

A Constituição Política do Império do Brazil, de 25 de março de 1824, em seu art. 179, inciso XI, já determinava: "Ninguem será sentenciado, senão pela Auctoridade competente, por virtude de Lei anterior, e na fórma por ella prescripta". O comando não é de forma clara garantia ao direito de acesso à Justiça, mas reconhece que a condenação só pode decorrer de um pedido formulado a um juiz.

Adiante, o inciso XXX determinava que "todo o cidadão poderá apresentar por escripto ao Poder Legislativo, e ao Executivo, reclamações, queixas ou petições, e até expôr qualquer infracção da Constituição, requerendo perante a competente Auctoridade a effectiva responsabilidade dos infractores". Como se vê, na época, o direito de acesso ao Poder Judiciário não estava positivado entre as garantias constitucionais, o que não quer dizer que ele não existisse como princípio no Ordenamento Jurídico então vigente.

Também nos primeiros textos constitucionais republicanos o direito de acesso ao Judiciário não era expresso, podendo ser reconhecido nas entrelinhas de outras garantias positivamente declaradas, como no direito de petição. Este direito originalmente era reconhecido na Constituição de 1891 como uma garantia das pessoas para promover a denúncia de abusos de autoridade: "É permitido a quem quer que seja representar, mediante petição, aos Poderes Públicos, denunciar abusos das autoridades e promover a responsabilidade dos culpados".[1] Aqui já encontramos o reconhecimento do direito de petição a todos os órgãos do Estado, não apenas ao Legislativo e ao Executivo.

Este comando será gradualmente aperfeiçoado e modificado, sendo que a Constituição de 1937 foi a primeira a garantir formalmente o direito de petição para a

1. Constituição Federal de 1891, art. 72, § 9º.

defesa de quaisquer direitos, como se verifica em seu art. 122, inciso sétimo: "direito de representação ou petição perante as autoridades, em *defesa de direitos ou do interesse geral*". É interessante observar que esta evolução do conceito do direito de petição foi decretada sob um regime autoritário, definição esta que não foi reproduzida na Constituição de 1946 (que retornou ao conceito anterior, mais restrito), tendo sido resgatada apenas na Constituição de 1988.

Na Constituição de 1946, por outro lado, pela primeira vez constou explicitamente a proibição de a lei impedir o acesso ao Judiciário, conforme o § 4º de seu art. 141, em redação já conhecida: "A lei não poderá excluir da apreciação do Poder Judiciário qualquer lesão de direito individual". Na Constituição em vigor, este direito foi ampliado, no inciso XXXV, de seu art. 5º, incluindo também os direitos coletivos e o direito de obter prestação jurisdicional mesmo nos casos de ameaça: "a lei não excluirá da apreciação do Poder Judiciário *lesão ou ameaça* a direito".

Assim, na Constituição de 1988, em seu art. 5º, primeiramente é reconhecido o direito do cidadão de requerer a todos os Poderes da República, sem exceção, a defesa de seus direitos ou de requerer proteção contra ilegalidades ou abusos de poder (inciso XXXIV, alínea *a*). Sobre este dispositivo José Afonso da Silva leciona que "o direito de petição cabe a qualquer pessoa. (...) Pode ser dirigido a qualquer autoridade do Legislativo, do Executivo ou do Judiciário".[2] Apesar de o Legislativo e o Executivo também terem o dever de apreciar os pleitos a eles dirigidos, cabe ao Judiciário a competência constitucional máxima para julgar os pedidos dos cidadãos, de decidir em última instância a validade de pedidos de amparo a direitos alegadamente ofendidos, por atos privados ou públicos.

Logo a seguir, no inciso XXXV, é determinado que qualquer direito pode ter sua aplicação e proteção requerida ao Poder Judiciário, sendo vedado que a lei impeça este órgão de apreciar determinadas questões; como, infelizmente, havia acontecido durante os regimes autoritários que vigoraram ao longo do século XX.

Ao analisar o tema, o Pleno do Supremo Tribunal Federal julgou que "o direito de petição qualifica-se como prerrogativa de extração constitucional assegurada à generalidade das pessoas pela Carta Política (art. 5º, XXXIV, *a*). Traduz direito público subjetivo de índole essencialmente democrática".[3] Em outro julgamento, ao analisar o direito de ação, declarou que "condicionar a possibilidade do acesso ao Judiciário ao percurso administrativo, equivaleria a excluir da apreciação do Judiciário uma possível lesão a direito individual, em ostensivo gravame à garantia do art. 5º, XXXV, da Constituição Federal".[4]

Os comandos desses incisos XXXIV, *a*, e XXXV do art. 5º da Constituição Federal não são excludentes, nem dispõem sobre questões diferentes; eles são complementares. Quando se tratar de petições formuladas ao Poder Judiciário, o primeiro dispositivo garante a obtenção da prestação jurisdicional, mesmo que o pleito da pessoa não seja formulado de acordo com os parâmetros da legislação processual, sendo extinto sem julgamento de mérito.

O inciso seguinte consagra o princípio da jurisdição una, vedando que quaisquer normas, mesmo que lei ou emenda constitucional, excluam determinadas matérias de julgamento pelo Judiciário. Quando se tratar de petições dirigidas aos demais Poderes, também impede que as decisões dos órgãos da Administração Pública sejam definitivas para os cidadãos, garantindo a estes a possibilidade de discuti-las perante o Judiciário.

2. José Afonso da Silva, *Curso de Direito Constitucional Positivo*, 17ª ed., São Paulo, Malheiros Editores, 2000, p. 443.

3. STF, Pleno, AR AgR 1.354-BA, Rel. Ministro Celso de Mello, *DJU*-I 6.6.1997, p. 24.873.

4. STF, Pleno, MS 23.789-PE, Rela. Ministra Ellen Gracie, *DJU*-I 23.9.2005, p. 7.

O direito de petição ao Poder Judiciário é o modo pelo qual se exerce o direito à obtenção da prestação jurisdicional, é intrínseco a esta atividade, não existindo outros mecanismos para se buscar a Justiça (da mesma forma que o voto e a iniciativa popular de projeto de lei são mecanismos típicos para o cidadão atuar perante o Legislativo). O direito de acesso ao Poder Judiciário, ou seja, de obter a prestação jurisdicional — incluindo-se o exercício do direito de ação[5] —, é amparado por outras garantias na Constituição de 1988: além do já citado direito de petição, há também o direito à obtenção de assistência jurídica integral e gratuita do Estado pelos hipossuficientes, as garantias de independência dos magistrados, de razoável duração do processo, da criação de juizados especiais, dentre outros.[6]

A obtenção da plena prestação jurisdicional é essencial para a manutenção do Estado de Direito, pois de nada adiantariam, por exemplo, as restrições ao poder de tributar, se o contribuinte não tivesse instrumentos para pleitear e obrigar a própria Administração Pública a respeitar as limitações constitucionais. Com efeito, o princípio de pleno acesso ao Judiciário é um dos pilares do Estado de Direito, especialmente nos países que, como o Brasil, adotam a tripartição dos poderes. Vale lembrar a lição de Celso Ribeiro Bastos de que, em nossa história, ao Poder Judiciário "sempre coube ser o recurso último para todas as lesões de direito, provenham elas de onde vier".[7]

5. "A teoria que prevalece no nosso sistema processual é a da ação como direito abstrato de agir. Essa 'abstração' não é, todavia, absoluta, pois, para que se possa exercer o direito de ação, isto é, com possibilidade de se obter sentença de mérito (no processo de conhecimento), é preciso observar as condições da ação" (*Curso Avançado de Processo Civil*, v. 1, coord. Luiz Rodrigues Wambier, São Paulo, Ed. RT, 1998, p. 116).

6. José Afonso da Silva, *Curso de Direito Constitucional Positivo*, 17ª ed., cit., p. 431.

7. Celso Ribeiro Bastos, *Curso de Direito Constitucional*, 20ª ed., São Paulo, Saraiva, 1999, p. 213.

Por isso, para tornar mais efetivo esse comando, a Constituição de 1988 também determina que o direito de petição aos Poderes Públicos — incluindo-se o Poder Judiciário — é assegurado a todos, independentemente do pagamento de taxas, como consta no inciso XXIV, alínea *a*, de seu art. 5º. Adiante a aplicação desta norma no âmbito das questões tributárias será analisada com mais detalhes.

2. Histórico das taxas judiciais

Para poder exercer o direito de peticionar ao Poder Judiciário, a pessoa não precisa se submeter a nenhuma condição, além de redigir seu pleito em papel e o protocolar no horário de atendimento dos tribunais. Para ver seu pedido plenamente processado e apreciado, ainda que não em seu mérito, deve se enquadrar em diversos requisitos previstos na legislação processual infraconstitucional. Vamos nos dedicar à análise de um deles: a necessidade de recolhimento de taxas judiciais de distribuição.

As taxas judiciais são receitas do Poder Público relacionadas à prestação de amparo jurisdicional, não decorrem nem de multa, nem de desapropriação, ou seja, têm nítida natureza tributária conforme conceito do art. 3º do Código Tributário Nacional: "Tributo é toda prestação pecuniária compulsória, em moeda ou cujo valor nela se possa exprimir, que não constitua sanção de ato ilícito, instituída em lei e cobrada mediante atividade administrativa plenamente vinculada".[8]

Como as taxas são tributos, as leis que as instituem contêm os comandos típicos das normas tributárias, como a determinação do fato gerador, do sujeito passivo, dos responsáveis tributários, da base de cálculo, alíquotas, isenções, casos de não-incidência, e assim por diante.

8. Ressalte-se que a Constituição Federal de 1988, em dispositivo inédito, diferencia as taxas judiciais das custas dos serviços forenses, uma vez que exclui estas últimas do âmbito do direito tributário, conforme se verifica no art. 24, incisos I e IV.

O pagamento das taxas judiciais seria necessário para garantir ao Estado recursos que permitissem, em contrapartida, manter o Poder Judiciário. Essa lógica era razoável quando, no sistema social do século XIX, apenas poucas pessoas, normalmente de maior poder aquisitivo, tinham acesso à Justiça como autoras de uma ação.

Naquele contexto, fazia sentido que a prestação jurisdicional fosse vista como uma prestação de serviço estatal, da mesma forma que o fornecimento de alvarás de construção, autorizações de funcionamento e expedição de certidões de propriedade de imóveis. Era possível dizer que o Poder Judiciário inquestionavelmente prestava serviço público específico e divisível.

Por isso, o Decreto 225, de 30 de novembro de 1894, instituía a taxa judiciária para as causas julgadas no Distrito Federal (então localizado na cidade do Rio de Janeiro) e no mesmo diploma também dispunha sobre os vencimentos dos funcionários da Justiça, demonstrando a vinculação daquela receita a estas despesas. Desde esse texto legal, a base de cálculo da taxa judiciária era o valor econômico em litígio e havia um limite máximo para sua cobrança.

O acesso ao Poder Judiciário, porém, modificou-se profundamente ao longo do século XX, conforme foram sendo concedidos maiores direitos políticos e sociais a toda a população. Houve um grande incremento do número de ações, tendo surgido a necessidade de serem criadas ações coletivas, para solucionar uniformemente demandas envolvendo milhares de pessoas, bem como de ser concedido efeito *erga omnes* a algumas decisões judiciais de ampla repercussão social. Atualmente os maiores litigantes no Poder Judiciário — seja no pólo ativo, seja no pólo passivo —, são entes estatais, com destaque para a União Federal, o INSS e o Estado de São Paulo.

A função jurisdicional do Poder Judiciário teve seu objeto principal essencialmente modificado. Se no começo do século XX a maioria das ações civis tratava de questões de direito privado e individuais, no fim daquele século as demandas envolviam em sua grande maioria questões de direito público, em grandes blocos de ações com objetos idênticos. Antes se julgava primordialmente poucos litígios entre cidadãos, hoje dezenas de milhares das ações julgadas anualmente envolvem conflitos entre o Estado e os cidadãos.

Esta modificação da prestação jurisdicional solicitada ao Poder Judiciário é refletida em diversas alterações legislativas. Na Constituição de 1988 significou a inserção entre as garantias fundamentais do cidadão de diversos princípios processuais, trabalhistas, políticos, tributários etc. Destacamos, para os fins desse trabalho, o inciso XXXIV, alínea *a*, do art. 5º, que garante o direito de petição ao Poder Judiciário, para todos, independentemente do pagamento de taxas.

Outro fator relevante a ser observado, em decorrência desse novo contexto social e jurídico, é que a tradicional fonte de receitas para manutenção do Poder Judiciário, obtida através da arrecadação das taxas, tornou-se insuficiente, frente àquelas que são necessárias para o pagamento de remunerações, instalação e manutenção da infra-estrutura requerida pela sociedade brasileira do final do século XX. Ademais, apesar de ser um tributo vinculado, a taxa judiciária é receita que não é diretamente recebida pelo Poder Judiciário.

A taxa judiciária, primeiro, é arrecada pela União Federal, pelos Estados e pelo Distrito Federal e integra o caixa geral destas pessoas políticas; só posteriormente é repassada ao Judiciário. Com tudo isso, atualmente o Judiciário depende essencialmente das verbas que lhe são destinadas na lei orçamentária, conforme o art. 165, § 5º, da Constituição de 1988.

Como a lei orçamentária é de iniciativa do Poder Executivo, todo ano o Poder Judiciário tem que atuar politicamente, para obter o maior percentual de recursos possíveis. Considerando que é o Executivo que apresenta o projeto de lei sobre a repartição das dotações orçamentárias entre os três poderes, e que é o Legislativo que tem competência para modificar e deliberar sobre este projeto, é natural que seja dada prioridade às necessidades específicas destes entes públicos.[9]

A conseqüência desse quadro é a atual crise do Poder Judiciário, que não dispõe de magistrados, funcionários e infra-estrutura necessários para responder à demanda de prestação jurisdicional da população. Deve-se considerar, ainda, que, como o maior requerido na Justiça brasileira é o Poder Executivo (em suas diversas facetas), não existe interesse político de que o Judiciário tenha condições de julgar com celeridade e eficiência as dezenas de milhares ações que são propostas e tramitam contra a União Federal, os Estados, Municípios, autarquias etc.

3. O desvirtuamento da arrecadação das taxas judiciais

O fato gerador previsto nas normas que criam as chamadas taxas judiciais é a prestação de provimento jurisdicional. A utilização de expressões como "prestação de serviços públicos de natureza forense" ou "de natureza judiciária" é mera retórica, pois não existe prestação jurisdicional sem a realização de atos processuais. Tanto o fato gerador da taxa judicial é a prestação jurisdicional, que o critério quantitativo do tributo é o valor dado à causa.

Nesse ponto é necessário considerar que a base de cálculo de um tributo não pode ser qualquer valor escolhido pelo legislador. Há de ser um valor cuja aferição decorra do fato gerador do tributo. Nas palavras do Professor Paulo de Barros Carvalho: "a base de cálculo é a grandeza instituída na conseqüência da regra-matriz tributária, e que se destina, primordialmente, a dimensionar a intensidade do comportamento inserto no núcleo do fato jurídico, para que, combinando-se à alíquota, seja determinado o valor da prestação pecuniária".[10]

Com isso, se as taxas judiciais fossem cobradas tão-somente pela prestação de serviços administrativos no âmbito do Poder Judiciário — se é que isso é possível quando se trata de atos processuais —, então seu valor jamais poderia ser aferido em decorrência do valor dado à causa. Prova disso é a constatação de que um mandado de segurança contra apreensão de mercadoria de grande valor econômico (uma aeronave, por exemplo) pode exigir muito menos atos processuais do que uma ação relativa à partilha de um único imóvel na periferia entre quinze herdeiros; mas, do primeiro, certamente será exigido o pagamento de taxa judicial muito mais alta.[11]

Verificado que a utilização do valor dado à causa como base de cálculo para a chamada taxa judiciária aponta como fato gerador o exercício do direito de acesso ao Judiciário, passemos aos demais elementos comuns às normas jurídicas tributárias que instituem esses tributos.

O ente federado ao qual está vinculado o órgão do Poder Judiciário competente para julgamento da causa detém a capacidade para a instituição e arrecadação da taxa judiciária. A base de cálculo costuma ser o valor dado à causa, ou valor estipulado pela norma jurídica tributária nas ações em que sejam inestimáveis os valores envolvidos. Outro aspecto *sui generis* é a variação da base de cálculo no curso do processamento da ação, sempre para maior, pela contabilização de suposta correção monetária, ou

9. Na ADI 1.651-PB a Assembléia Legislativa da Paraíba expressamente reconheceu que "os valores orçamentários consignados não preenchem as necessidades básicas de funcionamento do aparelho Judiciário, mormente quando existe uma incapacidade financeira crônica do Executivo em repassar os duodécimos respectivos".

10. Paulo de Barros Carvalho, *Curso de Direito Tributário*, 10ª ed., São Paulo, Saraiva, 1998, p. 235.

11. Lembrando-se que é forte o entendimento entre os Magistrados de que também no mandado de segurança deve ser adotado por valor da causa o valor do benefício econômico decorrente da concessão da ordem pleiteada.

pela sua modificação, para ser adotado o valor da condenação como critério quantitativo.

As taxas judiciais são tributos devidos pelo perdedor da causa. Seu recolhimento, todavia, via de regra, é realizado antecipadamente pelos autores e pelos recorrentes, conforme o comando do § 1º, do art. 19, do Código de Processo Civil.[12] Saliente-se que a obrigação do vencido ao reembolso das taxas despendidas pela outra parte não tem natureza de indenização, pois os pagamentos das taxas dos atos do processo são claramente distinguidas das indenizações pelo § 2º, do art. 20, do Código de Processo Civil.

As alíquotas variam nos diversos textos legais, por exemplo: nas ações julgadas pela Justiça Federal são de 0,5% ou de 1% sobre o valor da causa, conforme a Lei 9.289/1996 (máximo de R$ 1.915,38). No Rio Grande do Sul, a Lei 8.960/1989 estipula a alíquota da taxa judicial entre 0,6% e 1,2% sobre o valor da causa (máximo de R$ 2.517,00). O Decreto-lei 115/1967 aprovou o Regimento de Custas da Justiça do Distrito Federal, que hoje tem alíquotas entre 0,5% e 6% (valor máximo de R$ 1.813,96). Na Justiça Estadual de São Paulo a taxa judiciária incide sob a alíquota de 1% a 4% sobre o valor da causa (máximo de R$ 41.790,00), nos termos da Lei 11.608/2003.

Estes tributos são exigidos em situações que não podem ser evitadas pelos contribuintes. Isso porque em nosso Ordenamento Jurídico não é permitido às pessoas buscarem o cumprimento obrigatório de seus direitos por vias próprias, necessariamente devem requerer o amparo jurisdicional. Assim, se a tributação do exercício do direito de pleitear o amparo jurisdicional não for comedida, pode levar a três conseqüências que se opõem ao comando constitucional de acesso à Justiça:

• ou impede o autor, que deve adiantar as taxas, de propor a ação, por falta de condição econômica para arcar inicialmente com o recolhimento antecipado do tributo, quando não se enquadrar nas hipóteses de isenção;

• ou impede as partes de interporem recursos que lhe são garantidos pela Constituição Federal e pela legislação processual, pelas mesmas razões acima descritas;

• ou ainda impõe uma obrigação tributária desproporcional ao vencido na causa, que ao final deverá arcar também com as taxas judiciais.

O abuso do legislador costuma ocorrer de dois modos: ou pela ausência de limite máximo para o valor da taxa, ou pela incidência de alíquotas que inviabilizam o acesso ao Poder Judiciário. O caso mais corriqueiro é o de leis estaduais sem limite para os valores a serem arrecadados a título de taxas judiciais, ao contrário do respeito pelo cidadão que tinha o legislador do século XIX, quando estipulou um valor máximo para a custa judiciária do Distrito Federal no Decreto 225, de 1894.

Textos legais que imponham ao cidadão o recolhimento de quantias a título de taxas judiciais que acabem por impedir o ajuizamento de ações, a interposição de recursos, ou que levem os vencidos à insolvência, ofendem inúmeras garantias constitucionais: direito de acesso à Justiça, proibição de confisco, respeito aos princípios da razoabilidade e da proporcionalidade. Ademais, ainda que se considere a existência de um serviço público jurisdicional que deva ser remunerado através da taxa, a cobrança excessiva implicará em enriquecimento sem causa, vedado pelo Ordenamento Jurídico.

Cabe questionar se atualmente é legítima a tributação de atos jurídicos que são essenciais para o pleno exercício da cidadania e obrigatoriamente só podem ser exercidos através do Estado.[13] Considerando os

12. Várias leis de instituição de taxas judiciais permitem que o pagamento antecipado da taxa judicial não seja integral, mas apenas de 50%, cabendo o pagamento restante no momento de interposição de recurso de apelação ou ao final da ação.

13. É crime "fazer justiça com as próprias mãos, para satisfazer pretensão, embora legítima,

fundamentos da sociedade brasileira previstos nos primeiros artigos da Constituição Federal — destacando-se o respeito à cidadania, à dignidade da pessoa humana, ao direito à vida, à liberdade, à propriedade, e ao princípio da legalidade —, será que ainda seria devido pagamento de taxa pela busca de amparo jurisdicional?

4. A possível inconstitucionalidade das taxas judiciais após 1988

a) A questão da base de cálculo

Quando a Constituição de 1988 determina que as pessoas só poderão ser privadas de seus bens e de sua liberdade através de sentença proferida após o devido processo legal conduzido por juiz competente, está vedando a autotutela e confere ao Estado, por meio de seu Poder Judiciário, a obrigação de prestar a tutela aos direitos dos cidadãos.

Humberto Theodoro Júnior entende que "a atividade de dirimir conflitos e decidir controvérsias é um dos fins primários do Estado. Mas, desde que privou os cidadãos de fazer atuar seus direitos subjetivos pelas próprias mãos, a ordem jurídica teve que criar para os particulares um direito à tutela jurídica do Estado. E este, em conseqüência, passou a deter não apenas o poder jurisdicional, mas também assumiu o *dever de jurisdição*".[14]

Este dever tão amplo, monopolizado pelo Estado (já que não é possível sua concessão para pessoas privadas), compulsório e exercido por um Poder autônomo distanciou a prestação jurisdicional da noção de serviço público. Conforme descrito por Pontes de Miranda, "existe, pois, direito público subjetivo a que o Estado, por seus órgãos, preste justiça. É o direito à prestação jurisdicional. Ou melhor: a pretensão à tutela jurídica, de que é espécie a pretensão à resolução judicial".[15]

Por outro lado, o serviço público, como se sabe, é espécie de atividade administrativa. Por isso, ele está inserido no âmbito da função administrativa exercida primordialmente pelo Poder Executivo, não na esfera da função jurisdicional prestada pelo Judiciário. Nas palavras de Celso Antônio Bandeira de Mello, "a atividade estatal denominada serviço público é a prestação consistente no oferecimento, aos administrados em geral, de *utilidades ou comodidades materiais* (como água, luz, gás, telefone, transporte coletivo etc.)".[16]

Também se deve ter em mente que a doutrina processual contemporânea reconhece que a atual prestação jurisdicional favorece não apenas as partes envolvidas. Em *Teoria Geral do Processo* consta que "a pacificação é o escopo magno da jurisdição e, por conseqüência, de todo o sistema processual (...). Afirma-se que o objetivo-síntese do Estado contemporâneo é o bem comum e, quando se passa ao estudo da jurisdição, é lícito dizer que a projeção particularizada do bem comum nessa área é a pacificação com justiça".[17]

Num plano maior, a pacificação do conflito produz um benefício auferido por toda a sociedade, além disso, atinge indiretamente terceiros que não têm interesse processual, mas têm interesse econômico ou social na solução da causa *sub judice*. Inegavelmente a decisão judicial pode favorecer ou prejudicar pessoas ligadas aos litigantes, como familiares, funcionários, clientes e até as Fazendas Públicas. Mais clara se torna essa dimensão da prestação jurisdicional, quando através do exercício

salvo quando a lei o permite", conforme o art. 345 do Código Penal.

14. Humberto Theodoro Júnior, *Curso de Direito Processual Civil*, v. I, 21ª ed., Rio de Janeiro, Forense, 1997, p. 36.

15. Pontes de Miranda, *Comentários ao Código de Processo Civil*, t. I, 5ª ed., Rio de Janeiro, Forense, 1996, p. 79.

16. Celso Antônio Bandeira de Mello, *Curso de Direito Administrativo*, 15ª ed., São Paulo, Malheiros Editores, 2003, Caps. I e XI.

17. Antônio Carlos de Araújo Cintra e outros, *Teoria Geral do Processo*, 13ª ed., São Paulo, Malheiros Editores, 1997, p. 25.

do direito de acesso ao Judiciário se busca a tutela de bens como o meio ambiente, o patrimônio histórico, direitos do consumidor etc.

Considerando a natureza contemporânea da atividade exercida pelo Poder Judiciário, através de seus magistrados e funcionários, de função integradora da ordem jurídica, constata-se que não mais se aplica a classificação da prestação jurisdicional como serviço público, não há como equipará-la ao fornecimento de certidões, à concessão de alvarás de funcionamento, à aferição de pesos e medidas, ao abastecimento de água, à captação de esgoto etc. Por isso, se o art. 145, inciso II, da Constituição admite a incidência de taxas apenas nas hipóteses de exercício de poder de polícia — que logicamente não é o caso da prestação jurisdicional — ou pela prestação de serviços públicos específicos e divisíveis, é inapropriada a instituição de taxa visando a remuneração do exercício do direito de acesso à Justiça.

A conseqüência desses fatos é que as chamadas taxas judiciais não têm bases de cálculo típicas desses tributos. Como anotado por Misabel Abreu Machado Derzi, "no caso das taxas, a base de cálculo deve mensurar o custo da atividade estatal, ou seja, sua intensidade em relação ao contribuinte, refletindo o caráter sinalagmático, que lhe é inerente. A graduação das taxas não se opera, tecnicamente, de acordo com os rendimentos do contribuinte, seu patrimônio, ou capacidade financeira em geral, elementos estranhos".[18]

A opção do valor dado à causa para ser a base de cálculo da taxa judicial é típica tributação sobre capacidade econômica presumível, desvinculada de eventual serviço que seria prestado pelo Estado. Diferente dessa situação são as custas de porte de remessa e retorno, as quais têm por base de cálculo o peso dos autos, ou o número de folhas, e estão relacionadas ao serviço de transporte do processo com segurança entre as diversas instâncias e fóruns.

Desse modo, constata-se que muitas das taxas judiciais são inconstitucionais e ilegais, pois na verdade adotam por critério quantitativo elemento que é próprio da base de cálculo dos impostos, em descumprimento aos comandos do art. 145, § 2º, da Constituição Federal e do art. 77, parágrafo único, do Código Tributário Nacional.

b) A questão da Justiça gratuita indiscriminadamente para todas as pessoas

A cobrança de taxa pelo exercício do direito de requerer a prestação jurisdicional também se mostra inadequada em face do amplo direito de acesso à Justiça, através do direito de petição, gratuito para todos — sem distinções de capacidade econômica — conferido pelo art. 5º, inciso XXXIV, alínea *a*, da Constituição de 1988. O *caput* deste dispositivo garante a aplicação do princípio da igualdade no âmbito da prestação jurisdicional, pois não é porque alguém tem mais bens materiais que necessite menos da proteção do Poder Judiciário, nem é porque alguém não sabe ler e escrever que não tem direito de obter prestação jurisdicional.

Saliente-se que este inciso XXXIV da Constituição não está relacionado à assistência judiciária gratuita, que é tratada no inciso LXXIV do art. 5º.[19] A liberação de pagamento da taxa judicial era um dos elementos da assistência judiciária regulada pela Lei 1.060/1950, que na verdade tem um objetivo mais amplo já que confere ao Estado e à Ordem dos Advogados do Brasil a obrigação de fornecer defensores públicos ou advogados que representem os cidadãos que não tenham recursos para pagar os honorários.

18. Em *Direito Tributário Brasileiro*, 11ª ed., Rio de Janeiro, Forense, 1999, p. 552.

19. CF, art. 5º: "(...) LXXIV — o Estado prestará assistência judiciária integral e gratuita aos que comprovarem insuficiência de recursos".

Na verdade o *caput* do inciso XXXIV dispõe sobre outra questão: a garantia do exercício de petição independentemente do pagamento de taxas. Nenhuma condição é exigida pela Constituição Federal para usufruir desse benefício, que se assemelha muito a uma imunidade tributária, faltando ainda um profundo estudo doutrinário sobre essa questão do ponto de vista do Direito Tributário.[20]

5. *A posição do Supremo Tribunal Federal*

São inúmeras as ações que tramitam pelo Supremo Tribunal Federal buscando a proteção do cidadão contra taxas judiciárias abusivas. As decisões declararam a inconstitucionalidade de todos os textos legais que instituíram taxas judiciais desproporcionais, com omissão de um limite absoluto, reguladas por atos infralegais, com alíquotas progressivas ou excessivas.

Foram tantas as ações discutindo as normas que instituem taxas judiciais sem limites, que o Supremo Tribunal Federal proferiu a Súmula 667 com o seguinte conteúdo: "Viola a garantia constitucional de acesso à jurisdição a taxa judiciária calculada sem limite sobre o valor da causa" (*DJU*-I 9.10.2003, p. 4).

Entretanto, o legislador ordinário, infelizmente, sempre busca meios de descumprir os comandos constitucionais e a jurisprudência da Corte constitucional sobre a matéria. Exemplo disso é a Lei do Estado de São Paulo 11.608/2003. Aparentemente ela está de acordo com a jurisprudência do Supremo Tribunal Federal, pois estipula um teto máximo para as custa judiciais, mas na verdade ela descumpre os comandos constitucionais que garantem o pleno acesso à Justiça.

Marcelo Knopfelmacher, em preciso parecer,[21] demonstra que apesar de a lei prever um valor máximo para essas taxas, quando esse valor supera a quantia de R$ 40.000,00 ofende os princípios da razoabilidade e da proporcionalidade, acaba por impedir o acesso à Justiça e produz tributação com efeitos de confisco. Saliente-se que a Lei do Estado de São Paulo 11.608/2003 é questionada no Supremo Tribunal Federal por meio da ação direta de inconstitucionalidade 3.154, e que desde junho de 2004 aguarda seu julgamento conforme o procedimento regulado pelo art. 12 da Lei 9.868/1999.[22]

Sobre a questão da validade de as taxas judiciárias terem por base de cálculo o valor dado à causa, o Pleno do Supremo Tribunal Federal proferiu inúmeras decisões declarando a constitucionalidade desse critério quantitativo, muitas delas em controle concentrado.[23] A despeito disso, verifica-se a existência de votos divergentes, entendendo que este tipo de base de cálculo só poderia integrar norma jurídica tributária de instituição de impostos.

Se as ações fossem julgadas procedentes, com a declaração de inconstituciona-

20. A imunidade das taxas judiciais foi considerada por Antonio Souza Prudente no artigo "Conceitos de custas excluem taxa judiciária", na edição de 20.6.1994 do jornal *Correio Braziliense*, Caderno "Direito & Justiça", conforme citado na ADI 1.651-PB.

21. Marcelo Knopfelmacher, "Considerações e Parecer sobre dispositivos da Lei de Taxas Judiciárias do Estado de São Paulo (Lei 11.608, de 29 de dezembro de 2003), que estabelecem os valores mínimo e máximo para o seu recolhimento, ante os Princípios Constitucionais que consagram o Amplo e Irrestrito acesso à Justiça e proíbem a Tributação Confiscatória e em face da Jurisprudência do Supremo Tribunal Federal", elaborado para o Movimento de Defesa da Advocacia, publicado no *site* <www.mda.org.br>.

22. Lei 9.868/1999: "Art. 12. Havendo pedido de medida cautelar, o relator, em face da relevância da matéria e de seu especial significado para a ordem social e a segurança jurídica, poderá, após a prestação das informações, no prazo de dez dias, e a manifestação do Advogado-Geral da União e do Procurador-Geral da República, sucessivamente, no prazo de cinco dias, submeter o processo diretamente ao Tribunal, que terá a faculdade de julgar definitivamente a ação".

23. Até setembro de 2003, de 57 ações diretas de inconstitucionalidade questionando taxas em geral, 20 tratavam de taxas judiciais.

lidade das taxas judiciais que adotem o valor da causa como base de cálculo, teríamos duas complexas conseqüências:

• ou as taxas deveriam passar a adotar um valor específico para cada ato judicial, como qualquer serviço público;

• ou a base de cálculo se manteria inalterada, mas seria necessária a criação de impostos por meio de leis complementares, cuja arrecadação não mais seria vinculada.

Parece-nos que esses aspectos, extrafiscais, inevitavelmente causariam o caos nas receitas do Poder Judiciário e na sua estrutura, em face da redução de recursos e das inúmeras demandas visando à repetição do indébito. São elementos que não podem ser desconsiderados pelos julgadores de uma Corte constitucional.

Com isso, a jurisprudência consolidada do Supremo Tribunal Federal — mas não unânime —, parte da premissa de que prestação jurisdicional é serviço público, e por isso deve ser remunerada por meio de taxas. Esse mesmo entendimento, porém, também reconhece que é difícil encontrar um critério de quantificação razoável deste suposto serviço, que existe "dificuldade de se saber, exatamente, o custo dos serviços".[24]

É interessante observar que nos julgamentos realizados pelo Supremo Tribunal Federal é consenso que as taxas judiciais devem custear a atividade jurisdicional do Estado, devendo adotar como base de cálculo "o valor da atividade estatal referida diretamente ao contribuinte",[25] servindo como "contraprestação à atuação de órgãos da Justiça cujas despesas não sejam cobertas por custas ou emolumentos". Estes conceitos, entretanto, são contraditórios com o fato de que, ao adotar por base de cálculo o valor da causa, não existe critério de valoração linear, igual para todos, por essa suposta prestação de serviço, como ocorre no caso de expedição de certidões, de custas de oficiais de justiça etc., que é um dos elementos essenciais das bases de cálculo das taxas.

Ora essa dificuldade em determinar o valor da prestação jurisdicional decorre justamente de sua natureza não ser de atividade administrativa, de não ser prestação de serviço. Por isso a base de cálculo das chamadas taxas judiciais não tem nenhuma relação com o suposto custo do "serviço". Na função jurisdicional o Poder Judiciário não fornece uma "contraprestação" aos cidadãos, mas sim exerce precisamente sua função constitucional.

Não existem dúvidas de que as despesas necessárias para o exercício da atividade legislativa, ou para a execução das políticas e leis pelo Poder Executivo, devam ser pagas com receitas auferidas de impostos. De igual modo, a atuação jurisdicional do Poder Judiciário não cabe ser tributada por taxas, uma vez que não é típica função administrativa de prestação de serviços.

Por essas razões, parece que a questão ainda merece ser discutida no âmbito doutrinário e talvez como inspiração para o aperfeiçoamento da legislação relativa à arrecadação de recursos para o Poder Judiciário. Isso porque, se decisões judiciais declarando a inconstitucionalidade das taxas judiciais podem causar muitos mais conflitos sociais e trazer a insegurança jurídica, uma nova legislação, que revogue a anterior e produza efeitos futuros, pelo contrário, pode solucionar a questão de modo construtivo e eficiente.

6. Necessidade da plena independência do Poder Judiciário

Por tudo acima exposto, devemos ressaltar o quanto é necessária uma fonte de receitas que possibilite ao Poder Judiciário obter recursos suficientes, que lhe permitam exercer sua atividade constitucional. A independência do Poder Judiciário é princípio fundamental do Estado brasileiro,

24. STF, Pleno, RP 1.077-RJ, Rel. Ministro Moreira Alves, *DJU*-I 28.9.1994, p. 15.955.

25. Voto do Ministro Relator Francisco Rezek, na ADI 948-GO.

encontrado em quase todas as Cartas desde a Constituição Imperial de 25 de março de 1824. A única exceção é encontrada na Constituição decretada em 10 de novembro de 1937, sob a ditadura de Getúlio Vargas.

Na Constituição de 1988 a independência do Judiciário é princípio fundamental encontrado em seu art. 2º e tornado eficaz por diversas outras normas constitucionais. Assim, no art. 95 são conferidas aos magistrados as garantias de vitaliciedade, inamovibilidade e irredutibilidade de subsídios. O art. 99, por sua vez, é firme ao declarar que "ao Poder Judiciário é assegurada autonomia administrativa e financeira".

Esta autonomia financeira — como exposto — não pode ser obtida através da cobrança de taxas, pois a tributação do exercício do direito de requerimento de tutela jurídica não é autorizada pela Constituição uma vez que, por um lado, não se refere à prestação de serviço público e, por outro lado, existe comando determinando a plena e indiscriminada gratuidade do acesso à Justiça. Também através da repartição das receitas obtidas por meio da arrecadação de impostos não se garante a autonomia financeira do Poder Judiciário. Como acima analisado, o Poder Judiciário detém muitas poucas ferramentas que lhe permitam obter um percentual da arrecadação suficiente para atender a demanda requerida pelos jurisdicionados.

No Sistema Tributário em vigor, todavia, existe o instituto das contribuições sociais, que são tributos com destinação específica. São tributos vinculados que se distinguem das taxas, pois a base de cálculo eleita pela lei é uma "medida (um aspecto dimensível) do elemento intermediário, posto como causa ou efeito da atuação estatal", conforme escreveu Geraldo Ataliba.[26]

26. Geraldo Ataliba, *Hipótese de Incidência Tributária*, 6ª ed., São Paulo, Malheiros Editores, 2000, p. 185.

Esse conceito adapta-se perfeitamente às chamadas taxas judiciais, que têm por base de cálculo não o número de atos processuais, ou sua complexidade, ou o volume de folhas dos autos, mas sim o valor dado à causa, o qual representa o valor econômico do bem que está sendo judicialmente discutido e que, ao final da ação, será declarado e reconhecido como de direito de uma das partes, em detrimento da outra. Este aspecto das taxas judiciais já havia sido analisado por Geraldo Ataliba, que observou que muitas das custas judiciais "correspondem à jurisdição, atuação estatal provocada por situação criada pelo contribuinte, a que corresponde tributo proporcionado não à própria atividade estatal (seu custo, duração, intensidade), mas sim à vantagem que propicia".[27]

Assim, a espécie tributária que estaria em melhor harmonia com os comandos constitucionais e as necessidades de independência do Poder Judiciário seria uma contribuição social com destinação aos Poderes Judiciários Federal, Estaduais e Distrital, devida ao final da ação pela parte vencida, ou proporcionalmente às respectivas sucumbências. A primeira vista pode parecer que a sugestão de *lege ferenda* não modifica a atual tributação, mas existem algumas alterações substanciais. Vejamos:

• o produto da arrecadação seria destinado a fundos administrados diretamente pelo Poder Judiciário, dando mais amplo cumprimento ao comando constitucional de autonomia financeira do Judiciário;

• desnecessidade de adiantar o recolhimento do tributo antes do término da ação, possibilitando efetivo acesso à Justiça;

• pleno respeito ao comando constitucional de exercício de direito de petição gratuito para todos;

• legislação uniforme em todo o País, permitindo maior controle contra abusos legislativos.

27. Ob. cit., p. 187.

De preferência estes recursos deveriam ser arrecadados especificamente para fundos destinados aos diversos Tribunais que compõem o Poder Judiciário, a exemplo do que já acontece em alguns estados da Federação,[28] bem como tendo por base outras experiências legislativas como o Fundo de Amparo ao Trabalhador, o Fundo Nacional de Assistência Social, o Fundo de Universalização dos Serviços de Telecomunicação — FUST, o Fundo para o Desenvolvimento Tecnológico das Telecomunicações — Funttel,[29] e assim por diante.

Com isso, haveria maior independência econômica da Magistratura, o que possibilitaria a gestão dos recursos sem ter de disputá-los politicamente com os outros Poderes. A plena independência e imparcialidade do Poder Judiciário, que lhe permita exercer sua função de guardião da Constituição e dos direitos dos cidadãos, é essencial numa sociedade como a brasileira, na qual historicamente a defesa do Estado Social de Direito e da cidadania tem seu mais eficaz veículo na prestação jurisdicional.

28. V. Lei 8.876/1994 do Estado de São Paulo que criou o Fundo Especial de Despesas do Tribunal de Justiça.

29. Respectivamente Leis 7.998/1990, 8.742/1993, 9.998/2000 e 10.052/2000.

ESTUDOS & COMENTÁRIOS

MEDIDAS ANTIELISIVAS NOS CONVÊNIOS PARA EVITAR A DUPLA TRIBUTAÇÃO INTERNACIONAL (MODELO OCDE)

POLLYANA MAYER

Doutora pela Universidade de Salamanca na Espanha. Mestre pela Universidade Presbiteriana Mackenzie em São Paulo. Especialista em Direito Tributário pela PUC/COGEAE de São Paulo. Professora do IBET. Advogada.

I. Introdução. II. A OCDE e seu Modelo de Convênio. III. Evolução das medidas antiabuso no MC-OCDE. IV. Artigo 1º do MC-OCDE de 2003 e 2005. V. Comparação com outros Modelos. VI. As modalidades de cláusulas antiabuso: VI.1 Cláusula do beneficiário efetivo; VI.2 Cláusula de transparência; VI.3 Cláusula de exclusão; VI.4 Cláusula de sujeição; VI.5 Cláusula de trânsito; VI.6 Cláusulas da limitação de benefícios; VI.7 Cláusulas antiabuso de "rent-a-star company"; VI.8 Cláusulas moderadora específicas. VII. Conclusões.

I. Introdução

Grande parte da doutrina considera o planejamento tributário, também denominado planificação fiscal, como sinônimo[1] de elisão fiscal[2] e, em alguns casos, até mesmo de evasão fiscal. Na realidade, o planejamento fiscal é uma técnica de estudo e de aplicação organizada de determinados métodos, cujo objetivo é lograr a otimização da empresa e a incidência da menor carga tributária possível, podendo também se referir ao resultado obtido pela aplicação dessa técnica. A conseqüência lícita não é requisito essencial para o planejamento tributário em geral, e tanto é assim que parte do êxito em fazer diminuir ou desaparecer essa carga tributária, supostamente devida, também se deve à elisão fiscal ilícita, que constitui a chamada planificação fiscal ilegítima.

Um bom planejamento tributário não busca apenas a redução da carga fiscal, pois

1. M. A. Greco, *Planejamento Tributário*, São Paulo, Dialética, 2004, p. 74; A. Delgado Pacheco, "Las medidas antielusión en los convenios de doble imposición y en la fiscalidad internacional", em *Documentos* 15/02, Madri, IEF, p. 5; e outros.

2. Entendemos que o termo correto deveria ser *elusão*, do verbo eludir e do latim *eludere*, que significa ato de evitar ou esquivar. No entanto, a palavra "elusão" não existe no vocabulário da língua portuguesa, por isso seguiremos utilizando a terminologia "elisão" que é a adotada pela doutrina.

tanto para as empresas quanto para os particulares, o mais importante deve ser a funcionalidade e a organização econômica de uma maneira geral. Quando o único fim almejado por uma reestruturação é a diminuição da carga tributária, o planejamento fiscal[3] não se completa, fica pela metade, e tudo o que se consegue é a economia imediata, mas não prolongada e duradoura. Se essa diminuição da carga fiscal for alcançada através de meios ilegítimos ou artificiosos, o resultado é uma conduta elisiva ilícita, não aceita e condenada por todos os ordenamentos, e inclusive pelos diversos Convênios firmados entre países, como veremos adiante.

Em nosso entender, na elisão tributária podemos encontrar comportamentos lícitos com resultados legítimos (elisão lícita) — é o caso da economia de opção — como também atos aparentemente lícitos, mas com resultados ilícitos (elisão ilícita) — é o caso da fraude à lei tributária. Entendemos, então, que elisão é gênero, enquanto "economia de opção" e "fraude à lei tributária" são espécies.

A elisão fiscal ilícita, segundo Palao Taboada,[4] consiste "*en evitar la realización del presupuesto de hecho de una norma tributaria utilizando para la operación que se pretende realizar una forma o configuración jurídica que no se corresponde con la finalidad perseguida por ésta*". De nossa parte, acrescentamos o fator "intencionalidade" do contribuinte de evitar esse suposto e a utilização de meios artificiosos para lograr seu objetivo. Se aplicarmos esta definição a um contexto internacional, teremos a elisão fiscal ilícita internacional, que envolve dois ou mais sistemas jurídicos e, conseqüentemente, outras normativas diferentes das leis internas de cada um dos sistemas.

Pelas mesmas razões que valem no direito interno, no âmbito internacional a figura da elisão não deve ser confundida com outras figuras, como a simulação e a evasão fiscal internacional. Estas figuras podem coincidir em seu resultado final, que é o "não pagamento" de tributo, mas os caminhos que levam a tal conseqüência em cada uma delas são bem diferentes. De forma resumida, podemos dizer que simulação e elisão se diferenciam porque na primeira sempre existe uma divergência entre a vontade real e a vontade declarada ao contrário da segunda; a principal diferença entre a evasão e a elisão, por sua vez, está em que a evasão se dá depois do nascimento da obrigação tributária derivada da realização de um fato imponível determinado e sua formalização, configurando transgressão de uma obrigação, enquanto a elisão se dá antes do nascimento da própria obrigação, com o objetivo de evitar que a mesma aconteça.

São vários os motivos que fundamentam a luta contra a elisão fiscal ilícita internacional. As importantes perdas orçamentárias que sofre a Fazenda Pública de cada país quando vítima de um ato elisivo é o principal de todos. No entanto, outras lesões derivadas destes atos causam a mesma indignação e prejuízo ao Erário Público, como o sentido de justiça e o "castigo" para aqueles que violam direta ou indiretamente a lei. Além disso, no âmbito internacional, a elisão fiscal ilícita causa graves distorções econômicas em relação à competência empresarial, ao fluxo de capitais e aos investimentos estrangeiros.

Na esfera do direito tributário internacional, é no âmbito dos Convênios onde este tipo de conduta se desenvolve com mais freqüência, como são os casos do *treaty shopping*, do *rule shopping* e o uso indevido dos preços de transferência. A utilização abusiva dos Convênios com a intenção de chegar a um planejamento fiscal (ilegítimo) está recriminada nos próprios modelos de convênio, que tentam evitar a fuga de tributos através do uso abusivo de suas próprias normas. Passaremos en-

3. O planejamento tributário pode ser classificado em legítimo e ilegítimo, sendo esta segunda modalidade alcançada através de meios artificiosos que resultarão em elisão fiscal ilícita.

4. C. Palao Taboada, "La norma antielusión del proyecto de nueva Ley General Tributaria", em *Revista de Contabilidad y Tributación* 248/82, CEF.

tão a limitar nosso estudo ao planejamento tributário ilegítimo nos Convênios para evitar a dupla tributação, e mais especificamente no Modelo OCDE.

II. A OCDE e seu Modelo de Convênio

A Organização para Cooperação e Desenvolvimento Econômico (OCDE) foi instituída no dia 14 de dezembro de 1960, substituindo e dando continuidade aos estudos prévios desenvolvidos pela Organização Européia de Cooperação Econômica (OECE), criada depois da Segunda Guerra Mundial, em 1948, com o propósito de coordenar o plano Marshall para reconstrução da Europa.

A OCDE conta, atualmente, com um total de 30 países-membros que compartilham as idéias de um governo democrático e de uma justa economia de mercado. Além disso, tem relações com mais de 70 países não-membros, ONGs e Sociedades Civis, e tem um alcance global em tudo o que faz. Muito conhecida por suas publicações e estatísticas, seus trabalhos envolvem temas econômicos e sociais de macroeconomias, tratados, educação, desenvolvimento e inovação. Produz instrumentos para os acordos internacionais, decisões e recomendações para promover as regras do jogo nas áreas onde o acordo internacional é necessário para que determinado país possa avançar dentro de uma economia globalizada. Todos os trabalhos emanados desse organismo podem ser considerados fontes de informação comparativa de análises e revisões com vistas ao fortalecimento da cooperação multilateral. Tem como principais funções fomentar a adoção de medidas que assegurem o crescimento e a estabilidade econômica, favorecer a cooperação entre governos, fomentar os investimentos internacionais, lutar contra a corrupção e a lavagem de dinheiro e garantir a eqüidade e a transparência dos sistemas impositivos.

O primeiro Modelo global de Convênio para eliminar a dupla tributação internacional, em matéria de renda, foi aprovado pela Liga das Nações em 1928, que no ano anterior tinha convocado uma reunião de especialistas governamentais para discussão dos temas.[5] Esse Modelo conduziu ao estabelecimento de outros dois Modelos, o MC de 1943 (Modelo do México) e o MC de 1946 (Modelo de Londres), que nunca foram aceitos de forma absoluta, pois apresentavam grande quantidade de lacunas. A necessidade de novos estudos levou a OECE a apresentar quatro informes e uma série de possíveis artigos para um novo Modelo de Convênio, realizados entre os anos de 1956 e 1961. Foi finalmente em 1963 que a já então denominada OCDE apresentou seu MC definitivo, baseado nas recomendações realizadas pela antiga OECE, com a finalidade de evitar a dupla tributação sobre a renda e o patrimônio (*Draft Double Taxation Convention on Income and Capital*).[6] O impacto desse Modelo se estendeu além do âmbito da OCDE e, até hoje, é utilizado em sua versão atualizada como documento básico de referência nas negociações entre países-membros e não-membros. Por isso, esse órgão tem dedicado tempo, realizado magníficos trabalhos e trazido grandes contribuições ao direito tributário, não só sobre a dupla tributação, mas também com relação à questão dos paraísos fiscais, ao tema da evasão e elisão fiscal internacional e outros.

5. Ver P. Kerlan, "L'élaboration doctrinale du Droit Fiscal International. Les modèles de conventions", em *Droit et Pratique du Commerce Internationale*, t. 11, n. 2, 1985, pp. 196 e 197.

6. Sobre o tema da introdução histórica do MC-OCDE, consultar F. Serrano Antón, "La modificación del modelo de convenio de la OCDE para evitar la doble imposición internacional y prevenir la evasión fiscal. Interpretación y novedades de la versión del año 2000: la eliminación del artículo 14 sobre la tributación de los servicios profesionales independientes y el remozado trato fiscal a la *partnerships*", em *Crónica Tributaria* 106/2003, pp. 67 e ss.; e do mesmo autor: "Los principios básicos de la fiscalidad internacional y los convenios para evitar la doble imposición: historia, tipos, fines, estructura y aplicación", em *Fiscalidad Internacional*, Madri, CEF, 2001, pp. 228-229.

É certo que grande parte dos esforços dedicados pela OCDE para prevenir a dupla tributação internacional se concentra em matéria de renda e patrimônio, mas esforços similares se deram também no âmbito dos impostos sucessórios. Essa luta remonta ao ano de 1895, quando surgiu a preocupação sobre o assunto na èsfera do Instituto de Direito Internacional, que se concretizou, em sua reunião de Grenoble em 1922, com a aprovação de uma resolução em matéria de direitos sucessórios, que ressaltava a importância dos Estados adotarem convênios para eliminar a dupla tributação.[7] Em 1966 veio à luz o projeto de convênio para impedir a dupla tributação em relação aos impostos sobre o patrimônio e a herança, mas foi só em 1982 que a OCDE publicou seu Modelo de Convênio para evitar a dupla tributação em matéria de impostos sobre sucessões e doações.

III. Evolução das medidas antiabuso no MC-OCDE

O primeiro Modelo de Convênio para evitar a dupla tributação elaborado pela OCDE, no ano de 1963,[8] chamado de "Projeto de Convênio",[9] não regulava o tema da elisão fiscal (*tax avoidance*). Tanto é assim que, os Convênios assinados com base nessas diretrizes, apenas tratam em seus títulos da dupla tributação. Após sua publicação, já se previa uma revisão futura desse Modelo para valorizar a experiência adquirida pelos países-membros na negociação e na aplicação de convênios bilaterais, as mudanças nos sistemas fiscais dos países-membros, o aumento das relações fiscais internacionais e o desenvolvimento de novos setores da atividade empresarial. Por isso, em 1977, veio à luz o MC subseqüente,[10] onde foram feitas as primeiras referências explícitas ao problema da elisão fiscal internacional, adotando uma posição formalista quanto à aplicação das cláusulas antiabuso internas no contexto dos Convênios de Dupla Tributação (CDT), sobretudo em matéria de *treaty shopping*.[11] O parágrafo 7 dos Comentários ao artigo 1º do Modelo de Convênio (MC) de 1977 foi claro ao expor que: "O propósito dos CDTs é promover, mediante a eliminação da dupla tributação internacional, o intercâmbio de mercadorias e serviços, e o movimento de capitais e pessoas: não deveriam, no entanto, facilitar a fraude ou a evasão fiscal internacional (...)".

O Comitê de Assuntos Fiscais, em resposta a uma petição formal do Conselho da OCDE, publicou, em 21 de setembro de 1977, a *Recommendation of the Council on Tax Avoidance and Evasion*, onde se considerou que a evasão e a elisão fiscal ilícita, contrárias à eqüidade fiscal, constituíam um perigo à justa concorrência de mercado, e podiam ensejar o aumento da complexidade em sua verificação. Esse mesmo Comitê realizou um estudo sistemático, editado em 1980, denominado *Tax Evasion, Tax Avoidance and Tax Planning*, onde se abordou essas questões e a possível solução para o problema.

Novos informes publicados em 1987, denominados *Double Taxation Conventions and the Use of Base Companies* e *Double Taxation Conventions and the Use of Conduit Companies* foram a causa da nova redação dada ao MC-OCDE de 1992. É importante mencionar que, a partir de 1991, o Comitê de Assuntos Fiscais decidiu ado-

7. A. Ribes Ribes, *Convenio para Evitar la Doble Imposición Internacional: Interpretación, Procedimiento Amistoso y Arbitraje*, Madri, Derecho Reunidas, 2003, p. 175.

8. OCDE, *Draft Double Taxation Convention on Income and Capital*, Paris, 1963.

9. Apesar de ser intitulado "Projeto de Convênio" o documento configurava o primeiro Modelo de Convênio publicado pela OCED.

10. OCDE, *Model Double Taxation Convention on Income and Capital*, Paris, 1977.

11. F. A. Vega Borrego, "Capítulo I: Ámbito de aplicación de los Convenios para evitar la doble imposición", em *Comentarios a los Convenios para Evitar la Doble Imposición y Prevenir la Evasión Fiscal Concluidos por España*, Fundación Pedro Barrié de la Maza/Instituto de Estudios Económicos de Galicia, 2004, p. 98.

tar um conceito de Convênio Modelo "dinâmico", que permitisse atualizações e modificações periódicas e específicas, sem ter que esperar uma revisão completa. Devido a essa decisão, um novo modelo de atualização contínua surgiu com o MC de 1992, no qual foram alterados os Comentários 11 a 26 do antigo Modelo de 1977, dedicados ao *Improper Use of Tax Treaties*, e acrescentada uma série de cláusulas antiabuso (cláusulas de transparência, de exclusão, de sujeição, de trânsito e moderadoras) que analisaremos a seguir.

O informe sobre *base companies* dispunha sobre as regras do abuso de direito, e sobre a prioridade do conteúdo sobre a forma, que poderiam servir para considerar que a sociedade de base não era a autêntica beneficiária da renda. Deste modo o informe se inclinava pela compatibilidade deste tipo de norma com os CDTs. Por sua vez, o informe sobre as *conduit companies* reconhecia que as sociedades instrumentais poderiam se beneficiar dos CDTs e, por isso, continham uma série de medidas antiabuso, cuja incorporação se recomendava nas negociações bilaterais. Entre tais medidas, temos: a) a desconsideração da personalidade das sociedades instrumentais; b) o reconhecimento expresso nos Convênios da sua não aplicação à determinadas companhias nas que não satisfizessem aos requisitos do artigo 1º; c) a exclusão expressa das sociedades de mera canalização de pagamentos de rendas a residentes em terceiros países; d) a referência no Convênio do princípio da boa-fé quando invocada sua aplicação; e) a exigência de que a aplicação de um Convênio requeira que a renda seja sujeita a tributação efetiva no outro Estado.[12]

Em 1994 e 1995 foram realizadas novas alterações que, no entanto, introduziram escassas modificações do tipo formal no MC. Essas mudanças foram levadas a cabo pela Recomendação do Conselho da OCDE (132/Final), adotada em 21 de setembro de 1995, a qual modificou o apêndice da Recomendação de 1994 (11/Final). Esta última tinha por objetivo incorporar o Informe do Comitê intitulado *The 1995 Update to the Model Tax Convention*.

Em reconhecimento à crescente influência do Convênio Modelo nos países não-membros, surgiu em 1997 um novo MC, com as devidas atualizações pela OCDE, mas sem alterações no que se referia às cláusulas antiabuso. Em 1998 foi a vez do Informe *Harmful Tax Competition*, que fez várias recomendações para a melhora dos convênios e para evitar a elisão fiscal ilícita. Em primeiro lugar, aconselhou a intensificação do intercâmbio de informação; em segundo, que os Convênios fossem revisados para negar ou restringir o direito de negociação dos acordos sobre os benefícios às entidades que são afeitas às práticas de competência desleal;[13] por último, que os comentários esclarecessem e removessem qualquer dúvida ou ambigüidade relacionada à incompatibilidade entre as normas antiabuso internas e o Modelo de Convênio.[14] Uma versão atualizada do Modelo veio a público em 2000, incluindo as sugestões até então contidas nos informes da OCDE. Do mesmo ano, o Informe *Progress in Identifying and Eliminating Harmful Tax Competition* recomendava um marco geral, onde cada país-membro poderia implantar uma estratégia comum para frear a concorrência desleal.[15]

Posteriormente, o *Draft Contents of the 2002: Update to the Model Tax Convention*, de 2 de outubro de 2001, trouxe novas propostas relacionadas ao uso indevido dos CDTs, aclarando as possíveis divergên-

12. J. Arespacochaga, *Planificación Fiscal Internacional*, 2ª ed., Madri, Marcial Pons, 1998, p. 124.

13. OCDE, *Harmful Tax Competition*, p. 44.

14. Idem, pp. 47-49.

15. "*The Committee recommends a general framework within which Member countries can implement a common approach to restraining harmful tax competition. This framework will facilitate the ability of countries to take defensive measures swiftly and effectively against jurisdictions that persist in their harmful tax practices.*"

cias de interpretação do texto de lei. Esse documento incluía um primeiro esboço das mudanças que deveriam ser realizadas no MC-OCDE, que passariam a ser observadas no ano de 2002; uma dessas mudanças era a modificação dos parágrafos 10 a 21 dos Comentários ao artigo 1º referentes, entre outros temas, aos beneficiários efetivos, as *conduit companies*, aos regimes fiscais privilegiados, etc., e teria como objetivo tornar mais operativas as medidas antielisivas contra o uso abusivo ou inadequado de um CDT.[16]

O MC de 2003 — *OECD Model Tax Convention on Income and on Capital* — publicado em janeiro deste mesmo ano, em matéria de abuso de Convênio e de intercâmbio de informação, não contemplou com alterações textuais os artigos 1º e 26. O que se constata é que foi nos comentários que se eliminou qualquer incerteza ou ambigüidade sobre a compatibilidade das medidas internas antiabuso de cada país com o Modelo OCDE, bem como se apontou um maior número de recomendações em relação aos comentários do artigo 1º do Modelo anterior, isto é, passou a recomendar cláusulas (art. 20) que representam um enfoque diferente na forma de abordar o problema do *treaty shopping*,[17] e a inclusão de alguns comentários ao artigo 26, que serão analisado mais adiante.

IV. Artigo 1º do MC-OCDE de 2003 e 2005

O primeiro artigo do MC-OCDE trata, em um único parágrafo, do âmbito de aplicação desse convênio em relação às pessoas a quem o acordo é aplicável, com a seguinte afirmação: "O presente Convênio se aplica às pessoas residentes em um ou em ambos os Estados contratantes". Desde 1963, esta delimitação está presente nos modelos de convênio apresentados pelo órgão. Nos modelos anteriores, no entanto, a questão não havia sido abordada de forma tão direta e contundente como nos atuais.

Nem o primeiro Modelo apresentado pela Liga das Nações em 1928,[18] nem os Modelos do México (1943) e o de Londres (1946),[19] tratavam a questão da aplicação dos convênios desta forma. Nos comentários de cada um deles a aplicação do convênio se referia a todos os contribuintes, nacionais ou estrangeiros, que provassem ter seu "domicílio fiscal" em um dos dois Estados contratantes. O Modelo de 1963 inovou a redação enfocando a aplicação de forma diretamente relacionada com a residência do contribuinte, eliminando qualquer dúvida neste âmbito. Foram colocadas em relevo questões sobre a utilidade de um artigo com tal conteúdo.[20] Acreditamos, no entanto, que a intenção com esta limitação foi aclarar um tema que, a princípio, pode ser ambíguo e de grande utilidade para aqueles contribuintes astutos com intenções elisiva ilícita; e, sobretudo, evitar a dupla tributação de uma forma mais contundente.

Não obstante, o que realmente nos interessa não é o texto do artigo 1º como norma, senão os parágrafos dos comentários a este artigo proporcionados pela OCDE, e mais especificamente os parágrafos 7 a 26, que tratam do uso indevido do Convênio.

O parágrafo 7 dos comentários do MC-2000 apontava a finalidade dos convênios de dupla tributação, que é a de promover o

16. A. Delgado Pacheco, "Las medidas antielusión en los convenios de doble imposición y en la fiscalidad internacional", em *Documentos* 15/02, Madri, IEF, 2002 p. 9.

17. Este novo enfoque se baseou no MC-US de 1996 (art. 22), que reúne um conjunto de cláusulas similares ao que agora prevê o MC-OCDE/2003.

18. Art. 1. "The present Convention is designed to avoid double taxation in the sphere of direct impersonal or personal taxes, in the case of the taxpayers of the Contracting Parties, whether nationals or otherwise".

19. Em ambos Convênios a redação do artigo 1º era: "*The present Convention is designed to prevent double taxation n the case of the taxpayers of the contracting status, whether nationals or not*".

20. V. P. J. Hattingh, "Article 1 of the OECD Model: historical background and the issue surrounding it", em *BIFD*, v. 27, n. 5, Amsterdam, 2005, p. 215.

intercâmbio de bens e serviços e os movimentos de capitais e de pessoas, mediante a eliminação da dupla tributação internacional; mas fazia também uma observação, que estes convênios não deviam facilitar a elisão ilícita ou a evasão fiscal. No Modelo de 2003, neste mesmo parágrafo a finalidade se estendeu expressamente também a evitar a elisão fiscal ilícita, não apenas como uma recomendação indireta de "não facilitar". O MC-2005, atualmente vigente, seguindo a mesma linha que o Modelo anterior, manteve literalmente tal finalidade: "*It is also a purpose of the tax conventions to prevent tax avoidance and evasion*".

No MC mais recente (2005), o parágrafo 9.1 se refere a duas questões relacionadas às manobras para o uso indevido dos Convênios: a) se se devem conceder os benefícios do convênio quando estão pactuadas transações que constituam um abuso das previsões destas convenções; b) sobre cláusulas específicas e decisões jurisprudenciais das normas internas de um Estado contratante para prevenir os abusos fiscais entrem em conflito com os Convênios fiscais. O parágrafo 10 também estende a explicação em relação ao beneficiário efetivo acrescentando que "(...) em alguns casos, a aplicação dos benefícios do tratado às empresas filiais, em particular empresas estabelecidas em paraísos fiscais ou que se beneficiem de regimes preferenciais, possa ser recusada se a consideração minuciosa dos fatos e as circunstâncias de um caso demonstrem que o lugar do endereço efetivo de uma filial não se encontra no seu presumido lugar de residência, senão que se encontra no Estado de residência da matriz, tornando-a um residente deste último Estado em relação à norma interna e os objetivos do tratado (isso será relevante quando a lei interna de um Estado use o lugar de residência de uma pessoa jurídica, ou um critério similar, para determinar sua residência)".[21]

O parágrafo 12 do MC-2003, que foi recepcionado integralmente pelo MC-2005, introduziu um novo exemplo, derivado das previsões que foram incorporadas nos convênios bilaterais realizados por países-membros, dizendo que é necessário levar em consideração o contexto legal de ambos os Estados contratantes e, em particular, a intenção que a própria lei interna oferece em resposta a essa estratégia de elisão fiscal internacional. Esta, em conjunto com as demais observações já existentes, embasa o Modelo que deve ser observados pelos negociadores quando buscam soluções para casos específicos. Esse parágrafo, em concreto, tanto nos Modelos anteriores como nos de 2003 e 2005, aponta uma série de elementos que os Estados devem levar em consideração antes de incluir uma cláusula *anti-treaty shopping* em seus CDTs.

O Modelo atual segue respaldando a idéia de que as cláusulas gerais de sujeição garantem que os benefícios fiscais do convênio no Estado da fonte estejam assegurados, mas apenas se as rendas em questão estiverem sujeitas à imposição do Estado de residência (parágrafo 15). Também segue a sugestão do Modelo anterior de formulação de uma disposição antielisiva, e deixa claro que: "qualquer disposição deste Convênio que reconheça uma isenção ou redução impositiva será aplicável apenas às rendas sujeitas à imposição no Estado mencionado em último lugar, conforme as regras gerais de sua legislação fiscal". Ressalta ainda o MC-2005 que: "*The concept of substantial interest may be further speci-*

21. Parágrafo 10.1 dos Comentários ao artigo 1º: "*Also, in some cases, claims to treaty benefits by subsidiary companies, in particular companies established in tax havens or benefiting from harmful preferential regimes, may be refused where careful consideration of the facts and circumstances of a case shows that the place of effective management of a subsidiary does not lie in its alleged state of residence but, rather, lies in the state of residence of the parent company so as to make it a resident of that latter sate for domestic law and treaty purposes (this will be relevant where the domestic law of a state uses the place of management of a legal person, or a similar criterion, to determine its residence*".

fied when drafting a bilateral Convention. Contracting States may express it, for instance, as a percentage of the capital or of the voting rights of the company".

O parágrafo 19 passa a dispor sobre as cláusulas moderadoras específicas, sem alterá-las em relação ao MC-2000. O parágrafo seguinte expõe que os Estados que desejem empregar tais questões de forma apropriada devem considerar alguns exemplos detalhados, dados nesse mesmo parágrafo, sobre a limitação de benefícios, destinada às pessoas que não são residentes nem de um nem do outro Estado contratante, para prevenir que estas tenham acesso aos benefícios proporcionados pelo convênio através do uso de uma entidade que, de alguma maneira, os qualificaria como residentes em um dos Estados.

Os comentários sobre o uso abusivo dos convênios terminam por inserir previsões dirigidas às entidades que se beneficiam de regimes preferenciais fiscais (parágrafo 21), previsões destinadas aos tipos particulares de ingresso (parágrafo 21.3), regras antiabuso que tratam dos impostos na fonte de tipos específicos de ingressos (parágrafo 21.4) e, por último, de previsões que são propostas para regimes preferenciais introduzidos depois de assinado o Convênio (parágrafo 21.5).

V. Comparação com outros Modelos

Os modelos de convênio atualmente mais discutidos são três: OCDE, ONU, e US. No entanto, estes não são os únicos que tratam do tema da dupla tributação e da elisão fiscal internacional. Outras organizações internacionais também elaboraram modelos de tratados com a mesma finalidade a partir dos anos setenta. Como exemplo, temos os casos do Grupo Andino que concluiu seus trabalhos com a elaboração de um Modelo em 1974, modificado em 2004, e o Modelo Holandês. No âmbito de informes e estudos sobre o tema, o COMECON (*Council of Mutual Economic Assistance*) de 1977 e 1978, e a OCAM (Comunidade Andina) (1971), também desenvolveram trabalhos nesta mesma linha.

Depois da Segunda Guerra Mundial, desaparece a Sociedade de Nações e um novo órgão com vocação universal surge, a chamada Organização das Nações Unidas (ONU), que conta atualmente com 185 Nações soberanas como membros, entre elas o Brasil. O Modelo ONU[22] foi elaborado em 1980 com os mesmos objetivos de tentar evitar a dupla tributação e a elisão fiscal ilícita. Esse Modelo se baseou nas estruturas do MC-OCDE de 1977, vigente à época, e até a atualidade mantém a mesma organização, com algumas exceções. Podemos observar que a maioria dos artigos de ambos os Modelos coincide em sua temática, sua redação e seus objetivos.[23] O conteúdo do MC-ONU está caracterizado por uma maior preferência na adoção do princípio da fonte como regra básica, mas não exclusiva, na hora de submeter as rendas à tributação, e esta é a principal diferença em relação ao MC-OCDE. Em 2001, um grupo de especialistas atualizou aquele MC, sem que fossem introduzidas mudanças significativas, principalmente em relação à fraude a lei tributária e à evasão fiscal.

Apesar de sua condição de membro da OCDE, os Estados Unidos também procederam à publicação de seu próprio modelo de convênio em 8 de maio de 1976, como alternativa ao MC-OCDE[24] e guia para seus acordos internacionais. Sua primeira versão foi revisada no ano de 1977, seguida de outras atualizações em 1981, ocasião em que se acrescentou um projeto alternativo para seu artigo 16, referente à prevenção da evasão fiscal. Finalmente em 1996 esse país apresentou a versão do modelo vigen-

22. Sobre o tema consultar IFA (*International Fiscal Association*), *The UN Draft Model Tax Convention*, Deventer, Kluwer, 1979.

23. Ver comparação em K. Vogel, *Double Taxation Conventions*, 3ª ed., Londres/Haya/Boston, Kluwer, Law International, 1997.

24. Ver comparação dos dois modelos em H. Shannon, "Comparison of the OECD and US Model Treaties for the avoidance of double taxation", em *International Tax Journal*, n. 12, 1986.

te até hoje, baseado no antigo Modelo OCDE[25] de 1995, nas leis tributárias norte-americanas vigentes à época, e na sua própria experiência prática. Nesta nova versão se introduziu uma referência expressa à prevenção da evasão fiscal, e também se ampliou o âmbito dos preceitos dedicados ao intercâmbio de informações e à assistência administrativa, com o fim de evitar e resolver o problema derivado da fraude e da evasão fiscal. Nas suas explicações técnicas, esse MC faz especial referência às diferenças e similitudes com o MC-OCDE, já que o país participa e apóia ativamente os trabalhos da OCDE, com a finalidade de facilitar aos Estados-membros contratantes deste último a identificação de aspectos divergentes e semelhantes em suas políticas tributárias. Outro país que também decidiu elaborar seu próprio MC foi a Holanda, o denominado *Standard Treaty*.[26]

A Comunidade Andina (CAN), formada por Bolívia, Colômbia, Equador, Peru e Venezuela, também empenhou medidas e recomendações na luta contra a dupla imposição, remontando sua versão de Modelo ao artigo 27 do Acordo de Cartagena (conhecido como Pacto Andino). Em concreto, foi em novembro de 1971, quando essa Comunidade aprovou o convênio multilateral para evitar a dupla imposição entre seus países-membros, e na mesma decisão elaborou um MC para tratar com terceiros países (Decisão 40/1971, de 16 de novembro). Este Convênio não teve, e não tem, uma aplicação ampla, já que se baseava no critério de tributação exclusiva no país da fonte, aspecto que tinha sido modificado em muitos dos países pertencentes ao próprio Pacto Andino. Atualmente, a Comunidade Andina conta com um novo Regime Comum para evitar a dupla imposição e prevenir a evasão fiscal nesses países, que atualiza e introduz uma série de melhoras na normativa, e se destina a fomentar a colaboração entre as administrações tributárias e a atrair os investimentos estrangeiros. A Decisão 587 entrou em vigor em todos os países andinos no dia seguinte à sua publicação na Gazeta Oficial do Acordo de Cartagena, ocorrida em 5 de maio de 2004 (*Gazeta* 1.063), e incluiu uma cláusula de intercâmbio de informação entre os países-membros com a finalidade de evitar a fraude e a evasão fiscal (art. 19),[27] e estipulou expressamente que "nada do disposto nesta decisão impedirá a aplicação das legislações dos países-membros para evitar a fraude e a evasão fiscal" (art. 20).

Nessa mesma linha de estudo, tanto o informe de 22 de maio de 1977 como o de 9 de maio de 1978, ambos do COMECON, formados por membros de países socialistas, se referiam aos convênios de dupla tributação. O primeiro foi denominado *Multilateral Convention with Respect to the Avoidance of Double Taxation on Income and Net Wealth of Individuals*, e o segundo *Multilateral Convention for the Avoidance of Double Taxation with Respect to Income and Capital of Legal Entities*.[28]

VI. As modalidades de cláusulas antiabuso

As cláusulas antiabuso surgiram nos convênios da necessidade de evitar o uso abusivo dos próprios Convênios e a obtenção de resultados elisivos ilícitos como con-

25. Sobre o tema, consultar R. L. Doernberg e K. van Raad, *The 1996 United Status Model Income Tax Convention: Analysis, Commentary and Comparison*, The Netherlands, Kluwer Law Internacional, 1997.

26. Sobre o MC-holandês consultar K. van Raad, "The Netherlands Model Income Tax Treaty", em *Intertax*, 1988, pp. 241 e ss.

27. Art. 19. "*Consultas e información. Las autoridades competentes de los Países Miembros celebrarán consultas entre sí e intercambiarán la información necesaria para resolver de mutuo acuerdo cualquier dificultad o duda que se pueda originar en la aplicación de la presente Decisión y para establecer los controles administrativos necesarios para evitar el fraude y la evasión fiscal*".

28. IBDF, *Multilateral Convention for the Avoidance of Double Taxation with Respect to Income and Capital of Legal Entities*, 1986.

seqüência desses e de outros abusos normativos. Tais cláusulas não pretendem, em si mesmas, apresentar soluções ao fenômeno da elisão fiscal ilícita, que cresce dia-a-dia no âmbito dos acordos bilaterais. No entanto, têm como objetivo apontar o caminho para que cada país possa, na hora de assinar um convênio, tentar evitar esse dano ao Erário Público.

Para que as cláusulas antiabuso sejam aplicadas, primeiro se deve comprovar a utilização indevida do convênio; em seguida, estudar e demonstrar a intenção real do sujeito ao utilizá-lo; e, por último, uma análise, caso a caso, para constatar a utilização de instrumentos artificiosos quando se realizaram os fatos. Também é necessário que as medidas utilizadas sejam compatíveis com as soluções oferecidas pelo Direito interno de cada país.

A redação das disposições que se deve incluir em um convênio depende dos princípios gerais do mesmo, e essas disposições devem ser acordadas entre os dois países participantes. Quando as autoridades competentes dos Estados contratantes tenham faculdades discricionárias reconhecidas, se pode inclusive considerar a inserção de uma norma adicional que autorize a autoridade competente do Estado da fonte a aplicar discricionariamente os benefícios do convênio aos residentes do outro Estado contratante, inclusive se estes não cumprirem os requisitos das cláusulas antiabuso.

A seguir assinalamos, de forma conceitual, as principais cláusulas antiabuso, segundo nosso critério pessoal, contidas nos Modelos de Convênio, fazendo uma maior referência ao MC-OCDE.

VI.1 Cláusula do beneficiário efetivo

Expressão nascida do direito inglês, *beneficial owner*, que significa, segundo o *Black's Law Dictionary*,[29] a pessoa reconhecida como proprietária por eqüidade, à qual pertence o uso e título de uma determinada coisa, ainda que o título legal dessa coisa corresponda a outra pessoa. O IBDF equipara o *beneficial owner* (no alemão *Nutzungsberechtigter*) ao sujeito que, material ou economicamente, dispõe do rendimento. A expressão, traduzida para o português como beneficiário efetivo, surgiu no direito tributário internacional para designar aquele que, em realidade, obtém as vantagens derivadas de um convênio no caso de interposição de uma terceira pessoa. A cláusula do beneficiário efetivo foi criada como medida antiabuso, para evitar que um residente em um terceiro Estado, que não é beneficiário das disposições de um determinado Convênio, situe uma pessoa física ou jurídica dentro de um dos Estados contratantes com o objetivo de obter os benefícios fiscais oferecidos nesse acordo (evitar o *treaty shopping*). Essa terceira pessoa atuaria como um canal transmissor de rendimentos, passando-os aos reais beneficiários que, em princípio, não seriam os contemplados como tais. As cláusulas do beneficiário efetivo atuam então como um limitador, restringindo a aplicação do tratado àquela pessoa que realmente é o beneficiário, e fazendo possível que, através dela, se invoque o uso abusivo e impróprio de um tratado para lhe negar a aplicação dos benefícios da norma convencional.[30]

Para determinar se a pessoa que formalmente percebe o rendimento resulta realmente tributada no país de residência, convertendo-se assim em beneficiário desse rendimento, ou se, pelo contrário, se trata

29. "*Beneficial owner — 1. One recognized in equity as the owner of something because use and title belong to that person, even though legal title may belong to someone else; esp., one for whom property is held in trust. — Also termed equitable owner. 2. A corporate shareholder who has the power to buy or sell the shares, but who is not registered on the corporation's books as the owner*" (B. A. Garner, *Black's Law Dictionary*, St. Paul, West Group, 2001).

30. P. Pistone, "L'abuso delle convenzioni internazionali in materia fiscale", em V. Uckmar (coord.), *Corso di Diritto Tributário Internazionale*, Pádua, Cedam, 1999, p. 498.

de uma situação fictícia, devemos acudir a normativa interna do Estado de residência.[31] No Brasil, por exemplo, o contribuinte (pessoa física estrangeira) é considerado residente na data em que complete 184 dias, consecutivos ou não, de permanência no Brasil, dentro de um período de até doze meses;[32] na Espanha as entidades (pessoas jurídicas) são consideradas espanholas quando estão constituídas conforme as leis espanholas possuem seu domicílio social nesse país, ou têm sua sede de direção efetiva no território espanhol.[33]

Os convênios assinados antes de 1977, que seguiam o MC-OCDE de 1963, como é o caso do convênio entre Brasil e Espanha, não fazem referências ao termo "beneficiário efetivo". Essa denominação, no entanto, foi incluída no texto do Modelo de Convênio posterior a 63 como resultado das modificações da reforma de 1977. A cláusula, por razões de interpretação, foi modificada em 1995, após os comentários do parágrafo 10.2 do MC-OCDE, e passou a indicar expressamente a aplicação da redução de tipos previstos no tratado quando o beneficiário efetivo fosse um residente de outro Estado contratante. Essa cláusula se baseia, atualmente, nos arts. 10, 11 e 12, tanto deste como do MC dos Estados Unidos e da ONU,[34] em relação aos dividendos, juros e cânones.

Como já dissemos, o Convênio entre Brasil e Espanha só trata do beneficiário, não do beneficiário efetivo, por ser anterior às recomendações de 1977, e sua redação é um pouco distinta da dos Convênios assinados na atualidade. O artigo 10.3 desse Convênio, por exemplo, estabelece: "As disposições dos parágrafos 1 e 2 não se aplicam *se o **beneficiário** dos dividendos*, residente de um Estado contratante (...)". Se esse Convênio tivesse sido assinado na atualidade, o termo "efetivo" estaria seguramente presente segundo as recomendações hoje vigentes.

VI.2 Cláusula de transparência

As cláusulas de transparência (*look-through approach*) são aquelas que restringem o benefício de um determinado CDT àquelas sociedades cujos sócios sejam residentes nos Estados onde está situada a sede empresarial, isto é, excluem todas as demais sociedades cujo capital pertença direta ou indiretamente a não-residentes. Dessa forma se evita que estrangeiros constituam uma determinada sociedade em um país, se beneficiando de um convênio, e que continuem residindo no seu país de origem,

31. V. Weeghel, *The Improper Use of Tax Treaties with Particular Reference to the Netherlands and the United States*, ob. cit., p. 79.

32. Instrução Normativa SRF 208, de 27.9.2002: "Art. 2º. Considera-se residente no Brasil, a pessoa física: I — que resida no Brasil em caráter permanente; II — que se ausente para prestar serviços como assalariada a autarquias ou repartições do Governo brasileiro situadas no exterior; III — que ingresse no Brasil: a) com visto permanente, na data da chegada; b) com visto temporário: 1. para trabalhar com vínculo empregatício, na data da chegada; 2. na data em que complete 184 dias, consecutivos ou não, de permanência no Brasil, dentro de um período de até doze meses; 3. na data da obtenção de visto permanente ou de vínculo empregatício, se ocorrida antes de completar 184 dias, consecutivos ou não, de permanência no Brasil, dentro de um período de até doze meses; IV — brasileira que adquiriu a condição de não-residente no Brasil e retorne ao País com ânimo definitivo, na data da chegada; V — que se ausente do Brasil em caráter temporário ou se retire em caráter permanente do território nacional sem entregar a Declaração de Saída Definitiva do País, durante os primeiros doze meses consecutivos de ausência. Parágrafo único. Para fins do disposto no inciso III, *b*, item 2, do *caput*, caso, dentro de um período de doze meses, a pessoa física não complete 184 dias, consecutivos ou não, de permanência no Brasil, novo período de até doze meses será contado da data do ingresso seguinte àquele em que se iniciou a contagem anterior".

33. Art. 8.1 do "Texto Refundido sobre la Ley del Impuesto sobre Sociedades", aprovado pelo Real Decreto Legislativo 4/2004, de 5 de março.

34. K. Vogel, *Double Taxation Convention*, ob. cit., p. 561. "*Arts. 10 to 12 of each of the three MCs under review here stipulate that the treaty benefits — reduction of the withholding tax on dividends, interest, and royalties, where applicable, or exemption of interest and royalties in the State of source — shall be available only if the beneficial owner of such payments is resident in the other contracting State*".

se aproveitando apenas das vantagens proporcionadas pela eleição do lugar onde se situa a sede da sociedade instrumental. Segundo a própria OCDE, a solução do problema das sociedades de trânsito seria negar os benefícios do convênio às sociedades que não pertencem, direta ou indiretamente, a residentes do mesmo Estado da sociedade.

Em geral, esta modalidade de cláusula vem acompanhada de uma série de critérios, que servem para determinar quando uma sociedade é controlada ou é propriedade de um não-residente. O parágrafo 13 do Comentário ao MC-OCDE recomenda que "os Estados contratantes que desejem adotar uma disposição semelhante podem também, em suas negociações bilaterais, estabelecer os critérios conforme os quais uma sociedade se considere de posse ou controlada por não-residente".

O modelo OCDE é simples e direto. Sua redação consagra e sugere que tais cláusulas se redijam da seguinte forma: "Uma sociedade residente em um Estado contratante não terá direito às reduções impositivas previstas no Convênio em relação a qualquer rendimento, ganho de capital ou benefícios, se sua propriedade ou seu controle for de posse, diretamente ou através de uma ou mais sociedades, por pessoas que não são residentes no Estado contratante". Exemplo deste tipo de cláusula se encontra no Convênio entre Espanha e Cuba, cujo protocolo anexo ao Convênio estabelece: "*Las reducciones o exenciones impositivas previstas por el Convenio en lo referente a los dividendos, intereses, cánones y ganancias de capital no serán aplicables cuando dichas rentas se obtengan en un Estado contratante por una sociedad residente del otro Estado contratante en cuyo capital participen, directa o indirectamente, en más de un 50 por 100, socios no residentes de ese otro Estado*".[35] Igualmente ocorre, para certas rendas, com os tratados de Espanha com Portugal, Rússia, Cuba, Bélgica, Noruega, etc.

Uma cláusula desse tipo, também conhecida pela doutrina como "desconsideração da personalidade jurídica", tem como objetivo principal colocar dificuldades e barreiras à utilização de *conduit companies* como forma de planejamento tributário ilegítimo, evitando assim a elisão ilícita de impostos através dessas sociedades. A "cláusula de transparência" parece ser adequada quando se trate de convênios com países que apliquem impostos reduzidos ou nulos.

VI.3 Cláusula de exclusão

A cláusula de exclusão é uma fórmula direta para evitar ou corrigir o problema da elisão fiscal ilícita obtida mediante o abuso de convênios de dupla tributação. Essa cláusula exclui do âmbito de cobertura de um convênio determinados tipos de entidades que tenham *status* fiscal privilegiado. Na maioria dos casos, trata-se de tipos determinados de sociedades com regimes fiscais privilegiados no Estado de residência que lhes proporcionam uma situação fiscal similar à dos não-residentes. Dado que esses privilégios são aplicáveis principalmente a certas sociedades, definidas nas legislações mercantis ou fiscais internas, a solução mais radical seria excluir tais sociedades do âmbito do convênio.[36]

Como exemplo dessa classe de cláusula, temos o tópico primeiro do Protocolo do Convênio para evitar a dupla tributação entre Espanha e Luxemburgo:[37] "*El presente Convenio no se aplica a las sociedades 'holding', definidas en la legislación especial luxemburguesa contenida actualmente en la Ley de fecha 31 de julio de 1929, y el Derecho Gran Ducal de fecha*

35. Convênio publicado no *Boletín Oficial del Estado*, 10.1.2001.

36. V. parágrafo 15 dos Comentários ao MC-OCDE 2000; e parágrafo 21 dos Comentários ao artigo 1º do MC-OCDE 2003.

37. Publicado no *Boletín Oficial del Estado Español*, 4.8.1987.

17 de diciembre de 1938 (que desarrolla el artículo 1.7b), apartados 1 y 2 de la Ley de 27 de diciembre de 1937). No se aplica tampoco a las rentas que un residente de España obtenga de acciones u otros títulos de sociedades similares, ni al patrimonio representado por acciones u otros títulos de participación en el capital de tales sociedades que esta persona posee".

Como opção à exclusão direta desse tipo de sociedade nos países beneficiados pelo Convênio, quando se verificar que existe o privilégio, o MC-OCDE apresenta e sugere uma cláusula nos seguintes termos: "Nenhuma disposição do Convênio que reconheça uma isenção ou redução impositiva será aplicável às rendas obtidas ou pagas por uma sociedade definida na Seção___ da Lei ____ ou em qualquer disposição similar estabelecida por _____ depois da assinatura do Convênio".[38]

As cláusulas excludentes são de fácil e clara aplicação, mesmo quando necessitam de assistência administrativa. Constituem importantes instrumentos através dos quais os Estados que estabelecem determinados privilégios em sua legislação fiscal podem evitar que tais benefícios sejam objetos de uso indevido nos convênios subscritos por esses mesmos Estados.[39]

VI.4 Cláusula de sujeição

As cláusulas de sujeição (parágrafo 15) são, aparentemente, perfeitas para desempenhar seu papel na hora de evitar a dupla tributação. Com essa finalidade, estabelecem que os benefícios dos convênios sejam aplicáveis pelo Estado da fonte apenas se as rendas em questão estiverem sujeitas a imposição no Estado de residência. O que se pretende aqui é impedir que não-residentes constituam uma sociedade com o fim de canalizar rendas através da mesma, eliminando a tributação no Estado da sociedade intermediária.[40] Ainda que aparente vantagens e simplicidade, esse tipo de cláusula não é recomendado por nenhum órgão internacional, posto que se refere às legislações variáveis e complexas dos Estados contratantes, e não às estruturas que dão lugar ao uso indevido dos convênios.[41]

VI.5 Cláusula de trânsito

As cláusulas de trânsito (*channel approach*) são as medidas utilizadas e, aparentemente, as únicas que funcionam contra os sofisticados procedimentos de elisão fiscal ilícita como, por exemplo, as denominadas *stepping-stone strategy*.

Segundo a OCDE (parágrafo 17), um modelo genérico e ideal para esse tipo de disposição poderia ser redigido nos seguintes termos: "Quando as rendas procedentes de um Estado contratante sejam obtidas por uma sociedade residente em outro Estado contratante, e uma ou mais pessoas não-residentes nesse outro Estado contratante: a) detenham, direta ou indiretamente, através de uma ou mais sociedades, qualquer que seja sua residência, um interesse substantivo na dita sociedade, em forma de participação ou de outro modo; ou b) exerçam, direta ou indiretamente, de forma individual ou conjuntamente, a gestão ou o controle da dita sociedade. Qualquer dispositivo deste Convênio que reconheça uma isenção ou redução impositiva não será aplicável caso seja utilizada mais de 50% das citadas rendas para satisfazer obrigações com as referidas pessoas (incluídos os juros, cânones, gastos de desenvolvimen-

38. Comentário 21 do artigo 1º do MC-OCDE: "*No provision of the Convention conferring an exemption from, or reduction of, tax shall apply to income received or paid by a company as defined under section (...) of the (...) Act, or under any similar provision enacted by (...) after the signature of the Convention*".

39. V. parágrafo 16 dos Comentários ao MC-OCDE.

40. F. A. Vega Borrego, "Capítulo I: Ámbito de aplicación de los Convenios...", ob. cit., p. 109.

41. Países como Estados Unidos adotam esse tipo de cláusula, contrariando a recomendação geral.

to, de publicidade, de primeiro estabelecimento e de deslocamento, e amortização de qualquer classe de ativos empresariais, entre eles ativos imateriais e processos produtivos)".

De acordo com o parágrafo 8 dos Comentários ao artigo 1º do MC-OCDE 2005, esse tipo de cláusula foi incluída nos Convênios bilaterais assinados pela Suíça e pelos Estados Unidos, e parece haver inspirado os dispositivos da legislação suíça contra o uso indevido de Convênios por parte de certos tipos de sociedades desse país.

Os Estados que consideram a inserção de uma cláusula desse tipo em seus Convênios devem levar em conta que isso poderia afetar as operações empresariais normais e que, portanto, devem complementá-la com outro tipo de cláusula, como a da boa-fé, que veremos mais adiante.

VI.6 Cláusulas da limitação de benefícios

São também conhecidas como cláusulas LOB (*limitation of benefits*),[42] sendo outro dos instrumentos utilizados nos Convênios para evitar o uso abusivo dos mesmos. Esse tipo de cláusula tem como objetivo evitar que as pessoas não-residentes em um dos dois Estados pactuantes tenham acesso aos benefícios proporcionados pelo Convênio às entidades residentes em um dos Estados. É uma cláusula que restringe o acesso ao Convênio apenas às "pessoas qualificadas" segundo seu critério e conveniência.

Essa cláusula foi introduzida pela primeira vez no MC dos Estados Unidos no ano 1981 e, atualmente, está regulada no artigo 22 do Modelo de Convênio desse país, de 20 de setembro de 1996. Posteriormente passou a ser utilizada por outros Convênios assinados entre terceiros países, como é o caso do Convênio assinado entre Espanha e Portugal, e o daquele e Israel.

Segundo Serrano Antón[43] são duas as condições que simultaneamente devem concorrer para que uma sociedade possa se beneficiar da aplicação de um CDT com a cláusula LOB: 1) que se verifique a propriedade (mais de 50% deve ser de propriedade da pessoa residente no Estado em que a dita sociedade tem seu domicílio fiscal); 2) que se comprove a erosão da base de cálculo (as rendas brutas da sociedade não devem ser utilizadas, seja de maneira direta ou indireta, fundamentalmente para o pagamento de serviços ou obrigações contraídas com pessoas residentes em outro Estado).

VI.7 Cláusulas antiabuso de "rent-a-star company"

As sociedades de artistas e desportistas (*rent-a-star company*) são aquelas constituídas de pessoas que realizam espetáculos, obras, shows, etc., em diversos países, obtendo rendas em cada um deles. Em vez de submeter suas rendas à tributação em seu país de origem, constituem uma sociedade em um outro país, para que a mesma seja a receptora de seus ganhos. Tais entidades, conseqüentemente, pagarão impostos no país em que estiverem situadas e, muitas vezes, a eleição do lugar da sede se deve exclusivamente a uma estratégia de planejamento tributário, muitas vezes ilegítimo e com o único fim de diminuir sua carga tributária.

Essas sociedades de artistas e desportistas desempenham o mesmo papel que a técnica denominada *split-payroll*, isto é, quando os salários dos diretores de um gru-

42. Sobre essa cláusula, v. V. Wheegel, "The Improper Use of Tax treaties: with particular reference to the Netherlands and the United Status", em *International Taxation*, n. 19, Boston/La Haya/ Londres, Kluwer, 1998, e A. J. Martín Jiménez, "EC law and clauses on limitation of benefits in treaties with the US after Maastricht and the US — Netherlands Tax Treaty", em *EC Tax Review*, n. 12, 1995.

43. F. Serrano Antón, "Las medidas antiabuso...", ob. cit., p. 94.

po de empresas, em vez de serem pagos pela matriz, são pagos por filiais instaladas em países com uma menor tributação, reduzindo o impacto de tributos sobre as pessoas físicas, sempre e quando nesse país se verifiquem vantagens fiscais nesses casos.[44]

Cláusulas desse tipo se encontram tanto nos MC-OCDE, como nos MC-ONU e MC-US. Nos três casos, o artigo 17.2 de cada um deles faz referência a sociedades de artistas e desportistas, e estipula, com expressões bem similares, que as rendas obtidas por uma pessoa (jurídica), em representação de artistas ou desportistas, devem ser tributadas no país onde foram contratados seus serviços, no seu país de origem, ou no país de origem de seu representante.[45]

As cláusulas antiabuso de sociedades de artistas e desportistas apenas podem ser aplicadas em três casos: 1) nas sociedades de gestão que percebem uma remuneração por atuação de um grupo de desportista (não constituídas como pessoa jurídica); 2) nos casos de equipe, *troupe*, orquestra, etc., constituída como pessoa jurídica; e 3) em determinados mecanismos de elisão fiscal, em virtude dos quais a remuneração pela atuação do(s) artista(s) ou desportista(s) não é paga a este(s), mas sim a outra pessoa, de forma que a renda não se tributa no Estado onde se realiza a atividade, por não existir um estabelecimento permanente.[46]

44. A. Xavier, *Direito Tributário Internacional do Brasil*, Rio de Janeiro, Forense, 2005, p. 355.

45. Art. 17: "1. *Notwithstanding the provision of articles 14 and 15, income derived by a resident of a contracting State as an entertainer, such as a theatre, motion picture, radio or television artiste, or a musician, or as a sportsman, from his personal activities as such exercised in the other contracting State, may be taxed in that other State. 2. del MC OCDE. 'Where income in respect of personal activities exercised by an entertainer or a sportsman in his capacity as such accrues not to the entertainer or sportsman himself but to another person, that income may (...) be taxed in the Contracting State in which the activities of the entertainer or sportsman are exercised'*".

46. R. Alonso Sanjuán, "Tributación de artista no residentes", em *Tribuna Fiscal*, n. 70, 1996.

VI.8 Cláusulas moderadoras específicas

Segundo o MC-OCDE, as cláusulas acima descritas devem ser complementadas com disposições específicas, que assegurem a aplicação dos benefícios do Convênio nos casos de boa-fé. Essas disposições, segundo o parágrafo 19 dos Comentários ao Modelo de Convênio, poderiam estar redigidas nos seguintes termos:

a) *Cláusula geral da boa-fé* — "As disposições anteriores não serão aplicáveis quando a sociedade comprove que seu objetivo principal — a realização de sua atividade empresarial e a aquisição ou propriedade das ações ou outros bens dos que se derivem as rendas de que se trate — está motivado por razões empresariais válidas e, portanto, não tem como objetivo principal a obtenção de benefícios ao amparo deste Convênio".

b) *Cláusula de atividade* — "As disposições anteriores não serão aplicáveis quando a sociedade realize atividades empresariais substantivas no Estado contratante em que for residente, e a dedução fiscal reclamada ao outro Estado contratante se refira à renda relacionada com essas atividades".

c) *Cláusula de quantia* — "As disposições anteriores não serão aplicáveis quando a redução impositiva a que se reclama não exceda o imposto aplicado pelo Estado contratante em que a sociedade é residente".

d) *Cláusula de cotização em bolsa* — "As disposições anteriores não serão aplicáveis à sociedade residente em um Estado contratante se a classe principal das ações dessa sociedade está admitida à cotização no mercado de valores autorizado no Estado contratante, ou se a dita sociedade pertence em sua totalidade, diretamente ou através de uma ou mais sociedades, sendo todas elas residentes do primeiro Estado, a uma sociedade que é residente no primeiro Estado e cuja principal classe de ações está admitida à cotização dessa forma".

e) *Cláusula de dedução alternativa* — "Quando se trate de uma disposição antielisiva referente a um não-residente em um Estado contratante, pode-se estabelecer que a expressão se referirá aos residentes de terceiros Estados, quando esses Estados tenham subscrito convênio de dupla imposição sobre a renda com o Estado contratante de quem se reclama a dedução impositiva, e que tais convênios reconheçam deduções impositivas não inferiores às que se reclamam ao amparo desses Convênios".

VII. Conclusões

No âmbito internacional, o planejamento tributário ilegítimo está adquirindo proporções preocupantes. Para a luta contra a elisão fiscal ilícita internacional, a arma mais eficaz não é a utilização exclusiva de medidas unilaterais internas, mas sim, a complementação destas com medidas conjuntas (bilaterais ou multilaterais). Nos Modelos de Convênio atuais, tanto da OCDE como os da ONU e US, encontramos as cláusulas para evitar a utilização de possíveis instrumentos de planejamento fiscal ilegítimo como o *treaty shopping, o rule shopping*, o uso abusivo dos preços de transferência e casos de utilização de paraísos fiscais como forma de elisão tributária ilícita. Estas cláusulas são de extrema importância e devem ser observadas atentamente por todos os países que pretendem assinar Convênios e que desejem se proteger de condutas astutas como a elisão ilícita de tributo, o chamado planejamento tributário ilegítimo.

ESTUDOS & COMENTÁRIOS

ISSQN INCIDENTE SOBRE O COMPARTILHAMENTO DE INFRA-ESTRUTURA NO SETOR DE TELECOMUNICAÇÕES, NOS TERMOS DO SUBITEM 3.04 DA LISTA DE SERVIÇOS ANEXA À LEI COMPLEMENTAR 116/2003

CIRO CARDOSO BRASILEIRO BORGES*

Mestre em Direito Tributário pela PUC/SP.
Professor de Direito Tributário do Programa GV *Law* da FGV/SP. Advogado em São Paulo

1. Introdução. 2. Infra-estrutura e seu compartilhamento no setor de telecomunicações. 3. Hipótese de incidência do Imposto sobre Serviços de Qualquer Natureza — ISSQN: 3.1 Natureza jurídica das hipóteses de incidência do ISSQN constantes do subitem 3.04 da Lista de Serviços anexa à Lei Complementar 116/2003; 3.2 Inconstitucionalidade da incidência do ISSQN sobre o compartilhamento de infra-estrutura, nos termos do subitem 3.04 da Lista de Serviços anexa à Lei Complementar 116/2003. 4. Conclusões.

1. Introdução

O presente estudo tem por objeto a incidência do Imposto sobre Serviços de Qualquer Natureza — ISSQN sobre o compartilhamento de infra-estrutura no setor de telecomunicações, sem prejuízo de sua aplicabilidade em relação aos setores de energia elétrica e de petróleo, que se manifesta em hipóteses de incidência inseridas no ordenamento jurídico brasileiro com a publicação da Lei Complementar 116/2003.

Considera-se relevante para a análise proposta o resultado do julgamento do RE 116.121-3-SP, no Tribunal Pleno, do Supremo Tribunal Federal, que teve como relator o Ministro Octávio Gallotti e redator o Ministro Marco Aurélio Mello, *DJ* 25.5.2001, no qual se concluiu pela inconstitucionalidade da incidência do ISSQN sobre a *locação de bens móveis*.

É que, dentre as hipóteses de incidência nas quais se manifesta o compartilhamento de infra-estrutura, nos termos do subitem 3.04 da Lista de Serviços anexa à Lei Complementar 116/2003, figuram a *locação* e a *sublocação*, situações enfrentadas no referido julgamento, além do *arrendamento*, do *direito de passagem* e do *direito de permissão de uso*.

Por esse motivo, ao longo deste trabalho, serão reproduzidos diversos trechos extraídos do inteiro teor do respectivo acórdão, de modo a aproximar as conclusões que se pretende atingir das razões que influíram no convencimento dos julgadores

* <cirocbb@lacazmartins.com.br>.

e serviram de fundamento para o desfecho do referido julgado.

2. *Infra-estrutura e seu compartilhamento no setor de telecomunicações*

É cediço que a prestação de serviços de comunicação está submetida exclusivamente à incidência do Imposto sobre Operações relativas à Circulação de Mercadorias e sobre Prestações de Serviços de Transporte Interestadual e Intermunicipal e de Comunicação — ICMS, de competência privativa dos Estados e do Distrito Federal, na forma do art. 155, inciso II, da Constituição Federal.

Sucede que a prestação desses serviços de comunicação exige infra-estrutura sem a qual não se dá a sua operacionalização.

Tratando-se o Brasil de país com dimensões continentais, a infra-estrutura utilizada na prestação de serviços de comunicação é composta por milhares de quilômetros de interligações de cabos e de equipamentos instalados em ferrovias, rodovias, postes, dutos e condutos de toda natureza.

A exploração dessa atividade econômica, por sua vez, não parte do pressuposto de que as empresas de telecomunicações detenham rede própria de modo a alcançar e satisfazer, por si sós, as respectivas demandas em todas as extremidades do território nacional, surgindo daí a necessidade de compartilhamento da infra-estrutura.

Esse direito ao compartilhamento da infra-estrutura, inclusive, é assegurado pelo art. 73, *caput* e parágrafo único, da Lei 9.472/1997 — Lei Geral de Telecomunicações:

> Art. 73. As prestadoras de serviços de telecomunicações de interesse coletivo terão direito à utilização de postes, dutos, condutos e servidões pertencentes ou controlados por prestadora de serviços de telecomunicações ou de outros serviços de interesse público, de forma não discriminatória e a preços e condições justos e razoáveis.
>
> Parágrafo único. Caberá ao órgão regulador do cessionário dos meios a serem utilizados definir as condições para adequado atendimento do disposto no *caput*.

E, com base na competência definida nesse dispositivo legal, levando-se em consideração que o compartilhamento de infra-estrutura nem sempre ocorre entre empresas do mesmo setor de atividade econômica, foi aprovado o Regulamento Conjunto para Compartilhamento de Infra-Estrutura entre os Setores de Energia Elétrica, Telecomunicações e Petróleo, pela Resolução Conjunta 1, de 24 de novembro de 1999, por parte da Agência Nacional de Energia Elétrica — ANEEL, da Agência Nacional de Telecomunicações — ANATEL e da Agência Nacional do Petróleo — ANP, que veicula definições pertinentes ao presente estudo no art. 3º, incisos V e VI, e no art. 4º:

> *Capítulo II — Das Definições*
>
> Art. 3º. Para os fins deste Regulamento ficam estabelecidas as seguintes definições:
>
> (...).
>
> V — Infra-estrutura: são as servidões administrativas, dutos, condutos, postes e torres, de propriedade, utilizados ou controlados, direta ou indiretamente, pelos agentes que exploram os serviços públicos de energia elétrica, os serviços de telecomunicações de interesse coletivo e os serviços de transporte dutoviário de petróleo, seus derivados e gás natural, bem como cabos metálicos, coaxiais e fibras ópticas não ativados, na condição estabelecida no § 1º do art. 7º deste Regulamento;
>
> VI — Compartilhamento: é o uso conjunto de uma infra-estrutura por agentes dos setores de energia elétrica, de telecomunicações ou de petróleo; e
>
> (...).
>
> ***Título II — Do Compartilhamento de Infra-Estrutura***

Capítulo I — Das Diretrizes Básicas

Art. 4º. O agente que explora serviços públicos de energia elétrica, serviços de telecomunicações de interesse coletivo ou serviços de transporte dutoviário de petróleo, seus derivados e gás natural, tem direito a compartilhar infra-estrutura de outro agente de qualquer destes setores, de forma não discriminatória e a preços e condições justos e razoáveis, na forma deste Regulamento.

Por outro lado, saliente-se que o atendimento da demanda nacional não se trata de uma faculdade para as empresas de telecomunicações, mas de dever que lhe é imputado pelo art. 79, § 1º, da Lei 9.472/1997 — Lei Geral de Telecomunicações, conhecido por *obrigação de universalização*, que é objeto de regulação por parte da ANATEL.

Desse modo, tem-se como necessário o compartilhamento de infra-estrutura, seja por meio de locação, de sublocação, de arrendamento, do direito de passagem ou do direito de permissão de uso, que é disponibilizada, no presente caso, tendo em vista o exercício da atividade econômica das empresas de telecomunicações, não configurando qualquer prestação de serviços, conforme restará demonstrado.

Nesse contexto, com o advento da Lei Complementar 116/2003, que deveria apenas definir os serviços submetidos à incidência do ISSQN, em conformidade com o art. 156, inciso III, da Constituição Federal, outorgou-se aos Municípios e ao Distrito Federal a possibilidade de instituir e efetivamente exigir o recolhimento de valores em relação a situações que não se adequam ao conceito de serviços.

Eis em tela o subitem 3.04 da Lista de Serviços anexa à mencionada Lei Complementar 116/2003, objeto de análise neste trabalho, que veicula como hipóteses de incidência do ISSQN a *locação*, a *sublocação*, o *arrendamento*, o *direito de passagem* e o *direito de permissão de uso*, compartilhado ou não, de ferrovia, rodovia, postes, cabos, dutos e condutos de qualquer natureza.

3. *Hipótese de incidência do Imposto sobre Serviços de Qualquer Natureza — ISSQN*

Em face da repartição das competências tributárias promovida pelo legislador constituinte, o ISSQN foi inserido na competência tributária privativa dos Municípios e do Distrito Federal, conforme se verifica do art. 147 e do art. 156, inciso III, da Constituição Federal, este último renumerado e com redação dada pela Emenda Constitucional 3/1993:

> Art. 147. Competem à União, em Território Federal, os impostos estaduais e, se o Território não for dividido em Municípios, cumulativamente, os impostos municipais; ao Distrito Federal cabem os impostos municipais.
>
> (...).
>
> Seção V — Dos Impostos dos Municípios
>
> Art. 156. Compete aos Municípios instituir impostos sobre:
>
> (...).
>
> III — serviços de qualquer natureza, não compreendidos no art. 155, II, definidos em lei complementar.

Como pode ser depreendido, o ISSQN tem como hipótese de incidência a *prestação de serviços de qualquer natureza*, excetuadas as prestações de serviços de transporte interestadual e intermunicipal e as prestações de serviços de comunicação, que estão submetidas à incidência do ICMS, nos termos do art. 155, inciso II, da Constituição Federal.

Não se faz suficiente, no entanto, a ocorrência da *prestação de serviços de qualquer natureza* para que seja possível haver a incidência do ISSQN, sendo imprescindível que tais serviços correspondam àqueles previamente definidos em lei complementar, de acordo com o disposto expressamente no art. 156, inciso III, *in fine*, da Constituição Federal.

Advirta-se, ainda, que, a partir da exigência constitucional de que os referidos *serviços de qualquer natureza* estejam definidos em lei complementar, não se pode inferir que o legislador infraconstitucional está permitido a arrolar como prestação de serviços algo que efetivamente não o seja.

Nesse sentido, referindo-se à expressão "de qualquer natureza", constante do art. 156, inciso III, da Constituição Federal, confira-se o posicionamento do Ministro Octávio Gallotti, em voto de fls. 683, proferido por ocasião de julgamento do RE 116.121-3-SP, no Tribunal Pleno, do Supremo Tribunal Federal, *DJ* 25.5.2001:

> Até mesmo porque da expressão "de qualquer natureza", gravada na Constituição, há de se extrair algum efeito útil.
>
> A definição desses serviços foi confiada à lei complementar. Não deve ela fugir daquilo que se possa ter, conceitualmente, como serviço, e sua função primordial é extremar o limite da competência tributária municipal.

A questão também foi explorada pelo Ministro Celso de Mello, que, em seu voto vencedor de fls. 710, no mesmo julgamento, reiterou a limitação da competência tributária constitucionalmente outorgada aos Municípios e ao Distrito Federal, admitindo a incidência do ISSQN apenas sobre aquilo que corresponda inexoravelmente ao *conceito de serviços*:

> O fato irrecusável é um só: *a Constituição*, quando atribui competência impositiva ao Município para tributar serviços de qualquer natureza, não compreendidos na competência das outras pessoas políticas, *exige* que *só* se alcancem, *mediante* incidência do ISS, os atos e fatos que se possam qualificar, juridicamente, *como serviços*.
>
> Cumpre assinalar, por necessário, *especialmente* em face das considerações expostas, que a legislação tributária, emanada de qualquer das pessoas políticas, *não pode* alterar a definição, o conteúdo e o alcance de institutos, conceitos e formas de direito privado, utilizados, expressa ou implicitamente, pela Constituição Federal, para definir ou limitar competências tributárias (destaques constam do original).

E a razão para tanto se encontra na circunstância de que o Sistema Tributário Nacional delimitou rigidamente e de modo intransponível as competências tributárias entre os membros da Federação, de modo a afastar todo e qualquer eventual conflito quando do exercício dessas mesmas competências tributárias.

Alertando para a impossibilidade da alteração do conceito de institutos, especialmente de direito privado, previstos no texto constitucional, por parte do legislador infraconstitucional, para estabelecer a incidência de tributos, merecem destaque as palavras do Ministro Luiz Gallotti, proferidas por ocasião do julgamento do RE 71.758, em seu voto de fls. 357, no Tribunal Pleno, do Supremo Tribunal Federal, *DJ* 31.8.1973:

> Como sustentei muitas vezes, ainda no Rio, se a lei pudesse chamar de compra o que não é compra, de importação o que não é importação, de exportação o que não é exportação, de renda o que não é renda, ruiria todo o sistema tributário inscrito na Constituição.

A circunstância de o *serviço* poder se revestir *de qualquer natureza* não significa que essa sua natureza possa distorcer propriamente o *conceito de serviço*, que está implicitamente previsto no texto constitucional e explicitamente disposto na legislação civil, em específico na Lei 10.406/2002, que instituiu o Código Civil atualmente em vigor.

Daí não se admitir a incidência do ISSQN sem que haja a observância de duas exigências constitucionais, constantes do art. 156, inciso III, da Constituição Federal:

(i) o serviço prestado, qualquer que seja a sua natureza, deve corresponder ao conceito de serviço, não sendo permitidas equiparações nem analogias com outros institutos;

(ii) o serviço prestado, além de se tratar efetivamente de um serviço, deve estar previamente definido em lei complementar.

Os elementos para a identificação do fato que efetivamente possa vir a se enquadrar como uma *prestação de serviço*, evidentemente, encontra-se no âmbito do direito civil. A propósito, verifique-se o disposto no art. 593 e no art. 594 do Código Civil:

> *Capítulo VII — Da Prestação de Serviço*
>
> Art. 593. A prestação de serviço, que não estiver sujeita às leis trabalhistas ou a lei especial, reger-se-á pelas disposições deste Capítulo.
>
> Art. 594. Toda a espécie de serviço ou trabalho lícito, material ou imaterial, pode ser contratada mediante retribuição.

Para a visualização de uma *prestação de serviço*, faz-se necessário que uma atividade seja desempenhada, que um trabalho seja executado. Em outras palavras, é essencial que esteja presente o elemento *praestare*, o *facere*. Daí afirmar-se que o objeto de uma prestação de serviço corresponde sempre a uma *obrigação de fazer*, seja a conduta exercida de caráter material ou imaterial.

Portanto, sem o desempenho de uma atividade, sem a execução de um trabalho ou de uma conduta, ou seja, não sendo possível a visualização de uma obrigação de fazer, não há que se falar em prestação de serviço.

Nesse sentido, estabelecendo que a incidência do ISSQN recai apenas sobre fatos cuja natureza jurídica corresponda a uma *obrigação de fazer*, restou decidido e pacificado no Tribunal Pleno, do Supremo Tribunal Federal, por ocasião do julgamento do referido RE 116.121-3-SP, *DJ* 25.5.2001.

Tendo em vista a farta e abalizada doutrina mencionada no inteiro teor do acórdão em referência, cujos trechos são transcritos ao longo deste estudo, torna-se despicienda a reprodução das respectivas citações, que corroboram o quanto sustentado. Confira-se, então, o trecho do voto vencedor, de fls. 708, da lavra do Ministro Celso de Mello:

> Tenho para mim, na *mesma* linha de entendimento exposta por Aires Fernandino Barreto (*Revista de Direito Tributário*, v. 38/192) *e* por Cléber Giardino (*Revista de Direito Tributário*, v. 38/196), que a qualificação da "locação de bens móveis", *como serviço*, para efeito de tributação municipal mediante incidência do ISS, nada mais significa do que a *inadmissível e arbitrária manipulação*, por lei complementar, da repartição constitucional de competências impositivas, *eis que o ISS somente pode incidir sobre obrigações de fazer*, a cuja matriz conceitual *não se ajusta* a figura contratual da locação de bens móveis.
>
> *Cabe advertir*, neste ponto, que a locação de bens móveis *não* se identifica *e nem* se qualifica, para efeitos constitucionais, *como serviço*, pois esse negócio jurídico — *considerados* os elementos essenciais que lhe compõem a estrutura material — *não* envolve a prática de atos que consubstanciam um *praestare* ou um *facere* (destaques constam do original).

Resta incontroverso, portanto, que o *conceito de serviço*, implicitamente previsto no texto constitucional e explicitamente disposto na legislação civil, não pode ser manipulado pelo legislador tributário, de modo a infirmar a rígida e intransponível repartição constitucional de competências tributárias, consoante já exposto.

A incidência do ISSQN recai sobre a prestação de serviços, cujo conceito, nos termos do referido voto do Ministro Celso de Mello, está adstrito a fato cuja natureza jurídica corresponda inexoravelmente a uma *obrigação de fazer*, por se tratar de fato consubstanciado, conforme salientado, em um *praestare*, um *facere*.

Desse modo, levando-se em conta o disposto no art. 156, inciso III, da Constituição Federal, tem-se que a hipótese de incidência do ISSQN, consistente em *prestações de serviços definidos em lei complementar*, contempla apenas fatos que envolvam um *praestare*, um *facere*, revelando a natureza jurídica de uma *obrigação de fazer*.

Estabelecidas essas premissas, cumpre, a partir de então, analisar a natureza jurídica das hipóteses de incidência descritas no subitem 3.04 da Lista de Serviços anexa à Lei Complementar 116/2003, em relação às quais pretendem os Municípios e o Distrito Federal exigir o recolhimento de valores a título de ISSQN.

3.1 Natureza jurídica das hipóteses de incidência do ISSQN constantes do subitem 3.04 da Lista de Serviços anexa à Lei Complementar 116/2003

Em face do disposto no art. 156, inciso III, da Constituição Federal, foi produzida a Lei Complementar 116/2003, tendo o seu art. 1º, *caput*, e o subitem 3.04 da Lista de Serviços determinado que os Municípios e o Distrito Federal podem instituir e efetivamente exigir o recolhimento de valores a título de ISSQN referente às hipóteses que se seguem:

> Art. 1º. O Imposto Sobre Serviços de Qualquer Natureza, de competência dos Municípios e do Distrito Federal, tem como fato gerador a prestação de serviços constantes da lista anexa, ainda que esses não se constituam como atividade preponderante do prestador.
>
> (...).
>
> Lista de serviços anexa à Lei Complementar n. 116, de 31 de julho de 2003.
>
> (...).
>
> 3.04 — Locação, sublocação, arrendamento, direito de passagem ou permissão de uso, compartilhado ou não, de ferrovia, rodovia, postes, cabos, dutos e condutos de qualquer natureza.

A identificação da natureza jurídica de cada uma dessas hipóteses de incidência, quais sejam a *locação*, a *sublocação*, o *arrendamento*, o *direito de passagem* e o *direito de permissão de uso*, nas quais se manifesta o compartilhamento de infra-estrutura, evidentemente, também se encontra no âmbito do direito civil, especificamente nos termos da Lei 10.406/2002, que instituiu o Código Civil atualmente em vigor.

Em sendo assim, atente-se para a circunstância de que a "Parte Especial" do Código Civil traz de modo separado o "Livro I — Do Direito das Obrigações" e o "Livro III — Do Direito das Coisas".

Verifica-se também que o "Livro I — Do Direito das Obrigações", quando dispõe sobre as "Modalidades das Obrigações", em seu "Título I", está subdivido no "Capítulo I — Das Obrigações de Dar", no "Capítulo II — Das Obrigações de Fazer" e no "Capítulo III — Das Obrigações de Não-Fazer".

Daí a constatação de que, em conformidade com o Código Civil, o gênero *direito das obrigações* comporta as espécies *obrigações de dar*, *obrigações de fazer* e *obrigações de não-fazer*, além das *obrigações alternativas*, *obrigações divisíveis e indivisíveis* e *obrigações solidárias*, que não interessam ao presente estudo.

Em relação ao "Livro III — Do Direito das Coisas", precisamente em seu "Título II — Dos Direitos Reais", percebe-se que o art. 1.225 do Código Civil estabelece de modo explícito as espécies do gênero *direitos reais* contempladas no ordenamento jurídico brasileiro:

> Art. 1.225. São direitos reais: I — a propriedade; II — a superfície; III — as servidões; IV — o usufruto; V — o uso; VI — a habitação; VII — o direito do promitente comprador do imóvel; VIII — o penhor; IX — a hipoteca; X — a anticrese.

Em síntese, no gênero *direito das obrigações*, enquadram-se as espécies *obrigações de dar*, *obrigações de fazer* e *obrigações de não-fazer*; enquanto no gênero *direitos reais*, incluem-se as espécies *propriedade*, *superfície*, *servidões*, *usufruto*, *uso*, *habitação*, *direito do promitente comprador do imóvel*, *penhor*, *hipoteca*, *anticrese*.

Diante dessas considerações, verifica-se que o Código Civil segue a tradicional classificação doutrinária sobre os direitos patrimoniais em *direitos pessoais* e *direitos reais*, nos quais encontram-se, respectivamente, as modalidades do *direito das obrigações* e do *direito das coisas*.

Tratando sobre a dicotomia entre *direitos pessoais* e *direitos reais*, confira-se a preleção de Orlando Gomes,[1] que ressalta a circunstância de o *direito das obrigações* estar enquadrado na categoria dos *direitos pessoais*, distinta, por sua vez, da categoria dos *direitos reais*:

"Importa, precipuamente, a divisão dos direitos subjetivos em *patrimoniais* e *extrapatrimoniais*, conforme suscetíveis, ou não, de apreciação pecuniária.

"Os direitos patrimoniais subdividem-se em *reais* e *pessoais*. Estes compreendem, por sua vez, os *direitos de crédito*, ou *obrigacionais*, e certos direitos de família.

"Todos os direitos reais são patrimoniais, bem como o direito hereditário. Há, porém, direitos pessoais extrapatrimoniais. Tais são os direitos puros de família.

"(...).

"A divisão dos direitos patrimoniais em *reais* e *pessoais* permanece como dado fundamental da morfologia do direito privado, apesar das dificuldades que se apresentam quando se tenta conceituá-los e traçar a linha divisória entre uns e outros.

"Tal classificação, contudo, não pode ser subestimada, porque encerra formas irredutíveis da atividade econômica, tendo, desse modo, substrato real, que a técnica jurídica não deve menosprezar" (destaques constam do original).

No mesmo sentido, verifique-se a lição de Washington de Barros Monteiro.[2]

"Nesse dualismo, resultante da irredutível oposição entre direitos reais e pessoais, a *escola clássica*, várias vêzes secular, fundou sua concepção. Parecia esta definitiva, quando começou a sofrer vigorosos ataques, desferidos pelas teses unitárias, que procuraram assim modificar inteiramente o tradicional aspecto do direito civil.

"(...).

"Assim resumidas as teorias unitárias, cumpre desde logo ressaltar que elas se tornam inadmissíveis em face do nosso direito positivo, que, de modo indiscutível e insofismável, consagra e sanciona a clássica distinção entre direitos reais e pessoais, isto é, direitos sôbre as coisas e direitos contra as pessoas.

"(...).

"O direito real pode, destarte, ser conceituado como a relação jurídica em virtude da qual o titular pode retirar da coisa, de modo exclusivo e contra todos, as utilidades que ela é capaz de produzir. O direito pessoal, por seu turno, conceitua-se como relação jurídica mercê da qual ao sujeito ativo assiste o poder de exigir do sujeito passivo determinada prestação, positiva ou negativa" (destaque consta do original).

Resta evidente, portanto, que os *direitos pessoais* não se confundem com os *direitos reais* e, por conseguinte, que o *direito das obrigações* é distinto do *direito das coisas*. Essa classificação, desde o século retrasado tratada pelos teóricos,[3] é amplamente acolhida pela doutrina pátria,[4] em-

1. Orlando Gomes, *Introdução ao Direito Civil*, 7ª ed., Rio de Janeiro, Forense, 1983, pp. 98 e 100.

2. Washington de Barros Monteiro, *Curso de Direito Civil: Direito das Coisas*, 4ª ed., São Paulo, Saraiva, 1961, pp. 9-11.

3. Síntese dos pensamentos de Henri de Page, Windscheid, Marcel Planiol e Demogue pode ser encontrada em Gomes, ob. cit., pp. 98-103.

4. Caio Mário da Silva Pereira, *Instituições de Direito Civil: Introdução ao Direito Civil e Teoria Geral de Direito Civil*, 2ª ed. rev., atual., Rio de Janeiro, Forense, 2005, pp. 46-48; Fernando Noronha, *Direito das Obrigações*, São Paulo, Saraiva, 2003, pp. 64-67; Carlos Roberto Gonçalves, *Direito Civil Brasileiro: Teoria Geral das Obrigações*, São Paulo, Saraiva, 2004, pp. 7-16; Maria Helena Diniz, *Curso de Direito Civil Brasileiro: Direito das Coisas*, 17ª ed. atual., São Paulo, Saraiva, 2002, pp. 9-16; Everaldo Cambler, *Curso Avançado de Direito Civil: Direito das Obrigações*, São Paulo, Ed. RT, 2001, pp. 23-25; Silvio Rodrigues, *Direito Civil: Parte Geral das Obrigações*, 30ª ed. atual., São Paulo, Saraiva, 2002, pp. 7-8; Pablo Stolze Gagliano e Rodolfo Pamplona Filho, *Novo Curso de Direito Civil: Obrigações*, São Paulo, Saraiva, 2002, pp. 5-10; Sílvio de Salvo Venosa, *Direito Civil: Teoria Geral das Obrigações e Teoria Geral dos Contratos*, 3ª ed., São Paulo, Atlas, 2003, pp. 27-28; Arnoldo Wald, *Direito Civil: Introdução e Parte Geral*, 9ª ed. rev., ampl. e atual., São Paulo, Saraiva, 2002, pp. 113-115.

bora variem os critérios e as justificativas para tanto, sem prejuízo de suas espécies e subespécies no direito positivo.

Daí concluir-se que:

(i) na categoria dos *direitos pessoais*, encontra-se o *direito das obrigações*, o qual comporta as espécies *obrigações de dar*, *obrigações de fazer* e *obrigações de não-fazer*;

(ii) na categoria dos *direitos reais*, encontra-se o *direito das coisas*, que comporta as espécies *propriedade*, *superfície*, *servidões*, *usufruto*, *uso*, *habitação*, *direito do promitente comprador do imóvel*, *penhor*, *hipoteca*, *anticrese*.

Estabelece-se, então, a premissa de que todos esses conceitos sobre *direitos pessoais*, *direitos reais*, *direito das obrigações* e *direitos das coisas* pertencem ao direito civil, ramo que é do direito privado.

Feitos esses esclarecimentos, cumpre verificar a natureza jurídica de cada uma das hipóteses de incidência previstas no subitem 3.04 da Lista de Serviços anexa à Lei Complementar 116/2003, quais sejam a *locação*, a *sublocação*, o *arrendamento*, o *direito de passagem* e o *direito de permissão de uso*, nas quais se manifesta o compartilhamento de infra-estrutura.

As hipóteses de *locação*, *sublocação* e *arrendamento* têm substancialmente a mesma natureza jurídica, qual seja a natureza jurídica de *obrigação de dar*. Em quaisquer dessas situações, o objeto da avença celebrada entre os sujeitos de direito corresponde à entrega de um determinado bem, sem transferência de propriedade, mediante remuneração, vinculada à sua posterior devolução. Isto, evidentemente, configura uma obrigação de dar, não se tratando de obrigação de fazer.

Confira-se a definição de *locação* constante do art. 565, *caput*, do art. 566, inciso I, e do art. 569, inciso IV, do Código Civil:

Capítulo V — Da Locação de Coisas

Art. 565. Na locação de coisas, uma das partes se obriga a ceder à outra, por tempo determinado ou não, o uso e gozo de coisa não fungível, mediante certa retribuição.

Art. 566. O locador é obrigado:

I — a entregar ao locatário a coisa alugada, com suas pertenças, em estado de servir ao uso a que se destina, e a mantê-la nesse estado, pelo tempo do contrato, salvo cláusula expressa em contrário;

(...).

Art. 569. O locatário é obrigado:

(...).

IV — a restituir a coisa, finda a locação, no estado em que a recebeu, salvas as deteriorações naturais ao uso regular.

Daí não haver como caracterizar as hipóteses de *locação*, *sublocação* e *arrendamento* como obrigação de fazer, restando evidente a natureza jurídica de *obrigação de dar*, o que afasta por completo a incidência do ISSQN, que recai inexoravelmente sobre fato em que esteja presente o elemento *praestare*, o *facere*.

Este, inclusive, corresponde a um dos argumentos que serviu de fundamento para a formação do entendimento sobre a matéria no Supremo Tribunal Federal, por ocasião do julgamento do RE 116.121-3-SP, no Tribunal Pleno, *DJ* 25.5.2001, conforme se percebe do trecho do voto vencedor, de fls. 709, proferido pelo Ministro Celso de Mello:

> *Na realidade*, a locação de bens móveis *configura verdadeira obrigação de dar*, como resulta claro do *art. 1.188* do Código Civil: "*Na locação de coisas*, uma das partes se obriga *a ceder* à outra, por tempo determinado, ou não, o uso e o gozo de coisa não fungível, mediante certa retribuição" (grifei).
>
> Esse entendimento — que *identifica*, na figura contratual *da locação de bens móveis*, a presença de uma *típica* obrigação de dar, fundada na *cessão* de coisa *não* fungível — *encontra* apoio em autorizado magistério doutrinário (Silvio Rodrigues, *Direito Civil*, 23ª ed., v. 3/209-211, itens ns. 88/90, Saraiva, 1995; Caio Mário da Silva Pereira, *Instituições de Direi-*

to Civil, 5ª ed., v. III/250-254, item n. 238, Forense, 1981; Orlando Gomes, *Contratos*, 7ª ed., pp. 328, 330/332 e 335, itens ns. 209/210 e 214, Forense, 1979, *v.g.*)" (destaques constam do original).

A título de informação, ressalte-se que a redação do art. 1.188 do Código Civil anterior, instituído pela Lei 3.071/1916, manteve o mesmo sentido do art. 565 do Código Civil atualmente em vigor, instituído pela Lei 10.406/2002, tratando, portanto, ambos dispositivos legais da mesma hipótese fática, não havendo prejuízo em relação à exegese acima.

O surgimento desse precedente jurisprudencial, deve-se salientar, ensejou o veto do subitem "3.01 — Locação de bens móveis" por parte do Presidente da República, quando da sanção do projeto de lei que originou a Lei Complementar 116/2003, consoante se constata de trecho das razões do veto constante da Mensagem 362, de 31 de julho de 2003, transcrito a seguir:

> O STF concluiu julgamento de recurso extraordinário interposto por empresa de locação de guindastes, em que se discutia a constitucionalidade da cobrança do ISS sobre a locação de bens móveis, decidindo que a expressão "locação de bens móveis" constante do item 79 da lista de serviços a que se refere o Decreto-lei 406, de 31 de dezembro de 1968, com a redação da Lei Complementar 56, de 15 de dezembro de 1987, é inconstitucional (noticiado no *Informativo do STF* 207). O Recurso Extraordinário 116.121/SP, votado unanimemente pelo Tribunal Pleno, em 11 de outubro de 2000, contém linha interpretativa no mesmo sentido, pois a "terminologia constitucional do imposto sobre serviços revela o objeto da tributação. Conflita com a Lei Maior dispositivo que imponha o tributo a contrato de locação de bem móvel. Em direito, os institutos, as expressões e os vocábulos têm sentido próprios, descabendo confundir a locação de serviços com a de móveis, práticas diversas regidas pelo Código Civil, cujas definições são de observância inafastável". Em assim sendo, o item 3.01 da Lista de serviços anexa ao projeto de lei complementar ora analisado, fica prejudicado, pois veicula indevida (porque inconstitucional) incidência do imposto sob locação de bens móveis.

Diante dessa circunstância, não há como se pretender tributar as hipóteses de *locação*, *sublocação* e *arrendamento*, cuja natureza jurídica é de *obrigação de dar*, mediante a incidência do ISSQN, que tem por hipótese de incidência a prestação de serviços definidos em lei complementar, cuja natureza jurídica é de obrigação de fazer.

Já a hipótese do *direito de passagem* tem a natureza jurídica de *direito real*, uma vez que se trata de desdobramento da espécie *direito de propriedade*, prevista no art. 1.225, inciso I, e no art. 1.228 do Código Civil. Isto porque, em regra, apenas o proprietário do bem é detentor do respectivo direito de passagem, ressalvadas as disposições legais em sentido contrário.

Perceba-se que o *direito de passagem* mereceu tratamento específico pelo legislador do Código Civil, que, no "Livro III — Do Direito das Coisas", sob o "Título III — Da Propriedade", no "Capítulo V — Dos Direitos de Vizinhança", fez constar o art. 1.285 e o art. 1.286:

> Seção III — Da Passagem Forçada
>
> Art. 1.285. O dono do prédio que não tiver acesso a via pública, nascente ou porto, pode, mediante pagamento de indenização cabal, constranger o vizinho a lhe dar passagem, cujo rumo será judicialmente fixado, se necessário.
>
> (...).
>
> Seção IV — Da Passagem de Cabos e Tubulações
>
> Art. 1.286. Mediante recebimento de indenização que atenda, também, à desvalorização da área remanescente, o proprietário é obrigado a tolerar a passagem, através de seu imóvel, de cabos, tubulações e outros condutos subterrâneos de serviços de utilidade pública, em proveito de proprietários vizinhos, quando de outro modo for impossível ou excessivamente onerosa.

Por se tratar o *direito de passagem* de nítido desdobramento do *direito de propriedade*, espécie do gênero *direitos reais*, não há que se cogitar de direito pessoal, tampouco em sua modalidade de direito das obrigações, restando por completo afastada a natureza jurídica de obrigação de fazer, o que inviabiliza a incidência do ISSQN.

E a hipótese do *direito de permissão de uso* se trata propriamente do *direito de uso*, espécie que é do gênero *direitos reais*, conforme se depreende do art. 1.225, inciso V, do Código Civil.

O *direito de uso* também mereceu tratamento específico pelo legislador do Código Civil, que, no "Livro III — Do Direito das Coisas", sob o "Título VII — Do Uso", fez constar o art. 1.412 e o art. 1.413:

Título VII — Do Uso

> Art. 1.412. O usuário usará da coisa e perceberá os seus frutos, quanto o exigirem as necessidades suas e de sua família.
>
> (...).
>
> Art. 1.413. São aplicáveis ao uso, no que não for contrário à sua natureza, as disposições relativas ao usufruto.

Percebe-se que a natureza jurídica do *direito de permissão de uso* corresponde à natureza jurídica do *direito de uso*, espécie que é do gênero *direitos reais*. Daí não haver como se admitir a tributação dessa hipótese mediante a incidência do ISSQN, que tem o condão de atingir tão-somente fatos que envolvam uma obrigação de fazer.

Tratando acerca das referidas hipóteses de incidência do ISSQN, quais sejam a *locação*, a *sublocação*, o *arrendamento*, o *direito de passagem* e o *direito de permissão de uso*, previstas no subitem 3.04 da Lista de Serviços anexa à Lei Complementar 116/2003, verifique-se o entendimento de Hugo de Brito Machado.[5]

"O subitem 3.04 contempla locação, sublocação e arrendamento, direito de passagem ou permissão de uso, compartilhado ou não, de ferrovia, rodovia, postes, cabos, dutos e condutos de qualquer natureza. Também nesses casos a necessidade, como facilmente se vê, é atendida pelo uso de um bem e não por uma atividade que se possa caracterizar como serviço.

"(...).

"Mesmo não alcançados pelo veto presidencial, os subitens 3.02, 3.03, 3.04, e 3.05 são desprovidos de validade, porque inconstitucionais, pela mesma razão que levou o Supremo Tribunal Federal a declarar a inconstitucionalidade do item 79 da antiga lista."

Tendo em vista que nenhuma das hipóteses de incidência descritas no subitem 3.04 da Lista de Serviços anexa à Lei Complementar 116/2003, nas quais se manifesta o compartilhamento de infra-estrutura, tem natureza jurídica de *obrigação de fazer*, não correspondendo a um *praestare*, a um *facere*, resta concluir que nenhuma delas se trata efetivamente de *prestação de serviços*.

Relembre-se, portanto, que a *locação*, a *sublocação* e o *arrendamento* têm natureza jurídica de *obrigação de dar*; o *direito de passagem*, nítido desdobramento do direito de propriedade, tem natureza jurídica de *direito real*; e o *direito de permissão de uso*, por se tratar propriamente do direito de uso, também tem natureza jurídica de *direito real*.

Assim, considerando que nenhuma das hipóteses de incidência descritas no subitem 3.04 da Lista de Serviços anexa à Lei Complementar 116/2003 está enquadrada no *conceito de serviços*, cumpre explicitar, a partir de então, os resultados da confrontação deste dispositivo legal com o texto constitucional.

5. Hugo de Brito Machado, "O ISS e a locação ou cessão de direito de uso", in Valdir de Oliveira Rocha (coord.), *O ISS e a LC 116*, São Paulo, Dialética, 2003, pp. 134-135.

3.2 Inconstitucionalidade da incidência do ISSQN sobre o compartilhamento de infra-estrutura, nos termos do subitem 3.04 da Lista de Serviços anexa à Lei Complementar 116/2003

Em consonância com o sustentado, não há dúvida sobre a existência de um *conceito de serviço* no art. 156, inciso III, da Constituição Federal. Obviamente, trata-se de conceito implícito e não explícito no texto constitucional, o que não retira nem diminui sua força perante o ordenamento jurídico.

Também restou demonstrado, nos âmbitos da legislação, da doutrina e da jurisprudência, que a hipótese de incidência do ISSQN consiste na *prestação de serviços*, que tem inexoravelmente a natureza jurídica de uma *obrigação de fazer*, situação em que fica evidente o elemento *praestare*, o *facere*.

As hipóteses de incidência constantes do subitem 3.04 da Lista de Serviços anexa à Lei Complementar 116/2003, quais sejam a *locação*, a *sublocação*, o *arrendamento*, o *direito de passagem* e o *direito de permissão de uso*, nas quais se manifesta o compartilhamento de infra-estrutura, por sua vez, não se enquadram no *conceito constitucional de serviço*.

Em face dessas razões, não resta outra conclusão senão a de que o subitem 3.04 da Lista de Serviços anexa à Lei Complementar 116/2003 incorre no vício da inconstitucionalidade, por contrariar o disposto no art. 156, inciso III, da Constituição Federal, que apenas admite a incidência do ISSQN sobre fatos que se consubstanciem em *prestações de serviços*.

Assim restou decidido, em maioria de votos, no Tribunal Pleno, do Supremo Tribunal Federal, por ocasião do julgamento do RE 116.121-3-SP, *DJ* 25.5.2001, ao reconhecer a inconstitucionalidade da discrepância entre o *conceito legal de locação de bens móveis* e o *conceito constitucional de serviços*, cuja ementa do respectivo acórdão segue reproduzida:

> *Tributo. Figurino constitucional. A supremacia da Carta Federal é conducente a glosar-se a cobrança de tributo discrepante daqueles nela previstos.*
>
> *Imposto Sobre Serviços. Contrato de locação. A terminologia constitucional do Imposto sobre Serviços revela o objeto da tributação. Conflita com a Lei Maior dispositivo que imponha o tributo considerado contrato de locação de bem móvel.* Em Direito, os institutos, as expressões e os vocábulos têm sentido próprio, descabendo confundir a locação de serviços com a de móveis, práticas diversas regidas pelo Código Civil, cujas definições são de observância inafastável — art. 110 do Código Tributário Nacional (destaques constam do original).

Não divergiu desse posicionamento o Ministro Marco Aurélio Mello, em cujo voto vencedor, de fls. 702-703, não admite a possibilidade de a legislação tributária alterar conceitos de institutos de direito civil, extrapolando a competência tributária dos Municípios e do Distrito Federal, estabelecida no art. 147 e no art. 156, inciso III, da Constituição Federal:

> Em face do texto da Constituição Federal e da legislação complementar de regência, não tenho como assentar a incidência do tributo, porque falta o núcleo dessa incidência, que são os serviços. Observem-se os institutos em vigor tal como se contêm na legislação de regência. As definições de locação de serviços e locação de móveis vêm-nos do Código Civil e, aí, o legislador complementar, embora de forma desnecessária e que somente pode ser tomada como pedagógica, fez constar no Código Tributário o seguinte preceito:
>
> "Art. 110. A lei tributária não pode alterar a definição, o conteúdo e o alcance de institutos, conceitos e formas de direito privado, utilizados, expressa ou implicitamente, pela Constituição Federal, pelas Constituições dos Estados, ou pelas Leis Orgânicas do Distrito Federal ou dos Municípios, para definir ou limitar competências tributárias."
>
> O preceito veio ao mundo jurídico como um verdadeiro alerta ao legislador

comum, sempre a defrontar-se com a premência do Estado na busca de acréscimo de receita.

No mesmo sentido, referindo-se, por sua vez, ao disposto no art. 110 do Código Tributário Nacional como mero reflexo da rígida e intransponível repartição constitucional de competências tributárias, confira-se o entendimento do Ministro Sepúlveda Pertence, em seu voto de fls. 718, proferido por ocasião do mesmo julgamento:

> Trata-se de uma disposição de valor puramente didático, expletivo: a meu ver, ele está implícito na discriminação constitucional de competências tributárias. Sem levá-lo estritamente em conta, a discriminação constitucional de competências se torna caótica, quando não ociosa.

De modo semelhante, ainda em relação ao julgamento do RE 116.121-3-SP, no Tribunal Pleno, do Supremo Tribunal Federal, *DJ* 25.5.2001, não admitindo que sejam desconsiderados os conceitos previstos no direito civil por parte do legislador tributário, verifique-se trecho do voto vencedor, de fls. 710-711, da lavra do Ministro Celso de Mello:

> *Veja-se*, pois, que, *para efeito* de definição *e* de identificação do conteúdo e do alcance de institutos, conceitos e formas de direito privado, *o Código Tributário Nacional*, em seu art. 110, "*faz prevalecer* o império do Direito Privado — Civil ou Comercial (...)" (Aliomar Baleeiro, *Direito Tributário Brasileiro*, 11ª ed., atualizada pela Profa. Misabel Abreu Machado Derzi, Forense, 1999, p. 687, item n. 2 — *grifei*), *razão pela qual* esta Suprema Corte, para fins jurídico-tributários, *não pode recusar*, ao instituto da *locação de bens móveis*, e definição que lhe é dada *pelo Código Civil* (art. 1.188), *sob pena* de prestigiar, no tema, a interpretação econômica do direito tributário, *em detrimento* do postulado da tipicidade, que representa, no contexto de nosso sistema normativo, *projeção natural e necessária* do princípio constitucional da reserva absoluta de lei, consoante *adverte* o magistério da doutrina (Gilberto de Ulhôa Canto, in *Caderno de Pesquisas Tributárias* 13/493, Resenha Tributária, 1989; Gabriel Lacerda Troianelli, "O ISS sobre a locação de bens móveis", in *Revista Dialética de Direito Tributário*, v. 28/7-11, *8-9*) (destaques constam do original).

E afastando plenamente a incidência do ISSQN sobre fatos que não se consubstanciem em *prestações de serviços*, arremata a questão o Ministro Marco Aurélio Mello, em seu voto vencedor, de fls. 705:

> Em síntese, há de prevalecer a definição de cada instituto, e somente a prestação de serviços, envolvido na via direta o esforço humano, é fato gerador do tributo em comento. Prevalece a ordem natural das coisas cuja força surge insuplantável; prevalecem as balizas constitucionais e legais, a conferirem segurança às relações Estado-contribuinte; prevalece, alfim, a organicidade do próprio Direito, sem a qual tudo será possível no agasalho de interesses do Estado, embora não enquadráveis como primários.

Não resta dúvida, portanto, que o subitem 3.04 da Lista de Serviços anexa à Lei Complementar 116/2003, referente ao compartilhamento de infra-estrutura, contraria o disposto no art. 156, inciso III, da Constituição Federal, por ampliar o *conceito de serviços* de modo a pretender abranger fatos que não tenham natureza jurídica de uma *obrigação de fazer*, restando ausente o elemento *praestare*, o *facere*.

Nesse sentido, inclusive, encontra-se em tramitação no Supremo Tribunal Federal a Ação Direta de Inconstitucionalidade 3.142, proposta pela Confederação Nacional do Comércio — CNC, ainda sem a apreciação da medida liminar, que discute exatamente o subitem 3.04 da Lista de Serviços anexa à Lei Complementar 116/2003.

Daí não haver como os Municípios e o Distrito Federal pretenderem exigir o recolhimento de valores a título de ISSQN em relação às hipóteses de *locação*, *sublocação*, *arrendamento*, *direito de passagem* e *direito de permissão de uso*, de que se refere o subitem 3.04 da Lista de Serviços anexa à Lei Complementar 116/2003, por não se tratarem de *prestações de serviços*, incorrendo esse dispositivo legal em inconstitucionalidade.

4. Conclusões

Em face do disposto no art. 156, inciso III, da Constituição Federal, tem-se que a hipótese de incidência do ISSQN, consistente em *prestações de serviços definidos em lei complementar*, contempla apenas fatos que envolvam um *praestare*, um *facere*, revelando inexoravelmente a natureza jurídica de uma *obrigação de fazer*.

Nenhuma das hipóteses de incidência descritas no subitem 3.04 da Lista de Serviços anexa à Lei Complementar 116/2003, nas quais se manifesta o compartilhamento de infra-estrutura, tem natureza jurídica correspondente a uma *obrigação de fazer*, diante da legislação civil, não se enquadrando, por sua vez, no *conceito constitucional de serviço*.

É que a *locação*, a *sublocação* e o *arrendamento* têm natureza jurídica de *obrigação de dar*; o *direito de passagem*, nítido desdobramento do direito de propriedade, tem natureza jurídica de *direito real*; e o *direito de permissão de uso*, por se tratar propriamente do direito de uso, também tem natureza jurídica de *direito real*.

Desse modo, incorre em inconstitucionalidade a incidência do ISSQN sobre o compartilhamento de infra-estrutura no setor de telecomunicações, nos termos do subitem 3.04 da Lista de Serviços anexa à Lei Complementar 116/2003, o mesmo sucedendo em relação aos setores de energia elétrica e de petróleo.

O ICMS E AS OPERAÇÕES DE REORGANIZAÇÃO SOCIETÁRIA: INCORPORAÇÃO, FUSÃO E CISÃO

EDUARDO GOMES PLASTINA

Advogado. Graduado em Ciências Jurídicas e Sociais pela UFRGS.
Especialista em Direito Tributário pelo IBET. Especialista em Direito da Economia e da Empresa pela FGV.
Mestre em Direito Tributário pela PUC/SP. Doutorando em Direito Tributário pela PUC/SP.
Professor do Curso de Especialização em Direito Tributário do IBET

INTRODUÇÃO

O avanço da competitividade nos mercados tem levado as sociedades empresárias a buscarem a conquista de novos consumidores, a superação das dificuldades contingentes e estruturais, o ganho em escalada, a acumulação de *expertise*, o fortalecimento da posição em determinado mercado, entre outros objetivos otimizadores das atividades desempenhadas. Nos dias atuais, a atividade empresarial, de uma forma geral, não pactua com o imobilismo, razão pela qual é cada vez maior o número de empresas que recorrem a alternativas que permitam, de alguma maneira, potencializar sua atuação.

O principal mecanismo utilizado para o implemento desses objetivos tem sido, já há algum tempo, a reorganização societária, por intermédio de suas três modalidades: a incorporação, a fusão e a cisão. Embora não se trate de solução infalível aos anseios de mudança, a verdade é que o emprego da reorganização como opção para os negócios tem crescido a olhos vistos.

Nas três modalidades de reorganização societária, dá-se a transferência de direitos e obrigações: do conjunto deles, na incorporação e na fusão; de uma parcela específica e individualizada, na cisão. Em outras palavras, a incorporação e a fusão trazem ínsita a transferência do conjunto de direitos e obrigações, ao passo que a cisão tem como desdobramento a translação de uma parcela de direitos e obrigações específicos e individualizados.

Esse contexto, visualizado sob o ponto-de-vista tributário, traz importantes implicações, uma vez que as transferências em foco, quer consideradas em si mesmas, quer tomadas por suas repercussões mediatas, podem dar causa a diversas conseqüências tributárias, por terem condições de representar, direta ou indiretamente, empregando-se a expressão cunhada por Alfredo Augusto Becker, "fatos signo-presuntivos de capacidade contributiva".[1]

Por essa razão, desenvolve-se, no presente estudo, exame sobre a tributação das operações de incorporação, fusão e cisão pelo imposto sobre operações de circulação de mercadorias e serviços (ICMS). Para isso, parte-se, forte na premissa de que a Constituição Federal, não obstante não crie

1. *Teoria Geral do Direito Tributário*, pp. 503-508.

tributos, prevendo apenas a competência para a instituição destes pelas pessoas políticas competentes, é índice seguro para pautar a formulação, ainda que pressuposta, pelo intérprete, das normas jurídicas tributárias concernentes a cada tributo, do arquétipo constitucional do ICMS, para, então, elaborar-se análise específica da incidência ou não desse imposto sobre as operações de incorporação, fusão e cisão.

Parte I – Características básicas da regra-matriz de incidência tributária do ICMS a partir dos termos constitucionais

I.1 Critério material pressuposto constitucionalmente

I.1.1 Considerações gerais

A Constituição Federal, no estabelecimento das competências tributárias, prevê, no art 155, inciso II, que cabe aos Estados e ao Distrito Federal a instituição de imposto sobre as operações relativas à circulação de mercadorias e sobre a prestação de serviço de transporte interestadual e intermunicipal e de comunicação.

Ao autorizar a instituição, pelos Estados e pelo Distrito Federal,[2] do aludido imposto, estabelece a Constituição, por via reflexa, partindo-se do pressuposto segundo a qual o critério discriminador dos campos impositivos outorgados é a própria materialidade da regra-matriz de incidência a ser criada pelas pessoas políticas quando da instituição dos impostos,[3] que o critério material do ICMS não pode deixar de ser, imperativamente, a "realização de operações relativas à circulação de mercadorias e sobre prestações de serviço de transporte interestadual e intermunicipal e de comunicação". Em outras palavras, a Constituição Federal, ao estatuir a competência tributária para a criação do ICMS, atuou, simultaneamente, em duas frentes: (i) em uma, outorgou poder para o legislador da pessoa política competente instituir o ICMS; e (ii) em outra, especificou as hipóteses fáticas que poderiam vir a ser abrangidas pelo exercício impositivo específico. Em ambos os casos, em virtude da característica restritiva das normas constitucionais quando voltadas a qualquer atuação de pessoa política,[4] criou-se um limite insuplantável à atividade legislativa estatal.

Sendo assim, os Estados e o Distrito Federal só podem instituir o ICMS se adotarem, como critério material da regra-matriz de incidência específica, conceitos de

2. Nesse ponto, abstrai-se as competências excepcionais dos arts. 147 e 154, inciso II, da Constituição Federal, que autorizam, respectivamente, a União Federal a criar os impostos estaduais nos Territórios e em caso de iminência de guerra externa.

3. Em face dos dispositivos constitucionais discriminadores da competência tributária, portanto, há a possibilidade de prever-se não apenas os conceitos dos fatos sobre os quais pode incidir a norma jurídica tributária a ser criada pelos entes federados, como também se pode estabelecer, desde antes da instituição do próprio tributo, o conteúdo dos principais critérios da norma de tributação. A Constituição Federal, portanto, não obstante não crie tributos, prevendo apenas a competência para a instituição destes pelas pessoas políticas competentes, é índice seguro para pautar a formulação, ainda que pressuposta, pelo intérprete, das normas jurídicas tributárias concernentes a cada tributo.

4. Em razão de o sistema constitucional tributário estar traçado em suas linhas mestras no texto fundamental, é a partir dos termos da própria Constituição Federal que devem ser analisadas as imposições tributárias. E o exame destas deve se desenvolver a partir de duas perspectivas: (i) uma, a da pessoa política de direito interno competente para a instituição dos tributos; e (ii) outra, a das pessoas físicas e jurídicas que, na condição de contribuintes, encontram-se aptas a sofrerem os efeitos próprios da tributação. Nesse contexto, pelas próprias características semântico-pragmáticas do sistema constitucional brasileiro, o desdobramento do conteúdo material dos enunciados de caráter tributário veiculados na Constituição Federal permite propor a distinção de dois grupos de normas constitucionais: (i) aquelas que, direcionadas às pessoas políticas competentes, estabelecem os direitos *máximos* concernentes às imposições tributárias; e (ii) aquelas que, direcionadas aos contribuintes, estatuem os direitos *mínimos* relacionados com a submissão ao exercício da competência tributária pelo Estado.

realidades fáticas que se incluam na classe daquelas previstas constitucionalmente. O critério material da regra-matriz de incidência tributária, portanto, é condicionado pela materialidade do enunciado constitucional da competência tributária. Por isso, pode-se dizer que a Constituição Federal, na previsão da competência tributária para a criação do ICMS, estabeleceu critério material pressuposto, condicionante, na qualidade de limitação à atuação do legislador infraconstitucional, do exercício da própria competência outorgada.

O isolamento do mencionado critério material, fixado de forma pressuposta pela Constituição Federal, por sua vez, permite identificar, num primeiro contato, o concurso de, ao menos, três impostos distintos, a serem criados pelo legislador infraconstitucional: (i) o imposto incidente sobre as operações relativas à circulação de mercadorias; (ii) o imposto sobre serviços de transporte interestadual e intermunicipal; e (iii) o imposto sobre serviços de comunicação.[5] Com isso, não se quer dizer que, sob a sigla "ICMS", só se encontrem três hipóteses de incidência,[6] mas, sim, que as hipóteses isoladas são os três grandes gêneros de atividades pessoais[7] tributadas pelo imposto cuja competência para a instituição foi estabelecida no art. 155, inciso II, da Constituição Federal.

Fixados os três grandes núcleos do critério material pressuposto constitucionalmente para o ICMS, torna-se imperioso, para o prosseguimento objetivo do estudo, concentrar-se no exame da hipótese relacionada à realização de operações relativas à circulação de mercadorias, em prejuízo daquelas concernentes aos serviços de transporte interestadual e intermunicipal e de comunicação, pois estas, ao contrário daquela, por não importarem na tributação da transferência de bens, não têm o condão de provocarem eventual pretensão impositiva do Fisco Estadual, nos casos de ocorrência de operação de reorganização societária. Por essa razão, apenas a realização de operações mercantis, no ponto em que as mercadorias integrantes do patrimônio de determinada sociedade vêm, em decorrência de incorporação, de fusão ou

5. Toma-se, aqui, o enunciado prescritivo do § 3º, do art. 155, da Constituição Federal, que autoriza a tributação, pelo ICMS, das operações relativas a energia elétrica, serviços de telecomunicações, derivados de petróleo, combustíveis e minerais do País, como espécie incluída das classes "operações mercantis", quando incidente sobre as operações com energia elétrica, derivados de petróleo, combustíveis e minerais, e "serviços de comunicação", quando incidente sobre serviço de telecomunicações.

6. Como menciona Roque Antonio Carrazza, "juridicamente nada nos impediria de considerar, *v.g.*, o imposto sobre a produção de lubrificantes diferente do imposto sobre o consumo de energia elétrica. Nestes casos seriam mais de 20 impostos diferentes (justamente por terem hipóteses de incidência e/ou bases de cálculo diferentes)" (*ICMS*, p. 32, nota 3).

7. As normas jurídicas tributárias, na condição de normas de conduta, buscam repercutir diretamente nos comportamentos interpessoais, por intermédio da previsão de condutas que, uma vez deflagradas, possam ser passíveis de imposição tributária. Por tentar alcançar comportamentos pessoais, o critério material do antecedente das regras-matrizes de incidência tributária estabelece, sempre, como fato bastante para fazer irromper o vínculo tributário, o comportamento de uma pessoa, concernente a um verbo pessoal de ação ou de estado, de predição necessariamente incompleta. Considerando que (i) todas as regras-matrizes de incidência tributária têm a mesma estrutura sintática e que (ii) a cada figura tributária corresponde, em geral, uma só regra-matriz de incidência, o critério material da regra-matriz de incidência, qualquer que seja o tributo, haverá, invariavelmente, portanto, de tratar-se de um verbo pessoal e de predicação incompleta. É, nesse sentido, o ensinamento de Paulo de Barros Carvalho, para quem, na definição do critério material do antecedente da regra-matriz de incidência tributária, "não se pode utilizar os da classe dos impessoais (como haver), ou aqueles sem sujeito (como chover), porque comprometeriam a operatividade dos desígnios normativos, impossibilitando ou dificultando seu alcance. Isso concerne ao sujeito, que pratica a ação, e bem assim ao complemento do predicado verbal, que, impreterivelmente, há de existir. Descabe falar-se, portanto, de verbos de sentido completo, que se expliquem por si mesmos. É forçoso que se trate de verbo pessoal e de predicação incompleta, o que importa a obrigatória presença de um complemento" (*Direito Tributário: Fundamentos Jurídicos da Incidência*, p. 252).

de cisão, a ser transferidas, fisicamente ou não, para o estabelecimento da sucessora, deve ser objeto de análise, dentro da temática proposta para o presente estudo.

I.1.2 Critério material como a realização de operações relativas à circulação de mercadorias

Dentro das premissas estabelecidas, relacionadas ao corte metodológico levado a efeito, a circunstância de "realizar operações relativas à circulação de mercadoria", escolhida como foco temático do presente estudo, acaba por se apresentar como o comportamento pessoal tributado pelo ICMS, caracterizando-se, em última análise, como o núcleo material da hipótese de incidência do mencionado tributo. A regra-matriz de incidência tributária do ICMS, portanto, deve, a partir dos estritos termos constitucionais, adotar como critério material do antecedente, imperativamente, a hipótese fática de alguém "realizar operações relativas à circulação de mercadorias".

No critério material destacado, "realizar" é o verbo e "operações relativas à circulação de mercadorias" é o complemento. Nesse contexto, embora o verbo se refira à ação efetivamente tributada, é o complemento, no caso, que merece destaque, exercendo força atrativa sobre aquele. E, nesse particular, não se deve ignorar que, na espécie, os termos "circulação" e "mercadoria" qualificam as "operações" que, realizadas, sofrem a incidência do ICMS: só as operações em que há circulação de mercadorias podem vir a ser objeto de tributação.

Por isso, assume particular relevância a consideração do que é, em termos jurídico-positivos ou mesmo lógico-jurídicos, cada um dos vocábulos que compõem o complemento considerado. Não há, verdadeiramente, como se aprofundar no exame do critério material do ICMS sem perquirir-se, previamente, até pelo caráter imbricado assumido, dentro da sistemática do direito pátrio, pelas noções específicas, o que se deve entender por "operação", por "circulação" e por "mercadoria", razão pela qual se direciona, nesse instante, o estudo nesse sentido.

I.1.2.1 Conteúdo semântico do termo "operação"

No sistema jurídico brasileiro, o termo "operação" tem sido tomado, genericamente, como significando negócio jurídico, isto é, a norma jurídica concreta advinda da manifestação ou declaração consciente de vontade, na qual ao menos dois sujeitos-de-direito[8] pactuam a criação, a modificação ou a extinção de direitos.

Marcos Bernardes de Mello afirma que "negócio jurídico é o fato jurídico cujo elemento nuclear do suporte fáctico consiste em manifestação ou declaração consciente de vontade, em relação à qual o sistema jurídico faculta às pessoas, dentro de limites predeterminados e de amplitude vária, o poder de escolha de categoria jurídica e de estruturação do conteúdo eficacial das relações jurídicas respectivas, quanto

8. Na teoria civilista tradicional, é comum considerar negócio jurídico como gênero que engloba duas espécies: a dos atos unilaterais, que se aperfeiçoam pela manifestação da vontade de uma das partes, e a dos atos bilaterais, que têm como pressuposto a coincidência de vontade de duas ou mais partes. A diferença específica entre ambas espécies de negócio jurídico, no caso, é dada pela circunstância de o aperfeiçoamento do contrato depender da manifestação de vontade de apenas uma ou de mais partes. Em qualquer das alternativas, contudo, a relação jurídica instaurada é sempre bilateral, uma vez que não se deve confundir a eventual unilateralidade da formação, com a invariável bilateralidade da composição. Como ensina Lourival Vilanova, "quanto à composição, uma relação é, pelo menos, bilateral (entre dois termos). Cada termo pode ser singular ou plural, no que concerne à composição subjetiva, nas relações jurídicas. Diz-se: as partes num ato jurídico são duas. Internamente, cada parte é simples ou composta: na relação, aparece como um termo" (*Causalidade e Relação no Direito*, p. 187).

ao seu surgimento, permanência e intensidade".[9]

Na linha das premissas do presente estudo, contudo, o negócio jurídico, em si, não pode ser considerado fato jurídico, mas, sim, norma jurídica concreta, quer geral, como veículo introdutor, quer individual, como a norma que prescreve a criação, a modificação e a extinção de direitos. Negócio jurídico, portanto, é norma e, não, fato jurídico. Na condição deste, só pode vir a figurar como antecedente de norma individual e concreta se esta for *diversa* da própria norma que representa. Será sempre fato jurídico de *outra* norma: negócio jurídico como fato jurídico cuja conseqüência é a formação de uma relação jurídica. É o que se dá no caso do ICMS: a tributação é conseqüência do fato jurídico representado pelo negócio jurídico específico. Negócio jurídico, porém, considerado isoladamente, é norma jurídica, a qual, por sua vez, assume duas conotações possíveis: (i) a norma jurídica geral e concreta[10] que descreve, no antecedente, a ocorrência de uma manifestação ou declaração consciente de vontade, estabelecida a partir dos limites possibilitados pela ordem jurídica no que diz respeito à criação, modificação ou extinção de relações jurídicas, e que prescreve, no conseqüente, a obrigação de todas as pessoas respeitarem os termos acordados; ou (ii) a norma jurídica individual e concreta que descreve, no antecedente, a ocorrência de uma manifestação ou declaração consciente de vontade, e que prescreve, no conseqüente, a criação, a modificação ou a extinção de determinada relação jurídica.

Como ambas as noções andam sempre juntas, não podendo existir norma individual e concreta sem norma geral e concreta e esta sem aquela,[11] a operação, qualquer que seja a acepção adotada, sempre será tida como negócio jurídico. Mas não qualquer um: como advém de uma declaração consciente de vontade, a noção desta participa da composição do conceito de negócio jurídico. Se o negócio jurídico é norma, a exteriorização da vontade é fato jurídico.[12] Isso significa que o conteúdo da vontade, ao qualificar a manifestação própria, também é jurídico, influenciando os próprios efeitos característicos da concretização do negócio.

Em qualquer das duas acepções possíveis, portanto, a declaração de vontade é enunciado compositivo do fato jurídico do antecedente da norma representativa do negócio jurídico. O conteúdo da vontade, por seu lado, ao qualificar a manifestação própria, também é jurídico, influenciando os próprios efeitos característicos da concretização do negócio. Nesse contexto, como qualquer vontade sempre tende a um fim, este encontra-se ínsito à própria noção de "operação". Por isso, há espaço para afirmar-se que, tomando-se o fato jurídico do antecedente da norma jurídica representativa do negócio jurídico como um enunciado molecular, tanto a exteriorização, quanto o conteúdo da vontade, são enunciados atômicos, compositivos daquele.

No caso do ICMS, isso significa que não é qualquer negócio jurídico envolven-

9. *Teoria do Fato Jurídico: Plano da Existência*, p. 166.

10. Sobre a norma jurídica geral e concreta, também chamada de "veículo introdutor", ver Tárek Moussallem, *Fontes do Direito Tributário*, pp. 138-143.

11. Como afirma Paulo de Barros Carvalho, "regra jurídica alguma ingressa no sistema do direito positivo sem que seja introduzida por outra norma, que chamaremos, daqui avante, de '*veículo introdutor de normas*'. Isso já nos autoriza a falar em '*normas introduzidas*' e '*normas introdutoras*'" (*Curso de Direito Tributário*, p. 45).

12. Em sentido próximo, afirma Marcos Bernardes de Mello que "a exteriorização da vontade consciente constitui o elemento nuclear do suporte fáctico do ato jurídico *lato sensu*. Na verdade, a vontade somente pode ter alguma importância para o mundo jurídico se prevista como suporte fáctico de alguma norma jurídica. Nesse caso, sendo manifestada, por força da incidência, a norma jurídica a transformará em fato jurídico, podendo, a partir daí produzir as conseqüências que lhe são atribuídas. A vontade não constitui, por si só, o negócio jurídico, mas precisa de que a norma jurídica a transforme, juntamente com os demais elementos por ela previstos como necessários, em fato jurídico" (*Teoria do Fato Jurídico: Plano da Existência*, p. 148).

do bens que é apto a provocar a incidência. Esta, na espécie, depende da vontade que informa a operação. Por isso, pode-se dizer que, dentro da sistemática do direito pátrio, o ICMS só pode incidir naquelas operações em que a titularidade dos bens seja transferida com fins lucrativos, dentro de uma cadeia circulatória e em caráter habitual. Em outras palavras, a operação que dá ensejo à tributação pelo ICMS, portanto, a par de ser um negócio jurídico translativo da propriedade de determinado bem, tem como condições necessárias de configuração a realização com fito de lucro, em uma cadeia circulatória e com habitualidade.

Nesse contexto, pode-se dizer que o ICMS, ao ter como critério material a realização de operações, incide não apenas sobre negócios jurídicos, mas sobre negócios jurídicos que têm como conseqüência um fim determinado.

I.1.2.2 Conteúdo semântico do termo "circulação"

"Circulação", dentro do sistema jurídico pátrio, deve ser compreendida como a translação da propriedade. "Circular", nesse aspecto, é mudar a titularidade sobre algum bem.

Por qualificar o termo "operação", diz-se que ocorre circulação a partir de qualquer negócio jurídico que leve à translação da propriedade sobre determinado bem. Só há de falar-se em circulação, desse modo, nas hipóteses em que uma pessoa, física ou jurídica, que detém a titularidade sobre dado bem, a transfere a outra, que dele passa a ser proprietário. Além da compra e venda, também a troca, a doação, a dação em pagamento e todas as demais formas jurídicas de mudança de titularidade[13] dão causa à circulação.

Nesse ponto, cumpre diferenciar (i) a circulação *jurídica*, que é aquela que depende da operação, e (ii) a chamada circulação *econômica* ou *física*, que é aquela que se dá pela simples movimentação física do bem. A configuração de uma, na espécie, não importa, em termos necessários, a existência da outra: não obstante o ordinário seja a coexistência, pode haver circulação econômica, sem que tenha havido circulação jurídica, assim como pode ter se dado esta, ainda que inocorrente aquela.

Por essa razão, apesar de o legislador infraconstitucional tomar a saída do bem do estabelecimento vendedor como critério temporal ordinário, ainda que não exclusivo, do ICMS, acreditando que tal evento é o que demonstra, com menor dúvida, em virtude da noção de tradição da coisa móvel, a realização da circulação negocial ponderada, não se pode ignorar que não é qualquer saída que é apta a caracterizar o mencionado critério temporal. Há, a esse respeito, de diferenciar-se, imperativamente, a saída motivada por um negócio jurídico efetivamente translativo de propriedade, da mera saída da mercadoria do estabelecimento. Nesse contexto, para a incidência do ICMS, não basta a mera saída, é necessária a circulação negocial.

Para a incidência do ICMS, portanto, deve ter existido circulação *jurídica*. Tal circulação demarca a realização da operação tributável, qualificando juridicamente a translação da propriedade,[14] pressuposto material inafastável para a incidência do tributo.

13. Cf. Roque Antonio Carrazza, *ICMS*, p. 38.

14. Como mencionam Misabel Derzi e Sacha Calmon Navarro Coêlho, "não interessa para delimitação da hipótese tributária nem a operação que seja inábil à transferência do domínio (como locação, comodato, arrendamento mercantil, consignação mercantil etc.); nem tampouco o contrato de compra e venda em si, isoladamente, que embora perfeito, não transfere o domínio quer no Direito Civil, quer no Direito Comercial, sem a *tradição*; assim, a circulação de mercadoria é conceito complementar importante porque representa a *tradição da coisa*, *execução de um contrato* translativo, movimentação que faz a transferência do domínio e configura circulação jurídica, marcada pelo *animus* de alterar a titularidade" (*apud* Roque Antonio Carrazza, *ICMS*, p. 46). No mesmo sentido, manifesta-se Roque Antonio Carrazza, para quem "a simples celebração do

I.1.2.3 Conteúdo semântico do termo "mercadoria"

Mercadoria é espécie do gênero bens. A diferença específica que a segrega de suas congêneres é a destinação dada pelo proprietário: só é mercadoria aquele bem que está no comércio, integrando a cadeia circulatória com o fito de proporcionar lucro ao detentor. Por isso, costuma-se afirmar que a natureza mercantil de um bem advém não de suas propriedades intrínsecas, mas de sua destinação específica.[15]

A noção de mercadoria como bem destinado à prática de operações mercantis origina-se do Código Comercial de 1860, o qual, no art. 191, ao regular a compra e venda mercantil, fixava a idéia de bem participante da cadeia circulatória e inaugurava, em âmbito prescritivo, uma dicotomia própria: entre os bens comerciais e os não comerciais.

O caráter mercantil do bem, portanto, é dado pela destinação específica. É a participação na cadeia circulatória, cuja venda ou revenda vise ao lucro, que dota determinado bem de conotação comercial. Não por outra razão, afirma Carvalho de Mendonça que "não há (...) diferença de substância entre coisa e mercadoria; a diferença é de destinação".[16] Sendo assim, fácil é concluir que um mesmo bem pode, conforme a destinação que lhe seja dada, ser considerado mercadoria ou ser reputado não comercial. Na hipótese, um bem é mercadoria se está no ciclo de circulação comercial com o comerciante e deixa de sê-lo tão-logo venha a sair de circulação e passe a ficar sob poder do consumidor.[17]

Como refere Roque Antonio Carrazza, "alcançado o consumo, o bem deixa de ser mercadoria e o ICMS não mais pode ser cobrado, a menos que se reinicie o ciclo econômico, quando o bem móvel, readquirindo o 'status' de mercadoria, passa a ser vendido agora como sucata, mercadoria usada etc.".[18]

O ICMS, portanto, só pode incidir naquelas operações jurídicas em que a titularidade da mercadoria seja transferida com fins lucrativos. Não sendo mercadoria o bem cuja propriedade foi transladada, não é lícito falar em incidência de ICMS.

I.2 Critério temporal

No ICMS sobre operações mercantis, sendo o critério material possível, a partir dos termos constitucionais, a "realização de operações relativas à circulação de mercadoria", o critério temporal só pode vir a ser o momento em que se considera efetivamente realizada a aludida operação, o que, em virtude do caráter translativo de propriedade desta, acaba sendo, regra geral, tomado como o instante da saída da mercadoria do estabelecimento vendedor.

A regra geral, entretanto, comporta exceções. Isso porque a Constituição Federal apenas exige que, para haver a incidência, tenha ocorrido, em termos efetivos, a operação de circulação de mercadoria.[19]

contrato de compra e venda de mercadorias não faz nascer o dever de pagar o ICMS. Tal dever só surgirá quando este contrato for executado, com a *tradição*, vale dizer, com a *entrega efetiva* das mercadorias" (*ICMS*, p. 47).

15. Cf. Paulo de Barros Carvalho, *apud* Roque Antonio Carrazza, *ICMS*, p. 39.

16. *Tratado de Direito Comercial*, v. III, p. 40.

17. A esse respeito, Geraldo Ataliba menciona, exemplificativamente, que "um remédio na prateleira da farmácia, para o farmacêutico é mercadoria, para mim não; não compro aquilo para revender; compro aquilo para curar minha doença. O livro na prateleira do livreiro é, para ele, mercadoria; para mim é um bem inestimável de cultura! Assim uma coisa pode, ao mesmo tempo, ser e não ser, depende da perspectiva" ("ICMS na Constituição", *Revista de Direito Tributário* 7).

18. *ICMS*, p. 41.

19. Se abstrai, nesse ponto, por fugir do objeto de indagação do presente estudo, as implicações da controvertida substituição tributária "para a frente", veiculada no § 7º, do art. 150, da Constituição Federal, por intermédio da Emenda Constitucional 3/1993, nos seguintes termos: "A lei poderá atribuir a sujeito passivo de obrigação tributária a condição de responsável pelo pagamento de imposto ou contribuição, cujo fato gerador deva ocorrer posteriormente, assegurada a imediata e preferencial restitui-

Com isso, tem-se que a lei ordinária dos Estados e do Distrito Federal é que, em última análise, vai determinar o instante em que a operação de circulação será considerada realizada. Sempre, porém, nos limites delineados constitucionalmente, o que significa, resumidamente, que não se pode considerar ocorrido o fato previsto hipoteticamente pela norma de tributação (i) quando tal fato não configura operação mercantil; (ii) quando, embora realizada esta, não tenha havido circulação; e (iii) quando, não obstante realizada a operação e a respectiva circulação, o bem não tenha destinação comercial, não tendo condições, pois, de ser considerado mercadoria.[20]

I.3 Critério espacial

A partir da redação constitucional, fixando o critério material possível do ICMS sobre operações mercantis, é lícito pressupor como critério espacial a ser seguido pelo legislador ordinário o local em que se dá a operação a ser tributada, o que acaba sendo, *em regra*, o estabelecimento vendedor. Diz-se, na espécie, "*em regra*", pois o critério espacial, por corresponder às indicações que dão conta do lugar preciso em que acontece o fato típico, se enquadra no mesmo âmbito facultativo de previsão e se submete às mesmas limitações de fixação que os encontrados no critério temporal.

I.4 Critério pessoal

Tratando-se o ICMS sobre operações mercantis de imposto incidente sobre o fato de "realizar operação relativa à circulação de mercadoria", o sujeito passivo deve, regra geral, ser a própria pessoa, física ou jurídica, que realiza a referida operação. Como adverte Roque Antonio Carrazza, "pode ser contribuinte do ICMS qualquer pessoa (física, jurídica ou, até, sem personificação de Direito) envolvida, em caráter de habitualidade, com a prática de operações mercantis".[21] A habitualidade, na espécie, guarda íntima relação com o conteúdo semântico do termo "mercadoria": se mercadoria é todo bem destinado ao comércio, que participa da cadeia mercantil com o fito de lucro, apenas aquelas pessoas, físicas ou jurídicas, que participam reiteradamente da aludida cadeia e, nela, ainda que não sempre, obtêm lucro, podem vir a participar da relação jurídica tributária relativa ao ICMS.

O sujeito ativo, por sua vez, não tem condições de ser, a partir do texto constitucional, seguramente identificado. Inexistem indicativos, na Constituição Federal, que permitam fornecer, em caráter induvidoso, essa informação. A razão de ser disso é que, não obstante, via de regra, a própria pessoa política competente para a instituição do tributo venha a ser o sujeito ativo do ICMS, a verdade é que esse dado não é fornecido pela Constituição, mas, sim, pela pragmática jurídica. A esse respeito, não se deve confundir, na hipótese, a competência tributária com a capacidade tributária ativa, razão pela qual nada impediria que o legislador infraconstitucional do Estado ou do Distrito Federal, ao criar o ICMS, fixasse como sujeito ativo pessoa estranha àquela competente para a instituição do tributo.

I.5 Critério quantitativo

I.5.1 Base de cálculo

A base de cálculo é o enunciado conotativo que, no conseqüente da regra-matriz,

ção da quantia paga, caso não se realize o fato gerador presumido".

20. Em sentido próximo, como pondera Roque Antonio Carrazza, que "não se pode considerar ocorrido o fato imponível do ICMS: a) em *momento anterior* à ocorrência da operação mercantil; b) quando o fato verificado não configura operação mercantil; c) quando o *bem móvel* sai do estabelecimento comercial, industrial ou produtor para a ele tornar, como se dá no comodato; ou, d) na consignação mercantil, em que o consignante remete mercadoria de sua propriedade para o consignatário, que a venderá, por sua conta e risco" (*ICMS*, p. 43).

21. *ICMS*, p. 36.

busca dimensionar a intensidade do evento que se torna fato jurídico com a produção da norma tributária individual e concreta. Como menciona Aires Barreto, "consiste a base de cálculo na descrição legal de um padrão ou unidade de referência que possibilite a quantificação da grandeza financeira do fato tributário".[22] Há, nesse passo, uma relação indissociável entre o fato previsto como critério material do antecedente e a base de cálculo, sendo esta, via de regra, um padrão para a medida daquele.

Nesse quadro, sendo o ICMS tributo incidente sobre a circunstância de "realizar operação relativa à circulação de mercadoria", a base de cálculo pressuposta pela Constituição só pode ser o valor da própria operação realizada. Nesse ponto, vale ressaltar tratar-se o valor da operação de limite *máximo*, indicador da capacidade contributiva do contribuinte. É possível, portanto, no que se refere ao ICMS, que o legislador infraconstitucional institua base de cálculo que mensure apenas *parcialmente* a operação realizada, sem colhê-la de modo integral.

I.5.2 Alíquota

A alíquota, por seu turno, na condição de fator aritmético de quantificação, que, em contato com a base de cálculo, fornece o *quantum* da obrigação, não veio a ser precisada pela Constituição Federal. O legislador constitucional, ao fixar a competência tributária para instituir o ICMS pela materialidade, não previu qualquer alíquota para a quantificação precisa do objeto prestacional. Apenas estabeleceu, nos incisos IV e V, do § 2º, do art. 155, caber ao Senado o estabelecimento das alíquotas aplicáveis às operações interestaduais e de exportação e a fixação das alíquotas mínimas e máximas nas operações internas. Trata-se, portanto, de matéria a ser regulada pelo legislador infraconstitucional com um âmbito relativamente[23] significativo de liberdade, ao contrário do que se observa com os outros critérios pressupostos constitucionalmente, os quais, como indicado, encontram-se com seus contornos bem fixados pela Constituição Federal.

Parte II – Não-incidência do ICMS sobre as operações de reorganização societária: incorporação, fusão e cisão

II.1 Identificação dos pressupostos de tributação pelo ICMS

O ICMS, como afirmado, incide sobre a "realização de operações relativas à circulação de mercadorias". Para dar-se a incidência da regra-matriz de incidência do ICMS, desse modo, é fundamental (i) que tenha sido realizada uma *operação* jurídica; (ii) que, além da aludida operação, tenha ocorrido *circulação*; e (iii) que as referidas operação e circulação se refiram a alguma *mercadoria*. Apenas com o acúmulo desses três pressupostos, juridicamente complementares, pode se falar em possível incidência do ICMS. Cada um, na espécie, é condição necessária, porém não suficiente, para o preenchimento do conteúdo da hipótese normativa. A suficiência condicional, no caso, só vem a se operar quando, em um mesmo contexto fático, se identificar o concurso dos três fenômenos.

A partir dessa noção de pressupostos necessários para a incidência da norma jurídica tributária do ICMS, proceder-se-á, nos itens seguintes, ao exame de cada um deles, para, então, concluir-se, especificamente, acerca da possibilidade ou não de tributação de cada umas das modalidades de reorganização societária pelo aludido tributo.

22. *Base de Cálculo, Alíquota e Princípios Constitucionais*, p. 51.

23. Diz-se "relativamente" uma vez que sempre a fixação da alíquota estará submetida aos pressupostos constitucionais gerais de tributação, como os princípios da capacidade contributiva e do não-confisco.

II.2 Incorporação

II.2.1 Breves considerações sobre o conceito de incorporação

Ao fixar-se, jurídico-positivamente, no art. 227, da Lei 6.404/1976, que "incorporação" é a operação pela qual uma ou mais sociedades são absorvidas por outra, que lhes sucede em todos os direitos e obrigações, realiza-se uma estipulação conotativa, por meio da qual se estabelece um critério de uso para o vocábulo. Tal estipulação, contudo, comporta desdobramentos, os quais, seguindo o núcleo conceitual prescrito, podem se desenvolver a partir da significação das próprias palavras que integram a definição legal.

Nesse contexto, tem-se que, na definição jurídico-positiva de incorporação, os vocábulos "operação", "absorção" e "sucede" exercem função central no estabelecimento do eixo conceitual. E não só isso: relacionam-se diretamente entre si, pois a "operação" leva à "absorção", a qual, por sua vez, atua, na estipulação legal, em conjunto com a "sucessão". Inexiste, nesse aspecto, incorporação sem que se tenha, juridicamente, uma operação, uma absorção e uma sucessão. Nada mais conveniente, pois, que se perquirir acerca da significação de cada uma dessas palavras, para, com isso, buscar a composição de um critério de uso mais preciso ao termo analisado.

"Operação", na acepção de base, significa negócio jurídico, isto é, a manifestação ou declaração consciente de vontade, na qual ao menos dois sujeitos-de-direito pactuam a criação, a modificação ou a extinção de direitos. Na incorporação, o negócio jurídico é realizado por duas ou mais sociedades ("uma ou mais sociedades são absorvidas por outra"), as quais pactuam, a um só tempo, a criação de alguns direitos, a modificação de outros e a extinção de alguns mais ("são absorvidas"). A "operação", na condição de manifestação ou declaração consciente de vontade, pressupõe um processo: uma cadeia de condutas a ser implementadas pelas sociedades envolvidas, com vistas à decisão final favorável à incorporação. Nesse contexto, cada conduta é condição necessária para o negócio; enquanto o conjunto das condutas é condição suficiente para a pactuação.

"Absorção", por sua vez, é tratada, pelo texto legal, como o objeto da operação: na incorporação, uma ou mais sociedades são absorvidas por outra. "Ser absorvida", na hipótese, passa, a princípio, a idéia de inclusão ou, como sugerem alguns autores, compenetração.[24]

"Sucessão", por fim, corresponde à translação a um sujeito-de-direito da titularidade sobre uma ou mais relações jurídicas, integradas, originalmente, por outro sujeito-de-direito.[25] Maria Helena Diniz, examinando os significados jurídicos possíveis do termo, propugna que "o vocábulo *sucessão* apresenta: a) um *sentido amplo*, aplicando-se a todos os modos derivados de aquisição do domínio, de maneira que indicaria o ato pelo qual alguém sucede a outrem, investindo-se, no todo ou em parte, nos direitos que lhe pertenciam. Trata-se da sucessão *inter vivos*, pois o comprador sucede ao vendedor, o donatário ao doador, tomando uns o lugar dos outros em relação ao bem vendido ou doado; b) um *sentido restrito*, designando a transferência, total ou parcial, de herança, por morte de alguém, a um ou mais herdeiros. É a sucessão *mortis causa* que, no conceito *subjetivo*, vem a ser o direito em virtude do qual a herança é devolvida a alguém, ou, por outras palavras, é o direito por força do qual alguém recolhe os bens da herança, e, no conceito *objetivo*, indica a universalidade dos bens do *de cujus* que ficaram, com seus encargos e direitos".[26] Há, desse modo, uma relação entre a idéia de sucessão e a noção de transferência: em qual-

24. Vittorio Salandra, *apud* Waldirio Bulgarelli, *Fusão, Incorporação e Cisão*, p. 48.

25. Cf. Maria Helena Diniz, *Curso de Direito Civil Brasileiro*, v. VI, p. 15.

26. *Curso de Direito Civil Brasileiro*, v. IV, pp. 15-16.

quer das acepções propostas, a sucessão traz ínsita a realização de uma transferência, quer apenas de alguns direitos, quer de todos os direitos, quer tão-somente de algumas obrigações, quer de todas as obrigações, quer de todos os direitos e de algumas obrigações, quer de parcela dos direitos e de todas as obrigações, quer de parcela dos direitos e das obrigações, quer, por fim, da integralidade dos direitos e das obrigações.

Note-se, nesse ponto, que o conceito de sucessão atua sobre o conceito de absorção, qualificando-o. Com isso, infere-se que, juridicamente, é mais apropriado dizer que, na incorporação, o que se absorve não é a sociedade propriamente dita, mas alguns direitos, todos os direitos, algumas obrigações, todas as obrigações, todos os direitos e algumas obrigações, parcela dos direitos e todas as obrigações, parcela dos direitos e das obrigações, ou a integralidade dos direitos e das obrigações. A sociedade, tomada como "a pessoa jurídica que explora uma empresa",[27] não é, em si, absorvida por outra.

Até esse instante, dentro dos desdobramentos conceituais realizados, tem-se que a incorporação se apresenta como a operação, representativa da manifestação consciente de vontade de duas ou mais sociedades, surgida a partir de uma cadeia de condutas a serem implementadas por estas, que leva a uma transferência (i) de alguns direitos, (ii) de todos os direitos, (iii) de algumas obrigações, (iv) de todas as obrigações, (v) de todos os direitos e de algumas obrigações, (vi) de parcela dos direitos e de todas as obrigações, (vii) de parcela dos direitos e das obrigações, ou (viii) da integralidade dos direitos e das obrigações, de uma ou mais sociedades a outra.

Essa conotação, porém, ainda não se mostra suficiente para estabelecer, em contornos precisos, a definição a ser encampada para o aludido vocábulo. Na aludida conotação deve-se incluir, imperativamente, a partir do enunciado prescritivo do art. 227, da Lei 6.404/1976, o objeto indireto "todos os direitos e obrigações", que serve de complemento ao verbo "sucede" na formulação legal. Com isso, realiza-se um corte na amplitude significativa do termo a partir de duas constatações: (i) "direitos e obrigações" dizem respeito aos elementos compositivos da noção de patrimônio; e (ii) "todos os direitos e obrigações" remete à idéia do próprio patrimônio, o qual é considerado o conjunto dos direitos e obrigações. Nesse quadro, dizer que uma sociedade "sucede em todos os direitos e obrigações" outra, equivale, para todos os efeitos, afirmar que se efetua uma "transferência patrimonial" entre ambas. Assim sendo, não obstante o enunciado prescritivo específico não faça referência expressa à "transferência patrimonial", tem-se que é o patrimônio de uma sociedade que é absorvido pela outra.

Incorporação, portanto, nesse plano de análise, constitui-se na operação, representativa da manifestação consciente de vontade de duas ou mais sociedades, surgida a partir de uma cadeia de condutas a serem implementadas por estas, que leva a uma transferência patrimonial de uma ou mais sociedades a outra.

II.2.2 O ICMS e a incorporação

Com base nessas premissas, cumpre, nesse ponto, examinar, a partir das acepções construídas para os termos "operação", "circulação" e "mercadoria", se a "transferência patrimonial", que é da essência da incorporação, tem condições de ser enquadrada como "realização de operação de circulação de mercadorias", passível de dar ensejo à incidência da regra-matriz do ICMS. E é seguindo-se as acepções construídas para os termos "operação", "circulação" e "mercadoria", que se deve analisar a pertinência da aludida tributação em três etapas, sucessivamente escalonadas.

Num primeiro momento, deve-se perquirir se a incorporação, no ponto que re-

27. Fábio Ulhoa Coelho, *Curso de Direito Comercial*, v. 2, p. 5.

presenta a transferência do patrimônio da incorporada à incorporante, pode ser classificada como "operação", passível, eventualmente, de tributação pelo tributo em causa. A esse respeito, já se consignou que "operação" significa negócio jurídico, ou seja, a norma jurídica concreta advinda da manifestação consciente de vontade, na qual ao menos dois sujeitos-de-direito pactuam a criação, a modificação ou a extinção de direitos. Originando-se, a incorporação, igualmente, de um negócio jurídico, em que há a declaração consciente de vontade no sentido de transferir o patrimônio da incorporada à incorporante, não há como não a considerar, também, uma "operação", ao menos na acepção básica desse termo. Sendo assim, ao menos até esse instante, não haveria impeditivo jurídico para a tributação da transferência patrimonial em foco. Ocorre que, conforme exposto, o conteúdo da vontade, ao qualificar a manifestação própria, também é jurídico, influenciando os próprios efeitos característicos da concretização do negócio. E a "operação", para fins de incidência do ICMS, é, em tudo e por tudo, diversa da "operação" de incorporação, não podendo, por isso, originar a incidência do aludido tributo. Essa idéia é reforçada pelo exame dos demais termos.

Num segundo momento, torna-se necessário questionar se a transferência patrimonial realizada pode, eventualmente, ser tida como "circulação", no sentido que autoriza a tributação pelo ICMS. Assim, partindo do conteúdo semântico proposto, a partir do qual "circulação", dentro do sistema jurídico pátrio, deve ser compreendida como a translação da propriedade sobre algum bem, tem-se que a incorporação, por importar na transferência do patrimônio e não de bem específico e individualizado, foge do âmbito de alcance da abrangência significativa do aludido termo.

A razão dessa conclusão é simples: o patrimônio, entendido como conjunto de direitos e obrigações é noção universal, unívoca e indivisível, de tal modo que, no ponto que abarca os direitos de determinado sujeito-de-direito, não obstante inclua os próprios bens, com estes não se confunde. Na circulação, tem-se a mudança de propriedade dos bens, isoladamente considerados. Na incorporação, o que se transfere é o patrimônio. Nesse aspecto, ainda que a transferência patrimonial leve à mudança da titularidade sobre os bens, tal circunstância é alcançada indiretamente e em bloco. Em outras palavras, na incorporação, a translação da propriedade sobre os bens é indireta e inespecífica, fruto mediato da própria transferência do patrimônio de uma sociedade a outra. Para haver a tributação pelo ICMS, contudo, é imperativo que a translação da propriedade seja conseqüência direta da circulação, ocorrendo específica e individualmente sobre bens imediatamente determináveis. Não há, entre incorporada e incorporante, negociação alguma que atinja os bens propriamente ditos. Como menciona o Ministro Moreira Alves, ao decidir caso em que o Fisco Estadual buscava tributar o estoque transferido em virtude de incorporação, "uma sociedade (a incorporadora) nada compra, no que diz respeito ao montante das mercadorias e outros bens do ativo da sociedade incorporada, e esta por sua vez, nada vende. Não há que se falar, portanto, em circulação de mercadorias, fato gerador do tributo em causa".[28] Não se pode, desse modo, considerar como possível a incidência do ICMS nos casos em que há transferência patrimonial que diga respeito à hipótese de incorporação.

O Superior Tribunal de Justiça, inclusive, já teve oportunidade de manifestar-se sobre tal tema, em julgado no qual o Ministro Garcia Vieira, examinando pretensão do Fisco Estadual de fazer incidir ICMS em operação de incorporação, teve, na condição de relator, a oportunidade de afirmar, categoricamente, que "a transferência à incorporadora dos direitos e obrigações da empresa incorporada não caracteriza circulação de mercadoria".[29] No mesmo voto,

28. STF, 2ª T., Ag 82.867, Rel. Ministro Moreira Alves, j. 25.9.1981, *DJ* 13.11.1981.

29. STJ, 1ª T., REsp 8.874-DF, Rel. Ministro Garcia Vieira, j. 23.2.1999, *DJ* 3.5.1999.

ao analisar a eventual tributação dos bens transladados integrantes do estoque, o mencionado Ministro frisou que a operação relativa à circulação de mercadoria, passível de incidência do ICMS, na espécie, não é a ocorrida com a incorporação, mas apenas aquela a ser realizada posteriormente pela incorporante, quando da efetiva circulação negocial do estoque ao consumidor final, uma vez que "caso fosse admitida a incidência do ICMS sobre todo o estoque da empresa incorporada, em conseqüência da incorporação, este imposto incidiria de novo quando a empresa incorporadora vendesse as mercadorias ao consumidor final, e isso importaria em pagar duas vezes o mesmo imposto sobre a mesma mercadoria, o que não é admissível".[30] Realmente, a consideração da transferência patrimonial como operação tributável proporcionaria situação injurídica, mas, vale notar, não necessariamente porque "importaria em pagar duas vezes o mesmo imposto sobre a mesma mercadoria", já que, na hipótese, estar-se-ia tributando, em verdade, duas operações distintas (a primeira, de incorporação; e, a segunda, da venda propriamente dita ao consumidor final), e, sim, porque a primeira tributação não envolveria, como visto, circulação tributável pelo ICMS.

Num terceiro momento, por fim, mesmo tendo havido o afastamento da possibilidade impositiva em razão de a transferência patrimonial acontecida na incorporação não poder ser considerada como "operação" e "circulação", é interessante examinar se o patrimônio transferido poderia, eventualmente, ser tomado como "mercadoria". A esse respeito, a circunstância de a transferência efetuada alcançar o patrimônio, repercute negativa e diretamente sobre a aptidão dos bens possivelmente integrantes deste incluírem-se na acepção perseguida. Nesse contexto, tem-se que, na incorporação, o que é transferido é o patrimônio, tomado como unicidade, e, não, bens individualizados. Os bens estocados, portanto, são transferidos enquanto integrantes do patrimônio e não por título próprio. Desse modo, partindo do pressuposto, já fixado, segundo o qual a natureza mercantil de um bem advém não das propriedades intrínsecas deste, mas da destinação específica que assume, não há como negar que os bens integrantes do estoque, quando da incorporação, não são transferidos como mercadorias, mas sim como meros bens, não sujeitos ao alcance do ICMS.

A transferência patrimonial, representativa da incorporação, portanto, não permite seu enquadramento nas acepções de "operação", "circulação" e "mercadoria", tal qual decorrentes do desdobramento do critério material do antecedente da regra-matriz de incidência do ICMS, razão pela qual se conclui que não sofre tributação por este.

II.3 Fusão

II.3.1 Breves considerações sobre o conceito de fusão

A fusão, assim como a incorporação, tem, no direito pátrio, uma definição jurídico-positiva. Nos termos do art. 228, da Lei 6.404/1976, constitui-se fusão "a operação pela qual se unem duas ou mais sociedades para formar uma sociedade nova, que lhes sucederá em todos os direitos e obrigações". Há, na hipótese, o estabelecimento de uma definição estipulativa, a qual, ao mesmo tempo em que fornece um critério de uso ao termo, restringe a abrangência denotativa deste.

Ao determinar-se, jurídico-positivamente, o que é fusão, instaura-se, concomitantemente, um limite semântico à atividade cognoscente do intérprete: a metalinguagem que falar a respeito da linguagem-objeto deve, imperativamente, seguir o núcleo conceitual traçado nesta. Nesse aspecto, a circunstância de a metalinguagem ser, por essência, redutora da complexidade da linguagem-objeto nada predica com rela-

30. Idem.

ção à impossibilidade de desenvolver o aludido conceito doutrinariamente. A razão disso é que o âmbito das alternativas significativas decorrentes do desdobramento da conotação legal é muito mais amplo que aquele a ser, eventualmente, desenvolvido em qualquer discurso. Sendo assim, o critério de uso estatuído pode ser trabalhado, de modo a possibilitar a construção de uma definição mais precisa, imprescindível, por seu turno, para a compreensão do objeto de estudo.

Assim como levado a efeito quando se examinou a incorporação, a definição jurídico-positiva de fusão também comporta desdobramentos conceituais, os quais, respeitando os limites delineados pelo núcleo conotativo traçado pela regra do art. 228, da Lei 6.404/1976, admitem ser desenvolvidos, também, a partir da significação das próprias palavras que integram a definição legal.

Nesse aspecto, a definição jurídico-positiva de fusão é integrada, em seu núcleo conceitual, pelos vocábulos "operação", "unem" e "sucederá". Tais termos se relacionam entre si, de modo que, seguindo a tônica legal, a "operação" faz com que ocorra a "união", a qual, por seu turno, atua conjuntamente com a "sucessão". Não há fusão, portanto, se inexistir "operação", "união" e "sucessão".

"Operação", como mencionado anteriormente, significa negócio jurídico, o qual, em última análise, representa a manifestação ou declaração consciente de vontade, em que ao menos dois sujeitos-de-direito pactuam a criação, a modificação ou a extinção de direitos. Na fusão, o negócio jurídico é realizado por duas ou mais sociedades ("se unem duas ou mais sociedades para formar uma sociedade nova"), que pactuam, a um só tempo, a criação de alguns direitos, a modificação de outros e a extinção de alguns mais ("se unem"). Assim como na incorporação, a "operação" pressupõe um processo: toda a manifestação de vontade da sociedade é formada a partir de uma cadeia de condutas que devem ser implementadas. Apenas o conjunto de tais condutas preenche o requisito para a existência do negócio.

"União" é tomada como o objeto da operação: na fusão, duas ou mais sociedades se unem, formando uma nova. "Unir-se", na espécie, transmite a idéia de "mistura" e "amálgama", como sugerido por Pontes de Miranda.[31]

"Sucessão", por fim, conforme examinado quando do estudo da incorporação, ocorre quando um sujeito-de-direito passa a ser titular de uma ou mais relações jurídicas anteriormente titularizadas por outro. Tais relações, por seu lado, para as sociedades que passam a titularizá-las, podem envolver alguns direitos, todos os direitos, algumas obrigações, todas as obrigações, todos os direitos e algumas obrigações, parcela dos direitos e todas as obrigações, parcela dos direitos e das obrigações, ou a integralidade dos direitos e das obrigações. Com a sucessão, portanto, dá-se uma transferência da titularidade sobre (i) alguns direitos, (ii) todos os direitos, (iii) algumas obrigações, (iv) todas as obrigações, (v) todos os direitos e algumas obrigações, (vi) parcela dos direitos e todas as obrigações, (vii) parcela dos direitos e das obrigações, ou (viii) a integralidade dos direitos e das obrigações.

Na fusão, em virtude de a sucessão, nos termos do art. 228, da Lei 6.404/1976, ser de "todos os direitos e obrigações", é esse conjunto que é transferido de uma sociedade a outra. Nesse ponto, chega-se à questão central: na sistemática do direito pátrio, conforme referido, "todos os direitos e obrigações" representam o próprio patrimônio, o qual é considerado, para todos os efeitos jurídicos, como o conjunto dos direitos e obrigações de uma determinada pessoa, física ou jurídica. Nesse quadro, dizer que uma sociedade "sucederá em todos os direitos e obrigações" outra, equivale, para todos os efeitos, afirmar que se

31. *Apud* Heleno Tôrres, *Direito Tributário Internacional*, p. 469, nota 79.

efetua uma "transferência patrimonial" entre ambas.

Dentro dessas premissas, a abordagem proposta permite afirmar que fusão constitui-se na operação, representativa da manifestação consciente de vontade de duas ou mais sociedades, formada a partir de uma cadeia de condutas a serem implementadas por esta, que leva a uma transferência patrimonial, cujo implemento, por duas ou mais sociedades, dá origem à constituição de uma nova.

II.3.2 O ICMS e a fusão

A similaridade conotativa entre alguns elementos integrantes dos conceitos de incorporação e fusão repercute sobre o desenvolvimento do raciocínio específico relativamente à eventual incidência de ICMS sobre a transferência de patrimônio levada a efeito por ocasião da fusão. Com isso, partindo-se das mesmas premissas, chega-se, igualmente, a idênticas conclusões.

A fusão, assim com a incorporação, também pode ser tida como um negócio jurídico, em que há a declaração consciente de vontade das sociedades fundentes no sentido de transferir o patrimônio para a constituição de uma nova sociedade. Trata-se, portanto, de uma "operação", a qual, em sua acepção básica, se identifica com a "operação" tributada pelo ICMS. Desdobrando-as conceitualmente, entretanto, a especificação conotativa acaba por diferenciá-las: uma, a de fusão, importa a transferência patrimonial, é ocasional e não tem fito de lucro; a outra, a tributada pelo ICMS, reflete-se na translação da propriedade sobre bens específicos e determinados, é habitual, realiza-se dentro de uma cadeia negocial e tem objetivo de lucro. Por distinguirem-se, conclui-se que a fusão não dá ensejo à operação tributável pelo ICMS.

Também como a incorporação e dentro da linha de fundamentação já adiantada, a fusão, por representar transferência de patrimônio e, não, de bem específico e individualizado, foge do âmbito de alcance da abrangência significativa do termo "circulação". Patrimônio, já se fixou, é noção universal, unívoca e indivisível. Assim sendo, ainda que, tomado como gênero, inclua a espécie "bens", a verdade é que inexiste translação direta e específica da propriedade destes, o que, a partir da sistemática do direito pátrio, impede a incidência do ICMS.

Na hipótese da fusão, ainda, há uma motivação adicional para concluir-se pela não-incidência do ICMS por ausência de "circulação". Isso porque, a par de haver transferência de patrimônio e não de bens individualizados, o que, como visto, infirma a hipótese de existência de "circulação", tal translação dá-se com vistas à constituição de nova sociedade, circunstância que, por si só, mesmo que realizada com bens específicos, tem, na sistemática do direito pátrio, o condão de afastar qualquer possibilidade de incidência do tributo em foco, por também desqualificar juridicamente a eventual configuração de circulação jurídica. Nesse passo, o Supremo Tribunal Federal, em mais de uma oportunidade, decidiu que a transferência de bens de uma sociedade para a formação de outra, a título de integralização das quotas sociais subscritas, não denota operação relativa à circulação de mercadorias.[32]

Por fim, na fusão, os bens eventualmente integrados ao estoque das empresas fundentes são transferidos para a nova sociedade enquanto integrantes do patrimônio e não por título próprio, não podendo, por isso, ser considerados "mercadoria". Só aqueles bens que estão no comércio, especificamente individualizados, participando da cadeia circulatória com o fito de proporcionar lucro ao detentor, é que integram a conotação perseguida. Como se afirmou quando se analisou a possibilidade de o ICMS incidir sobre a incorporação, os bens estocados não são transferidos, na espécie,

32. 1ª T., RE 69.890-MG, Ministro Rel. Amaral Santos, j. 27.4.1971, *DJU* 25.8.1971; e 1ª T., RE 101.299-PE, Rel. Ministro Soares Muñoz, j. 20.3.1984, *DJU* 13.4.1984.

na condição de mercadorias, mas apenas como meros bens. Por essa razão, também, não pode haver a incidência do aludido tributo quando da fusão.

A transferência patrimonial, representativa da fusão, portanto, não é circunstância fática passível de sofrer tributação pelo ICMS.

II.4 Breves considerações sobre o conceito de cisão

A cisão, assim como a incorporação e a fusão, tem, no direito pátrio, uma definição jurídico-positiva. Segundo o art. 229, da Lei 6.404/1976, "cisão é a operação pela qual a companhia transfere parcelas do seu patrimônio para uma ou mais sociedades, constituídas para esse fim ou já existentes (...)". Com tal definição, de caráter estipulativo, atribui-se um critério de uso ao termo, o que, a um só tempo, gera duas conseqüências: (i) restringe a abrangência denotativa do vocábulo e (ii) limita a atuação do intérprete.

Essa limitação, porém, não tem o condão de esgotar o trabalho de enriquecimento das características definitórias. Com isso, não obstante a metalinguagem que falar a respeito da linguagem-objeto deva seguir o núcleo conceitual traçado nesta, inexiste impeditivo para que se trabalhe o conceito bruto, para o fim de construir-se uma definição que, sendo mais precisa, facilite a compreensão do objeto estudado.

Dentro do contexto apresentado, a definição jurídico-positiva de cisão, assim como ocorre com a de incorporação e a de fusão, comporta desdobramentos conceituais. Sendo assim, partindo-se dos limites delineados pelo núcleo conotativo fixado pelo art. 229, da Lei 6.404/1976, os mencionados desdobramentos podem ser realizados, novamente, a partir da significação dos próprios vocábulos que integram a definição legal.

Considerando a definição jurídico-positiva, tem-se que os termos "operação" e "transfere" são aqueles que repercutem em maior grau na formação do núcleo conceitual, razão pela qual qualquer desdobramento significativo deve, imperativamente, passar pelo exame específico de cada um deles.

"Operação", seguindo o que já se consignou na incorporação e na fusão, significa negócio jurídico, isto é, a manifestação ou declaração consciente de vontade, em que ao menos dois sujeitos-de-direito pactuam a criação, a modificação ou a extinção de direitos. Na cisão, a "operação" pode desenvolver-se de dois modos: (i) naquele em que se segue a constituição de nova sociedade, a pactuação ocorre entre a sociedade cindida, de um lado, e o conjunto de sócios desta, independente dos que farão parte da nova pessoa jurídica, de outro; (ii) naquele em que se segue a incorporação por sociedade existente, o negócio dá-se entre a sociedade cindida, de um lado, e a sociedade incorporadora, de outro. Em qualquer das duas formas, a "operação", na cisão, tal qual nas outras modalidades de reorganização societária, sempre pressupõe um processo: toda a manifestação de vontade da sociedade é formada a partir de uma cadeia de condutas que devem ser implementadas. Apenas o conjunto de tais condutas, por sua vez, tem o condão de preencher o requisito para a existência do negócio.

"Transfere" é a ação de quem realiza uma "transferência", substantivo que indica, por seu turno, a mudança de titularidade sobre algo. "Transferir", nesse contexto, é transmitir ou ceder a outrem. O enunciado prescritivo do art. 229, da Lei 6.404/1976, refere que a transferência é de parcelas do patrimônio. Ocorre, contudo, que patrimônio, em sua noção clássica, constitui-se em uma universalidade. Como tal, só pode ser transferido integralmente. A parcialidade é noção com ele inconciliável. Por isso, não obstante a disposição legal, na cisão inocorre, em caráter técnico-jurídico preciso, transferência patrimonial, como na incorporação e na fusão, havendo, apenas, a transferência de parcela dos direitos e das obrigações.

A partir da abordagem desenvolvida, portanto, cisão pode ser considerada a operação, representativa da manifestação consciente de vontade de dois ou mais sujeitos-de-direito, formada a partir de uma cadeia de condutas a ser implementadas pela sociedade envolvida, que leva a uma transferência de direitos e obrigações específicos, para uma sociedade existente ou a ser constituída.

II.4.1 O ICMS e a cisão

Na cisão, como afirmado, ao contrário da incorporação e da fusão, inocorre transferência do patrimônio. O que se transfere, na espécie, são direitos e obrigações específicos e individualizados, os quais são transferidos a título particular, diversamente do que ocorre com o patrimônio nas outras hipóteses de reorganização societária analisadas, que é transladado a título universal.

A circunstância de a cisão importar a transferência de direitos e obrigações específicos e individualizados, por seu turno, proporciona interessantes reflexos jurídicos sobre o exame da tributação pelo ICMS.

Quando da análise da eventual imposição tributária sobre as transferências patrimoniais ocorridas na incorporação e na fusão, concluiu-se que o ICMS não poderia incidir, pois, partindo-se da consideração isolada dos vocábulos que formavam o critério material do antecedente da regra-matriz de incidência do mencionado imposto, não havia a "operação", a "circulação", nem a "mercadoria".

Na cisão, contudo, o quadro é diverso: a translação não é do patrimônio, mas da propriedade sobre bens específicos, individualizados e imediatamente determinados. Com isso, há uma transferência de propriedade de bens plenamente identificável, que admite, dentro das características definitórias destacadas no presente estudo, ser qualificada como "circulação".

Sendo assim, desde que considerados isoladamente, a partir da significação básica dos aludidos termos, pode-se afirmar que, na cisão, há "operação", já que se trata de um negócio jurídico representativo de uma declaração consciente de vontade, e há "circulação", uma vez que leva à translação da propriedade sobre bens específicos e individualizados. Por outro giro, a cisão, como negócio jurídico pelo qual se transfere a titularidade sobre bens imediatamente determinados, pode ser, em princípio, qualificada como uma "operação de circulação".

Esse quadro, por sinal, tem feito com que se defenda a tributação pelo ICMS da alternância de titularidade dos bens nas hipóteses de cisão. Nesse aspecto, apreciando caso em que, resumida e genericamente, duas sociedades, integradas ambas pelos mesmos três sócios, resolveram se cindir, com parte dos direitos e obrigações de cada uma delas revertendo para a formação de uma terceira sociedade e parte vindo a ser integrada de uma à outra, de modo que cada uma, ao final, passou a ser titularizada por um único sócio, o Ministro José Delgado votou no sentido de que teria havido transmissão de propriedade de mercadorias, motivando, portanto, a incidência do ICMS para a hipótese em questão. Segundo ele: "O fenômeno cisão ora examinado resultou de transmissão de propriedade de mercadorias. Estas foram transmitidas aos compradores e os vendedores receberam como pagamento cotas sociais das novas empresas. Um negócio jurídico específico, com fins determinados e visando transferência patrimonial. Mercadorias que faziam parte do ativo de uma empresa e que, por negociação das partes, passaram a compor o ativo da nova empresa criada. Há fenômeno de circulação jurídica a ensejar a incidência do ICMS".[33]

O presente posicionamento, contudo, merece três observações de caráter infirmativo:

33. STJ, 1ª T., REsp 8.874-DF, Rel. Ministro Garcia Vieira, j. 23.2.1999, *DJ* 3.5.1999.

(i) em *primeiro lugar*, a transferência dos bens ocorre a título gratuito e próprio, não servindo para o pagamento das cotas sociais eventualmente emitidas pela sociedade que recebe o mencionado acervo;

(ii) em *segundo lugar*, conforme ponderado quando se examinou a tributação da translação patrimonial na fusão, a transmissão de bens, ainda que individualizados, para integralização em outra sociedade, não é passível de incidência do ICMS, por dissociar-se do critério material do antecedente da respectiva regra-matriz de incidência; e, por fim,

(iii) em *terceiro lugar*, os bens, quando transferidos, o são para implementar a reorganização societária e, não, como participantes da cadeia de consumo, não sendo possível, por isso, atribuir-lhes o rótulo de "mercadorias", o qual, conforme indicado, conota apenas os bens que estão, efetivamente, no comércio, integrando cadeia circulatória com o objetivo de proporcionar lucro ao detentor.

Nessa perspectiva, a impossibilidade de imputar-se aos bens transferidos o caráter mercantil acaba por repercutir negativamente na própria admissão da aludida translação como uma "operação de circulação", uma vez que a noção de "mercadoria" qualifica definitivamente a ação preconizada, no que tange ao âmbito material de atuação da norma de tributação do ICMS. E essa conclusão, na espécie, vale tanto para a decisão examinada, quanto para qualquer outra operação de cisão: ainda que, na cisão, ocorra transferência de bens específicos e individualizados, estes, por não integrarem a operação como participantes da cadeia de consumo, não podem ser enquadrados como "mercadorias". Sendo assim, se, a princípio, se admitiu que a cisão, eventualmente, poderia dar causa a uma "operação de circulação", a verdade é que tal operação e tal circulação, seja pela vontade que motiva o negócio, seja pela ausência de mercadoria transladada, não são mercantis, não tendo condições, por essa razão, de subsumir-se ao conceito fático fixado no antecedente da regra-matriz de incidência do tributo em foco.

Em sentido próximo, o Ministro Milton Luiz Pereira, examinando o mesmo caso que motivou a análise do Ministro José Delgado, consignou, em voto que seguiu a corrente majoritária do aludido julgamento, no sentido de que não deveria haver tributação, que "(...) na via da cisão (...) descabe 'a circulação de mercadorias'. Pois não saíram de um estabelecimento para outro, tudo se resumindo em acertamento contábil e alteração das novas composições societárias contratadas, ficando esmaecida a circulação física das mercadorias". Realmente, na cisão não há "operação de circulação de mercadorias", de modo a justificar a incidência do ICMS. Note-se, porém, que, não obstante o acerto da conclusão preconizada, concernente à inexistência de "circulação de mercadoria" na cisão, o Ministro, ao fundamentar tal assertiva, teria sido mais preciso se houvesse, em suas razões de decidir, mencionado que "*mesmo que* tivessem os bens saído do estabelecimento", ainda assim não teria havido a circulação jurídica exigida pela norma de tributação. Com isso, marcaria, em contornos indiscutíveis, duas circunstâncias: (i) a *primeira*, de que a "circulação" exigida pela regra-matriz de incidência do ICMS independe da movimentação física do bem específico; e (ii) a *segunda*, de que a "circulação" exigida pela regra-matriz de incidência do tributo em análise é só e tão-somente aquela que, por ser vinculada imperativamente ao bem "mercadoria", tem inafastável natureza mercantil.

Não há, portanto, também na cisão, espaço para o Fisco Estadual pretender fazer incidir o ICMS sobre a conduta da sociedade cindida de transferir determinados direitos e obrigações para sociedade nova ou preexistente.

Bibliografia

ATALIBA, Geraldo. "ICMS na Constituição", *Revista de Direito Tributário* 57.

BARRETO, Aires Fernandino. *Base de Cálculo, Alíquota e Princípios Constitucionais*. São Paulo, Max Limonad, 2000.

BECKER, Alfredo Augusto. *Teoria Geral do Direito Tributário*. São Paulo, Lejus, 1998.

BULGARELLI, Waldirio. *Fusão, Incorporação e Cisão*. São Paulo, Atlas, 2000.

CARRAZZA, Roque Antonio. *ICMS*. São Paulo, Malheiros Editores, 1999.

CARVALHO, Paulo de Barros. *Curso de Direito Tributário*. São Paulo, Saraiva, 2004.

______. *Direito Tributário: Fundamentos Jurídicos da Incidência*. São Paulo, Saraiva, 1999.

CARVALHO DE MENDONÇA, J. X. *Tratado de Direito Comercial*. v. III. Rio de Janeiro, Borsói, s/d.

COELHO, Fábio Ulhôa. *Curso de Direito Comercial*. v. 2. São Paulo, Saraiva, 2004.

DINIZ, Maria Helena. *Curso de Direito Civil Brasileiro*. v. VI. São Paulo, Saraiva, 1997.

MELLO, Marcos Bernardes de. *Teoria do Fato Jurídico: Plano da Existência*. São Paulo, Saraiva, 2000.

MOUSSALLEM, Tárek Moysés. *Fontes do Direito Tributário*. São Paulo, Max Limonad, 2001.

TÔRRES, Heleno Taveira. *Direito Tributário Internacional*. São Paulo, Ed. RT, 2000.

VILANOVA, Lourival. *Causalidade e Relação no Direito*. São Paulo, Ed. RT, 2000.

DOS ATOS NORMATIVOS EXPEDIDOS PELAS AUTORIDADES ADMINISTRATIVAS E SUA FUNÇÃO DE NORMAS COMPLEMENTARES DAS LEIS TRIBUTÁRIAS. DA ILEGALIDADE DO ART. 5º DA PORTARIA CONJUNTA PGFN/SRF 3, DE 25.8.2004

MARCOS ANTONIO NEPOMUCENO FEITOSA

Advogado em Teresina/PI e em São Paulo/SP. Mestrando em Direito Tributário pela PUC/SP. Especialista em Direito Tributário e Direito Processual Tributário pela PUC/SP

1. Considerações iniciais

A Lei 10.684/2003 instituiu o Parcelamento Especial, denominado PAES, abrindo a possibilidade aos contribuintes inadimplentes de quitarem seus débitos tributários contraídos junto à União Federal[1] com vencimento até 28.2.2003, em prestações mensais e sucessivas, calculadas com base na receita bruta auferida no mês imediatamente anterior.

De acordo com os §§ 3º a 11 do art. 1º da Lei 10.684/2003, a consolidação dos débitos existentes em nome da pessoa jurídica, na condição de contribuinte ou responsável, para que sejam inseridos no parcelamento especial, abrangerá os créditos constituídos ou não, inclusive os acréscimos legais relativos à multa, de mora ou de ofício, a juros moratórios e demais encargos, determinados nos termos da legislação vigente à época da ocorrência dos respectivos fatos geradores.

Assim, todos os créditos tributários devidamente constituídos pelo contribuinte mediante a entrega de suas declarações junto à Secretaria da Receita Federal (SRF) e ao Instituto Nacional do Seguro Social (INSS) — DCTF e GFIP — são do conhecimento desses órgãos, e aqueles que não foram quitados dentro prazo legal pela pessoa jurídica que optou por esta modalidade de parcelamento, desde que sejam créditos tributários vencidos até 28.2.2003, devem ser incluídos de ofício pela autoridade administrativa no Programa Especial de Parcelamento (PAES), tendo em vista o preenchimento de todos os requisitos impostos pela Lei 10.864/2003, isto é, que os débitos sejam anteriores a 28.2.2003 e de conhecimento da Secretaria da Receita Federal e do Instituto Nacional do Seguro Social.

Tal afirmação é construída a partir de uma interpretação sistemática do ordenamento jurídico, que nos levará, com eleva-

1. Os débitos abrangidos pelo PAES são aqueles constituídos ou confessados junto à Secretaria da Receita Federal, à Procuradoria-Geral da Fazenda Nacional e o Instituto Nacional do Seguro Social (oriundos de contribuições patronais) com vencimento até 28.2.2003.

do grau de segurança, à conclusão de que o Código Tributário Nacional confere aos particulares competência para, em muitos casos (tributos sujeitos ao lançamento por homologação), declarar, em linguagem competente, a ocorrência do fato jurídico e constituir a relação jurídica tributária, vínculo abstrato que confere ao sujeito ativo o direito de exigir determinada quantia em dinheiro do sujeito passivo a título de pagamento de tributo.

Tratando-se de tributos sujeitos ao lançamento por homologação, o que se verifica com quase todos os tributos de competência da União Federal, ocorrendo a declaração do contribuinte, por meio da DCTF, da GFIP, entre outras, e na falta de pagamento da exação no vencimento, mostra-se incabível aguardar o decurso do prazo decadencial para o lançamento. Tais declarações elidem a necessidade da constituição formal do débito pelo fisco, podendo este ser imediatamente inscrito em dívida ativa, tornando-se exigível, independentemente de qualquer procedimento administrativo ou de notificação ao contribuinte.[2]

Contudo, a Secretaria da Receita Federal e a Procuradoria-Geral da Fazenda Nacional, ao expedirem a Portaria Conjunta SRF/PGFN 3/2004, com o propósito de regulamentar o PAES, conforme dicção do art. 10 da Lei 10.684/2003, extrapolou os limites que lhe são impostos por lei, no momento em que fixou novos requisitos (necessidade de decisão administrativa sobre o(s) pedido(s) de compensação realizado(s) pelo contribuinte até o dia 28.11.2003) para que os débitos tributários confessados e não pagos pelo contribuinte no prazo legal, adentrassem no programa de parcelamento especial.

Diante de tal restrição ao direito do contribuinte, escolhemos o estudo do presente tema em virtude de sua grande relevância e do descaso das autoridades administrativas em observarem os princípios constitucionais no instante de regulamentar as leis, esquecendo que a Constituição Federal impõe uma série de restrições à Administração Pública no momento do exercício de sua competência, olvidando-se a autoridade administrativa, a todo instante, dos direitos e garantias individuais dos contribuintes impostos pela Constituição Federal.

2. Da hierarquia das normas

O ordenamento jurídico é formado por um conjunto de normas dispostas hierarquicamente. As normas inferiores buscam validade nas normas que lhes são superiores, retrotraindo até a Constituição. Assim, as normas subordinadas devem harmonizar-se com as superiores, sob pena de deixarem de ter validade no ordenamento jurídico. Logo, afirmar que uma norma é hierarquicamente superior à outra é dizer que esta se encontra em um grau mais elevado na

2. Neste sentido vem decidindo o STJ em diversos julgados, senão vejamos: "*Tributário. Execução fiscal. Exceção de pré-executividade. Obrigação tributária informada em declaração. DCTF. Débito declarado e não pago. Prescrição qüinqüenal. Termo inicial. Vencimento da obrigação.* 1. Não se verifica o equívoco suscitado no recurso especial. O acórdão nada mais fez que analisar cada ponto da argumentação da recorrente, discorrendo sobre a possibilidade de compensação; sobre a ausência de lançamento e de notificação e, finalmente, sobre a decadência e prescrição. 2. Em se tratando de tributos lançados por homologação, ocorrendo a declaração do contribuinte, por DCTF, e na falta de pagamento da exação no vencimento, mostra-se incabível aguardar o decurso do prazo decadencial para o lançamento. Tal declaração elide a necessidade da constituição formal do débito pelo fisco, podendo este ser imediatamente inscrito em dívida ativa, tornando-se exigível, independentemente de qualquer procedimento administrativo ou de notificação ao contribuinte. 3. O termo inicial do lustro prescricional, em caso de tributo declarado e não pago, não se inicia da declaração, mas da data estabelecida como vencimento para o pagamento da obrigação tributária constante da declaração. No interregno que medeia a declaração e o vencimento, o valor declarado a título de tributo não pode ser exigido pela Fazenda Pública, razão pela qual não corre o prazo prescricional da pretensão de cobrança nesse período. 4. Recurso especial improvido" (STJ, 2ª T., REsp 200400654280 (658138-PR), Rel. Ministro Castro Meira, *DJU* 21.11.2005, p. 186).

pirâmide do ordenamento jurídico, onde, no ápice, está a Constituição Federal.

É isso que Kelsen queria significar quando apregoava que o "fundamento de validade de uma norma apenas pode ser a validade de outra norma".[3]

A norma que determina a criação de outra norma é a norma superior; já a norma criada segundo esta regulamentação é a inferior. Regressando nesta sistemática chegaremos à norma fundamental, a mais superior, que, sendo o fundamento supremo de validade de toda a ordem jurídica, constitui sua unidade.

De acordo com as lições de Kelsen, "a ordem jurídica, especialmente a ordem jurídica cuja personificação é o Estado, é, portanto, não um sistema de normas coordenadas entre si, que se acham, por assim dizer, lado a lado, no mesmo nível, mas uma hierarquia de diferentes níveis de normas".[4]

Nesse passo, podemos afirmar que a portaria deve buscar fundamento de validade na lei e esta, na Constituição. Se, eventualmente, a portaria contrariar a lei, estará fora da pirâmide, que é o ordenamento jurídico, devendo ser expulsa do sistema.

Conhecendo a estrutura hierárquica do ordenamento jurídico, fácil, para o aplicador do Direito, resolver qualquer conflito interno de normas. Quando se tratar de normas de hierarquia diversa, prevalecerá a superior porque possui proeminência hierárquica em relação às normas inferiores.

Desse modo, não há como admitir que uma portaria possa criar restrições quanto à inclusão de débitos no PAES, indo além do alcance da lei que ela visa regulamentar. A hierarquia da lei perante a portaria decorre de uma complexidade formal, complexidade esta prevista na Constituição Federal.

3. *Apud* Roque Antonio Carrazza, *Curso de Direito Constitucional Tributário*, 19ª ed., São Paulo, Malheiros Editores, 2003, p. 27.

4. Hans Kelsen, *Teoria Geral do Direito e do Estado*, trad. Luís Carlos Borges, 3ª ed., São Paulo, Martins Fontes, 2000, p. 129.

A Portaria Conjunta PGFN/SRF 3, ao estabelecer em seu art. 5º que "o crédito tributário vencido até 28 de fevereiro de 2003 e objeto de compensação declarada à SRF, na forma do art. 74 da Lei 9.430, de 27 de dezembro de 1996, integrará o débito consolidado do PAES, desde que, em 28 de novembro de 2003, já tenha ocorrido decisão definitiva de não homologação da compensação", desrespeitou os ditames da norma de superior hierarquia, sendo algo totalmente inadmissível em nosso sistema jurídico, uma vez que as normas jurídicas não se encontram no mesmo plano hierárquico, mas sim entrelaçadas por laços de subordinação e hierarquia, encontrando-se a Constituição Federal no ápice da pirâmide do ordenamento jurídico, sendo fundamento de validade de todas as normas do sistema.

É de fácil conclusão reconhecer que uma portaria não pode inovar uma lei; uma resolução não pode inovar um decreto; uma lei ordinária não pode inovar uma lei complementar e uma lei complementar não pode inovar a Constituição.

Assim, é totalmente descabido em nosso ordenamento jurídico que uma portaria tenha proeminência hierárquica em face de uma Lei, não podendo seus comandos prevalecer sobre uma lei que se encontra em um patamar hierárquico superior sob pena de afronta direta à Constituição.

3. *Dos enunciados principiológicos*

A noção de princípio está associado à idéia de ponto de partida ou fundamento de um processo qualquer.[5]

Segundo Eurico de Santi, princípios jurídicos seriam "fragmentos normativos, unidades de significação de enunciados normativos, que integram o arcabouço de normas jurídicas, alterando, constituindo (positiva e negativamente) e delineando a

5. Nicola Abbagnano, *apud* Tácio Lacerda Gama, *Contribuições de Intervenção no Domínio Econômico*, São Paulo, Quartier Latin, 2003, p. 141.

estrutura dual da regra, seja pelo seu antecedente, seja pelo seu conseqüente normativo".[6]

Ressaltando a importância dos princípios na composição do Sistema de Direito Positivo, o Professor Celso Antônio Bandeira de Mello[7] pontifica que: "Violar um princípio é muito mais grave que transgredir uma norma. A desatenção ao princípio implica ofensa não apenas a um específico mandamento obrigatório, mas a todo um sistema de comandos. É a mais grave forma de ilegalidade ou inconstitucionalidade, conforme o escalão do princípio violado, porque representa insurgência contra todo o sistema, subversão de seus valores fundamentais, contumélia irremissível a seu arcabouço lógico e corrosão a sua estrutura mestra".

Os princípios são normas jurídicas porque são eles que dão base para a criação de outras normas, ou seja, são as linhas mestras das diretrizes magnas do sistema jurídico, pois espelham os postulados básicos e os fins da Constituição. São carregadas de valor, refletindo o conjunto de preceitos tidos como fundamentais para a sociedade nas suas relações intersubjetivas.

As lições do Professor Roque Antonio Carrazza vão ao encontro do nosso entendimento ao afirmar que os princípios jurídico-constitucionais "não passam de uma norma jurídica qualificada. Qualificada porque, tendo âmbito de validade maior, orienta a atuação de outras normas, mesmo as de nível constitucional, exercendo uma função axiológica mais expressiva, dentro do sistema jurídico".[8]

De acordo com os ensinamentos do Professor Paulo de Barros Carvalho, os princípios podem ser classificados de acordo com o grau de objetividade das suas prescrições. Eles podem significar valores, marcados pelo seu grande teor de subjetividade, não dispondo o intérprete de critérios objetivos para aferir se o princípio foi ou não violado; ou limite objetivo, marcado por critérios incisivos para delimitação do seu conteúdo que se voltam para realizar valores, de forma indireta e mediata.[9]

Existem vários princípios constitucionais inseridos na plenitude do ordenamento jurídico, influenciando diretamente todo ele. Entretanto, levaremos em consideração os princípios de maior expressividade para o desenvolvimento do presente trabalho.

4. Do princípio da legalidade e o alcance dos atos administrativos no âmbito tributário

O surgimento do princípio da legalidade remonta ao século XII, mais precisamente no ano de 1215 na Inglaterra, onde os barões normandos impuseram ao príncipe João-Sem-Terra a inserção na Magna Carta que dali em diante toda tributação teria que passar pela aprovação do conselho de representação (*no taxation without representation*).

A lei, desde então, é uma das manifestações mais solenes do Direito, tornando-se a sua expressão racional. Desde as fontes romanas, a lei "é a rainha de todas as coisas, assim divinas como humanas, critério do justo e do injusto; e, para aqueles que da natureza são chamados para a vida civil, preceptora do que se deve fazer, proibidora do que se não deve fazer" (*Digesto*, I, 3.2). Ou ainda: *Lex est communis reipublicae sponsio*. A lei é a fonte do poder democrático. A lei é a maior conquista dos cidadãos, todas as portas abriam-se "em nome da lei".[10]

6. Eurico Marcos Diniz de Santi, *Lançamento Tributário*, 2ª ed., São Paulo, Max Limonad, 1996, p. 94.

7. Celso Antônio Bandeira de Mello, *Ato Administrativo e Direitos dos Administrados*, São Paulo, Ed. RT, 1981, p. 88.

8. Roque Antonio Carrazza, *Curso...*, cit., p. 41.

9. Paulo de Barros Carvalho, *Curso de Direito Tributário*, 14ª ed., São Paulo, Saraiva, 2002, pp. 141-143.

10. *Apud* Marcelo Figueiredo, "A crise no entendimento clássico do princípio da legalidade ad-

Atualmente, o princípio da legalidade é uma viga mestra fundamental do Estado Democrático de Direito. Seu significado, importância e evolução no direito público marcam a história do Estado de Direito.

Para José Afonso da Silva,[11] o princípio da legalidade é "nota essencial do Estado de Direito. É, também, por conseguinte, um princípio basilar do Estado Democrático de Direito, como vimos, porquanto é da essência do seu conceito subordinar-se à Constituição e fundar-se na legalidade democrática. Sujeita-se ao império da lei, mas da lei que realiza o princípio da igualdade e da justiça não pela sua generosidade, mas pela busca da igualização das condições dos socialmente desiguais. Toda a sua atividade fica sujeita à lei, entendida como expressão da vontade geral, que só se materializa num regime de divisão de poderes em que ela seja o ato formalmente criado pelos órgãos de representação popular, de acordo com o processo legislativo estabelecido na Constituição. É nesse sentido que se deve entender a assertiva de que o Estado ou o Poder Público ou os administradores não podem exigir qualquer ação, nem impor qualquer abstenção, nem mandar e tampouco proibir nada aos administrados, senão em virtude de lei".

É por meio da lei que são introduzidas no sistema do Direito Positivo limitações necessárias aos detentores do poder, em nome de certos valores e interesses sociais, à liberdade natural do cidadão. Ela nada mais é que a concretização e efetivação de direitos, sobretudo mediante a aplicação e dinamização dos princípios jurídicos.

Celso Antônio Bandeira de Mello[12] ensina a respeito da matéria o seguinte:

"No interior das fronteiras decorrentes da dicção legal é que pode vicejar a liberdade administrativa.

"A lei, todavia, em certos casos, regula dada situação em termos tais que não resta para o administrador margem alguma de liberdade, posto que a norma a ser implementada prefigura antecipadamente com rigor e objetividade absolutos os pressupostos requeridos para a prática do ato e o conteúdo que este obrigatoriamente deverá ter uma vez ocorrida a hipótese legalmente prevista. Nestes lanços diz-se que há vinculação e, de conseguinte, que o ato a ser expedido é vinculado.

"Reversamente, fala-se em discricionariedade quando a disciplina legal faz remanescer em proveito e a cargo do administrador uma certa esfera de liberdade, perante o que caber-lhe-á preencher com seu juízo subjetivo, pessoal, o campo de indeterminação normativa, a fim de satisfazer no caso concreto a finalidade da lei.

"Não se há de pensar — advertiu a sabendas André Gonçalves Pereira — que a discricionariedade resulta da ausência de lei, posto que, contrariamente, ela procede da própria disciplina normativa, a dizer, da maneira pela qual se regula dada situação."

A Constituição Federal de 1988 arrolou inúmeros comandos e regras com o intuito de resguardar os interesses patrimoniais dos contribuintes contra os excessos do Estado, mediante a imposição de limitações à atuação estatal, por meio da fixação de diretrizes (princípios, competências, entre outros) que orientam a Administração Pública a todo instante.

Os interesses da Administração Pública hão de ser cumpridos na forma determinada pela Constituição e pela Lei, respeitados os limites por elas impostos, que representam garantias e direitos fundamentais dos contribuintes.

É cediço que o ato administrativo, à luz do ordenamento jurídico pátrio, está subordinado ao princípio da legalidade, *ex vi* da Constituição Federal de 1988, arts. 5º, II, 37, *caput*, e 84, IV.

ministrativa e temas correlatos", in *Estudos de Direito Público em Homenagem a Celso Antônio Bandeira de Mello*, São Paulo, Malheiros Editores, 2006, p. 426.

11. José Afonso da Silva, *Curso de Direito Constitucional Positivo*, 15ª ed., São Paulo, Malheiros Editores, 1998, p. 421.

12. Celso Antônio Bandeira de Mello, *Curso de Direito Administrativo*, 16ª ed., São Paulo, Malheiros Editores, 2003, pp. 844-845.

Seguindo esta linha de raciocínio, a Administração poderá atuar apenas de acordo com o que a lei determina. Assim, ao expedir um ato que tem por finalidade regulamentar a lei (decreto, portaria, instrução normativa, etc.), não pode a Administração inovar a ordem jurídica, impondo novas obrigações aos administrados.

Nessa vertente, oportuno trazer a lume as lições do renomado administrativista Diógenes Gasparini,[13] *ipsis litteris*: "O princípio da legalidade significa estar a administração pública, em toda a sua atividade, presa aos mandamentos da lei, deles não se podendo afastar, sob pena de invalidade do ato e responsabilidade de seu autor. Qualquer relação estatal sem o correspondente calço legal, ou que exceda ao âmbito demarcado pela lei, é injurídica e expõe-se à anulação. Seu campo de ação, como se vê, é bem menor que o do particular. De fato, este pode fazer tudo que a lei permite, tudo que a lei não proíbe; aquela só pode fazer o que a lei autoriza e, ainda assim, quando e como autoriza".

O art. 100 do Código Tributário Nacional dispõe sobre os atos administrativos expedidos pelas autoridades administrativas no exercício de suas atribuições no campo tributário, *verbis*:

> Art. 100. São normas complementares das leis, dos tratados e das convenções internacionais e dos decretos:
>
> I — os atos normativos expedidos pelas autoridades administrativas.

Os atos normativos a que se refere o artigo são, basicamente, as instruções normativas e as portarias. Assim, não se pode negar o caráter complementar das instruções normativas e portarias, que se encontram absolutamente vinculadas ao disposto pela lei que pretendem regulamentar.

De acordo com os ensinamentos do Professor Celso Antônio Bandeira de Mello,[14] portaria "é a fórmula pela qual autoridades de nível inferior ao de Chefe do Executivo, sejam de qualquer escalão de comandos que forem, dirigem-se a seus subordinados, transmitindo decisões de efeito interno, quer com relação ao andamento das atividades que lhes são afetas, quer com relação a vinda funcional de servidores, ou até mesmo, por via delas, abrem-se inquéritos, sindicâncias, processos administrativos. Como se vê, trata-se de ato formal de conteúdo de muito fluido e amplo".

Como se observa, as portarias expedidas pelas autoridades administrativas no âmbito tributário não devem encerrar qualquer direito ou obrigação aos administrados, mas apenas adotar critérios que explicitam o texto legal que estão regulando. Devem, portanto, os atos ordinatórios expedidos pelas autoridades administrativas, guardar correlação fiel à letra do instrumento normativo que estão regulando, sob pena de serem expulsas do sistema.[15]

Não é cabível às portarias o papel de inovarem o ordenamento jurídico. Elas dependem da existência de lei, pois forçosa-

13. Diógenes Gasparini, *Direito Administrativo*, 11ª ed., São Paulo, Saraiva, 2006, pp. 7-8.

14. Celso Antônio Bandeira de Mello, *Curso...*, cit., p. 403.

15. Neste sentido já se pronunciou o Supremo Tribunal Federal. Veja, a respeito, o seguinte trecho do voto do Ministro Celso de Mello "(...) As instruções normativas, editadas por órgão competente da administração tributária, constituem espécies jurídicas de caráter secundário, cuja validade e eficácia resultam, imediatamente, de sua estrita observância dos limites impostos pelas leis, tratados, convenções internacionais, ou decretos presidenciais, de que devem constituir normas complementares. Essas instruções nada mais são, em sua configuração jurídico-formal, do que provimentos executivos cuja normatividade está diretamente subordinada aos atos de natureza primária, como as leis e as medidas provisórias, a que se vinculam por um claro nexo de acessoriedade e dependência. Se a instrução normativa, editada com fundamento no art. 100, I, do Código Tributário Nacional, vem a positivar em seu texto, em decorrência de má interpretação de lei ou medida provisória, uma exegese que possa romper a hierarquia normativa que deve manter com estes atos primários, viciar-se-á de ilegalidade" (STF, Plenário, AgrADI 365-DF, Rel. Ministro Celso de Mello, nov. 1990).

mente a pressupõem, sem o que nada poderia dispor. Sem a existência de diploma legal não há espaço para edição de portarias.

No nosso ordenamento jurídico, é a lei o instrumento apto a criar direitos e obrigações, só ela inova em caráter inicial a ordem jurídica. Apenas a lei pode indicar as condições de aquisição ou restrição de direito. A portaria, ao explicitar o conteúdo legal só pode assistir, à vista das condições preestabelecidas, as suas especificações, atendo-se ao conteúdo significativo das palavras legais enunciadoras do teor do direito ou restrição e do teor das condições a serem preenchidas.

O ilustre Professor cearense Hugo de Brito Machado[16] é enfático ao falar sobre o tema em debate, senão vejamos: "Diz-se que são normas 'complementares' porque se destinam a completar o texto das leis, dos tratados e convenções internacionais e decretos. Limitam-se a 'completar'. Não podem 'inovar' ou de qualquer forma modificar o texto da norma que complementam".

O art. 5º da Portaria Conjunta PGFN/SRF 3, a pretexto de regulamentar o cumprimento do disposto na Lei 10.684/2003, fixou a necessidade de decisão administrativa até o dia 28.11.2003 sobre o(s) pedido(s) de compensação formulado(s) pelo contribuinte, para que os débitos não homologados pela autoridade administrativa nestes pedidos integrassem o débito consolidado do PAES, inovando, assim, a ordem jurídica, impondo requisito não previsto em lei, ou seja, impossibilitando que débitos anteriores a 28 de fevereiro de 2003 e de conhecimento da Secretaria da Receita Federal fossem inseridos no PAES.

A imposição de requisito para inclusão de débitos objeto de pedidos de compensação pelo contribuinte no PAES jamais poderia ser disciplinada por uma portaria, por isso que, não obstante seja ato administrativo de caráter normativo, subordina-se ao ordenamento jurídico hierarquicamente superior, ou seja, à Constituição Federal e à lei, não sendo admissível que o poder regulamentar extrapole seus limites, ensejando a edição dos denominados "regulamentos autônomos", vedados em nosso ordenamento jurídico, a não ser pela exceção prevista no art. 84, VI, da Constituição Federal.

5. *Do dever de moralidade e de eficiência da Administração Pública na prática de seus atos*

Com base no escólio de Marcelo Figueiredo,[17] "a noção de Estado de Direito carrega igualmente uma intenção valorativa. Ele é limitado por uma Constituição. Esta, por sua vez, deve ser a síntese da vontade popular, fielmente representada. Qualquer Estado que pretenda ser rotulado de 'Estado de Direito' deve submeter-se à Constituição e ser responsável perante o Direito. A autoridade pública deve exercer seus poderes conforme o Direito, e jamais aplicá-la de forma prejudicial ou retroativa, respeitando os direitos individuais, sociais, culturais e políticos".

No Estado de Direito deve ser garantida aos contribuintes a possibilidade de antecipar objetivamente seus direitos e deveres tributários, que, por isto mesmo, só podem surgir de lei, igual para todos, irretroativa e votada por pessoa política competente. Assim, a segurança jurídica acaba por desembocar no princípio da confiança na lei fiscal, que, como leciona Alberto Xavier, "traduz-se, praticamente, na possibilidade dada ao contribuinte de conhecer e computar seus encargos tributários com base exclusivamente na lei".

O administrador, no momento de completar o texto das leis, dos tratados e con-

16. Hugo de Brito Machado, *Comentários ao Código Tributário Nacional*, v. 2, São Paulo, Atlas, 2004, p. 95.

17. Marcelo Figueiredo, "A crise no entendimento...", cit., in *Estudos de Direito Público em Homenagem a Celso Antônio Bandeira de Mello*, cit., p. 431.

venções internacionais e decretos, não pode inovar ou de qualquer forma modificar o texto da norma que complementam, tendo em vista o dever imposto ao Estado de prestigiar os valores éticos, à probidade, à honestidade, ao decoro, à lealdade e à boa-fé.

Para Celso Antônio Bandeira de Mello,[18] "a Administração haverá de proceder em relação aos administrados com sinceridade e lhaneza, sendo-lhe interdito qualquer comportamento astucioso, eivado de malícia, produzido de maneira a confundir, dificultar ou minimizar o exercício de direitos por parte dos cidadãos".

No entanto, assim não procedeu a Secretaria da Receita Federal e a Procuradoria da Fazenda Nacional ao expedirem a Portaria Conjunta PGFN/SRF 3, pois, além de extrapolar, em muito, os limites meramente regulamentar impostos pela Lei 10.864/2003, introduziu um ônus ao contribuinte que independe de sua vontade, pois a apreciação de seu(s) pedido(s) de compensação depende, única e exclusivamente, do querer da autoridade administrativa, cabendo a prática de tal ato à Secretaria da Receita Federal, sendo algo que foge da alçada do contribuinte, não podendo admitir que o sujeito passivo suporte qualquer encargo que advenha da demora da prática de um ato por parte da Administração.

Os arts. 48 e 49 da Lei 9.784/1999[19] são claros ao estabelecer o dever de decidir da autoridade administrativa aos pleitos colocados à sua apreciação pelo contribuinte num prazo de 30 dias, prorrogados por mais 30, desde que devidamente motivada.

18. Celso Antônio Bandeira de Mello, *Curso...*, cit., p. 109.

19. "Art. 48. A Administração tem o dever de explicitamente emitir decisão nos processos administrativos e sobre solicitações ou reclamações, em matéria de sua competência. Art. 49. Concluída a instrução de processo administrativo, a Administração tem o prazo de até trinta dias para decidir, salvo prorrogação por igual período expressamente motivada."

A principiologia que preside o processo administrativo denota crescente preocupação com os direitos do administrado, a quem, *ultima ratio*, ao entendê-lo como ser social, é dirigida toda a atividade pública.

Nesta vertente, verifica-se que o diploma regente do processo administrativo federal expende taxativamente que o administrado tem direito à decisão de seus pleitos, ao passo que a Administração tem o dever de decidir, dever que deverá ser exercido no prazo de 30 dias contados do final da instrução do processo, consoante o art. 49 da Lei 9.784/1999.

A demora desarrazoada da análise do(s) pedido(s) de compensação do contribuinte implica afronta aos princípios que norteiam a atividade da Administração Pública, precisamente ao da eficiência, insculpido no *caput* do art. 37 da Constituição Federal e art. 2º da Lei 9.784/1999.

A Administração Pública está jungida ao dever de eficiência, o que se traduz na obrigação de conferir meios para que a administração tributária, que é uma atividade essencial ao funcionamento do Estado (art. 37, XXII, da CF, de acordo com a EC 42/2003), processe e decida os processos de natureza administrativa da maneira mais rápida possível. Não é lícito dizer que se viva em um Estado Democrático de Direito se não se consegue fazer efetivo o direito do contribuinte em ver seus pleitos postos à apreciação da Administração Pública decididos de forma breve.[20]

20. "*Processo civil, administrativo. Mandado de segurança. Direito líquido e certo. Processo administrativo sem apreciação. Lapso temporal.* I — O direito líquido e certo é aquele que decorre de fato certo, provado de plano por documento inequívoco, apoiando-se em fatos incontroversos e não complexos, ou seja, que não demandam dilação probatória. II — A autoridade impetrada alegou a existência de fato impeditivo ao direito do autor, recaindo, portanto, a ela o ônus da prova, o que não restou demonstrado, *in casu*. III — A Administração Pública deve pautar-se pelos princípios elencados no art. 37, *caput*, da Constituição Federal, dentre eles o da eficiência. IV — Remessa oficial improvida" (TRF-3ª R., 10ª T., REOMS 2000.03.99.034979-0 (201883), Rel. Desembargador Sergio Nascimento, *DJU* 8.11.2004, p. 637).

Por mais que sejam insuficientes os recursos humanos para dar vazão às postulações dos contribuintes feitas à Secretaria da Receita Federal, ela não pode deixar de empreender uma célere investigação sobre os pedidos depositados sob sua confiança, pois jamais poderá sacrificar a atividade comercial do contribuinte ante as mazelas que, em última análise, não condizem com o dever de eficiência que deve expossuir a Administração Pública.

Logo, a Administração Pública jamais poderá atribuir qualquer encargo ao contribuinte em virtude de sua ineficiência em apreciar de forma célere os pleitos dos contribuintes postos à sua apreciação.

6. Considerações finais

Diante do exposto, chegamos às seguintes conclusões:

(i) o art. 5º da Portaria Conjunta PGFN/SRF 3, a pretexto de regulamentar o cumprimento do disposto na Lei 10.684/2003, fixou a necessidade de decisão administrativa até o dia 28.11.2003 sobre o(s) pedido(s) de compensação formulado(s) pelo contribuinte, para que os débitos não homologados pela autoridade administrativa nestes pedidos integrassem o débito consolidado do PAES, inovando, assim, a ordem jurídica, impondo requisito não previsto em lei;

(ii) a Secretaria da Receita Federal e a Procuradoria da Fazenda Nacional, ao expedirem a Portaria Conjunta PGFN/SRF 3, além de extrapolar, em muito, o limite meramente regulamentar imposto pela Lei 10.864/2003, introduziram um ônus ao contribuinte que independe de sua vontade, pois a apreciação de seu(s) pedido(s) de compensação depende, única e exclusivamente, do querer da autoridade administrativa, cabendo a prática de tal ato à Secretaria da Receita Federal, sendo algo que foge da alçada do contribuinte, não podendo admitir que o sujeito passivo suporte qualquer encargo que advenha da demora da prática de um ato por parte da Administração Pública.

A CONSULTA ADMINISTRATIVA TRIBUTÁRIA NO SISTEMA CONSTITUCIONAL

JÚLIO M. DE OLIVEIRA

Mestre e Doutor em Direito Tributário pela PUC/SP. Ex-Juiz do Tribunal de Impostos e Taxas (TIT). Professor de Direito Tributário do IBET, do COGEAE (PUC/SP) e da GV *Law* (FGV)

1. A busca da segurança jurídica para o Estado e para o administrado

1.1 O devido processo legal e o conteúdo dos comandos normativos

1. O Estado de Direito está ligado de forma indissociável ao princípio da legalidade.[1] Esta constatação, aparentemente óbvia, deve ser relembrada e repetida a cada dia pelos que pugnam não só pelo Estado de Direito, mas também pela democracia — Estado Democrático de Direito. A falta de tradição brasileira, tanto em relação à mantença do Estado de Direito quanto em relação ao regime Democrático, nos faz, muitas vezes, reféns de autoridades públicas, pretensamente legítimas, que infestam o ordenamento jurídico de normas infralegais absurdamente ilegais, inconstitucionais e herméticas quanto à sua compreensão.

2. Certos comandos normativos não permitem aos destinatários destas normas, verificar qual a conduta que é esperada ou qual comportamento não deve ser externado. Neste sentido, preliminarmente, julgamos conveniente acentuar a importância do princípio da legalidade e a necessária compreensão dos enunciados prescritivos para a sua efetividade.

3. O regramento jurídico que alinha a normatização de nosso direito positivo é inteiramente pautado pela legalidade, tal como se infere pelo conteúdo do dispositivo contido no art. 5º, inciso II, da Constituição Federal, *in verbis*: "II — ninguém será obrigado a fazer ou deixar de fazer alguma coisa senão em virtude de lei".

4. Referido princípio, em relação à Administração Pública, encontra-se explicitado no art. 37, também da Lei Maior, interpretado pelo mestre Hely Lopes Meirelles, que assim ensina: "Enquanto na Administração particular é lícito fazer tudo que a lei não proíbe, *na Administração Pública só é permitido fazer o que a lei autoriza*".[2]

5. Evidentemente, da mesma forma que ao legislador infraconstitucional não é permitido desviar-se dos estritos limites estabelecidos pelas rígidas disposições constitucionais, também não é permitido à

1. Eduardo García de Enterría relembra as origens do princípio da legalidade no dogma de Rousseau da vontade geral, que não aceita as vontades pessoais (*La Lucha Contra las Inmunidades del Poder*, Madri, Civitas, 1983, p. 14).

2. *Direito Administrativo Brasileiro*, 15ª ed., São Paulo, Ed. RT, p. 78.

Administração Pública furtar-se à sua inflexível observância.

6. Como assente na doutrina, o Texto Constitucional de 1988 trouxe inegável avanço em matéria de direitos e garantias individuais e coletivas, sendo inclusive qualificado por Lúcia Valle Figueiredo como "adiantadíssimo, em confronto com as Constituições mais evoluídas do mundo".[3]

7. No que se refere especialmente às garantias relacionadas ao devido processo legal, o progresso é ainda mais significativo. Confira-se, nesse sentido, os incisos LIV e LV do art. 5º, *verbis*:

> Art. 5º. Todos são iguais perante a lei, sem distinção de qualquer natureza, garantindo-se aos brasileiros e aos estrangeiros residentes no País a inviolabilidade do direito à vida, à liberdade, à igualdade, à segurança e à propriedade, nos termos seguintes:
>
> (...).
>
> LIV — *ninguém será privado da liberdade e de seus bens sem o devido processo legal*;
>
> LV — *aos litigantes*, em processo judicial ou *administrativo*, e aos acusados em geral *são assegurados o contraditório e ampla defesa, com os meios e recursos a ele inerentes*; (destaques não originais).

8. A par de assegurar o *devido processo legal* — o que é natural, já que adotou o regime de Estado Democrático de Direito — a Constituição Federal estendeu para o processo administrativo as garantias do contraditório e da *ampla defesa*, com os meios e recursos a estes inerentes. Saliente-se que, sob a ordem constitucional pretérita, esses princípios eram previstos somente para o processo penal e aplicados aos demais ramos do direito por construção jurisprudencial.

9. Trata-se, à evidência, de institutos intimamente ligados, podendo-se afirmar sem exagero que não sobreviveriam separados. Isto porque o devido processo legal não estaria plenamente observado sem se garantir às partes o direito ao contraditório e à ampla defesa.

10. Vicente Greco Filho, a propósito, afirma que "o devido processo legal significa o adequado processo, ou seja, o processo que assegure a igualdade das partes, o contraditório e a ampla defesa". Mais adiante assinala que o contraditório "é a técnica processual e procedimental que impõe a bilateralidade do processo. Todos os atos do processo devem ser realizados de modo que a parte contrária possa deles participar ou, pelo menos, possa impugná-los em contramanifestação". Por fim, conclui o emérito processualista que a ampla defesa consiste na "oportunidade de o réu contraditar a acusação, através da previsão legal de termos processuais que possibilitem a eficiência da defesa".[4]

11. Vale dizer ainda que o respeitado professor considera como meios inerentes à ampla defesa (i) o conhecimento claro da imputação; (ii) a possibilidade de apresentação de alegações contra a acusação; (iii) a possibilidade do acompanhamento de prova produzida e produção de contraprova, dentre outros.[5] Diante disso, parece ficar claro que sem a observância desses requisitos ficaria irremediavelmente prejudicada a eficiência de qualquer processo administrativo, o que é contrário às expressas disposições constitucionais.

12. Acentua a doutrina a aplicação desses princípios e Ada Pellegrini, Cândido Dinamarco e Antonio Carlos de Araújo Cintra, ciosos disso, assinalam:

> "O juiz, por força de seu dever de imparcialidade, coloca-se entre as partes, mas eqüidistante delas: ouvindo uma, não pode deixar de ouvir a outra; somente assim se dará a ambas a possibilidade de expor suas razões, de apresentar suas provas, de influir sobre o convencimento do juiz. Somente

3. *Estudos de Direito Tributário*, 1ª ed., São Paulo, Malheiros Editores, 1996, p. 94.

4. *Direito Processual Civil Brasileiro*, 1º v., 12ª ed., São Paulo, Saraiva, 1996, pp. 46 e ss.

5. Ob. cit., p. 47.

pela soma da imparcialidade das partes (uma representando a tese e outra a antítese) o juiz pode corporificar a síntese, em um processo dialético, por isso que foi dito que as partes, em relação ao juiz, não têm papel de antagonistas, mas sim de 'colaboradores necessários': cada um dos contendedores age no processo tendo em vista o próprio interesse, mas a ação combinada dos dois serve à justiça na eliminação do conflito ou controvérsia que os envolve.

"(...) Decorre de tais princípios a necessidade de que se dê ciência a cada litigante dos atos praticados pelo juiz e pelo adversário. Somente conhecendo-os, poderá efetivar o contraditório."[6]

13. Os autores vão além, observando que o contraditório não admite exceções, nem mesmo em casos de urgência. E mais, que "em virtude da natureza constitucional do contraditório, deve ser ele observado não apenas formalmente, mas, sobretudo pelo aspecto substancial, sendo de se considerar inconstitucionais as normas que o desrespeitem".[7]

14. Celso Antônio Bandeira de Mello, ao relacionar os princípios que norteiam o processo administrativo, afirma que o que se chama de princípio da audiência do interessado não se resume a uma única manifestação. Donde significa mais do que ser ouvido apenas inicialmente. Pode, em cada caso, implicar que se deva ensanchar ao administrado oportunidade de volver a manifestar-se, tendo em vista o próprio desenrolar do procedimento e seus incidentes. E aduz ainda que o princípio da ampla instrução probatória envolve não apenas o direito de produzir provas, mas também o de, muitas vezes, fiscalizar a produção de provas da Administração, isto é, o de estar presente, se necessário, a fim de verificar se efetivamente se efetuaram com correção ou adequação técnicas devidas.[8-9]

15. Também Hely Lopes Meirelles, com esteio na doutrina de José Frederico Marques, assinala ser inadmissível que a Administração Pública pretenda criar limitações patrimoniais imediatas ao administrado atuando fora das fronteiras do *due process of law*. Isto posto, considera que o Poder Administrativo, ainda que exercendo seus poderes de autotutela, não tem o direito de impor aos administrados gravames e sanções que atinjam, direta ou indiretamente, seu patrimônio sem ouvi-los adequadamente, e sem que lhes preserve o direito de defesa.[10]

16. Por derradeiro, importa salientar que, apesar de não expressamente previsto na Carta Magna, é ínsito ao devido processo legal judicial ou administrativo a garantia do duplo grau de apreciação, sob pena de comprometer a essência da ampla defesa.[11]

1.2 A linguagem — sua utilização vaga e/ou ambígua — e a necessária transparência da Administração Pública

17. A linguagem escrita, assim como as demais linguagens não conseguiram, e não conseguem atingir um grau de perfeição que as torne precisas, com um sentido

6. *Teoria Geral do Processo*, 12ª ed., São Paulo, Malheiros Editores, 1996, p. 55.

7. Ob. cit., p. 57.

8. *Curso de Direito Administrativo*, 7ª ed., São Paulo, Malheiros Editores, 1995, pp. 304 e 305.

9. No mesmo sentido, Lúcia Valle Figueiredo ensina: "No processo tributário verificamos que determinadas provas podem e devem ser acompanhadas pelas partes; não se justificaria que aos litigantes, em processo judicial ou administrativo, se aplicassem as regras do processo judicial e no processo tributário, não" (*Estudos de Direito Tributário*, 1ª ed., São Paulo, Malheiros Editores, 1996, p. 97).

10. Ob. cit., 20ª ed., p. 590.

11. Neste sentido acórdão do TRF da 2ª Região Tributário: "Importação de mercadorias. Pena de perdimento. Julgamento em instância única, pelo Ministro da Fazenda (art. 27, § 4º do Decreto-lei 1.455/1976). Ofensa aos princípios constitucionais do contraditório, da ampla defesa e do devido processo legal. (...) (Ac. do TRF-2ª R., 2ª T., AMS 91.02.07961-5-RJ, Rel. Desembargador Federal Alberto Nogueira, j. 25.8.1992, *DJU*-II, 25.11.1992, p. 50.951).

unívoco.[12] Assim sendo, resta aos usuários da linguagem aperfeiçoá-la de forma a reduzir a plurivocidade dos vocábulos para se atingir uma melhor comunicação (um destes métodos é o processo de elucidação, que reduz as possibilidades de aplicação de um determinado vocábulo).[13]

18. A falta de precisão no significado (conotação) de uma palavra se chama vaguidade: uma palavra é vaga na medida em que há casos (reais ou imaginários, pouco importa) nos quais a sua aplicabilidade é duvidosa. Se nos propuséssemos a fazer uma lista de palavras vagas, provavelmente esta lista seria infindável, perceberíamos que todas as palavras possuem algum grau de vaguidade.

19. O significado das palavras pode apresentar-se — segundo uma clássica comparação — como uma luz projetada sobre uma superfície. Haverá uma parte claramente iluminada no centro e em torno continuará existindo a escuridão. Mas, entre a claridade e a escuridão haverá uma zona de penumbra, na qual o objeto iluminado será visível, ainda que não com a mesma facilidade. Do mesmo modo, e para cada palavra, existe um conjunto central de casos nos quais o nome é aplicável: enquadra-se sem dificuldade nos critérios usuais e estamos acostumados a usar o vocábulo em tais situações. Haverá um número infinito de casos (ao redor) aos quais não aplicaremos a palavra de modo algum. Mas também existirá uma zona de vaguidade, onde nossos critérios serão insuficientes e os casos não podem ser resolvidos sem critérios adicionais mais precisos.

20. Já em relação à ambigüidade, sua origem, normalmente, é a utilização extensiva de um nome a diversos aspectos ou elementos de uma mesma situação. Outras vezes, a polissemia é um acidente na evolução das palavras a partir de diferentes etimologias, mas também a vontade do homem colabora na produção de ambigüidades através da utilização da linguagem figurada (assim, podemos dar uma mão, sem sequer estendê-la). A poesia está repleta de ambigüidades, pelo uso exacerbado de metáforas.

21. De seu turno, a linguagem jurídica possui características próprias, visto que o Direito tenciona regular condutas. O mundo do Direito é o mundo do dever-ser, não basta ao Direito saber o que é, mas a ele interessa como deverá ser.

22. A linguagem deôntica, através dos seus diferentes modais (proibido, obrigatório e permitido) influi nas relações sociais. A norma ao incidir num fato (fato jurídico) vincula a esse fato um relacionamento entre sujeitos-de-direitos. A relação jurídica é interpessoal, é relação intersubjetiva. Os sujeitos são os termos da relação jurídica, quer determinados ou indeterminados.

23. Uma proposição normativa é válida ou não válida, de acordo com os critérios de validade que o sistema jurídico estabelece. O sistema jurídico de direito positivo contém proposições normativas de valências contraditórias e a invalidade só elimina a proposição contradizente quando o próprio sistema diz como e quando (no nosso ordenamento jurídico, somente após a "expulsão" da norma do sistema pelo Supremo Tribunal Federal, através do controle concentrado (ADIN e ADC) ou pelo controle difuso referendado pelo Senado Federal).

24. Nada obstante a vinculação da Administração Pública aos enunciados prescritivos legais, é das mais árduas missões, essencial ao cumprimento da função administrativa, desvendar o conteúdo dos comandos normativos, tanto para dar fiel cumprimento às leis quanto para instruir os administrados dos exatos conteúdos normativos dentro do ordenamento jurídico. O sistema jurídico, que tem no seu ápice a

12. Agustín Gordillo, *Tratado de Derecho Administrativo*, t. 1, *Parte General*, 4ª ed., 1997, pp. I-5.

13. Compilamos as idéias expostas por Ricardo A. Guiboijrg, Alejandro M. Ghigliani e Ricardo V. Guarinoni (*Introducción al Conocimiento Científico*, Buenos Aires, Ed. Universitaria de Buenos Aires, 1985, pp. 40 a 54).

Constituição Federal, orienta e restringe todos os demais comandos infraconstitucionais, o que implica a vinculação do agente público não simplesmente à lei (parte isolada), mas à Constituição Federal (organismo).

25. A correlação da busca do sentido dos comandos jurídicos e a transparência da Administração Pública dá-se em virtude da indispensável busca da certeza do direito do administrado.

1.3 Interpretação e seus métodos

26. A Administração Pública vinculada à lei deverá buscar a segurança jurídica para o Estado e para os administrados, visto que o objetivo principal do Direito é a segurança dos cidadãos. A lei não pode ser instrumento de instabilidade, de incertezas. Como cumprir um enunciado prescritivo que sequer foi compreendido?

27. A elucidação dos comandos normativos somente se fará a contento e conforme o Estado Democrático de Direito se forem utilizados os métodos de interpretação (hermenêutica) que a Ciência do Direito oferece. Caso contrário, restarão casuísmos e a prevalência dos interesses daqueles que detêm o poder político e/ou econômico.

28. A interpretação tem por objeto determinar o sentido e o alcance das expressões do Direito. A lei não nasce do cérebro do seu elaborador. Talvez, a lei formal nasça do legislador, mas a construção do comando normativo tem apenas seu início no texto escrito, *o Direito Positivo é o resultado de ação lenta e reação oportuna.*[14] O ato interpretativo é mais um ato sociológico do que individual. Pouco adianta saber a intenção, a vontade ou o pensamento do legislador.

29. O sistema dogmático de interpretação buscava a vontade criadora da norma, atingindo, no máximo o sentido e não o alcance da norma. O método utilizado era o exegético.[15] A dogmática cedeu lugar ao sistema histórico-evolutivo, que, a partir de um Direito amplo, adaptam-no, pela interpretação, às exigências sociais imprevistas.

30. Há o método teleológico, que dirige a interpretação conforme o fim colimado pelo dispositivo, ou pelo Direito em geral. O sistema sociológico obriga o juiz a aplicar o texto conforme as necessidades da sociedade contemporânea. Todavia, prevalece o método de interpretação sistemático, no qual o intérprete deve servir-se do conjunto das disposições no sentido de construir, com os materiais esparsos em centenas de artigos, um todo orgânico, metódico.

31. O processo sistemático de interpretação permite ao intérprete examinar se determinado comando é válido ou não válido conforme seja confirmado ou infirmado pelo sistema que lhe dá sustentação. "Possui todo corpo órgãos diversos; porém a autonomia das funções não importa em separação; operam-se, coordenados, os movimentos, e é difícil, por isso mesmo, compreender bem um elemento sem conhecer os outros, sem os comparar, verificar a recíproca interdependência, por mais que à primeira vista pareça imperceptível, o processo sistemático encontra fundamentos na lei da solidariedade entre os fenômenos coexistentes".[16]

32. Ademais, "não se encontra um princípio isolado em ciência alguma; acha-

14. Carlos Maximiliano, *Hermenêutica e Aplicação do Direito*, 10ª ed., Rio de Janeiro, Forense, 1988, p. 21.

15. Neste sentido, Konrad Hesse: "La interpretación constitucional que propone Hesse parte ante todo de la necesidad de prescindir del dogma de la voluntad: es tarea inútil tratar de buscar cuál sea la voluntad (subjetiva) de quién la dicta allí donde, precisamente, dicha voluntad no existe; (...). Los métodos o reglas tradicionales de interpretación (gramatical, histórico, sistemático y teleológico) no es que sean inválidos, pero si son radicalmente insuficientes para enfrentarse a la interpretación de las normas 'abiertas': (...)" (*Escritos de Derecho Constitucional*, Centro de Estudios Constitucionales, p. XVI).

16. Carlos Maximiliano, ob. cit., p. 128.

se cada um em conexão íntima com outros". O "Direito objetivo não é um conglomerado caótico de preceitos; constitui vasta unidade, organismo regular, sistema, conjunto harmônico de normas coordenadas, em interdependência metódica, embora fixada cada uma no seu lugar próprio. De princípios jurídicos mais ou menos gerais deduzem reciprocamente, embora se desenvolvam de modo que constituem elementos autônomos operando em campos diversos".[17]

33. A ênfase na consideração do Direito como um sistema orgânico, apesar da aparente obviedade, é cada vez mais importante e atual, haja vista as recidivas intervenções dos agentes públicos, através de atos regulamentadores e interpretativos, que isolam determinadas matérias em prol de intenções imediatas (privatizações, redução do quadro funcional, estabilização da economia etc.), muitas vezes, sacrificando princípios constitucionais historicamente sedimentados.

34. Portanto, para que os agentes públicos possam desempenhar adequadamente sua função administrativa, cabe à Administração Pública fornecer instrumentos que lhes permitam conhecer e aplicar o Direito e não apenas conhecer aquela parte que momentaneamente interessa o Estado. Afinal, como lembra Enterría, "El ciudadano se enfrenta con el Poder primariamente en cuanto poder administrativo".[18]

2. O exercício da função administrativa

2.1 A Administração em prol do administrado

35. O exercício do múnus público outorga aos seus detentores uma série de prerrogativas, muitas vezes necessárias ao exercício da função pública. Todavia, não é incomum que as prerrogativas sejam transmutadas em privilégios, que arranham ou destroem a função precípua do Estado — o bem comum.

36. Nada excepcional é ouvir-se a frase: "Você sabe com quem está falando?". Há um vício arraigado no exercício da função administrativa pública. Há muito que não se cogita do que seja público ou da *res publica*. O administrado assume ares de pedinte (de certidões, de licenças, de respostas a indagações, de registros, de cadastros de empresas, de educação, de saúde etc.) e o agente público tornou-se o senhor absoluto dos desígnios do Estado e de seus cidadãos. Já não se tem constrangimento em afirmar: "Aqui o que vale é o nosso entendimento, a lei somente com determinação judicial — afinal a Ordem de Serviço 000 nos obriga a assim agir".

37. Estas constatações longe de se constituírem um protesto inoportuno, são, na verdade, o material farto que o cientista do Direito deve utilizar para estudar a linguagem jurídica e, porventura, proporcionar-lhe efetividade. Afinal, como já relatado, o mundo do Direito não está no Ser, mas no dever-ser.

38. Neste sentido, tanto a definição precisa de função administrativa de Lúcia Valle Figueiredo[19] quanto às admoestações incisivas de Celso Antônio Bandeira de Mello lembrando Ruy Cirne Lima são fundamentais para que se possa retomar o papel do agente público no exercício da função pública. De se conferir:

"Na Administração o dever e a finalidade são predominantes, no domínio, a vontade. Administração é a atividade do que não é senhor absoluto. O mestre gaúcho pondera acertadamente que 'a relação

17. Idem, ibidem.
18. Ob. cit., p. 12.

19. Conceitua a autora: "A função administrativa consiste no dever de o Estado, ou de quem aja em seu nome, dar cumprimento fiel, no caso concreto, aos comandos normativos, de maneira geral ou individual, para a realização dos fins públicos, sob regime prevalente de direito público, por meio de atos e comportamentos controláveis internamente, bem como externamente pelo legislativo (com o auxilio dos Tribunais de Contas), atos, estes, revisíveis pelo Judiciário" (ob. cit., pp. 31 e 32).

de administração somente se nos depara, no plano das relações jurídicas, quando a finalidade a que a atividade da Administração se propõe, nos aparece defendida e protegida, pela ordem jurídica, contra o próprio agente e contra terceiros'.

"Em suma, o necessário — parece-nos — é encarecer que na Administração os bens e os interesses *não se acham entregues à livre disposição da vontade do administrador*. Antes, para este, coloca-se a obrigação, o dever de curá-los nos termos da finalidade a que estão adstritos. É a ordem legal que dispõe sobre ela.

"(...).

"*As pessoas administrativas não têm portanto disponibilidade sobre os interesses públicos confiados à sua guarda e realização*. Esta disponibilidade está permanentemente retida nas mãos do Estado (e de outras pessoas políticas, cada qual na própria esfera) em sua manifestação legislativa. Por isso a Administração e suas pessoas auxiliares têm caráter meramente instrumental."[20]

39. As lições são claras e contundentes, o papel da Administração e de seus agentes é ser instrumento para a realização da finalidade do Estado, o que significa que o administrado deve ser considerado o verdadeiro proprietário do Estado. A metáfora fica mais evidente quando, além da condição de administrado, o cidadão assume o papel de contribuinte, ou seja, de provedor de fundos para a subsistência do Estado e de seus agentes. Esta comparação tosca deixa evidente o absurdo de algumas situações atualmente tão comuns. Seria aceitável que ao chegar um acionista ou sócio de uma empresa e solicitasse informações acerca de determinado procedimento ou de determinada linha de produção e viesse seu empregado e lhe dissesse — *aguarde na fila durante toda a noite e retire uma senha, que depois o chamaremos*.

40. A Administração em prol do administrado não é aquela que a todos os reclamos responde afirmativamente. Ao contrário, é uma Administração responsável, que possui a visão do conjunto e sabe ou procura saber como atingir o bem comum. Se isto for utopia, o Estado não tem razão de ser. Por que criar um monstro imenso, drenando riquezas de todos os cidadãos, se não for para possibilitar um convívio social com poucos conflitos e menores discrepâncias sociais.

41. O Estado de Direito Democrático não deve existir para assumir o papel de mantenedor do *status quo*, ou então de alienação da consciência das multidões sem perspectivas de vida digna. A Administração Pública dos entes políticos da República Federativa do Brasil deve se guiar por princípios determinados na Constituição Federal e que balizam o exercício da função administrativa.

42. Os princípios constitucionais fundamentais que devem reger a Administração Pública são os seguintes: legalidade, igualdade, razoabilidade, motivação, moralidade administrativa, publicidade, impessoalidade, inalienabilidade dos interesses públicos, eficiência e controle jurisdicional dos atos administrativos.[21]

43. Independentemente da interpretação ou dos valores que tenham determinado a inclusão destes princípios no Texto Constitucional, resta cristalino que a gênese do atual Estado Brasileiro está imbricada de uma ideologia que tenciona oferecer ao cidadão e administrado um *status* privilegiado, com respeito a direitos fundamentais e inalienáveis. Os percalços que ainda fazem parte do cotidiano brasileiro são decorrentes da falta de tradição jurídica e democrática dos cidadãos e de seus representantes. Dar efetividade a estes princípios é o papel da Administração Pública, sob pena de tergiversar na sua missão constitucional.

20. Ob. cit., 8ª ed., pp. 31 e 32.

21. Compilamos a posição de Celso Antônio Bandeira de Mello (ob. cit., pp. 32 e 33) e Lúcia Valle Figueiredo (ob. cit., pp. 39 a 58).

2.2 *Os princípios constitucionais da Administração Pública*

44. O que se objetiva neste tópico é trazer uma visão sistêmica dos seguintes princípios: legalidade, igualdade, razoabilidade, motivação, moralidade administrativa, publicidade, impessoalidade, inalienabilidade dos interesses públicos e controle jurisdicional dos atos administrativos.

45. Ao princípio da legalidade, já retratado acima, somente resta dizer que sua aplicação não pode ser realizada de forma a transformar uma garantia em um obstáculo ao bem comum. O que se quer dizer com esta assertiva é que a legalidade é muito mais do que se circunscrever estritamente ao que a lei prescreve. Na verdade, o agente público deve considerar o ordenamento jurídico como um sistema, no qual a lei é uma das partes, que isoladamente considerada pode levar exatamente ao oposto do mandamento legal considerado sistematicamente.

46. De seu lado, a igualdade é uma das pilastras do regime democrático de direito, haja vista que a busca da igualdade é que sustenta a sociedade moderna. *O princípio da igualdade é a mola propulsora do Estado de Direito; sem seu cumprimento o exercício da função administrativa seria realmente sem sentido.*[22] Quaisquer diferenças de tratamento devem estar fundadas em diferenças acatadas pelo Texto Magno, o que de plano afastam discrímenes fundados em raça, cor, sexo, idade, religião, ideologia política etc.

47. No que toca ao princípio da razoabilidade, refere-se este a uma imposição que deve nortear aquele que exerce funções de Administração Pública: os valores que devem nortear suas decisões são aqueles que levam em conta as necessidades da coletividade, sempre atendidos os requisitos da legitimidade e da economicidade. Portanto, os valores pessoais do agente devem ficar afastados e prevalecer os *valores do homem médio.*[23]

48. Atinente ao princípio da motivação, nada mais é que a garantia de que haja algum controle sobre os atos praticados. Por evidente, que a motivação referida é aquela adequada, ou seja, que correlaciona os fatos ao direito e apresenta a síntese, que permite à própria Administração, ao administrado e ao Poder Judiciário aferir a legalidade e constitucionalidade da decisão exarada ou do ato praticado.

49. No que respeita à moralidade administrativa, temos que aferi-la de acordo com os cânones comportamentais (*ethos*) de determinado povo em determinada época, ou seja, a moral é *um conjunto de regras de conduta admitidas em dada época ou por um grupo de homens.* E a moral administrativa será o *conjunto de regras de conduta da Administração que, em determinado ordenamento jurídico, são consideradas os "standards" comportamentais que a sociedade deseja e espera.*[24] Assim sendo, um ato administrativo será imoral se contrariar a ética que a sociedade deseja e espera.

50. O princípio da publicidade dos atos administrativos é mandamento expresso do art. 37, *caput*, da Carta Magna e nada mais é do que a imprescindível obrigação da Administração Pública de tornar seus atos conhecidos de toda a coletividade. É clássica na história a forma despótica que não permite a transparência das informações do Estado, como meio de manipulação da vontade popular e como forma de inibição do controle dos atos administrativos. A publicidade é *conditio sine qua non* para a existência do Estado Democrático de Direito.

51. Já a impessoalidade é a garantia de tratamento objetivo a todos os administrados, independentemente de aspectos pessoais. O único interesse a ser defendido é o interesse do bem-estar geral, o que torna

22. Lúcia Valle Figueiredo, ob. cit., p. 44.

23. Lúcia Valle Figueiredo relembra Recaséns Siches, ob. cit., p. 47.

24. Lúcia Valle Figueiredo, ob. cit., p. 52.

defeso quaisquer atos de favorecimento ou considerações fundadas em critérios não aferíveis objetivamente.

52. O princípio da inalienabilidade dos interesses públicos veda ao administrador público a possibilidade de dispor de bens públicos. A razão é lógica, ninguém pode dispor daquilo que não lhe pertence. Os bens públicos pertencem a toda coletividade e não podem ser titularizados por uma pessoa. O princípio em questão obriga também o manuseio correto dos bens públicos, de forma a não destruí-los ou torná-los inúteis.

53. O princípio do controle jurisdicional dos atos administrativos é corolário da existência do Estado de Direito. De nada valeria ser detentor de inúmeros direitos e ter que cumprir inúmeros deveres, se não houvesse um órgão independente que controlasse o cumprimento das leis e da Constituição Federal — este é o papel reservado ao Poder Judiciário.

3. O procedimento de consulta

3.1 Requisitos mínimos garantidos pela Constituição Federal

3.1.1 Direito de petição

54. O direito de petição, de origem remota, nasceu na idade média, decorrente de processos revolucionários ingleses e depois integrado ao direito constitucional francês.[25]

55. O conteúdo deste direito está relacionado à efetividade do Estado Democrático de Direito, haja vista que pode ser titularizado por qualquer do povo (pessoa jurídica ou física) que tencione provocar a manifestação dos poderes públicos acerca de uma dúvida ou de determinada situação.

56. A consulta administrativa se insere neste contexto, quando se verifica que o administrado consulente objetiva um pronunciamento do Poder Público a respeito de determinado tema ou situação que não esteja suficientemente esclarecido ou que venha causando controvérsias quanto ao exercício de direitos ou ao cumprimento de deveres, tanto dos administrados quanto do Estado.[26]

57. O direito de petição obriga o Poder Público a aceitar o pedido de consulta e a responder aos quesitos formulados, sob pena de se subtrair do administrado o direito a informações fundamentais para o exercício de sua cidadania. De fato, a obscuridade e a incerteza das normas jurídicas e da forma de sua aplicabilidade são típicos instrumentos de tirania, despotismo, apadrinhamentos e de nepotismo.

58. Note-se que Canotilho, ao tratar do direito de petição, evoca a Constituição Portuguesa, que trata esse instituto como um direito político para defesa da Constituição, das leis e do interesse geral. Ademais, menciona a existência de um Provedor de Justiça, uma forma de *ombudsman* que "não se limita à defesa da legalidade, cabendo-lhe 'providenciar e reparar injustiças' praticadas quer por ilegalidade quer por 'parcialidade' ou 'má administração'. (...) O direito de petição ao Provedor de Justiça não se limita aos direitos, liberdades e garantias; a sua intervenção pode ser solicitada pelos cidadãos quando está em causa a concretização de direitos econômicos, sociais e culturais".[27]

25. José Afonso da Silva, *Curso de Direito Constitucional Positivo*, 6ª ed., Sao Paulo, Ed. RT, 1990, p. 381.

26. Neste sentido, o Acórdão 201-70582 do Conselho de Contribuintes Federal: "A consulta, em gênero requer resposta. Enquanto a consulta sobre classificação fiscal de mercadorias estiver pendente de resposta por parte da Administração tributária, não pode ser instaurada ação fiscal sobre o objeto da consulta. Lançamento dela decorrente é, portanto, nulo *ab initio*. (...) A consulta fiscal se insere no direito constitucional de petição, vinculando-se a ela uma necessária resposta da Administração. (...) Enquanto não houver resposta de mérito da Administração, a estabilidade e segurança das relações jurídicas, no caso tributárias, visadas, em última análise, pelas consultas, impedem que se instaure ação fiscal" (sessão de 25.2.1997, Relator Jorge Freire).

27. J. J. Gomes Contilho, *Direito Constitucional*, 6ª ed., Coimbra, Livraria Almedina, 1993, pp. 663 e 664.

59. Em nossa Carta Magna, o direito de petição é cláusula pétrea inserida na alínea inciso XXXIV, art. 5º, *litteris*: "são a todos assegurados, independentemente do pagamento de taxas: o direito de petição aos Poderes Públicos em defesa dos direitos ou contra ilegalidade ou abuso de poder".

60. Portanto, em nosso Estado Democrático de Direito fundado na Constituição Federal de 1988, o Direito de Petição é um direito (auto-aplicável) de o administrado peticionar ao Estado e obter resposta acerca das indagações formuladas. A consulta administrativa é um corolário lógico do direito de petição e existe obrigatoriamente em todas as esferas da Administração Pública, independentemente de previsão legal específica que o regulamente.

3.1.2 Motivação das respostas às consultas

61. De nada valeria assegurar a existência do direito de petição na modalidade de consulta administrativa, se este direito não tivesse efetividade. O Estado deve receber a consulta e obrigatoriamente respondê-la. Além disso, deve analisar os fatos apresentados pelo consulente em face da legislação e sintetizar, com adequada motivação, a interpretação ou decisão que está sendo proposta aos quesitos formulados.

62. A motivação é a alma do processo administrativo da consulta. De nada adiantaria ter o direito de perguntar se a reposta pudesse ser "sim", "não", "indefiro", "incide", "não incide" etc. O que o consulente requer é uma resposta fundada no ordenamento jurídico e não na opinião subjetiva[28] do agente público. É cediço que o processo de interpretação traz consigo uma carga valorativa pessoal, mas que, na esfera pública, deve ser minorada pelos preceitos e princípios de direito público (isonomia, imparcialidade, razoabilidade etc.).

63. Lúcia Valle Figueiredo capitaneou, com inúmeras decisões, uma forte corrente jurisprudencial que considerava nulas as decisões administrativas (judiciais ou não) não motivadas adequadamente. A autora sintetiza: "a motivação atende às duas faces do *due process of law*: a *formal* porque está expressa no texto constitucional básico; e a *substancial* — sem a motivação não há possibilidade de aferição da legalidade, da justiça ou da injustiça de uma decisão administrativa".[29]

64. Portanto, resposta à consulta imotivada ou motivada insuficientemente ou de forma contrária ao ordenamento jurídico não atenderá aos ditames constitucionais do princípio da motivação e deverá ser considerada nula de pleno direito, não produzindo efeitos para as partes envolvidas.

3.1.3 Isonomia entre os consulentes em mesma situação

65. A igualdade entre consulentes que estejam na mesma situação fática deverá implicar necessariamente em respostas às consultas coincidentes. Será inadmissível que sejam criadas distinções sem que haja descrimines razoáveis, de acordo com as balizas constitucionais.

66. De tal sorte que a aplicação do princípio da isonomia garante aos consulentes, que estejam em situação equivalente, o mesmo tratamento dos Poderes Públicos, ou seja, se determinada lei se aplica ou não a um determinado fato, a resposta será pela sua aplicabilidade ou inaplicabilidade, independentemente de quem seja o consulente.

67. A isonomia garante, no processo de consulta, que não prevaleçam interesses pessoais ou, então, que as respostas da Administração Pública sejam instrumentos de concessão de escusas vantagens a particulares. Também propiciará referido princípio que, em face de desigualdades objetivas ou subjetivas, seja aplicado um trata-

28. A redundância é proposital.

29. Ob. cit., pp. 48 e 49.

mento diferenciado de forma a preservar os direitos individuais e coletivos.

68. O parâmetro da igualdade, com todas as vicissitudes de sua aferição, é uma das balizas do processo de consulta e deve ser buscada, mesmo que, em algumas situações, seja uma das mais árduas tarefas.

3.1.4 Competência e capacitação funcional para responder às consultas

69. Entende-se a resposta à consulta administrativa como ato administrativo que deve atender os requisitos extrínsecos de todo ato administrativo. Destaque-se a competência para exercer a função pública de responder consultas administrativas.

70. A competência do consultor administrativo deve ser específica, sob pena de comprometer tanto o Estado quanto o administrado, que podem ser afligidos por respostas danosas a seus direitos.

71. Dentro, ainda, da verificação da competência está a aferição da capacitação funcional técnica para a resolução das consultas. O consultor administrativo deve ser preparado pelo Estado e munido de todos os instrumentos para responder adequadamente às consultas. A competência funcional é imprescindível à garantia da imparcialidade e do Estado de Direito e a capacitação funcional é o instrumento que assegura um tratamento conforme as normas do ordenamento jurídico (interpretadas pela jurisprudência e pela doutrina abalizada).

3.1.5 Dupla apreciação administrativa

72. Como já se verificou anteriormente, o duplo grau de jurisdição é uma garantia ínsita aos princípios constitucionais da ampla defesa e do contraditório. Não se justifica a distinção que pretendem alguns no sentido de considerar que o duplo de grau de apreciação somente se aplica no processo judicial, haja vista que do processo administrativo, inclusive o de consulta, podem advir inúmeras conseqüências lesivas para o administrado.

73. Ademais, é uma garantia do próprio Estado que uma resposta administrativa seja confirmada *interna corporis*, como instrumento para assegurar a indisponibilidade do interesse público e para uniformizar o entendimento do Estado em relação a determinados assuntos. O recurso traz consigo também uma forma de expressão da indignação humana em não aceitar, de pronto, uma resposta que não seja aquela esperada.

74. Assim sendo, quer seja como garantia do contraditório e da ampla defesa, quer seja como instrumento de política administrativa, é garantido aos consulentes e ao Estado a apreciação dúplice[30] da consulta administrativa.

3.2 Efeitos do protocolo e da resposta da Administração Pública à consulta

75. Consoante o que se expôs, o processo da consulta administrativa deve necessariamente salvaguardar os interesses legítimos dos administrados que requeiram a manifestação do Poder Público.

76. Assim sendo, a partir da data de protocolização do pedido de consulta em determinado órgão público o administrado deve estar resguardado de quaisquer medidas repressivas relacionadas ao objeto (fato, situação) consultado, sob pena de este instituto ser utilizado como forma de apenar o consulente.

77. Ademais, a boa-fé que deve ser indissociável à Administração Pública e que se presume do consulente obrigam as partes envolvidas no processo administrativo de consulta a agir com toda lisura e transparência. Seria inadmissível que um administrado que não esteja cumprindo determinado dever por estar em dúvida razoá-

30. Entende-se desnecessário dizer que a apreciação deverá ser efetuada por diferentes agentes públicos em grau de hierarquia diverso (revisão/autotutela).

vel seja precipitadamente apenado por ter se utilizado de um procedimento legal administrativo.

78. O processo administrativo de consulta denota uma conduta elogiável do administrado, que expõe suas dúvidas e espera que o Poder Público as solucione. A adoção de medidas repressivas contra o consulente, após o protocolo da consulta e antes do parecer final da Administração, esvazia o instituto da consulta e expõe às claras a má-fé da Administração Pública.

79. Portanto, de acordo com os princípios constitucionais já referidos, a legislação específica de consulta, aplicável a qualquer órgão administrativo de todas as pessoas políticas de direito público interno, deve suspender a possibilidade de adoção de medidas que venham a acarretar prejuízos a direitos e garantias dos consulentes, durante o trâmite administrativo da consulta (não importa quanto tempo demore o órgão público para solucionar as questões apresentadas), e, por evidente, em relação ao objeto consultado.

80. No que respeita aos efeitos da resposta à consulta administrativa, não poderia ser outra a conclusão senão aquela que vincula todos os órgãos da Administração Pública ao que foi respondido ao consulente. De outra sorte, estaria instituída a balbúrdia coletiva, já que o próprio órgão competente do Estado interpreta a norma de uma forma e os agentes deste mesmo Estado, que a devem cumprir e fazer cumprir, a interpretam de forma divergente, e, por absurdo, prevalece a interpretação daquele que não possui competência para fazê-lo.

81. Não é demais ressaltar que, através de mecanismos e processo previsto em lei e atendendo aos princípios constitucionais, poderia ser alterado o entendimento assinalado numa consulta. Todavia, a nova resposta da Administração somente produziria efeitos a partir da notificação válida do consulente ou de sua publicação no órgão de divulgação oficial.

82. Por mais insólito que possa parecer, há um precedente do Supremo Tribunal Federal na inusitada situação em que um consulente obteve uma resposta da Administração fazendária paulista, cumpriu exatamente as orientações determinadas e, por incrível que possa parecer, detectou que outros consulentes em idêntica situação agiam de forma diferente, menos onerosa, efetuou nova consulta e a segunda resposta da Administração foi divergente da primeira, confirmando o procedimento dos concorrentes. Tal situação gerou prejuízos ao consulente que ajuizou ação de indenização contra o Estado. De se conferir alguns trechos deste elucidativo e brilhante acórdão da Corte Suprema, relatado pelo Ministro Marco Aurélio:

> *Tributário. Consulta. Indenização por danos causados.* Ocorrendo resposta a consulta feita pelo contribuinte e vindo a Administração Pública, via o fisco, a evoluir, impõe-se-lhe a responsabilidade por danos provocados pela observância do primitivo enfoque.
>
> (...).
>
> *A relação jurídica Estado/Contribuinte há de repousar, sempre, na confiança mútua, devendo ambos atuarem com responsabilidade, fiéis ao ordenamento jurídico em vigor.*
>
> No caso dos autos, a recorrente, demonstrando inegável confiança no fisco, e, portanto, havendo adotado postura de absoluta boa-fé, fez-lhe uma consulta e, a partir dela, adotou procedimento que, em última análise, veio a implicar antecipação do recolhimento do imposto. Enquanto isso, empresas congêneres agiam de modo diverso, tendo como data própria não a da emissão da nota fiscal para entrega futura, em se tratando de imposto diferido, mas da efetiva saída do produto industrializado. Eis que a ora Recorrente, tomando conhecimento desse fato, voltou a consultar a Administração Pública e esta, então, modificando a postura anterior, tudo indicando diante da admissibilidade, como correto, do que vinha sendo praticado pelas demais empresas, acabou por consignar que a data propicia seria não a da expedição da nota fiscal, mas a da efetiva saída da mercadoria.

Senhor Presidente *este caso é exemplar no tocante à necessidade de adotar-se postura que estimule os contribuintes a acionarem o instituto da consulta e, ao mesmo tempo, atribua à Administração Pública uma maior responsabilidade em respondê-las.* De duas uma: ou a Administração Pública não está compelida a atuar no âmbito da consultoria, ou está e, claudicando, pouco importando o motivo, assume os danos que tenha causado ao contribuinte. O que não se concebe é que, diante da normatividade da matéria, fique a Administração Pública, na hipótese de equívoco — que, afinal, para ela implicou inegável vantagem — deixe de indenizar aquele que sofreu o correspondente prejuízo. (...).

Conheço do extraordinário e o provejo, fazendo-o, até mesmo, em prol da credibilidade do setor público. (...).[31]

83. Como se verifica, o instituto da consulta tem como pilastras de sua existência a boa-fé e a responsabilidade das partes. A segurança jurídica como ideário do Estado Democrático de Direito não admite a conduta irresponsável ou de má-fé da Administração Pública. Somente se atingirá os fins buscados no processo de consulta se a presunção for a da boa-fé com a conseqüente responsabilização daqueles que contrariarem esta presunção relativa.

84. Portanto, independentemente de previsão legal ou de indevida vedação legal, são inafastáveis os seguintes efeitos da consulta, a partir do protocolo do processo: (i) vedação de adoção de qualquer medida pelo Estado, em relação ao objeto consultado, que implique em restrição de direitos do consulente ou qualquer espécie de prejuízo, até que haja posicionamento definitivo por parte do órgão consultivo; e, (ii) vinculação de todos os órgãos do Estado à interpretação realizada pelo órgão consultivo.

31. RE 131.741-8-SP, *DJ* 24.5.1996, Rel. Ministro Marco Aurélio, j. 9.4.1996 (destaques de nossa autoria).

3.3 Análise da legislação federal, previdenciária e estadual paulista acerca da consulta administrativa tributária em face da Constituição Federal

3.3.1 Legislação Federal

85. O processo de consulta tributária federal está previsto na Lei 9.430, de 27 de dezembro de 1996 e no Decreto 70.235, de 6 de março de 1972,[32] além de outros dispositivos infralegais.[33]

86. Da análise dos dispositivos legais supra (Lei 9.430/1996), podemos verificar que alguns dispositivos estão em desacordo com princípios constitucionais referidos anteriormente e outros se amoldam adequadamente ao ordenamento jurídico, senão vejamos:

(i) o art. 48, *caput*, estabelece a instância única para a solução das consultas administrativas em confronto com os princípios do contraditório e da ampla defesa;[34]

(ii) o § 3º, art. 48 da Lei 9.430/1996, determina que não cabe recurso da decisão que declarar ineficaz a consulta protocolada, o que afronta de forma expressa os princípios do contraditório e da ampla defesa;

(iii) anteriormente a esta lei, o Decreto 70.235/1972 não exigia a publicação das decisões, o que poderia propiciar benefícios indevidos e tratamento desigual entre contribuintes; a atual lei (§ 4º, art. 48 da Lei 9.430/1996) regularizou esta flagrante inconstitucionalidade (ofensa ao princípio da publicidade dos atos administrativos);

(iv) a superveniência de entendimento divergente da Administração Pública somente se aplicará aos consulentes após a publicação ou notificação, o que homena-

32. Conforme autoriza o Decreto-lei 882, de 5.9.1969.

33. Vale conferir a Instrução Normativa SRF 573, de 23.11.2005.

34. O dispositivo apenas permite a dupla apreciação em casos de soluções divergentes, o que, ao menos, garante a igualdade de tratamento.

geia a boa-fé e a moralidade do Poder Público (§ 12, art. 48 da Lei 9.430/1996);

(v) o art. 48 do Decreto 70.235/1972 garante que nenhum procedimento fiscal será instaurado contra o sujeito passivo relativamente à espécie consultada, a partir da apresentação da consulta até o trigésimo dia subseqüente à data da ciência. O dispositivo é fundamental para a efetividade do instituto da consulta e garante a boa-fé que deve pautar as relações entre o administrado e o Poder Público;

(vi) o art. 49 do Decreto 70.235/1972 determina que "a consulta não suspende o prazo para recolhimento de tributo, retido na fonte ou autolançado antes ou depois de sua apresentação, nem o prazo para apresentação da declaração de rendimentos". A retirada do efeito suspensivo para os tributos lançados por homologação (ou sem lançamento) nos parece desarrazoada, haja vista que o efeito suspensivo é fundamental para o instituto da consulta. O dispositivo acaba por tornar pouco interessante ao contribuinte o instituto para estas espécies tributárias;

(vii) a previsão de recurso especial (§ 5º, art. 48 da Lei 9.430/1996) em caso de divergências entre soluções de consultas relativas a idêntica, norma jurídica, apesar de assegurar a igualdade, não é plenamente eficaz, haja vista que o recurso não produz efeitos suspensivos. Desta forma, durante o período de uniformização de entendimento, haverá tratamento desigual entre iguais, o que é obviamente inconstitucional;

(viii) os incisos II e III, art. 52 do Decreto 70.235/1972 retiram a eficácia de consulta que tenha sido formulada "por quem tiver sido intimado a cumprir obrigação relativa ao fato objeto da consulta" e "por quem estiver sob procedimento fiscal iniciado para apurar fatos que se relacionem com a matéria consultada". A presunção de má-fé do contribuinte, nestas hipóteses, deveria ser *juris tantum*[35] tendo em vista que, em algumas situações, a dúvida pode ser razoável e justificável, mesmo após a quebra da espontaneidade (p.ex.: erro de interpretação ou interpretação divergente da doutrina e/ou jurisprudência). O dispositivo estabelece uma distinção que, em algumas hipóteses, pode ferir o princípio da igualdade, haja vista que o discrímen estabelecido não se sustenta em fatos objetivos.

35. Todavia, o decreto traz a presunção *jure et jure*: "Não produzirá efeitos a consulta (...)".

3.3.2 Legislação Paulista (estadual)

87. O processo de consulta tributária no Estado de São Paulo está regulado nos arts. 104 a 107 da Lei 6.374, de 1º de março de 1989 e pelo Decreto 45.490/2000.

88. Nos dispositivos acima mencionados, nos parece que dois pontos merecem atenção:

(i) não há previsão para uniformização de soluções divergentes de consultas, o que pode acarretar quebra do princípio da isonomia;

(ii) não há previsão na Lei para recurso e o Decreto é o expresso: *das respostas da consultoria não caberá recurso ou pedido de reconsideração*. A falha normativa é evidente e ofende frontalmente os princípios da ampla defesa e do contraditório;

(iii) há uma salutar definição de prazos (30 ou 45 dias do protocolo, dependendo do local do protocolo da petição) para a manifestação do Estado, o que afasta ou deveria afastar a inércia ou displicência do Estado em responder as consultas com a agilidade merecida pelos administrados.

4. Conclusões

89. De todo o exposto, entendemos que o processo administrativo de consulta é decorrente do direito de petição e deve atender os requisitos mínimos garantidos pela Constituição Federal. Dentre estes requisitos destacam-se: motivação das respostas às consultas, isonomia entre os consulentes em mesma situação, atendimento à competência funcional e dupla apreciação administrativa.

90. Ademais, a partir do protocolo da consulta e até a decisão administrativa final, nenhuma medida coercitiva pode ser adotada contra o consulente em relação ao objeto consultado.

91. O direito à consulta administrativa e os seus efeitos independem de legislação infraconstitucional específica, tendo em vista os dispositivos constitucionais invocados anteriormente e a sua auto-aplicabilidade.

92. Por conseguinte, a legislação acerca do processo de consulta, que contrarie os princípios constitucionais mencionados, ou que não estabeleça efeito suspensivo para aplicação de penalidades, é inconstitucional. De outro lado, a falta de legislação específica, como no caso da legislação de previdência social, não implica a inexistência do direito do administrado à consulta com todos os seus efeitos.

LIMITES DA RESPONSABILIDADE DE AGENTE POLÍTICO POR DESCUMPRIMENTO DE "DEVERES INSTRUMENTAIS PREVIDENCIÁRIOS": UMA ANÁLISE DO ART. 41 DA LEI 8.212/1991

CRISTIANE MENDONÇA

Advogada. Procuradora-Geral do Estado do Espírito Santo.
Professora da UFES (Universidade Federal do Espírito Santo), da FDV (Faculdades de Vitória) e do IBET

1. Introdução. 2. Deveres e relações jurídico-tributárias instrumentais. 3. Relações jurídicas sancionatórias decorrentes de descumprimento do dever contido nas relações jurídico-tributárias instrumentais. 4. Sujeição passiva das relações jurídicas sancionatórias decorrentes de descumprimento de "deveres instrumentais previdenciários" (uma análise do art. 41 da Lei 8.211/1991). 5. A inconstitucionalidade do art. 41 da Lei 8.212/1991 (afronta aos princípios constitucionais da federação e da autonomia municipal). 6. Incompatibilidade do art. 41 da Lei 8.212/1991 com a prescrição contida no art. 137, inc. I do CTN. 7. Conclusão.

1. Introdução

Aqueles que militam no âmbito da advocacia pública têm percebido a constância da atuação de diversas pessoas políticas tributantes, no sentido de erigir o agente político — muitas vezes o Chefe do Órgão-Executivo[1] — como responsável pelo descumprimento de deveres instrumentais (denominados pelo Código Tributário Nacional "obrigações acessórias").

Ocorre que deve ser repensada a prática indiscriminada de transpassar a responsabilidade por não cumprimento dos deveres instrumentais para o agente político, detentor de mandato político-representativo.

Não desconsideramos que a "responsabilidade" é um dos elementos caracterizadores de um Estado Republicano.[2] Nos Estados que adotam tal forma de governo, os mandatários deverão responder pelos atos que praticam no exercício de tão relevante função (representação da vontade popular).

1. Preferimos utilizar a expressão "Órgão-Executivo" em lugar de "Poder-Executivo". As razões que embasam o uso de tal nomenclatura estão expostas no livro de nossa autoria intitulado *Competência Tributária* (pp. 87-102).

2. Cf. Geraldo Ataliba, *República e Constituição*, 2ª ed.

Isso não permite, no entanto, que os órgãos fazendários imputem ao Chefe do Órgão-Executivo das diferentes órbitas governamentais a responsabilidade por todos os atos praticados pelas diversas porções orgânicas que perfazem a estrutura administrativa das respectivas pessoas políticas.

O sistema normativo vigente estabelece, em vários enunciados legais, a obrigatoriedade de cumprimento de deveres instrumentais ou formais também pelas pessoas jurídicas de direito público interno. A inobservância de tais deveres, no entanto, não pode ser imputada automaticamente ao "dirigente" da pessoa política que tenha cometido a referida infração. Há limites fixados no ordenamento jurídico pátrio que deverão ser observados em tais situações.

Apesar da relevância que o tema ostenta como um todo, cingiremos a nossa análise à atribuição de responsabilidade ao agente político (Chefe do Órgão-Executivo) levada a efeito pelo INSS (Instituto Nacional de Seguro Social) com base no que prescreve o art. 41 da Lei 8.212/1991.

2. *Deveres e relações jurídico-tributárias instrumentais*

O direito tributário tem como objetivo principal levar o sujeito passivo da relação jurídico-tributária — contida no conseqüente da norma individual e concreta tributária *stricto sensu* — ao cumprimento do dever de pagar determinada soma pecuniária ao sujeito ativo. É por intermédio da referida relação jurídica que surge o direito de o sujeito ativo (Estado) exigir do sujeito passivo (pessoa física ou jurídica) o cumprimento da prestação tributária e, concomitantemente, o dever jurídico de o sujeito passivo adimplir a obrigação relativa ao sujeito passivo.[3]

Além do dever de efetuar o pagamento da obrigação tributária *stricto sensu*, os sujeitos passivos em geral também se vêem compelidos, por expressa previsão estabelecida nos diplomas normativos expedidos pelas pessoas políticas tributantes, a cumprir vários deveres — denominados instrumentais por Paulo de Barros Carvalho — que se traduzem em condutas de fazer e de não-fazer.

Dissertando sobre os deveres formais ou instrumentais, Paulo de Barros Carvalho afirma o seguinte: "Ladeando a obrigação tributária, que realiza os anseios do Estado, enquanto entidade tributante, dispõe a ordem jurídica sobre comportamentos outros, positivos ou negativos, consistentes num fazer ou não-fazer, que não se explicam em si mesmos, preordenados que estão a facilitar o conhecimento, o controle e a arrecadação da importância devida como tributo".[4]

Se, por um lado, algumas pessoas possuem o dever de praticar ou de se abster da prática de determinadas condutas (por força de previsão legal) com vistas ao controle da persecução tributária; por outro lado, outras pessoas (normalmente os entes tributantes) estão investidas do direito de exigir que tais comportamentos se implementem (ou se concretizem) no âmbito da realidade fática e social.

Chamamos de relações jurídico-tributárias instrumentais os diversos vínculos não patrimoniais que se estabelecem entre dois sujeitos de direito (ativo e passivo) e que visam a controlar e a efetivar a arrecadação das diferentes exações fiscais. São instrumentais relativamente às relações jurídicas tributárias propriamente ditas (que unem sujeitos ativo e passivo em torno do objeto da prestação tributária em sentido estrito), porque atuam como meio para alcançar a finalidade precípua da tributação:

3. Antes da expedição da norma individual e concreta, inexiste relação jurídica *stricto sensu*. Existem apenas critérios, demarcados no plano da norma geral e abstrata (regra-matriz incidência), que ensejarão o surgimento da relação jurídica tributária, se se materializar o ato de aplicação do direito.

4. Paulo de Barros Carvalho, *Curso de Direito Tributário*, 14ª ed., pp. 284-285.

o ingresso de receitas tributárias nos cofres públicos.

Salientamos que a natureza da relação jurídica que se estabelece neste caso é não-obrigacional.[5] A marca da patrimonialidade necessária à caracterização do vínculo tributário propriamente dito não se faz presente nos elos tributários instrumentais que vinculam os sujeitos ativos e passivos em torno de prestações positivas e negativas que congregam, respectivamente, verdadeiros deveres de fazer e de não-fazer e, de modo reflexo e necessário, direitos de exigir a prática ou a abstenção de determinada conduta.

Portanto, diferentemente do que ocorre no plano da relação jurídico-tributária *stricto sensu*, o objeto do vínculo instrumental não possui o caráter econômico. As diversas relações jurídicas instrumentais se estabelecem sem que surja em seu interior nenhum dever de pagar para o sujeito passivo.

Conceituar as "obrigações acessórias"[6] do Código Tributário Nacional (previstas no art. 113, § 2º e § 3º) como deveres instrumentais ou formais é enfatizar o comportamento de um dos pólos da relação jurídica instrumental, ocupado pelo sujeito passivo que possui o dever de fazer ou de deixar de fazer alguma coisa.

É bem verdade que as relações jurídico-tributárias instrumentais apenas se darão no bojo das normas individuais e concretas de aplicação das figuras normativas gerais e abstratas que as prevêem.[7] Em homenagem ao princípio da legalidade (estabelecido no art. 5º, inc. II, da CRFB/1988), ninguém é obrigado a fazer ou a deixar de fazer alguma coisa senão em virtude de lei.

Para surdirem no sistema jurídico, é preciso que as relações instrumentais sejam antevistas em normas gerais e abstratas veiculadas em *Leis* editadas pelas porções orgânicas competentes das pessoas políticas tributantes (União, Estados, Distrito Federal e Municípios). Os sujeitos de direito e o objeto da relação jurídica instrumental devem ser previamente estipulados pelo diploma legal competente.

Deixamos desde já salientado que, assim como as pessoas físicas e jurídicas de direito privado, as pessoas jurídicas de direito público (pessoas políticas e autarquias) também podem ser (e são) erigidas pela lei como sujeitos passivos das inúmeras relações jurídico-tributárias instrumentais. Não há no âmbito doutrinário e jurisprudencial muita dúvida quanto a essa possibilidade. A questão que se interpõe para análise é sobre quem deverá recair a responsabilidade, em caso de descumprimento do dever contido no âmbito da relação jurídica meio.

A legislação previdenciária (art. 41 da Lei 8.212/1991) repassa para o dirigente de órgão ou de entidade da administração pública das diferentes órbitas governamentais toda a responsabilidade por inobservância dos deveres instrumentais nela pre-

5. Paulo de Barros Carvalho chama a relação jurídica de natureza obrigacional de "relação jurídica principal" e a relação jurídica de natureza não-obrigacional de "relação jurídica secundária" (*Teoria da Norma Tributária*, p. 155).

6. Considerando a patrimonialidade como elemento de toda a obrigação, inclusive a tributária, não adotamos a expressão "obrigação acessória" veiculada no CTN. O fato de os sujeitos passivos estarem obrigados, pelo ordenamento, a cumprir prestações, positivas e negativas, relativas à arrecadação e à fiscalização de tributos, não nos autoriza a falar em obrigação tributária. Vale, no entanto, consignar que há autores que enfatizam o que foi prescrito pelo legislador tributário, e concluem pela possibilidade de obrigação sem cunho patrimonial. Nesse sentido, vide José Wilson Ferreira Sobrinho (*Obrigação Tributária Acessória*, p. 69) e José Souto Maior Borges (*Obrigação Tributária: uma Introdução Metodológica*, p. 80).

7. Para que a hipótese se constitua em fato jurídico e o conseqüente se torne relação jurídico-tributária instrumental, é imprescindível a expedição de norma individual e concreta, densificadora do comando contido na norma jurídico-tributária instrumental geral e abstrata. A previsão hipotética do fato, acompanhada da correlata conseqüência, não é bastante para fazer irromper o vínculo entre sujeitos de direito em torno de um objeto.

vistos. Será que há sustentação jurídica para tal previsão legal? Antes de efetuarmos esta análise, trataremos de alguns aspectos que envolvem as relações jurídicas sancionatórias.

3. Relações jurídicas sancionatórias decorrentes de descumprimento do dever contido nas relações jurídico-tributárias instrumentais

Os deveres instrumentais, como condutas obrigatórias que são, ensejam a imputação de sanção (pecuniária ou não), em caso de descumprimento. Não nos reportamos aqui à sanção em sentido estrito, estipulada pelo Estado-Juiz, mas à sanção em sentido amplo, emitida pelo agente administrativo, quando constata o descumprimento de um dever, seja o de pagar a prestação tributária, seja o de adotar determinadas providências administrativas.

No plano tributário, as normas jurídicas sancionadoras (de estrutura bimembre que une hipótese e conseqüente) têm o escopo de apenar os sujeitos infratores que não cumprem o dever de pagar o tributo ou de cumprir determinada prestação a que está obrigado.

Tendo em vista o objeto do presente ensaio, deteremos a nossa atenção na conseqüência advinda do descumprimento dos deveres instrumentais ou formais pelo sujeito passivo da relação jurídico-tributária instrumental. De maneira ainda mais específica, analisaremos a sujeição passiva da relação jurídica sancionatória em caso de inobservância das prestações positivas e negativas afetas às contribuições previdenciárias, fixadas na Lei 8.212/1991.

Assim como ocorre com os deveres instrumentais, é preciso que a sanção destinada a punir aquele que praticou a conduta antijurídica seja prevista em *Lei*. Mais uma vez, o princípio constitucional da legalidade impõe a inafastável necessidade de edição de lei que preveja a conduta ilícita (definindo os seus contornos) e atribua ao sujeito que a praticou a correlata penalidade.

Portanto, a norma jurídica sancionatória geral e abstrata decorrente de descumprimento de dever instrumental prevê, em sua hipótese, a ocorrência de fato antijurídico e estipula, em seu conseqüente, a penalidade ou a sanção (pecuniária ou não) que o sujeito infrator (aquele que descumpriu o dever contido na relação jurídica instrumental) sofrerá por ter praticado um ato ilícito.

Para que a conduta antijurídica praticada seja efetivamente objeto de "sanção", faz-se necessária a emissão de um ato de aplicação da norma geral e abstrata sancionadora (expedição de norma individual e concreta) que: (i) dê concretude à previsão hipotética de ocorrência de fato ilícito; (ii) individualize o sujeito infrator; e (iii) imponha a sanção que este deverá suportar por ter agido ilicitamente.

Quando o fato ilícito é veiculado na norma aplicadora, irrompe, como conseqüência da prática do ilícito e no mesmo instante, a relação jurídica sancionatória, que vincula o sujeito infrator (descumpridor do dever instrumental) ao sujeito ativo que possui o direito de exigir o cumprimento da sanção/penalidade.

Quando as pessoas políticas constitucionais (União, Estados, Distrito Federal e Municípios) praticam atos ilícitos de descumprimento de "deveres instrumentais previdenciários"[8] (relativos às contribuições previdenciárias), a sanção deverá ser suportada não por elas (sujeitos infratores), mas pelo dirigente do "órgão" ou da "entidade" (pessoa física) que realizou a conduta ilícita. Como veremos, é essa a determinação contida no art. 41 da Lei 8.212/1991.

8. A expressão "deveres instrumentais previdenciários" é utilizada aqui para abarcar as prestações positivas e negativas que devem ser praticadas pelo sujeito passivo da relação tributária instrumental com vistas ao controle e à arrecadação das contribuições sociais (previdenciárias).

4. Sujeição passiva das relações jurídicas sancionatórias decorrentes de descumprimento de "deveres instrumentais previdenciários" (uma análise do art. 41 da Lei 8.212/1991)

Sob o pretexto de instituir o plano geral de custeio da seguridade social[9] no Estado Brasileiro, a Lei 8.212/1991 — intitulada "Lei Orgânica da Seguridade Social" — estabelece em seu art. 41 o seguinte:

> Art. 41. *O dirigente de órgão ou entidade da administração federal, estadual, do Distrito Federal ou municipal, responde pessoalmente pela multa aplicada por infração de dispositivos desta Lei e do seu regulamento*, sendo obrigatório o respectivo desconto em folha de pagamento, mediante requisição dos órgãos competentes e a partir do primeiro pagamento que se seguir à requisição (destacamos).

Com fundamento de validade nos dispositivos veiculados nos arts. 194 e 195 da Constituição Federal de 1988, a Lei 8.212/1991 foi editada objetivando organizar a seguridade social brasileira e fixar os parâmetros de seu financiamento.

Apesar de não constituírem a fonte exclusiva de financiamento da seguridade social, as contribuições sociais[10] — previstas no art. 195 da CRFB/1988 — desempenham papel determinante no fluxo de receitas que alimentam a estrutura previdenciária. Para alcançar a sua efetiva arrecadação e permitir um maior controle sobre as correlatas cobranças, vários deveres instrumentais são instituídos pela lei previdenciária.

O art. 32 da Lei 8.212/1991 em seus incisos estabelece, por exemplo, alguns deveres instrumentais de obrigatória observância. Entre eles, destacamos os seguintes: (i) o de preparar folhas de pagamento das remunerações pagas ou creditadas a todos os segurados a serviço do contratante; (ii) lançar mensalmente em títulos próprios da contabilidade os "fatos geradores" de todas as contribuições, o montante das quantias descontadas, as contribuições a cargo do contratante e os totais recolhidos; (iii) prestar ao INSS todas as informações cadastrais, financeiras e contábeis de seu interesse; (iv) informar mensalmente ao INSS, por meio das denominadas GFIPs (Guia de Recolhimento do FGTS e Informações à Previdência Social), todos os dados relacionados aos "fatos geradores" de contribuição previdenciária e outras informações de interesse do INSS.[11]

Portanto, além do dever jurídico contido no conseqüente da norma jurídico-tributária em sentido estrito[12] da contribuição previdenciária, consistente no dever que o sujeito passivo possui de pagar determinada quantia ao sujeito ativo da relação jurídico-tributária (no caso, o INSS), existem também outros deveres imputados a diferentes sujeitos passivos (de fazer ou de não-fazer) que não possuem a marca pecuniária, mas que têm por objetivo viabilizar o controle e a arrecadação da referida exação fiscal.

9. Nos termos fixados no texto constitucional vigente (art. 194), a seguridade social compreende um conjunto integrado de ações dos "poderes públicos" e da sociedade, destinadas a assegurar os direitos relativos à saúde, à previdência e à assistência social.

10. Com base nos três critérios sacados do ordenamento constitucional vigente (vinculação entre a materialidade do antecedente normativo e uma atividade estatal referida ao contribuinte, destinação específica do produto da arrecadação e restituição do montante arrecadado), entendemos que as contribuições sociais integram uma das cinco espécies tributárias (que denominamos "contribuições"), que difere das demais (impostos, taxas, contribuições de melhoria e empréstimos compulsórios) (*Competência Tributária*, pp. 146-154).

11. É de se destacar que nos moldes fixados no art. 32, § 5º, da Lei 8.212/1991 a apresentação de documento com dados não correspondentes aos "fatos geradores" sujeita o infrator à excessiva e à exorbitante multa de 100% (cem por cento) do valor devido a título de contribuição não declarada. A despeito da relevância que encampa, tal aspecto não será abordado em virtude de fugir da discussão proposta inicialmente.

12. Regra-matriz de incidência tributária, na terminologia de Paulo de Barros Carvalho.

Pois bem. Além da relação jurídico-tributária propriamente dita (onde o objeto da prestação é determinada parcela pecuniária), prevista na norma-padrão de incidência tributária da contribuição social, várias outras relações jurídicas desprovidas de caráter patrimonial são previstas pelo diploma normativo previdenciário e fazem surgir para aqueles que figuram em seus correlatos pólos passivos inúmeros comportamentos positivos ou negativos, consistentes num fazer ou não-fazer.

Assim como ocorre com as empresas em geral, as pessoas políticas (União, Estados, Municípios e Distrito Federal) também são erigidas como sujeitos passivos das referidas relações jurídicas não-patrimoniais. Neste passo, vários deveres instrumentais ou formais instituídos pela legislação previdenciária precisam ser cumpridos pelos entes políticos constitucionais.

Não é difícil inferir que a sujeição passiva nas referidas relações jurídicas instrumentais é ocupada pela própria pessoa política detentora de personalidade jurídica (União, Estados, Municípios ou Distrito Federal) que, em virtude de previsão legal, possui o dever de praticar ou de se abster da prática de alguma conduta. Já no outro pólo da relação (pólo ativo) temos o ente autárquico previdenciário federal (INSS), titular do direito de exigir a prática ou a abstenção da mencionada conduta.

Supondo a onipotência e a onipresença do administrador público, desconsiderando a autonomia política que os diferentes entes constitucionais possuem para legislar sobre as competências de seus servidores e o que prescreve o art. 137, inc. I, do CTN, o art. 41 da Lei 8.212/1991 erige o dirigente de órgão ou de entidade da administração pública federal, estadual, distrital ou municipal (pessoa física) como "sujeito passivo" da relação jurídica sancionatória decorrente de infração a qualquer um dos dispositivos do mencionado diploma normativo ou de seu regulamento.[13]

Em outras palavras: uma pessoa política ou uma autarquia — por meio dos seus órgãos competentes — pratica um ato ilícito de descumprimento de determinado "dever instrumental previdenciário" e o seu dirigente (pessoa física) responde pessoalmente pela conduta ilícita, ainda que não detenha competência legal para a prática do ato em relação ao qual o descumprimento enceta a sanção.

5. A inconstitucionalidade do art. 41 da Lei 8.212/1991 (afronta aos princípios constitucionais da federação e da autonomia municipal)

Nos termos do art. 1º do sistema constitucional vigente, o Estado Brasileiro é um Estado Federal, marcado pela descentralização política e administrativa. Conforme afirma André Ramos Tavares, a auto-organização é imprescindível para a existência do federalismo.[14]

As pessoas políticas constitucionais atuam por intermédio de seus órgãos. As porções orgânicas que perfazem a estrutura dos diferentes entes políticos não possuem personalidade jurídica própria. É o que consigna Lourival Vilanova: "Não existe o Estado como sujeito-de-direito, e ante si o órgão, ou os órgãos, como autônomos sujeitos-de-direito. Sem órgão, não sobreresta o Estado; sem Estado, o órgão não é órgão, sim sujeito-de-direito individual ou colegiado, ou órgão de pessoa não-pública (de uma sociedade civil ou comercial, de associação, de fundação, no domínio privado), ou órgão de pessoa pública não-estatal".[15]

13. Deixaremos de lado a análise desta outra impropriedade contida no art. 41 da Lei 8.212/1991 que, em clara ofensa à determinação contida no art. 5º, inc. II, da CRFB/88, pretende fazer crer que é possível fixar penalidade ou sanção para os casos de descumprimento de dispositivos contidos em diploma normativo regulamentar, instrumento introdutor de normas inidôneo para criar deveres ou obrigações para os sujeitos de direito.

14. André Ramos Tavares, *Curso de Direito Constitucional*, 3ª ed., p. 932.

15. Lourival Vilanova, *Causalidade e Relação no Direito*, 4ª ed., p. 275.

Na mesma linha de abordagem, Augustín Gordillo preleciona:

"Las entidades estatales manifiestan su actividad y su voluntad a través de sus órganos; el concepto de órgano sirve, pues, para imputar a la entidad de que el órgano forma parte el hecho, la omisión o la manifestación de voluntad expresada por éste en su nombre. (...).

"El órgano, precisamente por ser un medio para imputar una actuación o una voluntad al ente del cual forma parte, no constituye una persona diferenciada del mismo, sino que se confunde como parte integrante de él: no tiene, pues, derechos o deberes diferenciados de los derechos o deberes del ente del cual se desprende; su voluntad no es diferenciable de la voluntad de la organización a la cual pertenece, precisamente porque la voluntad a través de él expresada es en esa medida la voluntad de la organización."[16]

Celso Antônio Bandeira de Mello equipara os órgãos a unidades representativas de atribuições do Estado: "Independentemente do fenômeno a que se vem de aludir, o certo é que o Estado, como as outras pessoas de direito público que crie, pelos múltiplos cometimentos que lhes assistem, tem de repartir os encargos de sua alçada entre diferentes unidades, representativas, cada qual, de uma parcela de atribuições para decidir os assuntos que lhes são afetos. Estas unidades são o que denominamos *órgãos* e se constituem por um conjunto de *competências. Órgãos são unidades abstratas que sintetizam os vários círculos de atribuições do Estado* (...)" (destaques originais).[17]

A constituição e a fixação das competências dos órgãos que compõem as pessoas políticas (nas esferas executiva, legislativa e jurisdicional) se dão por meio de *Lei*.[18] O princípio da legalidade, estabelecido no *caput* do art. 37 da Lei Fundamental Brasileira de 1988, exige que a atuação da administração pública pátria esteja pautada em parâmetros legais.

Em virtude da forma de estado federada eleita pelo legislador constituinte no artigo inaugural da Carta Magna de 1988, a lei habilitada pelo sistema constitucional para versar sobre os diversos órgãos que compõem os entes constitucionais (União, Estados, Distrito Federal e Municípios) e dispor sobre as suas respectivas competências é aquela produzida por eles próprios.

Por meio da edição da Constituição Federal, das Constituições Estaduais e das Leis Orgânicas, a União, os Estados e os Municípios e o Distrito Federal se autoconstituem, e traçam, em linhas gerais, as competências de suas porções orgânicas. Posteriormente, tais competências são pormenorizadas em leis complementares e ordinárias editadas pelas respectivas pessoas políticas. As atribuições dos Chefes dos Órgãos-Executivos estão sempre previstas nas cartas constitucionais e orgânicas das diferentes órbitas governamentais.

Discorrendo sobre o tema "competências constitucionais e competências legais", J. J. Gomes Canotilho pontua que um dos mais importantes princípios nessa seara é o da indisponibilidade de competências a que está associado o princípio da tipicidade de competências, segundo o qual as competências dos órgãos constitucionais são, em regra, as expressamente enumeradas na Constituição; da convergência dos dois princípios o autor saca a seguinte ilação:

16. Augustín Gordillo, *Tratado de Derecho Administrativo*, 5ª ed., t. 1, pp. XII-1-XII-3.

17. Celso Antônio B. de Mello, *Curso de Direito Administrativo*, 11ª ed., pp. 84-85.

18. É importante registrar que a Emenda à Constituição de 32/2001 previu expressamente a possibilidade de edição do denominado "decreto autônomo", de competência do Chefe do Executivo, para tratar de: (i) organização e funcionamento da administração pública, quando não implique aumento de despesa, nem criação ou extinção de órgãos públicos; (ii) extinção de funções ou cargos públicos, quando vagos. Dessa forma, respeitados os limites constitucionais, as atribuições dos órgãos também poderão ser estipuladas por intermédio do referido diploma normativo.

"(...) pelo menos em relação aos órgãos de soberania, as competências legais, ou seja, as competências atribuídas por via de lei, devem ter fundamento constitucional expresso".[19]

Examinando os dispositivos constitucionais vigentes que disciplinam a atuação do Presidente da República (Chefe do Órgão-Executivo Federal) — os quais, pelo princípio da simetria, são reproduzidos nos textos constitucionais e orgânicos dos Estados, dos Municípios e do Distrito Federal[20] —, não verificamos no espectro de suas competências, nenhum dever relativo ao cumprimento de deveres tributários instrumentais. Nem poderia ser diferente.

Cabe ao Chefe do Órgão-Executivo a direção superior da administração pública (federal, estadual, distrital e municipal), com o auxílio dos Ministros e dos Secretários de Estado. Por meio do mandato político, o representante da vontade popular no âmbito administrativo exerce atividades da mais alta importância para a sociedade como um todo. A sua atuação vai desde a co-participação no processo legislativo até a definição de políticas públicas necessárias à redução das desigualdades sociais e regionais.

Estamos convencidos de que o exercício da direção superior de um ente político (União, Estado, Município ou Distrito Federal) não abarca o cumprimento de prestações positivas e negativas (preenchimento de Guias, por exemplo) relativas à cobrança e à arrecadação dos diversos gravames fiscais. Tais tarefas, por óbvio, são atribuídas por lei (da respectiva pessoa política) a diferentes órgãos da estrutura estatal, normalmente a servidores lotados em setores responsáveis pela gestão administrativa (Ministérios ou Secretarias de Administração e de Gestão).

Em virtude das diretrizes amalgamadas nos princípios constitucionais federativo e da autonomia municipal, só os Estados e os Municípios estão autorizados a estabelecer no plano normativo as bases sobre as quais funcionarão, por meio da constituição de seus órgãos, da fixação das correlatas atribuições e da previsão das responsabilidades para aqueles que não cumprem as atividades imanentes aos cargos que ocupam.

A condição de ser pessoa política no território pátrio em dado lapso temporal faz nascer para ela a autorização para fixar as competências e as responsabilidades de seus órgãos, desde que, é claro, sejam considerados certos limites e parâmetros constantes do fundamento de validade sistêmico (a Constituição Federal de 1988).

A União não foi habilitada pelo legislador constituinte para estabelecer a organização administrativa dos demais entes políticos, que conformam o Estado Federal Brasileiro. Ao instituir a responsabilidade dos dirigentes de órgãos e de entidades públicas em geral por multa decorrente de infração à lei previdenciária, o art. 41 da Lei 8.212/1991 solapa os princípios estruturantes do Estado Brasileiro que fixam a forma de estado federada e a autonomia dos entes municipais.

Não é difícil inferir que a Lei Federal de 8.212/1991, que rege o custeio da autarquia previdenciária federal (INSS), não é veículo introdutor de normas hábil para instituir responsabilidades para os ocupantes do cargo de Chefe do Órgão-Exe-

19. Canotilho, *Direito Constitucional*, p. 693.

20. Versando sobre o assunto o Tribunal Pleno da Corte Constitucional Brasileira assim se manifestou: "*Ementa*: *Ação Direta de Inconstitucionalidade. Medida Cautelar. Organização da polícia militar do Estado de São Paulo. Competência do Chefe do Executivo. Vício de iniciativa.* 1. Compete privativamente ao Governador do Estado, pelo princípio da simetria, a direção superior da administração estadual, bem como a iniciativa para propor projetos de lei que visem criação, estruturação e atribuições de Secretarias e órgãos da administração pública (CF, arts. 84, II e IV e 61, § 1º, II, *e*). 2. Hipótese em que o projeto de iniciativa parlamentar, transformado em lei, apresenta vício insanável caracterizado pela invasão de competência reservada ao Poder Executivo pela Constituição Federal. Medida cautelar deferida" (destacamos) (ADI-MC 2.646-SP, Rel. Ministro Maurício Corrêa, j. 1.7.2002, Tribunal Pleno, *DJU* 4.10.2002, pp. 92, disponível em <www.stf.gov.br>, acesso em 10.8.2006).

cutivo de todas as pessoas políticas constitucionais brasileiras, por atos que nem sequer possuem competência (constitucional ou legal) para praticar (cumprimento de "deveres instrumentais previdenciários").

A responsabilidade por eventual omissão ou comissão nas condutas tributárias instrumentais previdenciárias de fazer ou de não-fazer deverá ser atribuída à própria pessoa política, que, nos termos prescritos na legislação vigente, deverá apurar por meio de processo administrativo hábil a responsabilidade pelo ilícito funcional cometido por servidor seu e, se for o caso, pleitear por meio de ação regressiva a reparação do dano suportado.

Por não ter autorização constitucional para fixar, ao alvedrio do que estabelecem as ordens jurídicas parciais estaduais e municipais, penalidade por descumprimento de dever instrumental previdenciário, àquele que não detém competência para cumprir as prestações positivas e negativas estabelecidas na lei previdenciária, o art. 41 da Lei 8.212/1991 apresenta evidente vício de inconstitucionalidade, que deverá ser questionado por aqueles que se vêem na contingência de sofrer os efeitos jurídicos que dele emanam.

Não bastasse a manifesta inconstitucionalidade inculcada no dispositivo da lei federal em referência, também verificamos a sua incompatibilidade com o que estabelece o art. 137, inc. I, do CTN, preceito integrante da ordem jurídica nacional aplicável não só à União, mas a todas as pessoas políticas que integram o Estado Federal.

6. Incompatibilidade do art. 41 da Lei 8.212/1991 com a prescrição contida no art. 137, inc. I, do CTN

O art. 137, inc. I, do Código Tributário Nacional prescreve que a responsabilidade tributária por infrações conceituadas por lei como crimes ou contravenções é pessoal do agente, salvo quando praticadas no exercício regular de administração, mandato, função, cargo ou emprego ou no cumprimento de ordem expressa emitida por quem de direito.

Em função da expressa previsão constante do inc. I do art. 137 do Código Tributário Nacional, o Chefe do Executivo (agente político) que exerce regularmente o mandato político-representativo, decorrente do sufrágio popular, não pode ser responsabilizado por infrações cometidas por diferentes porções orgânicas que perfaçam a pessoa política a que esteja vinculado.

Deve-se destacar que o Código Tributário Nacional foi recepcionado pela Constituição Federal de 1988 com o *status* de lei complementar e é de necessária observância por todas as pessoas políticas tributantes. A partir dos signos plantados no art. 146 da CRFB/1988, a atuação dos entes políticos que possuem competência tributária deverá observar, em certa medida (variável de acordo com a visão dicotômica ou tricotômica das normas gerais de direito tributário), o que estabelece a Lei 5.172/1966.

É manifesta a incompatibilidade dos enunciados legais cravados no art. 41 da Lei 8.212/1991 e no art. 137 da Lei 5.172/1966. O dispositivo da lei federal responsabiliza objetiva e pessoalmente o agente (diretor de órgão ou de entidade pública federal, estadual, distrital ou municipal) pelas infrações e pelas penalidades pecuniárias que dela advenham pelo simples fato de terem sido "inobservadas" as prescrições da lei previdenciária, inclusive aquelas que estabelecem deveres instrumentais. Já o preceito da lei complementar tributária em evidência (art. 137), ao versar sobre a responsabilidade pessoal do agente por infrações, exige, para a caracterização da indigitada responsabilidade, a atuação dolosa do sujeito responsável pela prática do ato tido como ilícito.

Consoante destaca Sacha Calmon Navarro Coêlho, o intuito do art. 137 do CTN é o de "apenar pessoalmente os infiéis, os venais, que dolosamente agem para prejudicar os seus representados, os clientes, ou as pessoas jurídicas das quais são órgãos".[21]

Nos moldes tracejados pelo legislador complementar, a responsabilidade pessoal do agente apenas se sustenta quando há dolo na prática do ilícito tributário. O art. 41 da lei previdenciária inverte de modo absurdo e inaceitável a tônica da responsabilidade pessoal fincada no art. 137 do CTN. É realmente teratológica a mensagem normativa nele contida: para os diretores de órgãos e de entidades públicas federais, estaduais, distritais e municipais a responsabilidade por infrações à Lei 8.212/1991 será sempre pessoal independentemente de terem praticado o ato tido por ilícito!

Em relação ao descumprimento dos denominados "deveres instrumentais previdenciários" que implicam infrações, demonstramos, em momento anterior, que o responsável pela direção superior das pessoas constitucionais (Chefe do Órgão-Executivo) não possui sequer competência para realizá-los. Mesmo assim, nos termos do art. 41 da Lei 8.212/1991, tais agentes deverão responder pessoalmente pelas penalidades pecuniárias resultantes da prática da conduta antijurídica, que nem sequer podiam realizar.

Ainda que o art. 41 da Lei 8.212/1991 pretenda inadvertidamente fixar tal responsabilidade, não há sustentação jurídica quando se observa o que estabelece o fundamento de validade sistêmico e o art. 137, inc. I, do Código Tributário Nacional.

A não possibilidade de responsabilização de agentes políticos por descumprimento de "deveres instrumentais ou formais previdenciários" e a não aplicabilidade do art. 41 da Lei 8.212/1991 já foram várias e reiteradas vezes reconhecidas pelos Tribunais Regionais Federais[22] de nosso país.

Com base no que estabelece o art. 137, inc. I, do CTN, o Superior Tribunal de Justiça também já se pronunciou pela não responsabilidade pessoal de Prefeito por

21. Sacha Calmon Navarro Coêlho, *Curso de Direito Tributário Brasileiro*, 6ª ed., Rio de Janeiro, Forense, 2001, p. 641.

22. A título meramente exemplificativo, citamos as seguintes decisões: "*Ementa*: Tributário. Prefeito. Vereador. Art. 50 da Lei 8.212/1991. Multa. Legitimidade para responder. *Os arts. 41 e 50 da Lei 8.212/1991 não têm o condão de fazer prefeito municipal e vereador responder pessoalmente pelo pagamento de multa, sobretudo se não está provado que a eles incumbia tal dever.* É devida a decretação da nulidade da CDA e da respectiva execução ajuizada" (TRF-4ª R., 1ª T., AC 218239, Proc. 199804010111511-RS, Rel. Desembargadora Federal Maria Lúcia Luz Leiria, j. 4.2.2004, disponível em <http://www.cjf.gov.br>) (destacamos). "*Ementa*: Tributário. Prefeito. Pagamento de multa. Não cumprimento. Obrigação acessória. Construção civil. *Os arts. 41 e 50 da Lei 8.212/1991 não têm o condão de fazer prefeito municipal responder pessoalmente pelo pagamento de multa decorrente de descumprimento da obrigação acessória de comunicar ao INSS obra de construção civil, para fins de matrícula, sobretudo se não está provado que a ele incumbia tal dever, e não a servidor encarregado de supervisionar a obra ou ao próprio construtor.* Assim, é devida a decretação da nulidade da CDA e da respectiva execução ajuizada" (TRF-4ª R., 1ª T., AC 514367, Proc. 200204010292193-SC, Rel. Desembargadora Federal Maria Lúcia Luz Leiria, j. 8.10.2003, disponível em <http://www.cjf.gov.br>) (destacamos). "*Ementa*: Administrativo. Embargos infringentes. Execução fiscal. *Multa cominada pelo descumprimento do art. 49, I, 'b', da Lei 8.212/1991. Ilegitimidade passiva do Prefeito. O Prefeito Municipal não é responsável pelo cumprimento da obrigação de matricular obra de construção civil no INSS prevista no art. 49, I, 'b', da Lei 8.212/1991.* Extinção da execução fiscal em face da ilegitimidade passiva do executado. Embargos infringentes improvidos" (TRF-4ª R., 2ª S., EIAC Proc. 199804010146493-RS, Rel. Desembargadora Federal Silvia Goraieb, j. 6.7.2005, disponível em <http://www.cjf.gov.br>) (destacamos). "*Ementa*: Tributário. Execução fiscal. Expedição de habite-se condicionada à prova de quitação de obrigações previdenciárias. Art. 50 da Lei 8.212/1991. Ilegitimidade passiva do Prefeito. *O prefeito não é responsável tributário pelo descumprimento da obrigação acessória instituída no art. 50 da Lei 8.212/1991. Inexistência, no caso concreto, de qualquer das hipóteses previstas no art. 137 do CTN.* Excesso do poder regulamentar no art. 107, alínea 'n', do Decreto 612/1992, ao estabelecer a responsabilidade pessoal do 'servidor do órgão municipal'. Apelação e remessa improvidas" (TRF-5ª R., 3ª T., AC 123911, Proc. 9705331715-RN, Rel. Desembargador Federal Rivaldo Costa, j. 19.3.1998, disponível em <http://www.cjf.gov.br>) (destacamos).

descumprimento de "obrigações tributárias acessórias".[23]

A imposição de sanção pecuniária pelo INSS ao Chefe do Órgão-Executivo e não ao próprio ente político municipal se divorcia de todo o enredo normativo vigente e carece de fundamento lídimo de validade.

Nos termos da moldura normativa vigente, o agente político que exerce regularmente o mandato representativo recebido do mandante popular não pode ser responsabilizado por infrações que venham a ser cometidas pela própria pessoa política, por intermédio de outros órgãos (individuais ou colegiados) integrantes de sua estrutura administrativa.

Por fim, não é demais registrar que compete ao Chefe do Executivo — com o auxílio de Ministros (no âmbito federal) ou de Secretários (nos âmbitos estadual, distrital e municipal) — o exercício da direção superior da administração pública. E, como visto, não está na esfera de sua competência o cumprimento dos deveres instrumentais ou formais previstos, por exemplo, no art. 32 da Lei 8.212/1991 (como os de preencher guias, efetuar lançamentos contábeis relativos aos "fatos geradores" das contribuições, preparar folhas de pagamento das remunerações pagas, etc.).

Além das impropriedades jurídicas antes detalhadas, a responsabilização pessoal do agente político que exerce regularmente o mandato político-representativo pela sanção pecuniária decorrente de descumprimento de "dever instrumental previdenciário" também se revela despropositada e desarrazoada quando considerado o princípio constitucional da "eficiência" estampado no *caput* do art. 37 da Constituição Nacional de 1988, por conduto da EC 19/1998. É que, pelos valores inflados e exorbitantes das penalidades pecuniárias previdenciárias previstas no sistema normativo vigente, fica muito mais árdua a tarefa de recebê-las das pessoas físicas (ocupantes dos cargos de dirigentes de órgãos ou de entidades públicas) do que das pessoas jurídicas de direito público interno.

7. Conclusão

Assim como acontece com as pessoas físicas e jurídicas de direito privado, as pessoas jurídicas de direito público (pessoas políticas e autarquias) também figuram como sujeitos passivos das inúmeras relações jurídico-tributárias instrumentais.

O art. 41 da Lei 8.212/1991 transfere para o dirigente de órgão ou de entidade da administração pública das diferentes órbitas governamentais toda a responsabilidade por inobservância dos deveres instrumentais nela previstos. Como configuram condutas obrigatórias (de fazer ou de não-fazer), o descumprimento dos deveres instrumentais enseja a imputação de sanção (pecuniária ou não).

A norma jurídica sancionatória geral e abstrata decorrente de descumprimento de dever instrumental prevê, em sua hipótese, a ocorrência de fato antijurídico e estipula, em seu conseqüente, a penalidade ou a sanção (pecuniária ou não) que o sujeito infrator (aquele que descumpriu o dever contido na relação jurídica instrumental) sofrerá por ter praticado um ato ilícito.

Quando as pessoas políticas constitucionais (União, Estados, Distrito Federal e Municípios) praticam atos ilícitos de descumprimento de "deveres instrumentais previdenciários" (relativos às contribuições previdenciárias), a sanção deverá ser supor-

23. "*Ementa*: Tributário. Execução fiscal. Responsabilidade pessoal de Prefeito. Obrigação instituída no art. 50, da Lei 8.212/1991. Art. 137, do CTN. 1. *O art. 137, I, do CTN, exclui expressamente a responsabilidade pessoal daqueles que agem no exercício regular do mandato, sobrepondo-se tal norma ao disposto nos arts. 41 e 50, da Lei 8.212/1991. Em conseqüência, não pode o Prefeito ser executado diretamente pelo descumprimento da obrigação acessória prevista no referido art. 50.* 2. Precedente específico da 1ª Turma. 3. Recurso não provido" (STJ, 1ª T., REsp 236.902, Proc. 1999/0099490-6-RN, Rel. Ministro Milton Luiz Pereira, j. 6.12.2001, disponível em <http://www.stj.gov.br>) (destacamos).

tada por elas e não pelo dirigente do "órgão" ou da "entidade" (pessoa física) que não detém competência para realizar a conduta ilícita. As razões que embasam tal compreensão são de ordem constitucional e legal.

Como o Estado Brasileiro está erigido sob a forma federada, a lei habilitada pelo sistema constitucional para versar sobre os diversos órgãos que compõem os entes constitucionais (União, Estados, Distrito Federal e Municípios) e para dispor sobre as suas respectivas competências é aquela produzida por eles próprios. As atribuições dos Chefes dos Órgãos-Executivos são estabelecidas nos diplomas normativos constitucionais e orgânicos das diferentes órbitas governamentais.

Nos moldes alinhavados no texto constitucional vigente, o exercício da direção superior de um ente político não abarca o cumprimento de prestações positivas e negativas (deveres instrumentais), realizadas por determinação legal, no interesse da cobrança e da arrecadação das diversas exações fiscais. Tais deveres são atribuídos por lei (editada pela própria pessoa política) a diferentes órgãos (individuais ou colegiados) que perfazem a estrutura estatal.

Quando institui a responsabilidade dos dirigentes de órgãos e de entidades públicas em geral por multa decorrente de infração a "dever instrumental previdenciário", o art. 41 da Lei 8.212/1991 solapa os princípios constitucionais da federação e da autonomia municipal.

A Lei Federal de 8.212/1991 não é instrumento introdutor de normas apto para estabelecer a responsabilidade dos Chefes dos Órgãos-Executivos de todo o território nacional, por atos que não possuem competência (constitucional ou legal) para implementar.

O art. 41 da Lei 8.212/1991 também não se sustenta quando cotejado com o teor da previsão encartada no art. 137, inc. I, do CTN. O agente político que exerce regularmente o mandato político-representativo (recebido do povo por meio das eleições) não pode ser responsabilizado por infrações que venham a ser cometidas por outros órgãos (individuais ou colegiados) integrantes da estrutura administrativa da pessoa constitucional.

Além disso, nos expressos termos do art. 137 do CTN, a responsabilidade pessoal do agente por infrações apenas se configura quando se verifica a existência de dolo na prática do ilícito tributário.

Felizmente os órgãos jurisdicionais brasileiros (por meio dos Tribunais Regionais Federais e do Superior Tribunal de Justiça), em decisões que prestigiam a ordem constitucional vigente, vêm referendando a impossibilidade de responsabilização de agentes políticos por descumprimento de "deveres instrumentais ou formais previdenciários" e a não aplicabilidade do art. 41 da Lei 8.212/1991.

8. *Referências*

ATALIBA, Geraldo. *República e Constituição.* 2ª ed., São Paulo, Malheiros Editores, 1998.

BORGES, José Souto Maior. *Obrigação Tributária: uma Introdução Metodológica.* São Paulo, Saraiva, 1984.

CANOTILHO, J. J. Gomes. *Direito Constitucional.* 5ª ed., Coimbra, Almedina, 1991.

CARVALHO, Paulo de Barros. *Curso de Direito Tributário.* 14ª ed., São Paulo, Saraiva, 2002.

______. *Direito Tributário: Fundamentos Jurídicos da Incidência.* São Paulo, Saraiva, 1998.

______. *Teoria da Norma Tributária.* 3ª ed., São Paulo, Max Limonad, 1998.

COÊLHO, Sacha Calmon Navarro. *Curso de Direito Tributário Brasileiro.* 6ª ed., Rio de Janeiro, Forense, 2001.

GORDILLO, Augustín. *Tratado de Derecho Administrativo.* 5ª ed., t. 1, *Parte Gene-*

ral, Buenos Aires, Fundación de Derecho Administrativo, 1998.

MELLO, Celso Antônio Bandeira de. *Curso de Direito Administrativo*. 11ª ed., São Paulo, Malheiros Editores, 1999.

MENDONÇA, Cristiane. *Competência Tributária*. São Paulo, Quartier Latin, 2004.

SOBRINHO, José Wilson Ferreira. *Obrigação Tributária Acessória*. 2ª ed., Porto Alegre, Fabris, 1996.

TAVARES, André Ramos. *Curso de Direito Constitucional*. 3ª ed., São Paulo, Saraiva, 2006.

VILANOVA, Lourival. *Causalidade e Relação no Direito*. 4ª ed., São Paulo, Ed. RT, 2000.

* * *

GRÁFICA PAYM
Tel. (011) 4392-3344
paym@terra.com.br